U0600885

教育部浙江传媒学院英国研究中心支持项目
浙江省区域国别与国际传播研究智库联盟成果

COURSE OF MASS MEDIA PSYCHOLOGY

大众传媒心理学教程

第2版

章 洁 主编

ZHEJIANG UNIVERSITY PRESS
浙江大学出版社

再 版 序

当今社会,政府规制、技术力量、社会变迁及资本介入成为影响大众传媒生态、业态的四个变量。近几年来,资本裹挟技术大举入侵媒体,兼并收购浪潮层出不穷,跨界超级媒体集团显露雏形。以我国为例,腾讯和百度早已涉及传媒,阿里巴巴近年来频频布局投资传媒,架构出体系完整的媒体集群。资本大鳄进军传媒业,参与新闻生产的各个环节。同时,中产阶级崛起成为网络舆论的主导力量和"意见表达派",他们走上舆论前台,理性表达,构筑了舆论新生态。"95后""00后"人群作为新生代网民,正在逐步重塑网络舆论的基本形态。他们是互联网上最具有活力的群体,阳光自信又高度脆弱,喜欢娱乐拒绝"严肃",他们的喜好决定着媒体的未来。尤其是当下我们进入了"后真相"时代,诉诸情感与个人信仰比陈述客观事实更能影响民意,"人们躺在信息茧房里,只相信他们愿意相信的新闻"。

我们生活在一个全新的世界——"网络世界",这是一个没有空间的空间,没有时间的时间,没有组织的组织。这种力量重塑了政治、经济、文化和社会,也重塑了人们自身。大众传媒业也相应出现了全新的变化。以混合所有制为标志的传媒新体制已经成形,以互联网为中心的传播新格局基本成形,新闻生产和分发分离的运行模式、新闻生产"去中心化"和传播媒介"去边界化"的生产与传播模式成为中国新闻传媒业新生态、新业态的基本表现。这些传媒新技术和手段革新不仅给媒体人提供了新的工具,也改变着新闻传播的渠道、思维与模式,引发了新闻业的变动,并带来了大众传播过程中各方心理的深刻变化。因此,本书作为一本关注传媒心理的教材,它的修订出版颇具时代意义。

本书是浙江省"十一五"重点教材,中国社会心理学会传播心理专业委员会主任委员刘京林教授曾经为其初版作序。刘京林教授是国内最早深耕新闻心理学和传播心理学研究的学者,对本书做出了较高的评价。今年本书重新修订,主编章洁邀请我为修订版作序,我欣然答应。浙江传媒学院作为一所专业传媒院校,在人才培养和学科建设上有着自身的优势,在一些研究领域也有较多的积累。本书的编写队伍,是一个由中青年学者组成的有多年合作经历的研究团队,专注于传播效果研究,在褒贬度评价、传媒心理、准社会交往和准社会关系、偶像崇拜等方面,取得了较多成果,也在相关领域有一定的影响力。本书就是该团队的标志性研究成果之一。

本书参考了大量中英文文献,内容扎实。修订版的新增内容体现了团队开放灵活、实事求是的治学风格。修订版不但关注到"建设性新闻""信息茧房""弹幕""算法囚徒"等新热点,还将目光投向了具有主持人特征的网络直播的主播,视野开阔。同时修订版也突出了团队自身的研究专长,比如准社会交往和准社会关系等。当然本书也有一些不足之处,如部分章节中心理学和传播学融合不足。

由于人类几乎所有的行为都会涉及传播这个过程,因而传播学没法说清自己的边界在哪里。而从某种意义上说,学科的划分给人类认识自我和世界造成了巨大障碍——尤其是现在这个新媒体时代,"传播学"本就模糊的疆域里必须得纳入计算机科学、统计学、脑科学、医学甚至物理学的知识。本书也恰恰佐证了传播学研究的这种开放性,希望更多的研究者能够保持开阔的视野和研究兴趣上的自由度,突破学科束缚,更好地探索人类传播行为和心理研究的新疆域。

李良荣

2021 年 10 月于杭州

初 版 序

+·+

传播心理学研究的再思考(代序)

几年前,我曾在《现代传播》上发表过一篇论文《对传播心理学研究的两点思考》。最近,我又一次学习了 E. M. 罗杰斯的《传播学史》和刘晓红、卜卫的《大众传播心理研究》,对传播心理学又有了一些新的认识。现借为本书写序之机,阐释一下我本人对传播心理学研究的再思考。

一、构建传播心理学的学科体系任重道远

我之所以认为构建传播心理学的学科体系任重道远,是因为传播心理学的母体学科——传播学和心理学至今都尚未形成系统的科学体系。传播学者威尔伯·施拉姆(Wilbur Schramm)曾指出:"总结像人类传播这样一个领域的困难在于,它没有只属于自己的土地。""传播心理现象的性质,决定了它不太可能发展成为一个由学术围墙包围着的任何一个单一的社会科学学科的一部分。"而著名心理学家科克(Koch)曾断言:"心理学自一百多年前脱离哲学以来,一直未能成为独立科学,且受其本身条件限制,心理学将来也永远不能成为独立的科学。""它处于前范式阶段,因为没有一个理论方法占优势……"既然传播学和心理学这两门学科都还称不上独立的学科,其交叉学科传播心理学当然不能超越其母体学科跃升为一门系统的科学。鉴于此,有研究者认为,如果提出传播心理学(或媒介心理学)这个概念的话,"它是具有某些共同特征的诸多研究的统称,而不是系统的学科名称"。

明确这个结论的意义在于:试图寻找一条贯穿传播心理学研究的理论主线,并构建传播心理学的完整学科体系,恐怕还需要相当长的时间。事实也是如此。综观我国已经出版的十几本冠以"传播心理学"(或大众传播心理学或传媒心理学或影视心理学等)名称的著作,不难发现,几乎每一位研究者都有自己独特的视角,他们研究的角度、深度、广度往往相去甚远。这其中的原因除了研究者的认知结构、兴趣偏好、知识经验等的差别外,最重要的原因还在于心理学自身就缺乏"一个学科共同体都能接受的理论基础"。以这种"分裂和破碎"的

心理学为指导去研究传播心理学又怎么能使人们形成对学科共同体的认同感呢？当然，这个结论绝对不应当束缚、阻碍人们在"诸多研究统称"的框架内，对传播心理学中一些问题的研究形成某种"类似范式的东西"，即在局部研究上获得相对系统的较为科学的结论。

事实上，近20年来，我国已有研究者在这方面做出了显著的成绩。中国社会科学院新闻与传播研究所的刘晓红、卜卫教授撰写的《大众传播心理研究》，全面、系统地总结了国内外关于大众传播对人的影响的研究成果；分析了心理学和大众传播的关系等问题。因而，他们在书中得出的有关传播心理学研究的结论对我国在这方面的继续探索有着非常重要的指导意义。当然，更多的研究者还是从某一个或某些方面（如传播者的心理素质、职业技能、价值观、态度，以及受众的认知结构、接触媒介动机等）进行了大量的、卓有成效的探析。

方建移和章洁主编的《大众传媒心理学》也是其中较有代表性的作品。该书在对国内外有关资料进行认真梳理的基础上，沿着纵向（心理学流派）和横向（传播主体心理）两条线索，力求对传播心理研究进行较为全面、系统的阐释。尽管全书不可避免地缺少一条贯穿始终的心理学理论线索，有的部分"两张皮"的问题还比较明显，但是该书作者通过大量阅读国内外研究文献并结合自己近年来开展的实证研究成果，为广大读者提供了较为全面的、丰富的资料、论说、例证，而且书中确有不少精辟的见解。该书既可作为传媒研究人员和从业人员的参考用书，也可用作高校相关专业的教材。

二、传播心理学研究的殊途同归

有研究者曾问道：传播学为心理学留出了多少研究空间？这个疑问的提出基于传播活动中存在着大量的心理现象，研究传播活动绕不开人的心理这个事实。例如被称为大众传播第一位理论家的帕克曾将传播限定为"一个社会心理的过程，凭借这个过程，在某种意义和某种程度上，个人能够假设其他人的态度和观点"。再者，虽然心理学在传播学中的地位已经发生从"传统导向"转入"问题导向"，但是在"传统导向"中有的心理学家的某些思想已经深深地根植于传播之中。"今天，勒温的思想的确存在于传播学领域……许多痕迹（例如勒温的行为研究，'把关人'和'暗示—行动'的概念）越来越难以辨认。"尽管如此，我们也应当承认虽然在传播活动中存在大量心理现象，但这并不等于在传播活动中仅有心理现象。例如帕克曾提出过属于传播学自身应当研究的课题，包括：①媒体内容如何影响舆论（现称议程设置过程）？②大众媒体如何受到舆论的影响？③大众媒体如何引导社会变化？④人际网络如何与大众媒体相连接？既然传播学和传播心理学的研究对象不会完全重合，那么它们就有着各自存在的必要，我们也就不用担心在传播学中为传播心理学留出多少空间的问题。

传播心理学的研究有两种视域，即从心理学视角看传播和从传播学视角看心理。如有研究者认为："从具有某种特征的诸多研究的统称上说，传播心理学可以算是一门学科，即所有与传播学有关的心理学研究的统称（或者是与心理学有关的传播学研究的统称）。"关于前者，有研究者把大众传播研究范围概括为5个因素、12个研究领域，探讨在这些研究领域中，"需要心理学参与的都有哪些研究"；关于后者，有研究者探讨行为主义心理学和认知心理学对大众传播研究的影响。

进一步地，如果研究者偏向于把传播心理学定位于应用心理学，那就可以继承传播学先驱者中的心理学家的思路,从心理学的学术传统出发,把传播现象作为心理学各自领域的一个研究对象。而如果研究者倾向于把传播心理学定位成传播学的一个部分,即习惯于问题导向的研究,那就不妨"把具体的传播现象作为研究的出发点",以某种心理学的理论对之进行剖析。其实这两个角度的主要区别在于立脚点、出发点不同,其所研究的内容并没有本质的区别。两种研究殊途同归,即它们所研究的结果均可纳入同类研究的传播心理学的范畴。

三、对"解释水平"和"特有水平"的重新认识

在《大众传播心理学》中,我曾单列一章分析"大众传播中特有的心理现象",并举了三个例子——"心理感应""心理真实""晕话筒(镜头)现象"加以说明。由于当时对"特有水平"(也包括解释水平)的理解有偏差,所以常为找不到多少大众传播中存在的特有的心理现象而感到困惑。通过再次学习,我对"解释水平"和"特有水平"的内涵有了一些新的认识。

所谓"解释水平"是指直接运用心理学理论解释传播中的现象,如用阅读心理学的可读性研究分析报刊的可读性;所谓"特有水平"是指运用心理学理论,研究传播活动中特有的心理现象,如对看新闻过目即忘现象的研究……我原来对这两个概念的理解丢掉了这两种研究水平的前提,即"直接运用心理学理论"和"运用心理学理论",同时对这两者的区别也没能分辨出来,因此在书中将所谓"特有水平"上的传播心理现象孤立起来,甚至还将"注意"这种典型的心理现象排除在"特有水平"的研究之外。

解释水平的前提是"直接运用心理学理论",就是指直接运用心理学的基础理论、原理,如普通心理学、认知心理学、发展心理学等的研究成果去分析、解释传播活动中的心理现象,例如阐释我国受众对"典型报道"的态度,分析"粉丝"崇拜偶像的动机等。应当说目前我国绝大多数研究者都处于这个层次的研究水平上。"解释水平"的研究存在着很大的局限性,主要表现在心理学理论的应用会出现间接性和不系统性。这是因为"传播心理学并不是应用在传播活动中的普通心理学"(当然也包括社会心理学、认知心理学等基础学科)。这些心理学中高度总结出来的一般原理不能简单地套用到特殊领域,如传播活动之中,它们也不能说明在传播活动中存在的每一个具体问题,如新闻编辑或节目主持人心理上,还必须通过再研究,将一般原理转化为适合于解释传播主体的较低层次的理论。

虽然解释水平的研究存在一些弊端,但是从传播心理学的发展来看,这是一个不可逾越的阶段,而且其所经历的时间也是漫长的。由于这种具有普遍意义的基础性、原理性研究,对于指导传播活动具有非常重要的意义,因此,这种水平的研究应当是传播心理研究的一个重要内容。

特有水平研究的前提是利用心理学理论,在解释水平研究的基础上,结合传播实践进行附加的研究,即通过实证的或其他的研究方法发现一般的心理学规律在特定的传播活动中的表现形式和规律。例如,"注意问题不是研究注意的一般规律,而是研究特定媒介内容与特定受众和环境中的注意的规律"。又如,"什么年龄的儿童对什么特征的电视节目能持续注意多长时间等"。

按照对特有水平的这种理解,在传播活动中应当有相当丰富的研究内容,因为从理论上讲,任何一种心理学理论、原理都可以在传播活动中找到自己特殊的表现形式,而且这也是传播心理学研究的重点。但是这种水平的研究对研究者的学识、能力有很高的要求。目前

我们在这方面人才缺乏、鲜有成果。

《大众传媒心理学教程》的主编章洁专长传播学,近年来在传媒心理学方面发表了一系列有影响力的论文,使本书对于传播心理学的研究更深入了一步。我衷心地希望在相关学科学者的共同努力下,有中国特色的传播心理学研究可以健康地发展,不仅对理论,而且对传播实践活动的指导都能再跃上一个新的台阶。

刘京林

2010 年 8 月于北京

目 录

第一章

绪　　论

1882年初,尼采收到了一部丹麦制造的球形打字机,从而彻底挽救了他一度担心因为健康恶化而不得不彻底放弃的写作。这台最初为聋哑人发明的古怪机器,包括52个字母,只要练习充分,每分钟最多可以打出800个字符,即使闭眼盲打也不成问题。借助球形打字机,第二年尼采就写出了《查拉图斯特拉如是说》,其中第一部分的完工只花了10天时间。球形打字机的工具辅助犹如一场及时到来的甘霖,在带给尼采肢体便利的同时,也刷新了他的思路和文风。与用笔写下的《悲剧的诞生》不同,《查拉图斯特拉如是说》采用箴言体写作,其中长篇大论的深度思辨锐减,书中论断式的抒情和忠告比比皆是。尼采的一位朋友觉察到此中变化,并去信询问"是否是机器的力量"。尼采的回答毫不讳言:"你是对的,我们所用的写作工具参与了我们思想的形成过程。"

球形打字机的例子经常被用来说明,媒介和技术从来都不是客观中性的工具和中介,传播者借助它,大众使用它,它也反过来作用于大众和传播者,小到个人情感情绪和思维方式,大到整个社会运作的逻辑。

今天,智能手机、人工智能、推荐算法这些技术,充斥在各种媒体之中,每天提供给我们大量的信息、观念和娱乐,几近成为信息与思想的唯一来源,这些以不同形式存在的传播内容,或多或少,或显或隐,或自觉或不自觉,对接收者的心理产生深刻影响。大众传媒已经构成了我们的生活环境,其对日常生活的影响无处不在。

第一节　作为生活环境的大众传媒

所谓大众传播,是指专业化的媒介组织运用先进的传播技术和产业化手段,以社会上一般大众为对象而进行的大规模的信息生产和传播活动,它主要是通过报纸、广播、电视、电影、书刊、互联网等传播媒介,面向广大受众进行定时的、迅速的、不间断的信息传递。当今的互联网时代,媒体的样态和运作方式发生了很大变化,大众传媒作为专业守门人的地位受到社交媒体的挑战。但媒体的角色和功能并没有发生根本性变化,其功能依然可归纳为传播信息、引导舆论、实施教育、提供社会服务及丰富文化娱乐等五个方面。

作为大众传播载体的大众传媒在今天更得到充分的发展。互联网尤其是移动互联网的发展,为公众提供了高度自由的媒介环境,使得个体在媒介使用上享有空前的自治(Hasebrink & Domeyer,2012)。用户根据特定场景的特定需求,可自由选择媒介,并组成个体独有的媒介生态系统。然而,在媒介信息领域,至少有一个关键的不同点将它与其他营利性工业体系分开来,那就是它对人类意识的直接而难以测量的影响。

一、大众传媒构成我们的生活环境

在现代社会中,大众传媒已经成为我们生活环境的一部分,并经常地、广泛地诱导和制约着我们的日常生活。各种政治的、经济的、思想文化的信息,纷纷随同大众传媒的巨大辐射力以快捷、直接、形象具体的方式充斥着我们的生活空间。大众传媒十分具体地参与到我们的日常生活过程,成为我们的日常生活内容、生活方式和生活环境。

关于大众传媒对我们生活的影响,西方学者很早就进行了调查。1945 年,纽约报界的一次长期罢工使各家报纸停刊。美国学者伯纳德·贝雷尔森趁机以"没有报纸对人们意味着什么"为题进行调查。贝雷尔森访问了一些纽约市民,试图发现他们在看不到报纸时的举止有何不同,以及他们在看不到报纸时觉得失去了什么和有什么需要得不到满足。研究发现,一份日报对它的读者来说可能具有的用途有:提供社会交往或给予社会声望;更多的是提供有关公共事务的信息及解释;也时时作为日常生活的一种工具或消遣,并用作日常仪式的一部分。其中值得注意的是,在这种情况下,"读者说他们得不到满足的,主要不是指哪一类的和特定问题的新闻。人们说,没有报纸时,他们感到奇怪地'离开了世界',好像他们'不在'这个世界上;好像帷幕放下来使他们看不见外面了,尽管他们并不是常常看外面的"(Berelson,1949)。看报是一种习惯,没有报纸,人们也会寻找一种新的办法来消磨这段时间。所以,没有了报纸,他们便感到与某种已经习惯了的生活方式脱节。从这个意义上说,报纸能够给予人们最大的满足可能就是与日常生活息息相关的生活方式。

由科技部和文化部联名立项的课题"我国公众闲暇时间文化精神生活状况的调查与研究"于 2004 年公布,研究者对北京、上海、天津、哈尔滨、四川乐山、云南大理和丽江等城市公众的闲暇活动进行了调查,发现公众的闲暇时间整体上在增加,随之看电视的时间也增加了近 1 小时(59 分钟)。居民平均每天有 2 小时 39 分钟用在看电视上,占总闲暇时间的 46.22%,占全天的 11.04%。看电视是闲暇时间里占用时间最长的活动。2018 年索福瑞(CSM 媒介研究所)对 12 个城市(北京、上海、广州、深圳、天津、重庆、成都、西安、长沙、武汉、沈阳、南京)的研究表明,电视仍然是受众接触最多的媒介,网络紧随其后。近年来,伴随着智能手机终端的兴起,各大传统媒体纷纷转型。2020 年中国互联网络信息中心(CNNIC)的数据表明,网民每周上网时间可达 27.6 小时,每天将近 4 小时,已经超出了 2019 年我国电视人口平均日收看时长——约 2.1 小时。

由此可见,我们与大众传媒的接触越来越频繁。网络媒介的兴起,尤其是移动终端的广泛使用,占用了人们大量的碎片时间,并已经渗入从社会治理到日常支付的方方面面。数十年来,随着传播科技的发展,我们对大众传媒的依赖有增无减。可以说,我们已经离不开大众传媒了。

二、媒介现实源于客观现实但不等于客观现实

大众传媒传播的内容往往不是现实的完全真实写照。大众阅读、视听到的"事实",其实已经经过各级各类传播者的选择、解释和重构,在推送中还可能受到算法等技术的影响。一般而言,大众传媒提供的信息具有五个特点:

(1)大众传媒传播的信息并不全然真实地反映世界的真相与全貌;

(2)大众传媒传播的信息都经过复杂的筛选、包装、选择与组合;

(3)大众传媒呈现的信息,可能受到包括记者与编辑者、媒体部门与组织负责人、政府、政党、广告商等各种个人或组织的影响;

(4)媒体的传播科技特质,规定了媒体的表现形式或内涵,从而制约了大众传播媒介呈现信息的方式和送达路径;

(5)大众传播的接收者本质上是媒体工业运作下所产生的市场商品,是广告商欲触及的目标对象。

我们可以举两个例子来说明这个问题。

著名记者沃尔特·李普曼(Walter Lippmann)曾对美国《纽约时报》三年内关于俄国布尔什维克革命的报道进行研究,证明美国传媒由于受"组成新闻机构那些人"的愿望所主宰,其报道既不准确,又带有偏见。李普曼和查尔斯·梅尔茨对它在1917年2月至1920年初的报道进行了调查研究,发现其中报道布尔什维克政府行将垮台的消息达91次之多;它所援引的关于俄国革命的事件和暴行也都是缺乏事实依据的。

受众的视角受到新闻制作人对新闻材料处理的影响。昂特曼(Entman,1991)考察了美国媒体对发生在20世纪80年代的两组类似事件的报道:一是1983年大韩航空公司的一架客机被苏联战斗机击落,机上269名乘客和机组人员全部遇难;二是五年后一架伊朗航空公司的客机被美国海军舰艇击落,机上290人全部死亡。昂特曼对《时代周刊》《新闻周刊》《纽约时报》《华盛顿邮报》和哥伦比亚广播公司(CBS)的新闻报道进行了研究,认为这些报道由四个突出方面组成,它们构成了新闻解释的结构:

(1)事件。谁应该对事件负责?对大韩航空公司灾难的报道使人们对谁是凶手的疑问已经很少。《新闻周刊》封面的标题为"空中谋杀!",《时代周刊》封面的标题是"开火屠杀!"。文章指出"莫斯科"或"苏联"是罪犯。对伊朗航空公司灾难的报道则是充满了思考和疑问。"为什么会发生?"是《新闻周刊》的封面标题。《时代周刊》则只在封面的一角提及了这件事,写道:"海湾怎么了?"简而言之,大韩航空公司的灾难是被当作一个国家蓄意的阴谋——一种战争行为来报道,而伊朗航空公司的灾难仅被写成一种悲剧性的错误。

(2)解析。昂特曼认为从上述两个事件的图片报道中已经得到了答案。对大韩航空公司的灾难报道中,飞机的损坏是显而易见的。《新闻周刊》用了整个封面刊登飞机爆炸的照片。而对伊朗航空公司的灾难仅有一小幅图片报道。大韩航空公司的灾难遇害者名字被一一列出,还附有很多他们所经历的情感生活的描写。然而,伊朗航空公司灾难的遇害者名字并没有被列出,而事件后的详细报道是围绕这一"错误"的技术原因展开的。

(3)分类。昂特曼将五大新闻媒体中受访者认为的事件原因做了分析,并归之为"蓄意"或"错误"。他发现大多数被访者认为大韩航空公司的灾难是"蓄意"制造的,而伊朗航空公

司的灾难却是某种失误造成的。值得一提的是,《华盛顿邮报》的 16 份调查中,关于韩航事件造成的原因都归结于苏联方面的"蓄意",而关于伊航事件造成的原因大多归结于伊朗方面的"错误"。

(4) 概括。这些事故应该由谁负责?绝大多数人认为,韩航事件的责任人不是个人而是苏联政府,甚至是苏联这个国家。而伊航事件是个人失误,当然不会扩大到美国海军战舰文森斯号(USS Vincennes)和美国海军。

独立地看,对两个事件报道的主要区别在于侧重点不同——伊航灾难也许已有一个更明确的技术解释——或者作为新闻机构的倾向性,它也许反映了媒体拥有者的政治立场。但是昂特曼考察了全世界最有权威的 5 家媒体,发现其报道非常相似——都沿用长期以来的冷战思维。这些报道的措辞和图像导致了两种不同的观念。如韩航事件应在道德范畴进行评论,而伊航事件应局限在技术范畴。当然,各类观众所持的态度将最终决定这些评论在多大程度上塑造公众舆论。

从大众传播最日常的内容——新闻的选择中,我们就可以感受到,显著的人、有趣的人和事、反常的现象是大众传播最优先考虑的内容,坏消息被看成是真正的好消息,因为大众传播的信息接收者都对这类内容有极大的兴趣。反常的、显著的、有趣的内容,经常被强调、被突出,以致超出了它们本来的意义。久而久之,我们只看得到大人物而看不到小人物,有时甚至感叹历史是重要人物、知名人物的历史。

此外,世界虽然瞬息万变,但人自身受制于历史、文化和本性,并没有制造出比以往多得多的信息。现在,我们惊呼"信息爆炸",这些信息实际上是在"操作"层面上迅速膨胀,是泡沫信息。随着操作层面的日益高科技化,泡沫会越来越多。我们往往被自己制造的泡沫包围。大众传媒所传播的信息在形成过程中有太多被操纵的可能,我们每天接触的媒体,是一个蕴含着丰富意义与多元信息的潘多拉魔盒,人们很容易被光怪陆离、充满扭曲的媒体信息所误导。媒体操作明显地超越和制造着现实,因此,使用媒介也需要学习。

三、传媒表征与刻板印象

大众传播活动也是传受者在心理互动的基础上利用现代传媒进行信息传播的过程。在这一过程中,受众认为自己获得了真实信息,媒体也认为自己反映着真实信息。然而,媒体真实与受众理解之间的关系却是错综复杂的,在媒体真实后面有社会,有政府,有权力,有精英文化和传统文化,有作为反映这种真实的媒体的局限。而受众理解这种真实又掺杂了社会影响并受理解主体本身的种种限定。

对现代受众而言,其心理源泉主要来自媒介世界。美国新闻工作者和社会评论家李普曼认为:"我们的身外世界(即真实世界)变得越来越广阔而纷杂,如今人们已很难直接去感知它、把握它、理解它,诸如关税、贸易、财政预算、战争与和平等众多人们必须面对的问题,都远远超出人们直接接触、亲身感受的范围。因此,对绝大多数人来说,身外世界实际上已是'不可触、不可见、不可思议'的。"可见,媒介世界已成为人们直接接触的世界,而传媒对事物的表征对人们认识客观世界有着至关重要的影响。

美国心理学家 J.S. 布鲁纳将人类对其环境中周遭事物,经知觉而将外在物体或事件转换为内在心理事件的过程,称为认知表征。这里所谓的传媒表征(representation),是指客观事物在传播媒介中的反映,它是受众获得客观世界知识的重要基础。而所谓刻板印象,是指社会上对于某一类事物具有的一种比较固定、概括而笼统的看法。

"刻板印象"的英文为 stereotypes,这个单词有着十分有趣的来历。早期的印刷排版工人是按照字母的顺序查找字模来排版的。为了方便起见,他们把经常联合使用的词的字模捆绑起来,每次遇到连用就直接使用捆绑的字模而不必分别查找几次,以此加快排版速度。这些被捆绑起来的字模就叫作 stereotypes。后来,"刻板印象"的词义得以延伸,在社会科学研究中一般指"以选择及建构未经发展的、概括化的符号,将社会族群或某群体中的个别成员予以类别化的做法"。简单地说,就是人们对某个社会群体形成的一种概括而固定的看法。一般来说,生活在同一地域或同一社会文化背景中的人,在心理和行为方面总会有一些相似性,同一职业或同一年龄段的人,他们的观念、社会态度和行为也可能比较接近,人们在认识社会时,会自然地概括这些特征,并把这些特征固定化,这样便产生了社会刻板印象。因此,刻板印象本身包含了一定的社会真实,所以,它通常成为人们简化认识过程、迅速适应环境的手段。但是,这种固定的、高度概括的方式不但有可能是非常片面的,而且很难随着现实的变化而发生变化,它往往阻碍人们看到新的现实,接受新的观点,从而导致人们对某类群体的成见。

刻板印象的形成主要有两种途径:一是个人的亲身经验;二是社会学习,即从父母、老师、同学、课本及媒体习得而来。在各种媒体异常发达的今天,大众传媒既是个体了解外在世界的主要窗口,也是刻板印象形成的重要途径。

有学者推算(Gerbner,2000),美国儿童每周平均要在电视剧中接触到 350 多个不同的人物形象。过去人们绝不可能看到如此丰富多彩、各种各样的人物。传媒,特别是电视剧,给我们提供了难忘的真实生活中可能碰到的职业群体形象。在英国,人们有关监狱生活的许多观念,以及犯人行为和活动的情况,都来源于电视连续剧《服刑》。而我们当前对军营生活的了解也很可能来源于电视剧《士兵突击》。

尽管传媒对职业群体的表征有助于提升这类职业的形象,但一些职业群体的成员经常批评这一表征不具有现实性。英国一些中小学教师抱怨其频道播出的电视连续剧《教师》,过度渲染了剧中教师吸毒、酗酒和滥交的情况。当然,也有人认为该连续剧本质上体现了人文精神,塑造的人物有趣、可信,消除了人们对教师的一些"僵化"的刻板印象。

这里隐含着一个假设,即传媒有尽量准确地描述社会群体的道德义务。这对新闻和时事节目也许是合理的,但对于虚构的电视剧,也许需要以一定的失真为代价,来体现作者和制片人的艺术自由。

对传媒中不同社会群体的描述,人们最关心的是这些群体的代表性不足和刻板印象问题。1999 年,英国某慈善机构调查发现,尽管事实上老年人占英国总人口的 21%,但他们在电视中只占到 7%(Nelson et al.,1998)。不仅如此,在电视人物中,老年男子出现的人数是老年女子的两倍,跟现实中的比例刚好相反。在少数民族群体中也发现了类似的代表性不足的问题。南加州的一项研究发现,在该地区电视广告中出现的人物,86% 是白人,只有 1% 是拉丁人,2% 是亚裔美国人。而现实中,后两类群体加起来要占该地区人口的三分之一(Coltrane & Messineo,2000)。

在柯特兰和梅西纽(Coltrane & Messineo,2000)的研究中,研究者得出结论说,广告中的白人角色已婚的人数是非洲裔美国人的两倍,而且非洲裔美国人跟其他群体相比,更可能被描述成有攻击性的。这不但对黑人,对整个社会也是一个问题,因为这种刻板印象不可避免地会导致种族偏见。如白人警察在处理黑人嫌疑犯时,如果认为那些嫌犯更可能做出暴力反应,这些警察就会更快地采取防卫(也许是暴力的)措施。另外,种族主义的信念也可能是通过那些看似正面的表征而得以传播的(Hall,1980;Hoberman,1997)。比如将非洲裔看成"天生的运动员",这会强化其他一些更负面的关于人类能力种族差异方面的观念。

关于传媒表征与刻板印象,研究最多的是性别刻板印象的形成。有研究者(冯媛,1998)对我国8家主流报纸(《人民日报》《光明日报》《法制日报》《经济日报》《农民日报》《中国青年报》《工人日报》《文汇报》)新闻版新闻作品进行研究后发现,男性新闻人物在出现频率、被引用频率和被拍摄频率等方面都远远超过女性,其中在有言论被引述的新闻人物中,男性占91%,女性占9%。男性新闻人物中的职业身份较重要者(如政治领导人、企业团体负责人)占男性新闻人物的70%,女性新闻人物中政治性身份者仅占18.7%。

另有一些研究者(刘晓红、卜卫,2001)对广告中的女性形象进行了分析,结果表明,广告中的女性职业角色有51.6%为家庭妇女,而男性职业角色中科教文卫及领导管理者占47%。广告中女性出现的地点51.5%是在家庭,出现在工作场所的只占14.5%,而男性即使出现在家里,也多为娱乐(31%),做家务的只有5.3%。

在一项非常全面的内容分析中,考夫曼(Kaufman,1999)考察了各个不同观看时段电视广告中塑造的伴随儿童的男女人物形象。总的来说,广告中的男子很少在孩子母亲不在场时跟儿童单独出现,尽管这一广告模式在美国足球赛期间稍有不同(此时屏幕上更可能出现体育设施广告或赛事,而且更可能出现父亲与孩子一起在院子里踢球的场景)。该研究中最有趣的是与父母一起出现的孩子的年龄,以及他们参与的活动。男子的照看对象更可能是婴儿而不是学龄儿童。对表1.1数据的进一步分析表明,广告中男子的儿童照看行为毫无二致地指向男孩。男性还比女性更可能参与孩子的教育活动,以及饮食和游戏活动。特别是游戏,它成为父子广告中一个独有的特征。这些数据表明,男性虽然比过去更多地跟家庭在一起,其活动还主要局限于饮食、游戏和教育。

表1.1 广告中的亲子交往:父母的性别和活动的性质(Kaufman,1999)

单位:%

塑造的活动	父 亲			母 亲		
	婴儿	儿童	少年	婴儿	儿童	少年
照看儿童	33	7	—	37	27	6
教育	11	29	22	5	10	6
吃饭	—	35	44	—	22	19
游玩	56	37	22	58	22	13

由于传媒广泛地渗透我们的心理生活,其内容不可避免地影响着我们对其所传递的现象的理解。人们可能透过传媒中社会群体的表征来理解自己。那么,传媒意象是对现实的反映还是有助于塑造现实?对该问题的回答,实际上依赖于我们如何定义"现实"以及我们相信传媒能起多大的作用。从本质上看,该问题是有关色情和暴力"影响"争论的再现。的确,克雷格(Craig,1985)指出,我们对传媒有如此的依赖,因此问题不是传媒表征反映现

实,而是它本身就"构成"现实。

由于大众传媒的某些倾向性,人们在心目中描绘的"主观现实"与实际存在的客观现实存在一定的偏差。李普曼认为,大众传媒的内容是一种营造"拟态环境(pseudo-environment)"的活动,大众传媒对现实中的事件和信息进行选择与加工并重新加以结构化之后,向人们展示出一个象征性的环境,不仅制约着人们的认知和行为,而且通过制约人们的认知和行为来对客观的现实环境产生影响。

社会要作为一个统一的整体存在和发展下去,就需要社会成员对该社会有一种"共识",也就是对客观存在的事物、重要的事物以及社会的各种事物、各个部分及其相互关系要有一个大体一致或接近的认知。只有在这个基础上,人们的认识、判断和行为才会有共通的基准,社会生活才能协调。在现代社会,大众传媒责无旁贷地承担了这个形成公众"共识"的任务。研究传媒表征、消除刻板印象也因此变得重要。

第二节 大众传媒心理学的研究对象

任何一门学科都有自己特定的研究对象,不同的研究对象和研究视角构成一门门互不相同的学科。有没有自己特定的、贴切的并且相对固定的研究对象和研究视角,同有没有自己独有的概念、范畴、知识体系和结构框架一样,是判断一门学科是否成熟、是否可以称作一门科学的重要标志。

一、心理学与大众传媒

传媒与心理发展互为依存、密不可分。传媒具有寻求信息、人际交往、娱乐休闲等功能,这些功能的最终实现离不开人的心理。而人的心理发展和社会化也离不开传媒巨大的影响。因此传媒与心理学的关系绝不是牵强的,建立系统、完整的传媒心理学也是可能的。

早期的传播研究主要是由心理学者和社会学者进行的,因此一些现在被归入传播效果"里程碑"的研究,实际上是心理学研究,如1946—1961年由霍夫兰领导的"耶鲁传播与态度改变计划"。20世纪60年代初,开始出现由传播学者所进行的大规模传播研究,这些研究被认为是传播学研究向传播学者易手的转折点(德弗勒、丹尼斯,1989)。但心理学并未和心理学者一起退出传播研究领域。

研究大众传媒的传播学与心理学的学缘源远流长。传播学的"四大先驱"中就有两位心理学家:德裔美国心理学家勒温(K. Lewin)和美国社会心理学家霍夫兰(C. L. Hovland)。尤其是霍夫兰的态度研究被认为是传播学中的经典研究。美国传播学者赛弗林(Syverlin)和坦卡德(Tancad)对霍夫兰领导的研究小组的评价是:"这个集中了(美国)心理学界最出色人选的班子所从事的大型研究项目被认为是现代态度改变研究的开端,而且是大众传播理论若干重大贡献的渊源。"德国学者马莱茨克(Maletzke)于1963年提出的"大众传播过程模式"是传播学与心理学彼此渗透、相互结合的明证。"使用与满足"理论的创始人丹尼斯·麦奎尔(Denis McQuail)和他的助手斯文·温德尔(Sven Windahl)曾指出,该模式是"数十年来

7

从社会心理学角度研究大众传播之总结"。这是一个"有条理的、经过周密考虑建立起来的模式,显示出大众传播是一个心理上非常复杂的社会过程,其中解释可能多属于多因素类型而不是单因素类型"。

作为传媒心理学研究核心的效果研究,更是体现了传媒与心理学相互依存、密不可分的特点。无论是魔弹论、有限效果论,还是使用与满足论、积极受众论,都与心理学的发展紧密相连,都打上了同时代心理学发展理论的烙印。

1991 年,里夫斯和安德森(Reeves & Anderson)在《传播学研究》期刊上撰文探讨心理学理论与传媒研究的关系,提出这两门学科谁都难以离开对方。对传媒研究者来说,他不能忽视看电影或录像时观众涉及的认知加工;对心理学家而言,认知心理学和发展心理学的理论可通过对传媒应用的思考得以丰富,特别是研究阅读对认知一般理论的影响。里夫斯和安德森引用了著名认知心理学家乌尔里克·奈瑟的话,即"心理学若不能解释日常生活中的经验,就几乎忽视了该自然学科的所有领域"(Neisser,1976)。

对 20 世纪七八十年代北美社会心理学期刊进行搜索,就可以发现大量有关电视和电影"影响"的研究论文。大多数研究都认为,电视远不是人们所想象的在客厅角落里的无害魔盒,而是想象和信息之源,它可以使默从的、天真无邪的孩子变成愚蠢的怪人,甚至变成杀人不眨眼的凶手。

许多心理学研究的征兆表明,它基本上是问题驱动而不是好奇心驱动的。换言之,进行这些研究是为了寻找传媒不良影响的科学证据,而不是出于理解传媒总体上如何影响行为的理性需要。因此,研究的设计使我们很可能获得暴力传媒节目与攻击性行为间在统计上具有显著意义的因果关系。这类作为结果而发生的研究文献使莱纳德·埃伦(Leonard Eron),这位该领域的主要研究者,认为传媒暴力与攻击性行为之间的因果关系,就如抽烟跟肺癌间的因果关系一样有说服力(Eron,1993)。

尽管人们对有关传媒暴力的实验研究之不足具有广泛的认同,但其研究范式已深入传媒本身及政治家的内心,他们继续对传媒暴力与反社会行为间的直接关系做出牵强的判断(Barker & Petley,1997)。舆论一致认为埃伦是对的,即没有必要再进行所谓的实验或调查,因为毫无疑问地,两者间存在着的因果关系已被证明了。然而,也有一些对传媒暴力的研究借鉴了当今社会心理学的一些理论与方法(如 Shaw,2001),对很多人来说,此问题远未得到解决。

二、传媒心理学的研究对象

大众传播学是交叉学科,心理学又是综合学科,大众传媒心理学必然是经过交叉、综合后形成的应用学科。

每门学科都有它独立的、其他学科不可替代的研究对象,那大众传播心理学的研究对象是什么呢?

中国传媒大学新闻传播学院刘京林(1997)教授认为:"大众传播心理学的对象概括讲是研究大众传播活动中传受者的心理及其行为规律的科学。具体讲,是研究因大众传播诸因素引起的传受者显在或潜在的心理和行为的形成、发展、互动等的特点和规律及传受者的生理和心理机制的科学。"

云南大学新闻系教授敬蓉(1999)把大众传播心理学界定为:"大众传播心理学是运用现代心理学理论和成果,研究通过报纸、广播、电视等大众媒介进行的新闻、政治、经济、社会、观念、知识、商品、娱乐等多种信息传递的大众传播活动中,人的心理现象和心理活动规律的科学。"

在编写本教材时,笔者查阅了大量文献,从丹尼斯·麦奎尔和斯文·温德尔所著的《大众传播模式论》一书中,得知德国学者马莱茨克曾经撰写过内容广泛的《大众传播心理学》,书中他使用了他本人1963年创建的"大众传播过程模式"(也被称为"马莱茨克模式",这一模式从社会心理学角度研究了大众传播过程的相关因素),并对每一个关系、因素和要素都做了详尽的论述。

综合各种观点,我们对大众传媒心理学的研究对象做如下界定:大众传媒心理学是研究大众传播活动中传播者和接收者的心理及其行为规律、大众传播媒介的发展对社会心理与社会行为的影响及规律的科学。

第三节 大众传媒心理学研究的现状

直到20世纪70年代,国内才有一些专家开始系统研究传播学,但以向国内读者介绍传播学知识为主。到80年代,大学新闻系开始设置有关传播学的课程。作为一门年轻的学科,传播学、大众传播学在我国的传播与普及时间不长。此外,大众传媒心理学是一门交叉、综合性学科,涉及领域相当宽广,短期内要厘清其研究的脉络,是件很不容易的事。目前,我国关于传媒心理学的学科框架的建构研究已经开始,并进入成果较为丰硕的阶段。

一、传媒心理学研究的代表作

按照复旦大学新闻学院教授张骏德的说法,大众传播心理学初步形成为学科应在20世纪末、21世纪初。目前来看国内比较突出的代表作有以下几本。

1.刘京林的《大众传播心理学》

这本著作从现代心理学视角研究大众传播,研究对象有两种视域:一是传播渠道;二是认识主体。该书分别阐述大众传播心理学的对象,传受者心理的实质,西方现代心理学理论在大众传播活动中的应用(包括"行为主义和大众传播""精神分析与大众传播""人本主义与大众传播""认知心理学与大众传播"等章),在大众传播活动中传受者心理互动的特点与规律,大众传播中特有的心理现象和传播策略的心理分析等,已形成自己独特的体系,在研究大众传播的特有心理现象及其心理分析方面有所突破。

2.敬蓉的《大众传播心理学导论》

这本著作的研究内容包括:心理因素对大众传播活动的影响(需要与动机、注意、认知、图式、情感态度等),大众传播对心理因素的影响(认知影响、态度影响、行为影响等),传播者心理特点和受众心理特点(社会化心理、受众符号化心理等),大众传播活动中的偏见与障碍,等等。

3. 童清艳的《超越传媒:揭开媒介影响受众的面纱》

这本书作为"新闻与传播理论丛书"之一,从现代认知心理学的核心概念——认知结构入手,探讨人们于现代媒体中获取知识(或信息)的方式和途径,以及在这一过程中传媒受众认知结构所表现出的诸特征。此书从概念辨析入手,论证传媒与受众、媒介信息与受众认知结构的互动关系,从而揭示媒介影响受众的"面纱"。

4. 刘晓红、卜卫的《大众传播心理研究》

这本著作出版于 2001 年 1 月,作者通过大量阅读传播学学科的发展史及传播学效果理论的相关文献,以及认知心理学、社会心理学方面的文献,从传播活动对人的影响这个思路入手,分四个部分对大众传播心理做了研究:大众传播的内容和影响因素、大众传播影响过程研究、大众传播的结果,以及心理学和大众传播研究的关系。

5. 方建移、张芹的《传媒心理学》

此书受到了较多的同行关注。内容分为三个部分:第一部分讲述了传媒心理学的研究对象与现状、理论、研究方法、影响传媒致效的内外因素、传媒表征与刻板印象、受众心理;第二部分主要包括当前传播学界普遍关注的一些领域,如暴力传媒、色情传媒的心理影响,传媒对亲社会行为的影响,以及儿童与电视的关系;第三部分主要是一些专题研究,内容有新闻心理、广告心理和互联网心理等。

以上这几本著作各有千秋,应该说对大众传播心理学的构建都做出了探索性研究。但从总体上看大众传播心理学研究体系尚未成熟,有待完备。

二、传媒心理学研究的现状

参照申凡教授的说法,我国对传媒心理学的研究可分为两个阶段:第一阶段从 20 世纪 80 年代初到 80 年代末,主要以新闻心理研究的形式呈现,虽然研究方法单一,但是它研究的传者(记者、编辑)心理、受众心理,研究的采访、写作、编辑活动中的心理规律,对新闻学研究起到补充、拓展领域的作用;第二阶段从 20 世纪 80 年代末至今,直接以传媒心理学的形式展开,虽然研究方法日益严密与科学,但是内容要么与传播学理论重复、重叠,要么是对传播中的心理术语的简单解释,这些研究尚不能达到补充传播学与拓展传播学研究空间的作用。

中国社会心理学会传播心理专业委员会多年来编辑刊发《新闻与传播心理学研究动态》,主要从国内新闻学、传播学和心理学核心刊物中遴选有关传播心理学研究方面的论文。通过对 2019 年度选录的 95 篇论文进行文本分析后发现:其中真正属于传播心理学论文的只有 57 篇,占总数的 60%。

中国传媒大学的刘京林教授,作为我国传媒心理研究的先驱,指出从 20 世纪 80 年代以来,尤其是近 20 年,我国的新闻与传媒心理学研究在教学、科研、学会活动及为传媒实践服务等方面都取得了显著的成绩,传媒心理学从不为世人所知到被学界、业界认可。但是需要清醒地看到传媒心理学在发展中存在的最大问题,就是与传播学研究的重复和重叠。目前我国传播心理学的研究仅是同类研究的统称,与成为一门相对独立的学科相去甚远(刘京林,2020)。

目前我国传媒心理学还处于初创和萌芽阶段。从目前已出版的传播心理学著作来看,它们还没有统一的理论框架,基本上是根据各人已有的知识结构来写的。有些著作虽然书名为传播心理学,但侧重点却是文化传播或人际传播的内容。这些研究一般有三种思路:一是从认知主体的角度,如记者、编辑、主持人、广告人等,囊括所有信息传播者;二是根据传播学的5W要素来写;三是根据心理学的各理论流派来解释传受心理。专门研究传媒心理学的成果鲜能见到。我们认为,目前为数不多的这些传播心理学研究虽各有特色,但也有不足:一是容易落入心理学解释的俗套,通常用普通心理学和社会心理学理论框架中的原理来观察、解释传媒领域中的心理现象,结果把这些领域中有机联系的心理系统切割成互不联系的零碎心理现象;二是只停留在理论和历史考察层面,缺乏实证研究;三是传媒特色不明显。

国外有关受众心理的研究最早可以追溯到16世纪,但可被称为传媒心理学先驱的,是一批从20世纪60年代初开始从事传媒活动的心理学工作者。1982年美国成立了传媒心理学协会,旨在促进心理学家和心理健康问题的专业人员参与传媒活动,制定心理学家参与传媒活动的伦理和职业标准,对公众进行传媒教育。1985年该协会成为美国心理学会第46分会——传媒心理学分会,1997年更名为"传媒与传播技术心理学分会"。在北美,绝大多数大学设有传媒与传播系,广泛从事传媒心理学研究。有许多教职员工受过定量研究的心理学训练。他们的工作被纳入"传播科学"或"传媒研究"范畴,研究成果发表于诸如《广播与电子传媒杂志》和《传播学杂志》等刊物上。国际传播协会每年都召开一次学术会议,其间提交的许多论文都涉及传媒心理学这个主题。然而,在北美的心理学系却鲜有开设传媒心理学课程的。

传媒心理学的覆盖面很广,大大超过诸如音乐心理学等学科的研究领域。这部分是由于已经存在着一些包含在传媒心理学内的学科,如广告心理学、新闻心理学和互联网心理学。

三、传媒心理学的未来

在我国,传媒心理学学科体系的建立尚在探讨之中,目前主要有以下几种代表性的构思。

广西大学新闻系虞达文教授建议,先建立与新闻关系更密切的大众传播心理学,弄清它的学科从属、领域范畴。传播心理学属于心理学分支,从领域来看,它是传播学的边缘学科,应以社会心理学、普通心理学、认知心理学、思维心理学等相关原理为主线;作为传播学的边缘学科,它应将大众传播研究的五个层次,即传者—信息—传媒—受众—效果,作为横向的基本构架。

华中科技大学新闻传播学院申凡教授认为,在建立传播心理学的构想上,可以从对传播学研究拾缺补漏的地方入手,开拓自己的领域;也可以把传播学中已有的心理研究作为起点,再向纵深方向研究。

四川省社会科学院林之达研究员的思路是:第一步,考察、揭示传播系统(包括传播的各外延)与心理系统原来是人类精神生产流水线上紧紧相扣、不可分离的工序;第二步,沿着传播领域各心理系统本来有机联系着的脉络建构传播心理学(包括新闻心理学、教育心理学、宣传心理学在内的各分支学科)的理论框架。

中国传媒大学国际传播学院陈卫星教授希望从帕洛·阿尔托学派的基本原理出发,把传播作为一个被整合的社会现象来考察,把人际关系与社会关系结合起来考虑,从元传播入手,从非传播的模态中找出传播的可能性,从而探讨传播心理学的建构过程。

2002 年,中国社会心理学会新闻与传播心理专业委员会成立。新闻与传播心理专业委员会成为中国社会心理学会的一个专业分会,由此可以看出,大众传播心理学是一门应用型学科。

中国社会心理学会传播心理专业委员会秘书处,所在地为中国传媒大学新闻学院传播心理研究所,在刘京林教授的主持下,编辑刊发《新闻与传播心理学研究动态》,该动态是面向新闻与传播心理研究者定期发布的一种内部交流电子刊物,每年辑录四期,主要从国内新闻学、传播学和心理学核心刊物中遴选有关传播心理学研究方面的论文,目前每年收录的研究数量越来越多。

2020 年在汕头大学召开了第十二届全国新闻与传播心理研讨会暨中国社会心理学会新闻与传播心理专业委员会第九届年会。从众多的研讨文章来看,传播心理学研究聚焦新冠肺炎疫情等社会现实问题,强化新闻与传播心理学基础研究和实践探索,研究丰富多彩、成果丰硕;对互联网心理(网络心理)的研究引人瞩目。我们有理由相信,大众传播心理学的研究也有着美好的前景。

本章要点

1. 在现代社会中,我们越来越频繁地接触大众传播媒介,并越来越多地通过媒介来了解世界。大众传媒已经十分具体地参与到我们的日常生活过程,成为我们的日常生活内容、生活方式和生活环境。

2. 大众传媒传播的内容往往不是现实的完全真实写照。大众阅读、视听到的"事实",其实已经经过各级各类传播者的选择、解释和重构。

3. 媒介世界已成为人们直接接触的世界,而传媒对事物的表征对人们认识客观世界有着至关重要的影响。大众媒介不仅横亘于人与社会之间,也横亘在人与人之间。

4. 刻板印象的形成主要有两种途径:一是个人的亲身经验;二是社会学习,即从父母、老师、同学、课本及媒体习得而来。在各种媒体异常发达的今天,大众传媒既是个体了解外在世界的主要窗口,也是刻板印象形成的重要途径。

5. 传播学与心理学的学缘源远流长。传播学的"四大先驱"中就有两位心理学家:德裔美国心理学家勒温(K. Lewin)和美国社会心理学家霍夫兰(C. L. Hovland)。尤其是霍夫兰的态度研究被认为是传播学中的经典研究。

6. 大众传媒心理学是研究大众传播活动中传播者和接收者的心理及其行为规律、大众传播媒介的发展对社会心理与社会行为的影响及规律的科学。

基本概念

1. 大众传播:专业化的媒介组织运用先进的传播技术和产业化手段,以社会上一般大众为对象而进行的大规模的信息生产和传播活动。

2.传媒表征:客观事物在传播媒介中的反映,它是受众获得客观世界知识的重要基础。

3.刻板印象:社会上对于某一类事物具有的一种比较固定、概括而笼统的看法。

思考题

1.请你结合下面的"外媒抹黑中国"的事例,谈谈错误的刻板印象是如何形成的。

2020 年,新冠肺炎疫情暴发。当中国被疫情困扰的时候,部分西方媒体报道:中国人茹毛饮血不讲卫生,滥捕滥杀野生动物,连蝙蝠都吃,而且医疗体系落后,这才导致了这次疫情;华裔更容易感染病毒。当疫情出现在欧洲、美洲的时候,民众都不愿戴起口罩来进行防护,最终导致情况失控,而此时中国的发病人数已经大幅下降。此时部分西方媒体再次开始指责中国数据造假:"中国肯定隐瞒不报,不然为什么病毒在我们国家的致死率这么高?"

（资料来源:综合 2020 年 1—2 月外媒曲解中国的系列报道）

2.请认真阅读传媒心理学的一本代表作,并谈谈你的体会。

3.怎样理解传媒心理学的研究现状与未来发展?

第二章

行为主义心理学与大众传播研究

德国心理学家艾宾浩斯有一句名言,即心理学有一个悠久的过去,但只有短暂的历史。1879 年,冯特在德国莱比锡大学建立了世界上第一个心理学实验室,标志着科学心理学的诞生。

在科学心理学诞生后,由于实验方法的采用,心理学得到了长足的发展,不同理论倾向的心理学家开展了多种多样的实证研究,并提出了各种不同的理论观点,形成了大大小小的心理学流派。在实验心理学建立的早期,存在着内容心理学与意动心理学之争。美国心理学产生以后,又出现了构造心理学与机能心理学的对立。1910 年以后,西方心理学内又产生了行为主义、精神分析和完形学派。这些流派又进一步分化和演变,并由此诞生了新行为主义、精神分析的自我心理学和社会文化学派。20 世纪 50 年代以后,人本主义心理学作为行为主义与精神分析之后心理学的第三势力得到了空前的发展。50 年代末和 60 年代初的认知革命又促进了信息加工认知心理学的诞生。目前,人本主义心理学与认知心理学是西方心理学的两个主要发展方向,其他心理学流派都在不同程度上受到这两种研究取向的影响。20 世纪 90 年代以来方兴未艾的积极心理学,又给社会治理、传播学研究和新闻实践带来了崭新的视角。

在上一章中我们已经提到,研究大众传媒的传播学与心理学的学缘源远流长,作为传媒心理学研究核心的效果研究,更是体现了传媒与心理学相互依存、密不可分的特点。无论是魔弹论、有限效果论,还是使用与满足说、积极受众论,均与心理学的发展紧密相连,都打上了同时代心理学理论的烙印。哪怕是时间相隔甚远,各种心理学流派的影响非常深远。比如现在基于算法对用户进行的定向"信息投喂",就显露出行为主义的底色。

行为主义、精神分析、人本主义、认知心理学和积极心理学是 20 世纪以来最有影响力的心理学流派,不仅在心理学领域,对其他社会科学也产生了巨大而深远的影响。本书第二章至第六章分别介绍这几个心理学流派的理论及其对传播学研究的影响。

行为主义心理学(behavioristic psychology)是现代心理学主流派别之一,被称为西方心理学第一势力(first force)。行为主义(behaviorism)的根本特点是排斥意识,主张将行为作为心理学的研究对象。

行为主义的发展大致可分为三个时期:1913—1930 年为早期行为主义或古典行为主义时期,代表人物是美国心理学家华生等。1930—1960 年为新行为主义理论时期,代表人物有托尔曼、斯金纳等。行为主义心理学在美国心理学研究领域处于主导地位长达50多年，到20世纪60年代初期，已表现出严重的缺陷与不足。行为主义心理学的实证主义哲学基础、严格的环境决定论，以及人与动物不分的观点遭到了越来越多的反对。在这种历史条件下，一部分新行为主义者试图在行为主义与认知心理学之间取一条折中道路，从而导致了新的新行为主义（new neo-behaviorism）的诞生。这就是行为主义发展的第三个时期。这一时期的代表理论有班杜拉的社会学习理论、罗维尔的社会行为学习理论和米契尔的认知社会学习理论等。其中最有影响的当属社会学习理论。

第一节　华生的古典行为主义

一、生平介绍

约翰·布罗德斯·华生（John Broadus Watson，1878—1958），生于南卡罗来纳州格林维尔城外的一个农庄，是美国行为主义的创始人。1903年获芝加哥大学博士学位，后任芝加哥大学讲师和心理实验室主任。1908年转任约翰斯·霍普金斯大学教授，后因离婚案件，转入广告行业。1915年当选为美国心理学会主席。第一次世界大战期间，曾在美国空军系统任职。1957年，美国心理学会授予华生金质奖章。

1913年，华生在《心理学评论》杂志上发表《行为主义者心目中的心理学》一文，对传统心理学方法和理论框架提出公开的挑战，标志着行为主义心理学的正式诞生。1919年，华生在其出版的第二本专著《行为主义的心理学》中，对行为主义观点进行了全面系统的阐述。华生的代表作有《行为：比较心理学导论》（1914）、《行为主义的心理学》（1919）、《行为主义》（1924）等。

二、主要观点与经典研究

华生主张心理学应该摒弃意识、意象等太多主观的东西，只研究所观察到的并能客观地加以测量的刺激和反应。他认为人类的行为都是后天习得的，环境决定了一个人的行为模式，行为就是有机体用以适应环境刺激的各种躯体反应的组合，有的表现在外表，有的隐藏在内部，在他眼里人和动物没什么差异，都遵循同样的反射规律。

（一）心理学的性质与研究对象

华生认为心理学"纯粹是自然科学的一个客观的实验分支"，否则便没有存在的可能和必要；心理学的任务是预测和控制人的行为，而要做到这一点，就必须确定刺激和反应之间联系的规律，既能根据已知刺激预测可能发生的行为反应，也能根据已知反应有效地判断刺激的性质。

关于心理学的研究对象，华生认为心理和意识不可捉摸，无法证实，因而是根本不存在的东西，心理学必须将可以观察、可以相互证实的客观现象作为自己的研究对象，这个客观现象就是人和动物的行为;行为是有机体适应环境的反应系统,其构成单位是刺激与反应的联结,无论是刺激还是反应都可归于物理化学性质的变化,人类的全部行为包括通常所说的心理,都不过是一些物理化学变化引起的另外一些物理化学变化而已。

(二)心理学的研究方法

在研究方法上,华生强调采用客观方法研究行为。在对内省法进行激烈批评的基础上,华生主张在行为研究中大力采用观察法、条件反射法、言语报告法、测验法和社会实验法,以便使心理学的研究结果更加客观和可靠,且使不同的研究人员可以相互验证和交流彼此的研究成果。

(三)遗传与环境的关系

华生在早期并不否认遗传的本能之存在,只不过把本能看作一种由许多在适当的刺激作用下系统地展现出来的先天性反应所形成的组合。可是,他后来却主张在心理学中取消本能的概念,认为在心理学中不再需要本能概念。他将人们所讲的本能动作都归入学习行为,认为这些动作是由于学习而得到的结果。

华生否认遗传的本能行为之后,认为人的行为类型完全是由于环境造成的。他说:"请给我十几个健康而没有缺陷的婴儿,让我在我的特殊世界中教养,那么我可以担保,在这十几个婴儿之中,我随便拿出一个来,都可以训练他成为任何一种专家——无论他的能力、嗜好、趋向、才能、职业及种族是怎样的,我都能够训练他成为一个医生,或一个律师,或一个艺术家,或一个商界领袖,甚至也可以训练他成为一个乞丐或窃贼。"这段话一直被人们公认为环境决定论的经典表述。

(四)恐惧形成实验

1920 年,华生和他的研究生雷娜共同发表了一篇十分有影响的实验报告,题目叫《制约情绪反应》,也就是大家熟知的恐惧形成实验。实验对象是一个只有 11 个月大的男孩阿尔伯特。实验者先呈现一只白鼠,当看到阿尔伯特要去摸白鼠时,在他背后出现铁锤敲打钢条的尖锐噪音。由于尖锐噪音的干扰,阿尔伯特立刻表现出恐惧或哭叫行为。在一星期中,经过连续 7 次这样的配对呈现,本来并不害怕小白鼠的阿尔伯特一见到白鼠就哭叫起来(即使不伴随尖锐噪音),并表现出逃避。在实验后期,阿尔伯特出现了刺激泛化现象,即看到其他白色的东西如白猫、棉花甚至老人的白胡子,都会表现出恐惧情绪反应。华生由此认为,不仅简单的运动习惯,而且重要的持久的人格特征、情绪倾向性等,实际上也可以通过条件反射获得。

我国心理学家、曾任浙江大学校长的郭任远(1898—1970)也做过经典的实验"猫鼠同笼"。实验表明:猫与鼠这对天敌能够友好相处,并以此得出行为是后天习得的结论。他们还拍摄了一张老鼠骑在猫身上的照片,连同实验报告《猫对鼠反应的起源》刊登在美国《比较生理心理学》杂志上,轰动美国,引为奇闻。

第二节　斯金纳的新行为主义

一、生平介绍

伯勒斯·弗雷德里克·斯金纳(Burrhus Frederick Skinner,1904—1990),出生于美国宾夕法尼亚州的一个律师家庭。他在哈佛大学攻读心理学,成为著名心理学家埃德温·加里格斯·波林(Edwin Garrigues Boring,1886—1968)的学生。1931 年获得哲学博士学位并留校从事研究工作。1939 年在明尼苏达大学任教。第二次世界大战期间,曾在美国科学研究和发展总署服役,采用操作条件作用的方法训练鸽子,用以控制飞弹和鱼雷。1945 年任印第安纳州立大学心理学系系主任,1948 年转任哈佛大学教授直至 1970 年退休。

斯金纳毕生致力于行为的实验分析,在美国心理学界享有很高的声誉。1958 年美国心理学会授予斯金纳杰出科学贡献奖;1968 年美国政府授予他最高科学奖——国家科学奖章;1971 年美国心理学基金会赠予他一枚金质奖章;1990 年美国心理学会授予他心理学毕生贡献奖。

斯金纳的代表作有《有机体的行为》(1938)、《科学与人类行为》(1953)、《言语行为》(1957)、《教学技术》(1968)、《关于行为主义》(1974)等。他的小说《沃尔登第二》(1948)和《超越自由和尊严》(1971),曾在美国社会中激起巨大的反响和争议。

二、主要观点与经典研究

斯金纳是新行为主义的代表人物。他受实证主义哲学的影响,认为研究意识现象没有意义,主张心理学应描述环境和有机体行为之间的关系。他致力于行为的实验分析,在巴甫洛夫经典条件反射的基础上,创立了操作条件反射并提出条件反射的强化联结理论。他创制了研究动物学习活动的仪器——斯金纳箱,还是现代计算机辅助教学的前身程序教学和教学机器的创始人之一。斯金纳是极端的环境决定论者,认为可以通过操纵刺激条件来塑造动物的行为,并创造了训练动物行为的方法。

(一)操作性条件反射

操作性条件反射这一概念,是斯金纳新行为主义学习理论的核心。斯金纳把行为分成两类:一类是应答性行为,这是由已知的刺激引起的反应;另一类是操作性行为,是有机体自身发出的反应,与任何已知刺激物无关。与这两类行为相对应,斯金纳把条件反射也分为两类:一类是应答性反射,称为 S(刺激)型;另一类是操作性反射,称为 R(反应)型。S 型条件反射是强化与刺激直接关联,R 型条件反射是强化与反应直接关联。斯金纳认为,人类行为主要是由操作性反射构成的操作性行为,操作性行为是作用于环境而产生结果的行为。在学习情境中,操作性行为更有代表性。斯金纳很重视 R 型条件反射,因为这种反射可以塑造新行为,在学习过程中尤为重要。

(二)强化理论

斯金纳在对学习问题进行了大量研究的基础上提出了强化理论,十分强调强化在学习中的重要性。强化就是通过强化物增强某种行为的过程,而强化物就是增加反应可能性的任何刺激。斯金纳把强化分成正强化和负强化两种。正强化是获得强化物以加强某个反应,如鸽子啄键可得到食物。负强化是去掉令学习者讨厌的刺激物,由于刺激的退出而加强了那个行为,如鸽子用啄键来去除电击伤害。这两种强化都增加了反应再发生的可能性。

斯金纳认为不能把负强化与惩罚混为一谈。他通过系统的实验观察得出了一条重要结论:惩罚就是企图呈现负强化物或排除正强化物去刺激某个反应,仅是一种治标的方法,它对被惩罚者和惩罚者都是不利的。斯金纳对惩罚的科学研究,对改变当时美国和欧洲盛行的体罚教育起了一定作用。

斯金纳用"强化列联"这一术语表示反应与强化之间的关系。强化列联由三个变量组成:辨别刺激——行为或反应——强化刺激。辨别刺激发生在被强化的行为或反应之前,它使某种行为得到建立并在当时得到强化,学到的行为得到强化就是辨别刺激的过程。在一个列联中,在一个操作—反应过程发生后就出现一个强化刺激,这个操作再发生的强度就会增加。斯金纳认为,教学成功的关键就是精确地分析强化效果并设计特定的强化列联。

(三)教学机器与程序教学

斯金纳认为,学习是一种行为,当主体学习时反应速率就增强,不学习时反应速率则下降。因此他把学习定义为反应概率的变化。他根据操作性条件反射和强化理论,对教学进行改革,设计了一套教学机器和程序教学方案。

教学机器是一种外形像小盒子的装置,盒内装有精密的电子和机械仪器。它的构造包括输入、输出、贮存和控制四个部分。教学材料按循序渐进原则分解成由几百至几千个问题框面组成的程序。学生正确回答了一个框面的问题,就能开始下一个框面的学习。如果答错了,用正确答案纠正后再过渡到下一个框面。一个程序学完了,再学下一个程序。

斯金纳认为课堂上采用教学机器有许多优点。第一,教学机器能即时强化正确答案,学习效果的及时反馈能加强学习动力。第二,传统的教学主要借助厌恶的刺激来控制学生的行为,学生学习是为了不得低分,不被老师、同学、家长羞辱等,从而失去学习兴趣。教学机器使学生得到积极强化,力求获得正确答案的愿望成了推动学生学习的动力,提高了学习效率。第三,采用教学机器,一个教师能同时监督全班学生尽可能多地完成作业。第四,教学机器允许学生按自己的速度循序渐进地学习(即使一度离校的学生也能在返校后以他辍学时的水平为起点继续学习),这能使其对教材掌握得更牢固,提高他的学习责任心。第五,采用教学机器,教师就可以按一个极复杂的整体把教学内容安排成一个连续的顺序,设计一系列强化列联。第六,教学机器可记录错误数量,从而为教师修改磁带提供依据,有助于提高教学效果。第七,学习时手脑并用,能培养学生的自学能力。

斯金纳顺应时代潮流,为计算机辅助教学在教育上的运用开辟了道路。程序教学问世以来,对美国、西欧、日本有较大影响,被广泛用于英语、数学、统计、地理、自然科学等学科的教学中。但它在策略上过于刻板,注重对教材的分析,把教材分解得支离破碎,破坏了知识的连贯性和完整性。程序教学着重于灌输知识,缺乏师生间的交流和学生间的探讨,不利于创造性思维能力的培养。因此,程序教学只能作为教学的一种辅助手段。

(四)学习实验

斯金纳关于操作性条件反射作用的实验,是在他自行设计的"斯金纳箱"中(见图2.1)进行的。斯金纳的实验与巴甫洛夫的条件反射实验的不同之处在于:①在斯金纳箱中的被试动物可自由活动,而不是被绑在架子上;②被试动物的反应不是由已知的某种刺激物引起的,操作性行为(压杠杆或啄键)是获得强化刺激(食物)的手段;③反应不是唾液腺活动,而是骨骼肌活动;④实验的目的不是揭示大脑皮层活动的规律,而是证明刺激与反应的关系,从而有效地控制有机体的行为。

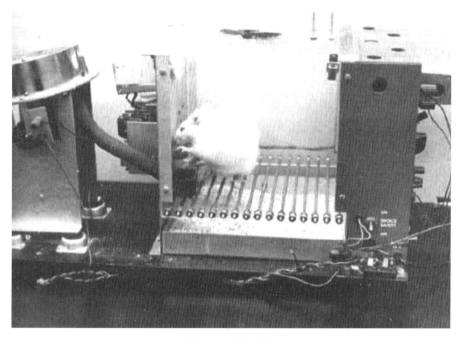

图2.1　斯金纳箱

斯金纳通过实验发现,动物的学习行为是随着一个起强化作用的刺激而发生的。斯金纳把动物的学习行为推而广之到人类的学习行为上,他认为:人的一切行为几乎都是操作性强化的结果,人们有可能通过强化作用的影响去改变别人的反应。

第三节　托尔曼的认知行为主义

一、生平介绍

托尔曼(E. C. Tolman,1886—1959)是美国新行为主义的代表人物之一,生于马萨诸塞州的一个企业主家庭。1911年,托尔曼获得电化学学士学位,1915年获哈佛大学哲学博士学位。1918 年起在加利福尼亚大学伯克利分校任教,1944—1945 年在战略服务所服役,退伍后回到伯克利分校。1950—1953 年在哈佛大学和芝加哥大学任教。1954 年在伯克利分校退休。

托尔曼一生屡获殊荣。1937 年任美国心理学会主席;1954 年当选为第 14 届国际心理学会议的联合主席;1957 年获美国心理学会颁发的卓越科学贡献奖。由于托尔曼强调目的性在动物和人类行为中的意义,因而人们常把他的理论叫作"目的性行为主义";同时托尔曼的理论侧重行为的认知方面,因而人们也把他的理论称为"认知行为主义"。

二、主要观点与经典研究

以托尔曼为代表的新行为主义者修正了华生的极端观点。他们指出在个体所受刺激与行为反应之间存在着中间变量,这个中间变量是指个体当时的生理和心理状态,它们是行为的实际决定因子,包括需求变量和认知变量。需求变量本质上就是动机,它们包括性欲、饥饿及面临危险时对安全的要求。认知变量就是能力,它们包括对象知觉、运动技能等。

(一)对整体行为及其目的性的阐述

托尔曼把行为区分为整体行为和分子行为:动物走迷津、儿童上学等行为属于整体行为;声、光等刺激引起动物肌肉收缩和腺体分泌反应属于分子行为。他认为心理学应研究整体行为,而不是像华生那样专门从事分子行为的研究。

整体行为具有四个特征:一是指向一定的目的,如白鼠走迷津总是奔向食物;二是利用环境的帮助来实现自己的目的,如白鼠通过对不同通道的识别来克服前进的障碍;三是优先选择易于达到目的的途径或手段,如白鼠在多通道迷津中通常会选择那些较近的路线;四是具有可受教育的特征,如白鼠通过学习可掌握认知地图。

整体行为以目的性为基本特征。托尔曼所说的目的,不是指一种主观的东西,而是采用日常生活中人们常用的"目的"(对象)一词来描述客观的行为。这就是托尔曼"目的性行为主义"的由来。

(二)关于中介变量的解释

托尔曼认为中介变量是与实验变量(自变量)和行为变量(因变量)相关联,介于实验变量和行为变量之间的变量,用公式表示就是:$B = f(S, P, H, T, A)$。式中 B 代表行为变量,S, P, H, T, A 代表实验变量,其中 S 为环境刺激,P 为生理内驱力,H 为遗传,T 为过去经验或训练,A 为年龄。整个公式的意思是:行为是环境刺激、生理内驱力、遗传、过去经验或训练、年龄等实验变量的函数;也就是说,行为变量(因变量)随着实验变量(自变量)的变化而变化。

为了进一步解释清楚中介变量对行为反应的意义,托尔曼把 $S—R$ 公式扩充为 $S—O—R$,中介变量即 O 指有机体内正在进行的活动,并把中介变量区分为需求变量和认知变量。前者实际上是指动机,包括性欲、饥饿、安全、休息等要求,回答行为的"为什么"问题;后者则指知觉、动作和技能,回答行为的"是什么"问题。1951 年,托尔曼对中介变量做了修改,把需求变量改为"欲求系统",指有机体当时的生理需要或内驱力状况;把认知变量改为"行为空间"，指个体在一定时间内所知觉的，存在于不同地点、距离和方向的全部事物。

（三）学习的认知理论——符号学习论

托尔曼认为学习并非是通过尝试错误建立刺激与反应之间联结的过程，而是通过对情境的整体认知，形成"符号—格式塔"模式，即"认知地图"，从而产生期待的过程。所谓"认知地图"（cognitive map），是根据经验在头脑中形成的类似于现场的一张地图。托尔曼根据白鼠的实验，证明白鼠是按照"认知地图"采取行动，而不是通过试错到达目的地的。

（四）位置学习实验

托尔曼认为，动物不仅习得关于目的物的意义，也习得关于刺激情境的意义，这就是位置学习。他和杭齐克共同设计了"阻塞"实验，对此进行进一步的验证。如图 2.2 所示，白鼠共有 3 条长短不一的通道通向食物。在预备实验中，实验室者训练白鼠熟悉所有的通道，并按通道 1、2、3 的顺序做出优先选择。正式实验时，实验者先堵塞 A 处，白鼠立即选择了通道 2。关键的问题是，当堵塞 B 处时，白鼠是折回去选择通道 2 而受堵塞呢，还是也"认识到"通道 2 也被堵，而不得不选择路线最长的通道 3？实验结果表明，在先前的预备实验中，白鼠已形成了由起点到终点的各通道环境的"认知地图"，它正是根据这张"地图"来行动的，而不是按照盲目的习惯或选择点所激起的机械行为习惯来行动的。

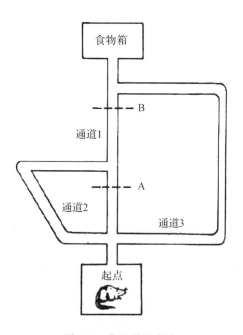

图 2.2　位置学习实验

（五）潜伏学习实验

潜伏学习是托尔曼在其实验研究的基础上提出的一种学习现象。1930 年，托尔曼等人设计了一个实验，研究白鼠学习走迷津过程中食物（强化物）对学习的作用。如图 2.3 所示，将白鼠分为 3 组：A 组每天给食物，B 组不给食物，A、B 两组均为控制组；C 组为实验组，开头 10 天不给食物,第 11 天才开始给白鼠食物奖励。实验结果表明,A 组有食物奖励,逐渐减少错误比 B 组快,但实验组 C 自给食物奖励后,错误突然减少,甚至比 A 组更快。托尔曼由此认为,C 组虽然在前 10 天没有食物奖励,但它们依然学习了迷津的"空间关系",形成了认知地图,只不过没有表现出来而已。托尔曼将这种学习称为潜伏学习。

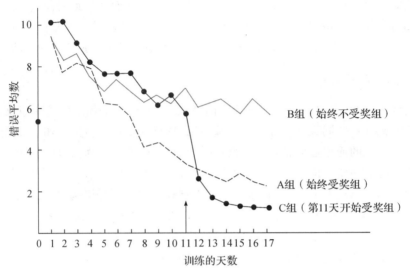

图 2.3 潜伏学习实验

第四节 班杜拉的社会学习理论

一、生平介绍

阿尔伯特·班杜拉(Albert Bandura,1925—2021),出生在加拿大阿尔伯塔省的蒙代尔镇。1949 年,他在加拿大不列颠哥伦比亚大学获学士学位,1951 年在美国爱荷华大学获心理学硕士学位,翌年获哲学博士学位。他在爱荷华大学攻读研究生学位期间,尽管接受的是临床心理学方面的教育,但由于受赫尔的学生斯彭斯的影响,对实验模式的有效性印象颇深。1953 年,他到威奇塔堪萨斯指导中心担任博士后临床实习医生,同年应聘在斯坦福大学心理学系执教,1964 年升任教授。在这期间,受赫尔派学习理论家米勒(N. Miller)、多拉德(J. Dollard)和西尔斯(R. R. Sears)的影响,班杜拉把学习理论运用于社会行为的研究中。此后,除了 1969 年任行为科学高级研究中心研究员一年外,一直在该校任教。其中,1976—1977 年出任心理学系系主任。

班杜拉的奠基性研究,导致了社会学习理论的诞生,从而也使他在西方心理学界获得了较高的声望。他在 1972 年获美国心理学会授予的杰出科学贡献奖;1973 年获加利福尼亚心理学会杰出科学成就奖;1974 年当选为美国心理学会主席;1976 年,当选为斯坦福大学心理学系系主任;1977 年,获卡特尔奖;1979 年,获不列颠哥伦比亚大学荣誉博士学位;1980 年,当选美国西部心理学会主席,并获得攻击行为国际研究会杰出贡献奖,以及美国心理学会杰出科学贡献奖,同年当选美国艺术与科学院院士;1989年,当选美国国家科学院医学部院士。

二、主要观点与经典研究

班杜拉提出的观察学习模式同经典条件反射和操作性条件反射一起被称为解释学习的三大工具。班杜拉在其观察学习的研究中,注重社会因素的影响,并且吸收了认知心理学的研究成果,把强化理论与信息加工理论有机地结合起来,改变了传统行为主义重刺激—反应、轻中枢过程的思想倾向,使解释人的行为的理论参照点发生了一次重大的转变。

(一)观察学习及其过程

班杜拉认为,人有通过语言和非语言形式获得信息及自我调节的能力,这使得个体通过观察他人(榜样)所表现的行为及其结果,就能学到复杂的行为反应。也就是说,在观察学习中,学习者不必直接做出反应,也无须亲身体验强化,只要观察他人在一定环境中的行为,并观察他人接受一定的强化便可完成学习。

班杜拉认为观察学习包括四个相关联的过程:①注意过程。注意过程决定了学习者在大量的示范事件面前观察什么、知觉什么、选取什么。班杜拉认为,能够引起人们注意的榜样常常是因为他们具有一定的优势,如更有权力、更成功等。另外,学习者的知识经验、认知能力、已经形成的知觉定式和期待等,也是影响他们选择此信息而放弃彼信息的因素。②保持过程。人们往往是在观察榜样的行为一段时间后,才模仿他们。要想在榜样不再示范时能够重复他们的行为,就必须将榜样的行为记住。因此需要将榜样的行为以符号表征的形式储存在记忆中。③动作复现过程。观察者只有将以符号形式编码的示范信息转换成适当的行为,才表示模仿行为的发生。这是一种由内到外、由概念到行为的过程,这一过程以内部形象为指导,把原有的行为成分组合成新的反应模式。④强化和动机过程。班杜拉认为学习和表现是不同的。人们并不是把学到的每件事都表现出来。学习者的模仿行为是在足够的动机和激励作用下才出现的。因此观察学习主要是一种认知活动。

(二)交互决定论

关于人的行为由什么决定,已经有多种不同的理论进行解释:单向决定论认为个人的本能、需要、驱力或环境决定人的行为;双向决定论认为,个人和环境相互依赖,并作为一个整体共同影响人的行为。班杜拉主张行为、环境、个人内在诸因素三者相互影响、交互决定,构成一种三角互动关系。他指出:"行为、人的内部因素、环境影响三者彼此相互联结、相互决定。这一过程涉及三个因素的交互作用而不是两因素的结合或两因素之间的单向作用。……人的内部因素(即观念、信仰、自我知觉)和行为同样是彼此交互决定的因素。"(Bandura,1978)

在班杜拉看来,个人、行为和环境三者之间的相对影响力及其交互作用模式在不同的情境中,对不同的个体,或在不同的活动中会有不同的表现形式。有时是环境的影响对行为具有决定作用;有时是行为作为交互作用系统中的决定因素;认知因素也可以在这个交互决定链中起决定作用,其他两因素则居次要地位。

交互决定论的独到之处在于把人的行为与认知因素区别开来,指出了认知因素在决定行为中的作用,在行为主义的框架内确立了认知的地位。而且,将环境、行为和人的认知因素视为相互决定的因素,注意到了人的行为及其认知因素对环境的影响,避免了行为主义的机械环境决定论的倾向。

(三)自我调节论

班杜拉认为,自我调节是个人的内在强化过程,是个体通过将自己对行为的计划和预期与行为的现实成果加以对比和评价,来调节自己行为的过程。随着社会化程度的不断加深,人们对外部奖励与惩罚的依赖越来越少,更多的是依靠自己的内在标准对自己的行为进行自我调控。自我调控包括自我观察、自我评价和自我强化三种成分。

人们进行自我评价的标准是怎样获得的呢?班杜拉认为这个标准既是奖励与惩罚的产物,同时也是榜样影响的结果。例如,如果父母只在孩子取得高分时才予以表扬,很快孩子就会把这种高标准变为自己的标准。同样,如果榜样为自己设立高标准,受其影响,儿童也会为自己设立高标准。然而,在现实生活中,存在大量的榜样,其中有些人为自己设定的是高标准,但为自己设定低标准的也不乏其人。那么,儿童会采纳谁的标准呢?班杜拉认为儿童更愿意采纳同伴而不是成人的标准,因为相对来说,同伴的低标准更易达到。要使儿童为自己设定高标准,按班杜拉的建议,可让儿童接触那些为自己设定高成就标准的同伴,或为儿童提供因高标准而得到回报的例子。

为自己制定高标准的人通常是勤奋努力的人,努力也会带来成就。但同时,要达到高标准也是相当困难的。为自己设立高目标的人,更易体验到失望、挫折和抑郁。为避免抑郁,班杜拉建议把长远目标分成若干子目标,这些子目标应该是现实的、可实现的,当达成子目标时,即对自己进行奖励。

(四)自我效能论

班杜拉认为,自我效能是指对自己在特定的情境中是否有能力操作行为的预期,并进而提出自我效能感和自我效能信念两个概念。自我效能感升华到价值系统就成为自我效能信念。

班杜拉认为,自我控制和坚持严格的成就标准的原始动机来自个体的内心,而非外在的环境,尽管外在奖赏及榜样对高标准的设定和维持确有重要影响。当人们实现了追求的目标时,就会觉得自己有能力,就会感到自豪、骄傲;如果无法达到标准,就会感到焦虑、羞愧,认为自己没有能力。这种从成功的经验中衍生出来的能力信念叫作自我效能(self efficacy)。

个体的效能信念主要受四个方面因素的影响:第一,行为的成败经验,是形成高的效能信念的最有效途径。成功有助于建立较高的效能信念,失败则会降低效能信念,尤其是个体稳定的效能信念尚未建立起来时,失败对效能的负面影响就更大。真正的能经受住失败考验的效能信念必须有经过持久的努力从而克服困难取得成功的体验。第二,通过观察榜样而得到的替代性体验(vicarious experiences)也能影响个体的效能信念。榜样对个人效能信念的影响主要取决于个体与榜样之间的相似程度,相似性越大,榜样成功与失败的事例越具有说服力；如果榜样与个体很不同的话，个体的效能信念就不会受到榜样的强烈影响。第三，社会说服（social persuasion）也是增强个体取得成功信念的重要因素。用语言说服人们相信自己具有掌握给定任务的能力，会使个体在遇到困难时付出更大的努力。然而，不现实地提升效能信念很快会被令人失望的结果粉碎，使个体放弃努力。所以成功地建立效能信念不只是要传递正面的效能信息，而且要鼓励个体根据自己的进步来衡量成功而不是与他人进行比较。第四，效能信念还部分依赖于人们进行能力判断时的生理和情绪状态。人们可以通过增强身体状态，减少紧张和负面的情绪倾向，以及纠正对身体状态的错误解释来改变效能信念。

（五）贝贝玩偶实验

贝贝玩偶实验是班杜拉在 20 世纪 60 年代进行的一个经典研究。研究者让一群 4 岁儿童单独观看一部电影。在电影中一名成年男子对充气娃娃表现出又踢又打的攻击行为，影片有三种结尾。将孩子们分为三组，他们分别看到的是结尾不同的影片。奖励攻击组的儿童看到的是在影片结尾时，进来一个成人对主人公进行表扬和奖励。惩罚攻击组的儿童看到另一成人对主人公进行责骂。控制组的儿童看到进来的成人对主人公既没奖励，也没惩罚。看完电影后，将儿童立即带到一间有与电影中同样的充气娃娃的游戏室里，实验者透过单向镜对儿童进行观察。结果发现，看到榜样受到惩罚的孩子表现出的攻击行为明显少于另外两组，而另外两组则没有显著差别。在实验的第二阶段，让孩子回到房间，告诉他们如果能将榜样的行为模仿出来，就可得到橘子水和一张精美的图片。结果表明，三组儿童（包括惩罚攻击组的儿童）的攻击行为均有所增加，而且各组间的差异几乎消失。由此可见，替代性惩罚抑制的仅仅是对新反应的表现，而不是获得，即儿童已学习了攻击的行为，只不过看到榜样受罚，没有表现出来而已。

第五节　行为主义心理学对传播学研究的影响

行为主义是西方现代心理学史上的第一次革命，它使心理学从主观的唯心主义的科学向客观的唯物主义的科学发展道路迈出了一大步。行为主义的一些基本观点和方法技术在很多其他人文社会科学中也得到了广泛的运用。

一、行为主义研究范式与传播效果研究

行为主义假设，可以通过可观察的外部表现，即对各种环境刺激的反应，来了解人类。行为主义并不否认有机体的内部过程，如思维、情感体验、价值判断等等，但认为由被试自我报告的发生在有机体内部的事情，是无法通过客观的观察予以证实的。通过对行为的客观研究，既可以预测已知刺激引起的反应，也可以预测引起反应的刺激。通过把行为降低到 S-R 水平，人类与动物的行为都能得到有效的理解、预测和控制。

行为主义采用实验方法，研究可观察、可测量、可控制的外显行为，这就要求所研究的现象（因变量）必须是能在实验当场直接观测得到的。在行为主义方法论影响下的早期传播研

25

究把传播效果定义为可观察的态度和行为改变,采用实验法进行研究,因此只能以即时的显性的短期效果作为研究对象。当未能发现态度或行为的改变时,就只能解释为效果是强化而不是改变,或者是没有效果。这一研究模式限制了 20 世纪 60 年代以前的传播效果研究思路。

后来人们了解到,大众传播对人们的影响有很多是长期的和间接的,用行为主义传统的实验法并以外显的行为变化作为研究对象,是无法发现这种效果的。

尽管短期效果研究早已不是主流,但就像行为主义对心理学的影响一样,传播研究中的行为主义主要作为一种研究方法而起作用,它所强调的客观实证的研究方法至今仍然对传播学有深刻的影响,甚至可以说,已成为传播研究的主要方法之一。

另外,用 S-R 范式研究传播效果,还存在三方面的局限:一是 S-R 范式的研究只能观察改变或不同,如果一个人本来态度是 A,则加强 A(而不是转换为 B)的传播是否起作用就无法看出。二是只能观察事先定义的效果,是否有其他效果无法看出。三是不在期待中的效果是无法预料的,例如传播内容的主题是好人打坏人,但这同时也是暴力内容,暴力的影响则是未期待的效果。另外,大众媒介的性质决定了不可能定做符合每个受众需要和信仰的东西,不可能从受众方面得到及时的反馈以确定何时强化、何时清晰化等等,而且大众媒介中的各种说服性信息常常是相互矛盾和相互竞争的。

S-R 研究以实验室实验为基础,大众传播效果则是在自然情境中发生的。在自然情境中,受众会选择自己感兴趣的信息,对这些信息,他们通常已了解很多并已有自己的意见,因此很难改变。而那些潜在的在某个问题上可能被改变态度的人,又因为对该问题不感兴趣而不听、不看有关的信息。另外,如首因效应和近因效应,在自然情境中完全是随机的、无法控制的。受众对信息来源的可靠性也有自己的判断,如果某传播者传播一个与接收者相反的观点,可能被认为有偏见,从而使被试更坚持自己的观点。所有这些在实验室中可以很好控制的“刺激”,在实验室中容易获得期待的反应,在自然情境中则很难实现。

二、S-R 联结与魔弹论

如前所述,在行为主义体系中,S-R 联结是解释一切行为的基础,S-R 学习理论就是研究刺激和反应形成联结的规律。

“魔弹论”,即伯洛所谓的“皮下注射论”(Gulley & Berlo,1956),和德弗勒所称的机械的“刺激—反应论”(德弗勒、丹尼斯,1989),认为大众传播具有骇人的威力,它将受众描写成受其本能驱使、人数庞大、缺乏教养、没有个性和独立见解的群众。他们孤立无援,彼此隔离,难以沟通,除了有限的社会规章、法制、契约外,严重依赖大众传媒跟社会之间的联系。他们被看作是射击场里固定不动的靶子或护士面前昏迷的病人,是处于消极被动地位的存在,只要枪口对准靶子,针头对准人体部位,子弹和注射液就会产生神奇效果。

魔弹论的思想显然受到了同时代行为主义心理学的影响,其观点跟华生的环境决定论几乎如出一辙。华生否认遗传的本能行为,认为人的行为类型完全是由环境造成的。魔弹论中的靶子和病人如同华生眼中的婴儿,对外界反应没有任何自己的选择。从魔弹论所隐含的“主动性是传播者专属的,效果是受众专属的”这一概念来看,这和华生所认为的,只要控制“刺激”,就能控制行为和预测行为的思想是一致的,即只要确定了传播内容,掌握了宣传技术,效果就会自然产生。由此可见,行为主义的 S-R 理论是魔弹论的理论基础。

魔弹论在第一次世界大战中被西方宣传机构所培养并受后来的法西斯宣传影响得以日益扩大。特别是第二次世界大战前,由于纳粹德国一方面对传播实行严格的控制,一方面以武力作为宣传的后盾,曾一度出现魔弹论所谓的巨大效果。

魔弹论的出现和流行还与当时新的传媒形式——收音机和电影的出现有关。对于新事物的出现,人们总是带有本能的恐惧。实际上,自大众传媒出现以来,人们就在指责大众传媒对个人的思想观点、态度和行为产生了极大的消极影响。第一批大众报纸在 19 世纪 30 年代一出现,批评家就群起而攻之。广播、电影、电视问世之时,也成了恐惧、蔑视和斥责的对象。互联网出现之时,同样重复着对新传媒"催眠效应"的恐惧和担忧。

传播学者施拉姆在《传播学》一书中指出,魔弹论不是一种学者的理论,尽管广为流传,但从未获得学者的拥护,只不过是记者的一种"发明"。然而,跟行为主义心理学一样,它们虽然遭到了各种各样的批评,但都在各自的学科领域产生了巨大的影响。它们为科学工作者深入研究大众传播现象设定了重要的课题,从而为学者们在 20 世纪四五十年代最终摒弃这一理论铺平了道路。

三、观察学习与传媒暴力研究

在最近 50 多年的时间里,"传媒效果"的研究传统也许是对公众生活影响最大的传媒研究,在传媒效果研究中,最频繁被人引用的假设就是传媒暴力与行为暴力之间的因果联系。近年来有大量这样的例子,即指责传媒产品要对随处发生的暴力行为负责。

今天,暴力似乎是电视节目和电影制作中一个可以接受的组成部分,从美国迄今为止所进行的三次规模较大的对电视暴力的内容分析中可见一斑。第一次是由乔治·格伯纳和他的同事于 1967—1989 年组织实施的,历时 22 年。该分析发现,在所研究的电视片中(主要在黄金时段),有 80% 的内容包含身体暴力的成分(Potter,1999),当然他们对暴力的定义比较宽泛(也许使用"身体作用力"更准确)。第二次内容分析,是 20 世纪 70 年代中期由格林伯格和他的同事进行的。该研究使用的定义还要宽泛,它既包括言语攻击也包括其他形式的反社会行为。根据这些研究者的估计,在美国电视节目中平均每 1 个小时就有 14.6 个暴力行为出现(参见 Greenberg,1980)。第三次内容分析,即《全国电视暴力研究》,是在 20 世纪 90 年代进行的,它得到了全国有线电视协会的资助。这项研究使用了更为精确的(身体)暴力定义。研究发现,在黄金时段的节目中有 60% 存在暴力内容(Potter,1999)。

观看暴力电视节目与随后在现实生活情境中表现出的暴力行为之间存在直接的因果关系吗?在整个 20 世纪,这些问题一直困扰着传媒和传播研究人员,而且对传媒暴力的这种推断人们至今仍在激烈争议。

在对传媒暴力的心理学解释中,最有影响的当属来自观察学习理论(Bandura,1973)的角色模仿。班杜拉所进行的"贝贝玩偶"实验(Bandura et al.,1963)已经成为社会心理学和发展心理学教科书中介绍攻击行为时必不可少的内容,尽管它们受到了外部效度低的批评,因为实验中使用的人工刺激(如榜样人物玩洋娃娃的特写镜头录像),跟儿童在电视中看到的内容鲜有相似之处。

由于在心理学研究中,来自伦理学的限制越来越大,因此,在过去几年里,人们减少了对传媒暴力模仿的实验研究,而转向形式更自然的调查研究。显然,用调查法难以检验因果关系的假设,因为它依赖的是观察到的统计数据。不管怎样,科姆斯托克和沙勒(Comstock & Scharrer,1999)认为,对这项工作的元分析提供了"无可置疑的证据,可证明对电视暴力的暴露跟反社会行为之间存在着正相关"。这种相关受到其他许多变量的影响,因而在所有研究中不可能得到一致的控制。

即使派克和科姆斯托克(Paik & Comstock,1994)的研究表明传媒暴力与攻击行为之间存在着某种程度的效果,我们也必须谨慎对待。况且,在测量手段的人为性跟传媒暴力影响的大小之间也存在着明显的关系。跟"模仿暴力"的攻击性测量一样,实验研究提供了强大的影响效果,而实际暴力行为和对实际传媒使用的测量,显示的影响效果很有限。

支持传媒暴力/攻击行为联结的人,通常将"自然实验"结论看作是这种联结的可靠证据。

对电视暴力行为的模仿可能受到攻击者地位的影响。一个普遍的抱怨是,传媒对暴力的报道增加了暴力行为的魅力。当然,对影片《发条橙子》影响的担忧,部分是基于阿莱克斯和他的流氓团伙明星般的人物形象。对《邦妮和克莱德》(Bonnie and Clyde)这类电影最尖锐的批评是,富有魅力的年轻影星的角色塑造使年轻影迷觉得暴力可以接受,甚至令人向往。2002年一名校园枪击案中的少年凶手的母亲曾经起诉美国20世纪福克斯影业公司,认为该公司在电影中将由好莱坞影星莱昂纳多·迪卡普里奥扮演的枪手形象塑造得如此富有魅力,使得她的孩子产生了模仿行为,在其杀害同学的那个早晨,其装扮及拔枪的动作均与电影中的角色一致。

一些证据表明,攻击性原型的魅力和对攻击性原型的认同程度,加深了传媒暴力的影响(Donnerstein & Smith,1997;Huesmann et al.,1984;Jo & Berkowitz,1994)。甚至有人提出,电视游戏人物也可能被儿童当作暴力角色原型(McDonald & Kim,2001)。

本章要点

1.行为主义心理学(behavioristic psychology)是现代心理学主流派别之一,被称为西方心理学第一势力(first force),其创始人是美国心理学家华生。行为主义(behaviorism)的根本特点是排斥意识,主张将行为作为心理学的研究对象。

2.操作性条件反射是斯金纳新行为主义学习理论的核心。操作性条件反射的特点是,强化刺激既不与反应同时发生,也不先于反应,而是伴随着反应发生。有机体必须先做出所希望的反应,然后得到"报酬",即强化刺激,使这种反应得到强化。学习的本质不是刺激的替代,而是反应的改变。斯金纳认为,人类行为主要是由操作性反射构成的操作性行为,操作性行为是作用于环境而产生结果的行为。

3.以托尔曼为代表的新行为主义者修正了华生的极端观点。他们指出在个体所受刺激与行为反应之间存在着中间变量,这个中间变量是指个体当时的生理和心理状态,它们是行为的实际决定因子,包括需求变量和认知变量。

4.自我效能是指对自己在特定的情境中是否有能力操作行为的预期,它影响人们对任务的选择、遇到困难时的坚持及努力的程度。个体的效能信念主要受四个方面因素的影响,即行为的成败经验、通过观察榜样而得到的替代性体验、社会说服和进行能力判断时的生理和情绪状态。

5.行为主义心理学对传播学研究的影响主要体现在传播效果研究、魔弹论和传媒暴力研究。

基本概念

1.强化:通过强化物增强某种行为的过程。强化物就是增加反应可能性的任何刺激。斯金纳把强化分成正强化和负强化两种。

2.认知地图:根据经验在头脑中形成的类似于现场的一张地图。托尔曼根据白鼠的实验,证明白鼠是按照"认知地图"采取行动,而不是通过试错到达目的地的。

3.潜伏学习:托尔曼在其实验研究的基础上提出的一种学习现象。实验结果表明,白鼠虽然在前10天没有食物奖励,但它们依然学习了迷津的"空间关系",形成了认知地图,只不过没有表现出来而已。托尔曼将这种学习称为潜伏学习。

4.观察学习:班杜拉认为,人有通过语言和非语言形式获得信息及自我调节的能力,这使得个体通过观察他人(榜样)所表现的行为及其结果,就能学到复杂的行为反应。也就是说,在观察学习中,学习者不必直接做出反应,也无须亲身体验强化,只要观察他人在一定环境中的行为,并观察他人接受一定的强化便可完成学习。

思考题

1.试阐述斯金纳强化理论的主要观点。

2.请根据实验阐述班杜拉的观察学习理论。

3.请用行为主义心理学来分析基于算法的"信息投喂"现象。

第三章

精神分析心理学与大众传播研究

精神分析又称心理分析,是现代西方心理学的一个重要流派,产生于 19 世纪末 20 世纪初的奥地利,由维也纳医生弗洛伊德首创。它起源于精神病的治疗实践而非大学心理学实验室研究,是一个非学院心理学派。精神分析正是从对精神疾病的分析和治疗实践中形成了对人的心理和人格的新解释。因此,精神分析既是治疗精神疾病的方法,又是研究潜意识活动的理论。

在精神分析理论的发展过程中,一些精神分析心理学家根据社会条件的变化,加之其受到的社会学和人类学发展的影响,对弗洛伊德的古典精神分析理论和方法进行了修正和补充,开始转向重视和研究人格发展过程中的社会文化影响因素,这些观点和理论被称为"新精神分析理论"。

精神分析的影响作用早已远远超出心理学的范围,与心理学渊源密切的传播学自然也受到了该理论的影响。本章首先介绍弗洛伊德等人的古典精神分析理论,然后介绍以埃里克森为代表的新精神分析理论和社会文化学派,最后着重阐述精神分析理论对传播学研究的影响。

第一节　弗洛伊德的古典精神分析心理学

一、生平介绍

西格蒙德·弗洛伊德(Sigmund Freud,1856—1939),奥地利精神分析学家,精神分析学的创始人。1856 年生于现属捷克的摩拉维亚,4 岁时随父母移居奥地利维也纳,在那里一直生活了近 80 年。1873 年进入维也纳大学学习医学,1881 年获医学博士学位。1885 年秋天,弗洛伊德赴法国巴黎学习对癔症的治疗和催眠技术。返回维也纳以后,他便开始了对神经症的心理学原因的探索。弗洛伊德一生著述甚丰,主要代表作有《梦的解析》《日常生活的心理病理学》《精神分析引论》《群体心理学与自我的分析》等。

1930 年,弗洛伊德荣获歌德奖金。1936 年成为英国皇家学会通讯会员。他在人生最后

16 年曾与口腔癌进行顽强的斗争,坚持工作,从不懈怠。在纳粹分子的胁迫下,1938 年被迫离开维也纳去伦敦,第二年在伦敦病逝,享年 83 岁。

二、主要观点与经典研究

美国著名心理史学家波林(Boring),在其巨著《实验心理学史》一书中曾这样写道:"谁想在今后三个世纪内写出一部心理学史而不提弗洛伊德的姓名,那就不可能自诩是一部心理学通史。"由于弗洛伊德对人类心灵的深刻洞察和精辟阐述,爱因斯坦称之为"我们这一代人的导师"。弗洛伊德所建立的一整套经典的心理分析理论,开创了无意识心理的研究,开拓了心理学学科建设的领域,开辟了一条重视心理治疗的新途径,对社会科学的各个领域都产生了深远的影响。

(一)潜意识论

与传统心理学主要研究意识现象和内容不同,弗洛伊德把无意识现象和内容作为精神分析心理学的主要研究对象。弗洛伊德认为,人的心理包括意识和无意识现象,无意识现象又可以划分为前意识和潜意识。前意识是指能够从无意识中回忆起来的经验,它介于潜意识与意识之间,扮演着"稽查者"的角色,严密防守潜意识中的本能欲望闯入意识。潜意识则是指根本不能进入或很难进入意识的经验,它包括原始的本能冲动和欲望,特别是性的欲望。这些冲动由于不被社会习俗、道德、习惯容纳,因而被排挤到意识阈之下。但它们并没有消失,而是在潜意识中积极活动,追求满足。潜意识的心理虽然不为人们所觉察,却支配着人的一生。无论是正常人的言行举止还是心理疾病患者的怪异症状,以及人类的科学、艺术、宗教和文化活动,都受潜意识的影响和支配。

(二)本能论

本能论(instinctive theory)是弗洛伊德学说的重要组成部分,也是他的人格理论的动力学基础。

弗洛伊德认为,本能是人的生命和生活中的基本要求、原始冲动和内在驱力。本能主要有四个特征:(1)来源。任何本能都源于身体内部的需要或冲动,并将储存在体内的能量释放出来。(2)目的。本能的目的是消除某种本能刺激的根源,以满足体内需要的状态,重建内在平衡。(3)对象。本能的对象是指本能行为为达到目的所利用的对象及所采取的手段。(4)原动力。本能的原动力取决于身体欠缺的程度。

在早期理论中,弗洛伊德把人的本能分为性本能和自我本能,大体相当于人类的两大需要:爱与饥。性本能又称力比多(libido),它是人的行为的内在潜力,促使人通过各种方式来寻求满足。自我本能则趋向于避开危险,保护自我不受伤害。弗洛伊德在其晚期理论中修正了早期的本能理论,并将本能划分为生的本能和死的本能:生的本能代表爱与建设的力量,其目的是生命的生长与增进;死的本能则代表了恨与破坏的力量,其目的是生命的退化和死亡。

(三)人格论

1. 人格结构

弗洛伊德认为,人格是由伊底、自我和超我三个部分组成的。

伊底(id)又称本我,它是人格中最原始的、与生俱来的、潜意识的结构。它由先天的本能、欲望构成。伊底是完全非理性的,它遵循着快乐原则。弗洛伊德认为,伊底中的本能冲动是整个人格系统的能量来源和基础。

自我(ego)是伊底在与现实的接触中分化出来的那部分人格结构。自我没有自己的能量,必须从伊底中汲取能量,故它在本质上是依附于伊底的。自我遵循现实原则,它最根本的目的就是帮助伊底并力图使伊底得到满足。自我是理性的,会选择适当的对象和途径来满足伊底的本能。

超我(super-ego)是从自我中分化出来的监督的自我。超我遵循至善原则,督促自我加强控制、引导本能冲动,使人的行为符合社会的道德规范。超我包括自我理想和良心。自我理想是以奖励的形式形成的,当儿童的观念和行为符合父母所持的观念时,父母就予以奖励,父母据以奖励的标准就会内化到儿童的心目中,成为个体的自我理想;良心是通过惩罚形成的,当儿童的观念与行为违背父母所持的道德观念时,父母就予以责罚,父母据以责罚的标准就会内化到儿童心目中,成为良心。超我的能量也来自伊底,超我的一部分也是潜意识的。

2. 人格发展

由于弗洛伊德把性的本能冲动看成是伊底的主要内容,因此,他认为人格的发展是建立在性生理和性心理发展的基础上的,他的人格理论被称为"心理性欲发展理论"。然而他所理解的性是包容广泛的,不仅包括性成熟后的性,而且包括性成熟前的各种各样的活动和观念——它们都通过他的性感区的概念而具有性的象征意义。性感区是指在人格发展的每个阶段,都会有一个特殊的区域成为力比多兴奋和满足的中心。弗洛伊德据此把人格发展依次划分为五个阶段:口唇期(0~1 岁)、肛门期(1~3 岁)、性器期(3~5 岁)、潜伏期(5~12 岁)、生殖期(12~20 岁)。他认为这五个阶段的顺序是不变的。

弗洛伊德认为,个体的人格发展要想在性、心理和社会方面都达到成熟状态,即达到生殖期人格的理想水平是很难的,很少有人能达到。因为人格在发展过程中会遇到两种危机:一是固着,即不论在每个人格发展阶段满足过多或过少,都会使力比多停滞在那个阶段,从而使个体在成年后表现出该阶段的人格特征;二是倒退,即个体在人格发展过程中遇到挫折,从而从高级阶段返回到低级阶段,表现出低级阶段的人格。他认为固着和倒退是心理疾病产生的原因。

弗洛伊德以潜意识心理和性生理、性心理的发育为依据,第一次系统地提出了人格发展的阶段理论,揭示了人格结构和人格发展的深层原因和动力。这些宝贵的思想对人格心理学和发展心理学影响重大。但是,他过分强调性本能和潜意识的作用,忽视理性意识和社会文化环境的作用,为他的人格理论留下了明显的缺陷。

(四)焦虑与心理防御机制论

焦虑是弗洛伊德精神分析理论中的重要概念之一。弗洛伊德在对自我功能以及神经症和精神病根源的研究中,提出了焦虑与心理防御机制的系统观点。

1.焦虑论

弗洛伊德认为,焦虑产生于自我,是自我对冲突所引起的结果的反应,是个体把冲突看作是一种危险的或是不愉快的信号而做出的反应。他的这种焦虑论又被称作"焦虑的信号理论"。弗洛伊德认为,焦虑可能使个体不恰当地使用防御机制,从而导致心理疾病。所以,焦虑在先,为因;神经症在后,为果。

弗洛伊德将焦虑的发展划分为两个阶段:一是原始焦虑阶段;二是后续焦虑阶段。弗洛伊德认为,人的焦虑最早来自婴儿出生时与母体的分离,原始焦虑主要是出生创伤。原始焦虑是后续焦虑的基础,后续焦虑是作为信号的焦虑,即个体在以后的发展过程中,只要遇到无法应付的情形或自我意识到力比多的涌现使自己可能再次陷入被动无能的状态,就会以焦虑为信号,调动内部已经形成的防御机制来应付。

2.自我防御机制

弗洛伊德认为,自我防御机制是个体无意识或半意识地采用的非理性的、歪曲现实的应付焦虑、心理冲突或挫折的方式,是自我的机能。主要的自我防御机制有以下八种:

(1)压抑。指个体将引起焦虑的思想观念和欲望冲动排遣到潜意识中去。

(2)反向作用。指用相反的行为方式来替代受压抑的欲望。

(3)投射。指把自己内心中的不为社会所接受的欲望冲动和行为归咎于他人。弗洛伊德认为,社会偏见现象即来源于投射作用。常见的精神病患者的被害妄想也来源于投射作用。

(4)否认。指个体拒绝承认引起自己痛苦和焦虑的事实的存在。在否认中,重新解释事实占有很大的成分。

(5)移置。指个体的本能冲动和欲望不能在某种对象上得到满足,就会转移到其他对象上,或是转变驱力。前者是对象移置,后者是驱力移置。

(6)升华。指将本能冲动转移到为社会赞许的方面。弗洛伊德把人类在科学、文化和艺术上的工作成就都归结为本能冲动的升华作用。

(7)自居作用。指个体把他人的特征加到自己身上,模拟他人的行为,又称认同。作为一种防御机制,当个体遇到挫折时,常常比拟成功的人物或偶像,从而分享其成就和威严,减轻焦虑和痛苦。

(8)倒退。指当个体遇到挫折时,以早期发展阶段的幼稚行为来应付现实,目的是获得他人的同情,减轻焦虑。弗洛伊德认为,倒退有两种:一是对象倒退,二是驱力倒退。

弗洛伊德认为,适当地应用防御机制,可暂时减轻或消除心理痛苦,避免精神崩溃,但如不适宜地过度应用,会妨碍个体对现实的正确考察,无法从根本上解决问题。

三、其他早期精神分析心理学家的主要观点

在精神分析运动史上,阿德勒的个体心理学和荣格的分析心理学与弗洛伊德的精神分

析一起被称为早期精神分析或古典精神分析。这里分别对阿德勒和荣格的主要观点做一简要介绍。

(一)阿德勒的个体心理学

阿尔弗雷德·阿德勒(Alfred Adler,1870—1937),奥地利著名心理学家,个体心理学的创始人。1888 年考入维也纳大学医学院,1895 年获得医学博士学位。1902 年在弗洛伊德的邀请下共同组建维也纳精神分析协会。1911 年因突出强调社会因素的作用,公开反对弗洛伊德的泛性论而导致两人关系破裂,因而辞去维也纳精神分析协会主席一职,退出精神分析协会。不久,阿德勒组建了"自由精神分析研究协会",1912 年改名为"个体心理学会",致力于把自己的理论与儿童抚养和教育的实际相结合。

阿德勒认为,人是一个有自己独特目的、寻求人生意义和追求理想的不可分割的实体,并且是一个与社会和他人不可分割的有机整体。

1.追求优越

阿德勒深受尼采"权力意志"和"超人哲学"的影响,认为追求优越是人们行为的根本动力。在阿德勒看来,人人都有一种"向上意志"或"权力意志",这种天生的内驱力将人格汇成一个总目标,力图做一个没有缺陷的"完善的人"。

2.自卑与补偿

阿德勒把自卑与补偿看作是追求优越的动力根源。他指出,自卑与补偿是与生俱来的。因为人在婴幼儿时期,在生理、心理和社会三方面都处于劣势,需要依赖成年人才能生存,他们由此必然产生自卑和补偿心理。当然,这种自卑与补偿心理在大多数情况下是正常的健康的反应,可以驱使人们实现自己的潜能。但是,如果不能成功地进行补偿,就会产生自卑情结,导致心理疾病的发生。

3.生活风格

阿德勒把个体追求优越目标的方式称为生活风格。他认为,一个人的生活风格也就是一个人自己的人格,是人格的统一性、个体性,是一个人面对问题时的方法和希望对人生做出贡献的愿望等。

4.社会兴趣

社会兴趣是指个体对所有社会成员的一种情感,或是对人类本性的一种态度,表现为个体为了社会进步而不是个人利益而与他人进行合作。

阿德勒强调,社会兴趣根植于每个人的潜能中,是在社会环境中发展起来的,特别是早期的亲子关系会在很大程度上影响儿童能否形成成熟的社会兴趣。阿德勒指出,可以通过人们的职业选择、参与社会活动和爱情婚姻这三大任务的解决情况来衡量其社会兴趣的发展状况。三大任务的顺利解决反映了个体具有丰富的社会兴趣,反之则是缺乏社会兴趣。缺乏社会兴趣的人会产生两种错误的生活风格:一种是优越情结,即完全追求个人优越而不顾及他人和社会的需要;另一种是自卑情结,即由于过分自卑而感到万念俱灰,甚至陷入神经症。他还根据人们所具有的社会兴趣表现的特点,把人划分为四种类型:一是统治—支配型;二是索取—依赖型;三是回避型;四是社会利益型。他认为,前三种类型的人的社会兴趣和生活风格都是错误的,只有第四种类型的人具有正确的社会兴趣和健康的生活风格。

5.创造性自我

阿德勒认为,每个人在形成自己的生活风格时并不是消极被动的,而是能够根据自己的经验和遗传积极地建构它的。创造性自我能够使我们成为自己生活的主人,决定了人的心理健康与否、社会兴趣正确与否。

阿德勒的创造性自我的思想与行为主义的"刺激—反应"模式是针锋相对的,他极其重视自我及其创造性在人格形成中的作用。这深深地影响了人本主义心理学家,他们的自我概念都强调人的主观能动性。

(二)荣格的分析心理学

卡尔·古斯塔夫·荣格(Carl Gustav Jung,1875—1961),瑞士著名心理学家和精神分析学家,分析心理学的创始人。1900 年毕业于瑞士的巴塞尔大学,获医学博士学位,同年成为苏黎世大学伯格尔斯立精神病院的助理医生。在此期间完成了博士论文《论所谓神秘现象的心理学与病理学》,并于 1902 年获苏黎世大学医学博士学位。随后几年中,他和同事们做了大量的字词联想测验,发现神经症和精神病患者确实存在压抑的思想观念和情感丛——后来被他称为情结。1912 年,他写了《力比多的转化与象征》,用神话分析的方法来解释梦和幻想,提出了对力比多不同于性欲的理解,认为它是一种普遍的生命力,表现为生长和增殖,也表现为其他活动。1921 年出版了《心理类型学》,标志着分析心理学的创立。荣格曾经是弗洛伊德热切的信徒,并担任国际精神分析学会的第一任主席,但两人之间的友谊和合作因思想上的分歧至 1914 年结束,但是终其一生,荣格都保持着对弗洛伊德真诚的敬意。

荣格把自己的思想称作分析心理学,是为了区别于弗洛伊德的精神分析和阿德勒的个体心理学。

1.字词联想实验与情结理论

荣格及其同事于 1904 年在伯格尔斯立精神病医院对患者做了大量的字词联想测验,并据此提出了著名的情结理论。荣格发现,患者对有些联想词会做出不同寻常的反应,包括反应时的延长、对反应词的再现错误、对反应词的重复。他把这些联想词叫作"情结指示词"。也就是说,通过对这些词的分析,就可以探测出患者心理的症结所在。

荣格认为,情结是构成整体人格结构的一个个独立的单元,它是自主的,带有强烈的情绪色彩,因而有自己的驱力;情结是潜意识的,但足以影响意识活动;情结属于个体潜意识的范畴,它是集体潜意识或原型和个人经验相联合而形成的;情结是人人都有的,但在内容、数量、强度和来源上因人而异。荣格认为,情结主要来源于童年的心理创伤和道德与人性的冲突。

2.人格结构理论

荣格把整个人格叫作"心灵"。他认为,心灵包含一切意识和潜意识的思想、情感和行为。它由意识、个体潜意识和集体潜意识三部分组成。

意识是人的心灵中唯一能够被个体直接感知到的部分。自我是意识的核心,它由各种感知觉、记忆、思维和情感组成。意识和自我是一致的,都是为了使人格结构保持同一性和连续性。同时,意识也在不断发展,重新塑造和完善新的自我,他把这一过程叫作个性化(individuation)。

个体潜意识是发生于个体身上的个体经验。它的内容是情结,即潜意识中的情感观念丛。个体人格大多是由其所具有的各种内容、强度、来源等不同的情结所决定的。荣格认为,心理治疗就是要帮助患者从情结的束缚中解放出来。但他后来发现,情结不只是消极的,实际上它常常是灵感和创造力的源泉。

集体潜意识位于心灵的最深层。荣格常把它和原型、原始意象、本能的概念混淆使用。它的基本含义是,在人类历史演化过程中祖先经验的积淀,是人类据以做出特定反应的先天遗传倾向。

荣格认为,集体潜意识的主要内容是本能和原型。本能是先天的行为倾向,原型是先天的思维倾向。原型不能在意识中直接表现,但会在梦、幻想、幻觉和神经症中以原始意象或象征的形式表现出来。最重要的原型有:人格面具(persona)、阴影(shadow)、阿尼玛(anima)、阿尼姆斯(animus)和自性(self)。

3.心理类型学

荣格对心理类型的研究已成为分析心理学的最重大发现之一,也使他成为人格差异研究的重要开拓者之一。

首先,荣格把人的态度分为内倾和外倾两种类型。内倾型人的心理能量指向内部,易产生内心体验和幻想,这类人远离外部世界,对事物的本质和活动的结果感兴趣。外倾型人的心理能量指向外部,这类人喜欢社交,对外部世界的各种具体事物感兴趣。

其次,荣格提出了四种功能类型,即思维、情感、感觉和直觉。思维是对事物是什么做出判断和推理;情感是对事物的好恶倾向;感觉是用感官觉察事物是否存在;直觉是对事物变化发展的预感,无须解释和推论。荣格认为人们在思维和情感时要运用理性判断,所以它们属于理性功能;而在感觉和直觉时没有运用理性判断,因此它们属于非理性功能。

荣格把两种态度和四种功能类型组合起来,构成了八种人格类型:外倾思维型、内倾思维型、外倾情感型、内倾情感型、外倾感觉型、内倾感觉型、外倾直觉型、内倾直觉型。当然,荣格划分的这八种类型是极端情况,实际上个体的性格往往是某种类型占优势,还有另外一两种性格类型居于辅助位置。他的心理类型理论已被实验心理学家证明是基本可信的。

4.心理动力学

人格结构要正常活动需要一个动力系统。荣格认为,心灵的能量来自外界或身体,但是,一旦外界的能量转化为心灵的能量,就由心灵来决定其使用。我们的感官不断地从外界接收能量,每个心理系统也会从身体接收能量,它们使心灵处于不断变化的状态。荣格所理解的心理能量是一种普遍的生命力,而不是性本能。他借用物理学的能量守恒原则来解释心理,即能量在心理结构中可以转移,并且可以把某一结构的部分特征也转换过去。

荣格认为,心理能量有前行和退行两种流动方向。前行指人利用日常生活经验来满足环境的需要,即努力与环境的要求保持一致;退行则是潜意识地满足内在的要求,即激活那些被意识排斥的潜意识内容以产生新的机能去适应现实。他认为,前行和退行的适当调整对于人格发展和心理健康是至关重要的。

5.心理发展阶段理论

荣格认为,心理发展的最终目标是个性化,其中要经过一系列的发展阶段。他早年把人生划分成四个阶段:①人生第一年;②童年期到青春期;③青春期到整个成年期;④老年期。后来,他在《心理的结构与动力》中又做了新的划分。

第一阶段是童年期(从出生到青春期):出生后的最初几年,儿童还不具备意识的自我。他虽然有意识,但意识结构不完整。他的一切活动几乎完全依赖父母。随着记忆的延伸和个性化的作用,儿童逐渐意识到自己是一个独立的个体并开始摆脱对父母的依赖。

第二阶段是青年期(从青春期到中年):随着自我意识的发展,年轻人需要摆脱对父母的依赖,但是心理发展还不成熟。荣格认为这一阶段是"心灵的诞生"阶段。要顺利渡过这一时期,必须克服童年期的意识狭窄,努力培养意志力,使自己的心理和外部现实保持一致,以便在世界上生存和发展。

第三阶段是中年期(女性从 35 岁,男性从 40 岁开始直到老年):这是荣格最为关注的时期。许多中年人虽然在社会上和家庭生活中都取得了很大的成功,但是,却面临着体力的衰退、青春的消逝、理想的暗淡,从而出现心理危机。荣格认为,要顺利渡过这一时期,关键要把心理能量从外部转向内部,体验自己的内心,从而懂得个体生命和生活的意义。

第四阶段是老年期:老年人易沉浸在潜意识中,喜欢回忆过去,惧怕死亡,并考虑来世的问题。荣格认为,老年人必须通过发现死亡的意义才能建立新的生活目标。他强调心灵的个性化实际上要到死后的生命中才能实现,意味着个人的生命汇入集体的生命,个人的意识汇入集体潜意识。

第二节　埃里克森的心理社会发展理论

20 世纪 30 年代,经济危机席卷资本主义各国,随之又爆发了第二次世界大战,精神病的发病率大大提高。患者的病因反映了当时社会上各种复杂的因素,其中以经济因素尤为突出,已非泛性论所能解释。

在弗洛伊德去世后,他所开创的精神分析心理学继续得到发展,涌现出一大批杰出的心理学家。这里限于篇幅,只介绍埃里克森的心理社会发展理论。

一、生平介绍

埃里克·杭伯格·埃里克森(Erik Homburger Erikson,1902—1994),美籍德裔儿童精神分析医生,新精神分析派的代表人物。1902 年生于德国法兰克福,1933 年移居美国,1939 年加入美国国籍。

埃里克森只受过大学预科教育。1933 年他参加了维也纳精神分析学会,并随安娜·弗洛伊德从事儿童精神分析工作。同年去美国波士顿,成为一名儿童精神分析医生,并初次在哈佛、耶鲁等医学院和人类关系研究所任职,研究自我发展问题。1939—1944 年,他参加了加州大学伯克利分校儿童福利研究所的纵向"儿童指导研究"。1938 年和 20 世纪 40 年代初期与人类学家先后去印第安人居留地,对苏人和尤洛克人进行文化人类学调查。此后六年他在旧金山、加利福尼亚、堪萨斯等地任教。他的人格发展阶段论观点于此时逐渐形成。1950年,他的重要著作《儿童期与社会》问世。

二、主要观点与经典研究

美国心理学家墨菲(Murphy)指出:"现代弗洛伊德心理学的锋芒所向是自我心理学,而其杰出的代表是埃里克森。"埃里克森认为,随着时代的变迁和社会的发展,精神分析必须考虑到社会和文化的因素,从而将精神分析范围从对个人的分析评价扩展到对集体乃至整个文化的分析评价。

(一)自我及其同一性

与弗洛伊德不同,埃里克森认为自我是一种独立的力量,而不是本我和超我压迫的产物。他把自我看作一种心理过程,它包含着人的意识活动并且能够加以控制。自我是人的过去经验和现在经验的综合体,并且能够把进化过程中的两种力量——人的内部发展和社会发展综合起来,共同引导心理性欲朝合理的方向发展,决定着个人的命运。

在自我特性中,埃里克森特别重视自我的同一性。"对同一性的研究已成为我们时代的策略",具有健康的建设性机能的自我必须保持一种同一性感,即自我同一性感或心理社会同一性感。这一复杂的内部心理状态包括:个体性(individuality)、整体性和整合性(wholeness and synthesis)、一致性和连续性(sameness and continuity),以及社会团结性(social solidarity)。同一性的另一极端是同一性混乱或角色混乱,也就是通常所讲的同一性危机。

(二)人格发展的渐成论原则

埃里克森认为,人的发展依照渐成论原则进行。这个原则借用了胎儿发展的概念,把人的发展看作是一个进化的过程。人格发展的每个阶段都由一对冲突或两极对立所组成,并形成一种危机。这种危机不是灾难性的威胁,而是发展中的重要转折点:危机的积极解决,会增强自我的力量,促进人格的健康发展,有利于个人对环境的适应;危机的消极解决,会削弱自我的力量,影响人格的健康发展,阻碍个人对环境的适应。埃里克森认为,心理发展的各个阶段是以不变的序列展开的,前一阶段危机的积极解决,会扩大后一阶段危机积极解决的可能性;前一阶段危机的消极解决,则会减少后一阶段危机积极解决的可能性。一个健康人格的发展,必须综合每一次危机的正反两个方面,否则就会有弱点。人的发展阶段是以一种循环的形式相互联系着的,一环扣一环,形成一个圆圈。

(三)人格发展的八个阶段

埃里克森修改并扩充了弗洛伊德的人格理论,他提出的心理社会发展八阶段论,突破了其他自我心理学家仅仅描述早期人格发展的局限性。埃里克森所划分的八个阶段,其中前五个阶段与弗洛伊德划分的阶段是一致的。但埃里克森在描述这几个阶段时,并不强调性本能的作用,而是把重点放在个体的社会经验上。

1. 婴儿期(0～1岁):基本信任和不信任的心理冲突

这个阶段的儿童最为软弱,对成人的依赖性最大。如果父母等成人能够爱抚儿童,并有规律地照料儿童,以满足他们的基本需要,就能使儿童建立对周围环境的基本信任。反之,如果儿童的基本需要得不到满足,他们就会对周围环境产生不信任感或不安全感。儿童的这种基本信任感是形成健康人格的基础,也是以后各阶段人格发展的基础。该阶段相当于弗洛伊德所提的口唇期。

2. 儿童期(1～3岁):自主与害羞、怀疑的冲突

这一时期,儿童掌握了大量的技能,如爬、走、说话等。更重要的是,他们学会了怎样坚持或放弃,也就是说儿童开始"有意志"地决定做什么或不做什么。这时候父母与子女的冲突很激烈,也就是第一个反抗期的出现。一方面父母必须承担起控制儿童行为使之符合社会规范的任务,即养成良好的习惯,如训练儿童大小便、按时吃饭等;另一方面又要给儿童一定的自由,不能伤害他们的自主性。如果父母对儿童的保护或惩罚不当,儿童就会感到羞怯,并对自己的能力产生怀疑。该阶段相当于弗洛伊德所提的肛门期。

3. 学龄初期(3～5岁):主动与内疚的冲突

在这一时期,如果幼儿表现出的主动探究行为受到鼓励,幼儿就会形成主动性,这为他们将来成为有责任感、有创造力的人奠定了基础。如果成人讥笑幼儿的独创行为和想象力,那么幼儿就会逐渐失去自信心,这使他们更倾向于生活在别人为他们安排好的狭窄圈子里,缺乏自己开创幸福生活的主动性。该阶段相当于弗洛伊德所提的性器期。

4. 学龄期(5～12岁):勤奋与自卑的冲突

这一阶段的儿童大多在学校接受教育,学习成为儿童的主要活动。如果他们能顺利地完成学习课程,就会获得勤奋感,这使他们在今后的独立生活和承担工作任务中充满信心。反之,就会产生自卑感。当儿童的勤奋感大于自卑感时,他们就会获得有"能力"的品质。埃里克森说:"能力是不受儿童自卑感削弱的,完成任务所需要的是自由操作的熟练技能和智慧。"该阶段相当于弗洛伊德所提的潜伏期。

5. 青春期(12～20岁):自我同一性与角色混乱的冲突

这一阶段的青少年处于生理器官迸发和心理骚动的时期,他们开始意识到,必须约束自己的本能冲动,因此促使已经产生了的自我同一感达到发展的高峰。所以,青少年期的主要任务是建立一个新的同一感或自己在别人眼中的形象,以及在社会集体中所占的情感位置。这一阶段的危机是角色混乱。"如果这种自我感觉与一个人在他人心目中的感觉相称,很明显这将为一个人的生涯增添绚丽的色彩。"(Erikson,1963)埃里克森把同一性危机理论用于解释青少年对社会不满和犯罪等社会问题。他说,如果一个儿童感到他所处的环境剥夺了他在未来发展中获得自我同一性的种种可能性,他就将以令人吃惊的力量抵抗社会环境。他宁做一个坏人,或干脆死人般地活着,也不愿做不伦不类的人,他自由地选择这一切。该阶段相当于弗洛伊德所提的生殖期。

6. 成年早期(20～25岁):亲密与孤独的冲突

只有具有牢固的自我同一性的青年,才敢于冒与他人发生亲密关系的风险。因为与他人发生爱的关系,就是把自己的同一性与他人的同一性融为一体。这里有自我牺牲或损失,

只有这样才能在恋爱中建立真正亲密无间的关系,从而获得亲密感。而一个没有建立自我同一性的人,会担心同他人建立亲密关系而丧失自我。这种人离群索居,具有强烈的孤独感。

7.成年期(25~65岁):繁殖与停滞的冲突

当一个人顺利地渡过了自我同一性时期,在以后的岁月中将过上幸福充实的生活,他将生儿育女,关心后代的繁殖和养育。埃里克森认为,生育感有生和育两层含义:一个人即使没生孩子,只要能关心孩子、教育指导孩子也可以具有生育感;而一个没有生育感的人,其人格贫乏和停滞,是一个自我关注的人,他们只考虑自己的需要和利益。在这一时期,人们不仅要生育孩子,同时要承担社会工作,这是一个人对下一代的关心和创造力最旺盛的时期,这一阶段的危机如果得到积极解决,人们将获得关心和创造力的品质。

8.成熟期(65岁以上):自我调整与绝望感的冲突

随着年龄的增长,老年人的体力、心力和健康每况愈下,对此他们必须做出相应的调整和适应,所以被称为自我调整对绝望感的心理冲突。

当老年人回顾过去时,可能怀着充实的感情与世告别,也可能怀着绝望走向死亡。自我调整是一种接受自我、承认现实的感受,一种超脱的智慧之感。如果一个人的自我调整大于绝望,他将获得智慧的品质。老年人对死亡的态度直接影响下一代儿童时期信任感的形成。因此,该阶段和第一个阶段首尾相连,构成一个循环或生命的周期。

第三节　弗洛姆的社会文化学派

精神分析的社会文化学派的产生是对弗洛伊德生物决定论的反抗。它反对经典精神分析的本能决定论,试图把被弗洛伊德颠倒的社会文化与人性的关系反转过来,主张人性乃是社会文化的产物,强调社会关系和文化因素对人的心理和行为的影响。我们介绍其中的两个代表人物:埃里克·弗洛姆和凯伦·霍妮。

一、生平介绍

埃里克·弗洛姆(Erich Fromm,1900—1980),出生于德国的法兰克福一个正统的犹太人家庭。1922年,在德国海德堡大学获得哲学博士学位,然后到柏林的精神分析研究所接受精神分析的正规训练。1925年加入国际精神分析协会,1934年在美国定居。其主要著作有:《逃避自由》(1941)、《爱的艺术》(1956)、《精神分析的危机》(1969)等。弗洛姆是精神分析的社会文化学派最主要代表,他把精神分析的研究重点从个体转向社会,提出了社会潜意识的概念。

凯伦·霍妮(Karen Horney,1885—1952),出生于德国。1915年从柏林大学获得医学博士学位,1917年加入柏林精神分析研究所,1932年移居美国,担任芝加哥精神分析学院副院长。1941年成为美国精神分析促进会的创办人之一,并担任《美国精神分析杂志》主编。霍妮的主要著作有:《现代人的神经症人格》(1937)、《自我分析》(1942)、《神经症与成长》(1950)等。

二、主要观点和经典研究

(一)对社会的精神分析

1.社会潜意识

弗洛姆把潜意识的概念由个体转向社会,提出了"社会潜意识"这一概念。他指出,社会潜意识是由社会不允许其成员所具有的那些思想、认识、态度和情感组成。每一社会仅仅允许符合该社会特定需要的思想认识和态度情感保留于意识之内,并通过社会压抑把不符合社会需要的思想情感排斥到社会意识之外,这些被压抑和排斥的内容就构成了社会潜意识。

2.社会自恋

在弗洛伊德理论中,自恋主要指个体神经症的一种表现。弗洛姆把自恋这种个体的不正常心理应用于分析社会心理,提出"社会自恋"的概念。社会自恋指一个社会陷入自我欣赏之中,夜郎自大,过分炫耀自己的光辉历史,夸赞本社会的进步和文明。尤其在战争中,社会自恋使得人们无视战争的侵略性质,非理性地强调战争的正义性。社会自恋的活动方式也是潜意识的,而且比个体自恋隐藏得更深。

3.现代社会的精神危机

弗洛姆认为,现代社会精神危机的表现之一是人们日益感觉到自我疏离,或称自我异化。自我疏离是一种情感体验。在这种心理状态下,人感觉自己不是自己,无法同自己交流,感觉自己只能听命于行为、听命于他人。在弗洛姆看来,造成自我疏离的主要原因是现代社会把人作为生产的工具,迫使人去适应社会的需要,以至于人无法作为自身力量的主宰来体验自己。

现代社会精神危机的另一个表现是人们对自由的逃避。现代社会虽然给予人很大的自由,但人却无法自由地发展和享受生活。同时,自由的增加,也使个人同社会、同他人的联系日益减少,个人的责任日益增加。现代人日益缺乏归属感,经常体验到孤独和不安全,这一体验的最终结果是,许多人为了获得归属感和安全感宁愿放弃自由,把自己的权利和命运交给专制主义和集权主义。

(二)需要理论

弗洛姆的理论之所以被称为人本主义精神分析,是因为他在坚持精神分析理论的一些基本概念的同时,把精神分析同人本主义联系起来,强调人类的生存困境和人类的心理需要,这些需要包括:

(1)相属的需要。由于人时时刻刻有孤独和疏离的体验,因而人产生了与他人相互联系、彼此相依的需要。相属的需要有建设性和破坏性两种类型。建设性的相属建立在爱的基础上,包括亲子、男女、同事、朋友之间的爱和对自己的爱。其基本成分是关心、责任、尊敬和理解。破坏性的相属表现为支配和顺从:支配是积极、主动地依赖他人,在控制他人中获得他人的敬畏、恐惧,或在羞辱、虐待他人中摆脱孤寂;顺从则是被动、消极地依赖他人,典型的例子就是受虐狂。

(2)超越的需要。满足超越需要的主要方式是创造。人们通过生产活动改造自然,进行科学和艺术创造活动来实现人类的文明。人类也是自己生命的创造者,在创造过程中实现自身的价值。创造的对立面是破坏。如果超越的需要不能通过创造的方式得到满足,人就会采取破坏或毁灭的方式来满足超越。因为在这个过程中,人将自我置于生命之上,从某种意义上说也就超越了生物的存在。但是破坏或毁灭只是超越的一种极端方式。

(3)根植的需要。作为一个有机体,人脱离自然,但仍旧有一种根植的需要,以便获得归属感和安全感。弗洛姆认为,根植需要的健康方式是同他人建立兄弟姐妹般的友爱关系,使自己根植于广泛、健康的友谊之中。

(4)认同的需要。认同是对自我的认同,认同的需要就是自我肯定的需要。弗洛姆认为,人如果无法满足自我认同的需要,就会寻求需求替代,即在国家、宗教、阶级或职业等团体中获得地位的认同。对他人、对社会采取一种顺从的态度,不假思索地接受权威的信条。

(5)方向性框架与献身的需要。为了能够创造性地生活,人需要有一个努力的方向,以及容纳这一方向的理想框架,以便为之献身。

(三)文化与神经症之间的关系

霍妮认为,在现代社会中,性本能的满足或压抑已是一个次要问题。对于现代人来说,最急迫的是面临失业、贫困、战争的威胁,以及人与人之间的疏离、敌视等社会文化问题。这些问题使人产生一种不安全感,导致神经症的产生。因此,神经症乃是社会文化的产物。

霍妮的基本焦虑概念的含义是:一种自我渺小、无助的体验和生存于一个充满荒谬、欺诈、敌意和暴力世界的感受。儿童由于早期的弱小很容易体验到基本焦虑。在霍妮看来,导致儿童基本焦虑的行为有这样几种:"直接或间接的支配、冷漠和乖僻的行为,对儿童的需要缺乏尊重、缺乏真诚的指导,轻蔑的态度、过分赞扬或缺乏赞扬,缺乏令人信赖的温暖,歧视、不守信用,充满敌意的氛围等。"儿童的基本焦虑是导致成人神经症的早期原因。当然,这种基本焦虑是否能演变成为神经症还取决于个人以后的社会经历。

焦虑是一种痛苦的体验,因为伴随基本焦虑的是孤独、无力和不安全感。为了减少这种体验,必须使用某些防御性的策略,这些策略是无意识的,霍妮称之为神经症需要,共分为 10 种:

(1)对友爱和赞许的神经症需要。其表现为不加分辨地追求一切人的爱。他们对他人的批评或忽视特别敏感,他们不能原谅哪怕一丁点对他们的无意的疏忽。此外,这种人不知道怎样表示拒绝,即使违背了自己的行为准则或导致痛苦,他们也不会拒绝。

(2)对伴侣的神经症需要。这种人如果没有伴侣或伴侣的爱和友谊,他们就无法活下去。他们会不假思索、不顾后果地选择一个伴侣,而不管这个伴侣能否和自己和谐相处。

(3)限制自己生活于狭窄范围的神经症需要。这种人为了避免失败而把自己的生活限制在一个狭小的圈子里。他们因为害怕别人的讥讽而不愿表现自己。他们尽量躲避需要自己独立做出决定和承担责任的场合。他们只有生活在一个有条不紊、熟悉或平庸的环境中才感到安全。

(4)对权力的神经症需要。这种对权力的需要源于内在的焦虑、软弱和自卑,其目的是保护自己免受孤独和伤害。这种人躲避一切可能显示自己弱点的场合,时时刻刻试图维护自己的尊严,不愿接受任何批评。当权力需要得不到满足时,他们就会感到沮丧和压抑。

（5）对剥削他人的神经症需要。这种人多疑，对他人充满敌意和不信任。他们害怕别人占自己的便宜，但又总觊觎他人的东西。他们期望别人的帮助，却不愿帮助别人。为了获得一定的社会地位，他们会尽量去利用、剥削别人，同时这带来一种恐惧感，而这种恐惧感又进一步驱使他们去更多地剥削别人来寻求保护。

（6）对社会承认和声望的神经症需要。这种人所有的希望和追求都放在他人的承认和尊敬上，对声望、名誉和社会地位有一种病态的追求，对这种人来说，地位的丧失是最重要的恐惧。

（7）对个人崇拜的神经症需要。这种人源于自卑，为了减轻症状内在的自卑感，个人努力把自己理想化，并希望别人对自己的评价能与自己的理想化自我相一致。

（8）成就个人野心的神经症需要。这种人妄图在所有领域都超过别人，由于这种期望过高，失败在所难免。这种人对他人充满敌意，不择手段地压制、打击别人，因为对于他们而言，击败别人比自己成就更为重要。

（9）对自我满足和独立的神经症需要。这种人经常回避他人，拒绝社会交往，以免将自己的弱点暴露给他人。他们也避免对他人承担责任，受他人的束缚。这种人往往是独身主义者，为维护自我优越的错觉，他们害怕同他人交往，特别害怕竞争。

（10）对完善和完美的神经症需要。这种人尽量要做到完美，以避免可能招致的批评。由于不可能做到完美，因而他们不得不维持一种虚假的外表，并在想象中把自己看得完美无缺。他们极度敏感，害怕别人的怀疑。

（四）三种病态人格

神经症需要既是一种防御性策略，又是一种人格特征。霍妮把以上10种神经症需要概括为依从、敌意、孤立三种人格类型。

依从型人格的典型特征是惯于从事接近他人的活动。这种人对友爱、赞许、人生伴侣，以及把自己限制于一个狭小的生活圈子有神经症需要。他们极力去迎合别人对他的期待，害怕任何批评和拒绝。这种人依赖性强，缺乏独立性。

敌意型人格对权力、剥削他人、社会承认、个人崇拜、成就个人野心有神经症需要。他们把所有人都看成对手，不相信任何人。这类人相信弱肉强食，追求力量和权力，总是试图通过剥削和支配他人来显示自己的强大。

孤立型人格对自足、独立、完善有神经症需要。这些需要都同避开他人的活动有关。他们避免同他人发生感情上的联系，他们喜欢单独工作和休息，害怕别人的打扰。在他们心目中，只有自己是完善的。

第四节　精神分析心理学对传播学研究的影响

精神分析理论假定人类行为的解释存在于个体之中，特别是存在于无意识之中。今天所使用的许多重要的传播学理论都在个体当中寻求推动行为变化的力量，尽管这些理论没有直接用到精神分析，例如海德（Heider）的认知平衡理论、费斯廷格（Festinger）的认知失调理论及佩蒂的态度变化的详尽可能性模式。这些理论都假定，个体失衡的、不一致的或失调的状态,对于个体来说乃是不舒服的事,从而导致了个体的行为和变化。人格研究的学术传统由霍夫兰所开创,这个传统是从赫尔的学习理论发展而来的,赫尔的学习理论反过来受到弗洛伊德理论的影响。弗洛伊德的理论也对拉斯韦尔有关政治领袖的精神分析研究产生了影响。

法兰克福学派在 20 世纪三四十年代将弗洛伊德精神分析理论和马克思主义结合起来,从而为我们提供了今天的批判的传播理论。批判学派对于偏见的研究在阿多诺等人的《权威人格》中有记载,它代表了一种以量化心理学的方法来研究人格问题的精神分析理论。显而易见,弗洛伊德长长的思想影子体现在今天人类传播学的各条线索之中。霍妮的理论对大众文化研究也产生了影响。

精神分析心理学对传播学发展的影响,国内系统的研究不多见,这里从两个方面予以阐述。

一、潜意识与广告说服

弗洛伊德的精神分析理论和潜意识研究为广告人提供了极好的机会,使他们能将广告诉求通过心理层面隐藏起来。广告人很快意识到采取更微妙的说服方式的重要性。一个早期的例子是,在第一次世界大战中,有一则广告运用联结主义将负罪感与征兵联系起来,作为一种说服策略。广告语是:"爸爸,你在这场大战中做了什么?"画面中,父亲坐在扶椅上双眼悲哀地凝视着远方,而他的儿子则在地板上玩着士兵游戏,提出这个问题的是坐在父亲膝盖上的女儿。受这则广告的暗示,观众往往将这位父亲认同为一个担惊受怕的"可能自我"。

广告可能在完全意识不到的层面上起作用。1960 年,心理学家斯珀林(Sperling)用部分报告法所进行的记忆实验表明,个体存在着一种感觉记忆,它有相当大的容量,信息保持时间极其短暂且很快就会消失。该实验用速示器给被试呈现一张有 3×4 个字母的卡片(分上、中、下 3 行排列,每行 4 个字母),呈现时间是 50 毫秒。如果要求被试做出全部报告,即每次呈现后报告尽可能多的字母,被试只能报告 4～5 个字母。假如要求被试做部分报告,即按要求报告 3 行字母中的任何一行,被试平均能正确报告 3 个字母。研究者通过声音提示(高、中、低音)来对被试所要报告的行(上、中、下)提出要求。声音的出现完全是随机的,在声音出现之前,被试不可能预见到要求报告哪一行。这样,研究者根据被试对某一行的回忆情况来判断被试对全部项目的记忆情况,即可推知被试记忆项目的平均数。在斯珀林的研究中,被试部分报告时所能记忆的字母平均数为 9.1,比全部报告时的记忆成绩多了近一倍。该实验表明,我们对这类信息的保存比意识到的要好,我们的再认成绩要超过意识中知觉到的内容。

这些发现对商界现在仍广为坚持的观念是一种支持,即将受众暴露于影视节目中短暂呈现的说服性文字中,广告信息就可进入受众的记忆。大多数研究者将潜意识广告的起源追溯到 20 世纪 50 年代广告专家詹姆斯·维卡里(James Vicary)的研究中。在该研究中,研究者在影片中每隔 5 秒便以 1/3000 秒的速度在屏幕上呈现"吃爆米花"和"喝可口可乐"的信息。研究声称,6 个星期后,该电影院爆米花的销售上升了 18%,可乐的销售上升了 50%以上。由于这个报告,美国政府宣布在广告中设置潜意识信息的行为是不合法的,这个禁令一直持续到现在。

尽管缺乏科学证据,但潜意识广告的概念已深入当代文化。基(W. B. Key)在20世纪七八十年代所著的四部著作,对广告业使用这类欺瞒手法进行了猛烈抨击。有证据表明,受众对不是直接知觉到的材料,可能存在着潜意识效应。伊高等人(Eagle et al.,1966)进行了一项研究,让一些被试观看幻灯片,其中一张幻灯片中有一只鸭子的轮廓镶嵌在一棵树的树干中。随后要求被试列出幻灯片中出现的动物,结果发现没有一位被试列出鸭子。然而,当要求被试写一篇关于农场的故事时,"鸭子"条件组的被试有很多在故事中介绍了鸭子。一些控制更严格的实验室研究运用快速呈现隐蔽词的方法,使研究者能够演示语义加工中无意识激活的过程(Draine & Greenwald,1998)。

这些结果表明,如果潜意识广告能够影响消费者行为,它也许是通过认知启动过程而起作用的。"潜意识学习"录音带的畅销,从另一个方面说明了潜意识的力量。在潜意识学习中,学习者听到的只是音乐或"自然声音"(波浪、鸟鸣等),但听了这类磁带后,人们就可以回忆起无意识中获得的信息(有时是在睡觉的时候),并由此掌握一门新的语言、增强记忆、减肥、戒烟、增强自尊,甚至减少焦虑。当然,也有研究者认为,这些技术除了安慰效应外,鲜有科学证据存在。科恩等(Cohen et al.,1999)用一项双盲实验对记忆和自尊增强的情况进行检验。在该实验中,研究者不知道磁带中材料的性质(一半给予记忆增强材料,一半给予自尊材料)。研究结果没有支持制造商所声称的内容。在听了几个星期的磁带后,被试对实验材料的记忆分数没有增加,自尊的分数也没有增加。然而,那些以为在听自尊材料的被试报告说自尊得到了增强(记忆组被试也如此)。

潜意识广告是一个有争议的领域,尽管由于第三者效应的存在,似乎确有一些成功的广告可归因于无意识加工。如果我们在电视或收音机里多次听到某些广告语,通过重新激活神经元发散的模式,它将不可避免地渗透到我们的无意识中。而且,我们对广告的接触很少是由意识或有意注意支配的。这在博加特和托利(Bogart & Tolley,1988)的研究中得到了说明。他们测量了10名妇女阅读报纸时的行为和脑活动,结果表明,只有一部分对阅读者具有特殊意义的广告内容被记住。

潜意识广告理论的假设是,注意和知觉是消费者购物的充分动机,好像购物是孤立的个体在恍惚的状态下采取的行动。然而,大多数消费决策是理性做出的,而且是在社会情境中发生的。在广告发展的历史中,广告人不久便感觉到,有必要越过知觉和记忆来考察社会定向的行为,特别是消费者的态度研究。

二、人格发展阶段论与大众传播的对象性

关于人格发展,弗洛伊德根据自己的研究成果提出了著名的"心理性欲理论"。该理论认为,人格由本我、自我、超我三个部分组成,经过口唇期、肛门期、性器期、潜伏期和生殖期五个发展阶段,这三个部分逐渐整合,成为一体。美国心理学家埃里克森在弗洛伊德理论的基础上,提出了其独特的心理社会发展理论。该理论将人格发展划分成八个不同的阶段。该理论认为,每个阶段都有一个中心发展任务,在不同时期,这个任务是不同的。具体地说,就是要解决每一对矛盾。矛盾解决得好,则形成积极的个性品质;解决得不好,则形成消极的个性品质。一个阶段任务的顺利完成有助于下一个阶段任务的完成;但是,如果一个阶段

的任务没有顺利完成,在下一个阶段仍有完成的可能。

所谓大众传播的对象性,是指针对特定的受众提供特定的内容以满足他们的特定需求。精神分析学派的人格发展阶段论带给我们的启示是,大众传播要取得预期的传播效果,不仅要考虑到受众个体的认知发展水平,在节目定位、节目内容与形式等方面还应遵循不同阶段的个体人格发展的特点。也就是说,大众传媒要采取受众能够接受的形式,要能反映不同阶段的心理矛盾。

比如,根据埃里克森的人格发展阶段论,个体每个阶段都有需要解决的具体冲突或矛盾。以青少年为例,这一时期,个体着重要解决的是"自我同一性与角色混乱的冲突"。一些调查表明,目前我国高中生和大学生中30%的人有不同程度的心理障碍,大众传媒如何从青年人的这一需求出发,制作相应的节目,帮助他们正确地认识自己、认识他人是一个值得重视的问题。

又如,人格发展阶段论指出,老年人面临的发展危机是自我调整与绝望感的冲突。目前,国内大部分广播电台、电视台都开办了相对固定的老年专题节目。如中央电视台的《夕阳红》、中央人民广播电台的《桑榆情》《老年之声》、北京电视台的《金色时光》、哈尔滨电视台的《老头湾》,以及北京人民广播电台的《老年之友》等,这些节目在帮助老年人克服孤独方面起着一定的作用。

本章要点

1. 精神分析又称心理分析,是现代西方心理学的一个重要流派,产生于19世纪末20世纪初的奥地利,由维也纳医生弗洛伊德首创。弗洛伊德以潜意识心理和性生理、性心理的发育为依据,第一次系统地提出了人格发展的阶段理论,揭示了人格结构和人格发展的深层原因和动力。这些宝贵的思想对人格心理学和发展心理学影响重大。但是,他过分强调性本能和潜意识的作用,忽视理性意识和社会文化环境的作用,为他的人格理论留下了明显的缺陷。

2. 弗洛伊德的人格理论又称"心理性欲发展理论"。弗洛伊德认为,人格发展的每个阶段,都会有一个特殊的区域成为力比多兴奋和满足的中心。据此,他把人格发展依次划分为五个阶段,即口唇期、肛门期、性器期、潜伏期和生殖期。

3. 集体潜意识这一概念是瑞士心理学家荣格提出来的。它位于心灵的最深层,是在人类历史演化过程中祖先经验的积淀,是人类据以做出特定反应的先天遗传倾向。集体潜意识的主要内容是本能和原型。本能是先天的行为倾向,原型是先天的思维倾向。

4. 美籍德裔心理学家埃里克森是新精神分析派的代表人物。他认为,随着时代的变迁和社会的发展,精神分析必须考虑到社会和文化的因素,从而将精神分析范围从对个人的分析评价扩展到对集体乃至整个文化的分析评价。

5. 霍妮认为,在现代社会中,性本能的满足或压抑已是一个次要问题。对于现代人来说,最急迫的是面临失业、贫困、战争的威胁,以及人与人之间的疏离、敌视等社会文化问题。这些问题使人产生一种不安全感,导致神经症的产生。因此,神经症乃是社会文化的产物。因此,弗洛姆和霍妮也被称为精神分析的"社会文化学派"。

6.精神分析心理学对传播学发展的影响,国内系统的研究并不多见,本章主要介绍了潜意识与广告说服,以及人格发展阶段论与大众传播的对象性两个方面的研究。

 ## 基本概念

1.潜意识:弗洛伊德将人的心理分为意识和无意识现象,无意识现象又划分为前意识和潜意识。潜意识是指根本不能进入或很难进入意识的经验,它包括原始的本能冲动和欲望,特别是性的欲望。潜意识的心理虽然不为人们所觉察,却支配着人的一生。无论是正常人的言行举止还是心理疾病患者的怪异症状,以及人类的科学、艺术、宗教和文化活动,都受潜意识的影响和支配。

2.情结:为荣格提出,指构成整体人格结构的一个个独立的单元,它是自主的,带有强烈的情绪色彩;情结是潜意识的,但足以影响意识活动。荣格认为,情结主要来源于童年的心理创伤和道德与人性的冲突。

3.内外倾:荣格把人的态度分为内倾和外倾两种类型。内倾型人的心理能量指向内部,易产生内心体验和幻想,这类人远离外部世界,对事物的本质和活动的结果感兴趣。外倾型人的心理能量指向外部,这类人喜欢社交,对外部世界的各种具体事物感兴趣。

 ## 思考题

1.试比较弗洛伊德和埃里克森的人格发展阶段理论。

2.用本章学到的知识分析明星粉丝"饭圈"的应援行为及其心理。

3.你怎样理解精神分析理论对传播学研究的影响?

第四章

认知心理学与大众传播研究

+—+

认知心理学有广义、狭义之分。广义的认知心理学是指以认知过程为主要研究对象的各种心理学流派和理论。除信息加工心理学外,它还包括完形心理学、拓扑心理学和皮亚杰的发生认识论。而狭义的认知心理学即指信息加工心理学。它是指用信息加工的观点和术语,通过与计算机相类比,用模拟、验证等方法来研究人的认知过程,认为人的认知过程就是对信息的接收、编码、贮存、交换、操作、检索、提取和使用的过程,强调人已有的知识与知识结构对行为和当前认知活动起决定作用。本章主要介绍完形心理学、皮亚杰的发生认识论和信息加工心理学的主要理论观点及其对传播学研究的影响。

第一节　格式塔心理学

格式塔心理学(gestalt psychology)也称完形心理学,诞生于 20 世纪初的德国,是西方心理学的主要流派之一。主张研究心理现象的整体、形式或形状,宣称心理现象最基本的特征是在意识经验中所显现的结构性或整体性,反对构造主义心理学的元素主义和行为主义的 S-R 公式。格式塔心理学的主要代表人物有韦特海默、科勒和考夫卡。

一、生平介绍

马克斯·韦特海默(Max Wertheimer,1880—1943),格式塔心理学的创始人和主要代表。1880 年生于布拉格。1904 年在德国符茨堡大学获哲学博士学位;1912 年,与科勒及考夫卡在法兰克福共同研究似动现象,在这个研究的基础上,他们建立了格式塔心理学;1933年离开德国,受聘为美国纽约社会研究新学院教授,直至 1943 年去世。韦特海默对格式塔心理学的发展有很大影响。格式塔心理学这一术语是他首创的。他的著作不多,但影响巨大,主要有《运动视觉的实验研究》《创造性思维》等。

沃尔夫冈·科勒(Wolfgang Kohler,1887—1967),美籍德裔心理学家,格式塔心理学的代表人物之一。1887 年生于爱沙尼亚,在德国长大。1909 年获柏林大学哲学博士学位;1921 年任柏林大学教授和心理研究所主任;1912 年,他和考夫卡一起参加了韦特海默关于似动现象的实验研究,共同奠定了格式塔心理学的基础;1935 年定居美国;1956 年获美国心理学会杰出科学贡献奖;1959 年当选为美国心理学会主席。主要著作有《人猿的智慧》《格式塔心理学》《价值在事实世界中的地位》《心理学的动力学》等。

库尔特·考夫卡(Kurt Koffka,1886—1941),德裔美国心理学家,格式塔心理学的代表人物之一。1886 年生于柏林。1909 年获柏林大学哲学博士学位;1912 年与韦特海默、科勒一起创立格式塔心理学派;1924 年起,先后在美国康奈尔大学、芝加哥大学和威斯康星大学任教。作为格式塔心理学派的主要发言人,考夫卡最早向美国心理学界详细介绍格式塔心理学的对象、方法等问题,并将格式塔原理广泛运用于心理学的各个领域。著有《心理的发展》《格式塔心理学原理》等。

二、主要观点与经典研究

(一)格式塔心理学的研究对象

1.直接经验

格式塔心理学家认为心理学就应该研究意识,但为了使自己的理论与构造主义心理学有所区别,他们尽量不使用"意识"一词,而将研究对象定名为直接经验。所谓直接经验,科勒认为就是主体当时感受到或体验到的一切,即主体在对现象的认识过程中所把握到的经验。这个所谓主体把握到的经验是一个有意义的整体,它和外界的直接客观刺激并不完全一致。格式塔心理学家认为外界的客观刺激只具有几何属性或物理属性,这些属性只有以整体的方式被人感受到以后才成为直接经验,因此直接经验具有超几何、超物理的性质。格式塔心理学家把直接经验的范围扩得很大,它既包括客观世界,也包括主体的主观世界。

2.行为

格式塔心理学的另一个研究对象是行为,但考夫卡所说的行为与华生行为主义中所指的行为还是有区别的。考夫卡将行为分为显明行为和细微行为,认为心理学应研究显明行为,这是一种类似于新行为主义者托尔曼所谓的整体行为(有目的、有意义的行为)。显明行为是一种环境中的活动,细微行为是有机体内部的活动,它们具有不同的生存空间。考夫卡着重研究了环境对人的显明行为的影响,他把环境分为地理环境(真实存在的客观环境)和行为环境(个体头脑中意识到的环境),并认为人的行为主要受行为环境的影响和制约。考夫卡还进一步从属性上将行为分为三类:一是真正的行为,主要指客观世界的物理行为,包括物体的运动等;二是外显行为,即在别人的心目中所看到的我的行为或在我的心目中所看到的他人的行为;三是现象的行为,即我所意识到的自己的行为或别人所意识到的他自己的行为。第三种行为是格式塔心理学的主要研究对象。

(二)格式塔心理学主要的研究方法

1.整体的观察法

格式塔心理学将直接经验作为研究对象,这种直接经验是一种自然而然的现象,它只能通过观察来发现,因此格式塔心理学强调运用自然的观察法。格式塔心理学不反对内省法,但强调内省不能用作分析,而只能用作观察。不管是观察和内省,格式塔心理学都强调要从整体上去把握,这一点是格式塔心理学对后世心理学研究方法的最大贡献。

2.实验现象学的方法

格式塔心理学所运用的实验法主要是实验现象学,这种实验法不同于一般的量化实证研究实验法:第一,实验现象学是一种以归纳为主要手段的实验,它主要通过对现象加以直观描述,进而发现其意义结构;第二,实验现象学不追求变量间的因果关系,而追求建构现象场并发现现象场的意义;第三,它主要以文字描述而不是以数量关系来反映实验,只从整体上对直接经验做质的分析;第四,现象学实验中主试必须悬置自己的先知先见而主要作为一个现象场的创立者,它只对经验进行朴素忠实的描述,不做任何推论或解释;第五,在实验过程中,主试并不严格操控被试或实验对象,实验对象本身在一定程度上是一个真正意义上的实验者,甚至可以说是一个真切的现象学家,实验对象本身在实验中不仅具有工具的意义,同时还具有生活的意义。

(三)同型论

格式塔心理学在研究直接经验和行为的同时,也重视探讨心理现象的生理机制。格式塔心理学试图证实一个总的假设,即大脑皮质区也是按照类似于完形原理而进行活动的,也就是说,在人的每一个知觉过程中,人脑内都会产生一种与物理刺激构造精确对应的皮质"图画",这就是同型论。绝大部分格式塔心理学家都信奉"同型论",他们认为人的生理历程与人的心理历程在结构的形式方面是完全等同的。

(四)知觉的组织原则

知觉是格式塔心理学理论的核心内容,格式塔知觉理论的最大特点在于强调主体的知觉具有主动性和组织性,并总是用尽可能简单的方式从整体上去认识外界事物。格式塔心理学提出了许多知觉的组织原则,尽管这些原则中许多不是格式塔首创,但格式塔心理学将这些原则进行了系统的整理,从而使其成为格式塔知觉理论中最有特色的一块内容。

(五)学习理论

尽管格式塔心理学的主要贡献是对知觉的研究,但任何心理学书在谈到学习理论时都一定会提到科勒的顿悟说。顿悟说认为人遇到问题时,会重组问题情境的当前结构,以弥补问题的缺口,达到新的完形,从而联想起一种可行的解决方案。这一过程的突出特点是顿悟,即对问题情境的突然领悟。科勒的顿悟说主要有两个基本观点:①学习的实质是在主体内部构造完形。所谓完形,亦称"格式塔",指的是一种心理结构,它是在机能上相互联系和相互作用的整体。一切学习,其实质均在于通过对情境中各部分之间关系的理解而构造完形,学习并非是在情境与反应之间建立联结。②学习是通过顿悟过程实现的。顿悟是指对情境的突然理解,如图4.1所示。顿悟说否认刺激与反应之间的直接联系,强调两者以意识为中介。

图 4.1　顿悟学习实验

(六)创造性思维

韦特海默把顿悟学习原理运用到人类的创造性思维的探讨上,对思维问题特别是儿童的创造性思维问题进行了系统研究。韦特海默宣称,创造性思维对儿童来说应该是思维的自然方式,但往往由于盲目的思维习惯和学校的错误训练而导致缺乏。

创造性思维的核心是思维者关注问题的整体,要让问题的整体来决定或支配部分,同时要深刻理解整体与部分之间的关系。韦特海默在他的遗作《创造性思维》一书中举了大量的有关创造性思维的例子来阐述自己的论点,通过他书中的这些例子及有关内容,可以概括出创造性思维的四个要点:第一,创造性思维必须理解课题的内在结构关系,同时要把课题的各个部分合并成一个动态的整体;第二,任何问题必须根据课题的结构统一性来理解和处置,并向寻求更适当的完形方向发展;第三,思维者必须认识问题的次要方面和根本方面的不同,并根据不同点而把问题的各方面形成一个层次结构,即重组问题的层次关系;第四,创造性思维不是一种纯智力活动,它受人的动机、情感、先前训练等因素的影响。韦特海默的这些理论观点对近年来兴起的创造学的发展发挥了很大的作用。

(七)似动现象研究

似动现象实验是韦特海默建立格式塔心理学的主要实验根据,也是格式塔心理学派的开端和标志。所谓似动现象,是指先后出现的两个静止刺激,被个体知觉为刺激从前面一个刺激的位置向后面一个刺激位置运动的现象。韦特海默认为,似动现象不可能是眼球运动所致,同样这也不是主体推理的结果。因此,韦特海默认为似动现象是一个依附在一定心理物理场中的崭新现象,也就是说是一个格式塔。这种现象依附于一定的情景,是一个整体现象,它不可以分析为元素。实际上格式塔在这里突出地说明了一条最基本的完形原理:在现象场中,整体不同于其各部分之和,整体先于部分而存在,整体决定着各部分的性质。

第二节　皮亚杰的发生认识论

一、生平介绍

让·保罗·皮亚杰(Jean Paul Piaget,1896—1980),瑞士儿童心理学家,发生认识论的创始人。1896年出生于瑞士纳沙泰尔。1918年获纳沙泰尔大学理科(生物学)博士学位。后在苏黎世、巴黎从事精神病诊治及儿童测验工作。1921年任日内瓦大学卢梭学院实验室主任,后又升任助理院长,先后执教于纳沙泰尔、日内瓦、洛桑和巴黎大学。皮亚杰曾当选为瑞士心理学会、法语国家心理科学联合会和第14届国际心理科学联合会主席。除此之外,皮亚杰还长期担任设在日内瓦的国际教育局局长(1929—1967)和联合国教科文组织助理总干事之职。

1955年后,皮亚杰在日内瓦创立"发生认识论国际研究中心"并担任主任,集合各国著名哲学家、心理学家、教育家、逻辑学家、数学家、语言学家和控制论学者研究发生认识论,对于儿童各类概念以及知识形成的过程和发展进行多学科的深入研究。主要著作有《儿童的语言和思维》《儿童的判断与推理》《儿童的道德判断》《智慧心理学》《发生认识论原理》等。

二、主要观点与经典研究

皮亚杰的理论主要是认知发展的理论,其治学思想是从儿童心理的发生发展的研究着手,进而探索认识和运算的心理起源,也就是"发生认识论"学说。他的理论极为丰富,融合了生物学、心理学、逻辑学和认识等方面的知识。

(一)智慧的本质

皮亚杰认为智慧的本质就是适应,而适应是有机体与环境之间的一种平衡状态。适应的形成在生物学上就是同化和顺应,在心理学上就是主体(内因)和客体(外因)相互作用的一种平衡状态。他认为主客体的关系不是静止的、单向的,而是动态的、双向的,因而主客体是不可分的。

(二)关于认识结构的几个基本概念

皮亚杰认为每一个认识活动都含有一定的认识结构,而认识结构涉及图式、同化、顺应和平衡这四个基本概念。

图式,指动作的结构或组织。这些动作在相同或类似的环境中由于不断重复而得到迁移或概括。儿童最初的图式是遗传性的图式,一经和外界接触,在适应的过程中就不断变化、丰富和发展起来。

同化和顺应,在心理发展的水平上,是适应的两种机制。同化是指个体将环境因素纳入已有的图式以加强和丰富机体的动作,引起图式量的变化,也就是说,同化是个体以其已有的图式或认识结构为基础去吸收新经验的过程;顺应则是指机体的图式不能同化客体,必须建立新图式或调整原有的图式,引起图式质的变化,使机体适应环境,也就是说,顺应是改变原有图式或建立新的图式以容纳一个新鲜刺激的过程。

平衡,是指同化与顺应两种机制之间的平衡。在心理发展过程中,平衡是一个重要环节,没有平衡就没有发展。平衡不是静态的,而是动态的。通过主体与客体的作用,平衡从较低水平过渡到较高水平。不断发展的平衡——不平衡——平衡就是适应过程。

(三)儿童心理发展的因素与阶段论

皮亚杰认为,制约儿童心理发展的因素有成熟、物理环境、社会环境和平衡过程。

成熟,指机体的成长,特别是神经系统和内分泌系统的成熟。成熟是心理发展的必要条件,但不是充分条件。

物理环境,包括物理经验和逻辑数理经验。前者指个体作用于物体、抽象出物体的特性,如物体的颜色、重量、比例、速度等;后者指个体作用于物体,从而理解动作间相互协调的结果。皮亚杰认为,这种知识不存在于物体本身,而是由主体作用于客体的动作所引起的。

社会环境,包括社会生活、社会传递、文化教育、言语等,它们同样是影响个体心理发展的必要条件,但不是唯一的因素。皮亚杰强调,社会环境对人的心理发展的影响,是以个体的认识结构为前提,通过社会互动作用实现的。

平衡过程,在皮亚杰看来是心理发展中的决定因素。平衡过程是不断成熟的内部组织和外部环境的相互作用,具有自我调节的作用,这种作用促进了儿童认识结构的不断变化和发展。

皮亚杰关于心理发展阶段的理论是长期实验研究的总结,可概括为四个要点。

第一,在发展进程中可区分为几个不同水平的连续阶段。每一阶段都是一个统一的整体,都有它主要的行为模式,以标志这一阶段的行为特征。阶段与阶段之间不是量的差异而是质的差异。

第二,前一阶段的行为模式总是整合到下一阶段,而且不能前后互换。前阶段是后阶段的准备,并为后阶段所取代。

第三,发展的阶段性不是阶梯性的,而是具有一定程度的交叉重叠的。

第四,各阶段出现的年龄因每个人的智慧程度和社会环境、教育影响的不同而有差异,可提前或推迟,但阶段的先后顺序则保持不变。

(四)儿童心理发展的四个阶段

皮亚杰把儿童的心理发展分为具有质的差异的四个阶段：①感知运动阶段(0～2岁)。此阶段的儿童能区分自己和客体，逐渐知道动作与效果的关系，开始认识客体的永存性、主体和客体之间的关系、客体间的相互关系，动作与动作之间开始逐渐协调。这一阶段是儿童思维的萌芽阶段。②前运算阶段(2～7岁)。该阶段的主要特征是语言的出现。由于符号功能的出现，儿童开始从具体动作中摆脱出来，凭借象征性图式在头脑中进行"表象性思维"。③具体运算阶段(7～12岁)。运算是指动作的内化，是可逆的，在思维水平上进行。但此时思维还离不开具体事物的支持，只能把逻辑运算应用到具体的或观察所及的事物，只限于初步的逻辑思维。④形式运算阶段(12～15岁)。此阶段的主要特点是出现了抽象的逻辑思维，即能够超出事物的具体内容或感知的事实，朝着非直接感知或未来事物的方向发展。这个阶段的儿童可以有科学创见和理论创新的能力。

(五)发生认识论是研究知识的心理起源的学说

发生认识论主要研究知识发生、发展的过程和结构，以及它的心理起源。皮亚杰认为，认识论的关系的构成既不是外在客体的简单复本，也不仅是主体内部预先形成的结构的呈现，而是经主体与外部世界的不断交涉而逐步构成的一套结构。因而他的发生认识论既反对先天论，也反对被动论，主张新生论或渐成论。

第三节 信息加工心理学

信息加工心理学是西方现代心理学的一个新流派，起始于20世纪50年代末期，60年代开始迅速发展。1967年，美国心理学家奈塞尔《认知心理学》一书的出版，标志着信息加工心理学成为一个独立的流派立足于心理学界。

一、生平介绍

信息加工心理学不同于其他心理学流派的地方在于，它既不是由某个人独创的，也没有简单地否定历史上各派心理学的建树，而是受多种因素影响，逐渐演变而成的。因此，与其说信息加工心理学是一个独立的心理学流派，还不如说它是当代心理学的一种新思潮、新范式和新的研究取向。这里，我们主要介绍对信息加工心理学的诞生起到重要作用的奈塞尔、纽厄尔和西蒙。

乌尔里克·奈塞尔(Ulric Neisser,1928—2012)，美国认知心理学家，1967年出版《认知心理学》一书，标志着认知心理学的开始。他的主要研究兴趣是记忆、智力与自我概念。他对自然环境下关于生活事件的记忆和个体、群体在测验成绩上的差异的研究十分著名。1984年当选为美国国家科学院院士。

艾伦·纽厄尔(Alan Newell,1927—1992)，美国心理学家和计算机科学家。20世纪50年代，他和西蒙共同提出物理符号系统假设(physical symbol system hypothesis)，将人脑和计算机都看作是加工符号的物理结构,人脑的活动和计算机的信息加工功能都是符号操作过程。他和西蒙合著的《人类问题解决》是这一领域极为重要的著作。

赫伯特·亚历山大·西蒙(Herbert Alexander Simon,1916—2001),美国著名科学家,生于威斯康星州的密尔沃基市,1943年获芝加哥大学政治学博士学位,曾任伊利诺伊理工学院政治和社会科学系主任,卡内基理工学院工业管理研究院副院长,卡内基—梅隆大学计算机科学和心理学教授等。1968—1972年任美国总统的科学顾问;1986年获美国总统颁发的国家科学奖。此外,他还是世界上第一位获得诺贝尔经济学奖的心理学家。他的主要著作除了与纽厄尔合著的《人类问题解决》外,还有《管理行为》《公共管理》《理性抉择的行为模型》《求解难题过程中的试误搜索》等。

二、主要观点与经典研究

信息加工心理学在研究对象上是对行为主义的否定,在方法上则是对行为主义的深化。对于那些放弃了极端观点的新行为主义,信息加工心理学更是继承多于批判。

(一)人是一种信息加工系统

信息加工心理学将人脑与电脑进行类比,把人脑看作是类似于电脑的信息加工系统。尽管在硬件上电脑的电子元件与人脑的神经细胞有质的区别,但在软件上人脑和电脑的功能结构、认知历程却存在许多类似之处。计算机能探测、贮存和加工处理信息,并能按照指令检索、提取信息;同样,人的大脑也能接受、贮存和加工处理信息,并能根据需要随时随地对脑中的信息进行检索与提取。由此,信息加工心理学将电脑作为人的心理模型,企图对人的心理和电脑的操作做出某种统一的解释,发现一般的信息加工原理。这是信息加工心理学与一般认知心理学的根本区别。

纽厄尔和西蒙认为,信息加工系统由感受器、效应器(或反应器)、记忆和加工器(处理器)四个部分组成,如图4.2所示。感受器是接受信息的装置,环境中的种种信息的输入,首先就是由感受器予以接收的。信息加工系统中的加工器,是整个信息加工系统的控制部分,它决定着信息加工系统如何去发挥作用,主要就是要制定目标,并产生达到目标、完成计划的手段,即决定目标和目标的顺序,监督当前目标的执行。信息加工系统中的记忆部分,是系统中贮存信息的地方,其中有两种记忆:长时记忆和工作记忆。效应器是信息加工系统对信息做出反应的部分,这是整个系统的最后一个结构组成。它控制着一个系统的全部输出,从人的运动动作到言语和表情。

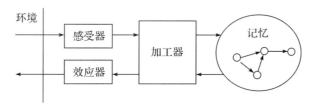

图4.2　信息加工系统的一般结构

转引自车文博:《西方心理学史》,浙江教育出版社1998年版,第592页。

信息加工系统中的各个部分相互关联、相互作用,从而形成一个协调的有机整体。在信息加工系统中,信息的流经过程是这样的:首先,感受器从环境中接受信息,并将信息输送给加工器,进行加工处理,即抽取并联结信息的基本特点进行编码,然后输入记忆部分进行存贮。当信息加工系统受到某个指令,记忆装置中的某些贮存信息会被激活而转变成工作记忆。这一激活与转换过程,都是在中枢加工器作用或控制下进行的。实际上,加工器是整个信息加工系统的枢纽,系统的各部分均通过它而连成一体。最后,由加工器发出的目标执行指令是通过效应器来完成的。

信息加工心理学认为,人的认知过程是一个主动寻找信息、接收信息,进行信息编码并在一定的信息结构中进行加工的过程。信息加工心理学强调认知中的结构优势效应,即原有的认知结构对当前认知活动的影响。

由于人的认知过程受情绪、动机等因素的影响,信息加工心理学从信息加工的角度对情绪、激活、社会认知模型等问题进行探讨,认识到人的心理不只是在认知系统中的信息加工,还是在人格结构中的信息加工。

(二)强调知识对行为和认知活动的决定作用

与行为主义心理学强调外部环境而排斥内部因素的立场相反,信息加工心理学强调人脑中已有的知识和知识结构对人的行为和当前认知活动的决定作用。信息加工心理学认为,当人进行知觉活动时,作为外部世界内化了的有关知识单元或心理结构的图式被激活,使人产生内部知觉期望,以指导感觉器官有目的地搜寻和接受外部环境输入的特殊信息。也就是说,只是从环境信息与个体所具有的图式有关或适合进入这种图式的意义上讲,环境信息才是有意义的。

(三)强调认知过程的整体性

信息加工心理学以整体论的观点看待人的认知过程,它吸收了信息论和控制论的思想,将人的感知、注意、表象、记忆和思维等心理过程纳入信息的输入、加工、存储和提取的完整的计算机操作过程,这样有利于将人的认知活动的各个环节联结为整体来探索其各自的特点和规律,也有利于把感性认识和理性认识结合起来,改变了过去对认识过程做简单划分和片面理解的做法。

(四)记忆信息加工的研究

由于在理论观点上的创新和研究方法上的突破,在短短的几十年中,信息加工心理学在感知觉、注意、记忆、语言、思维、问题解决等领域均取得了丰富的研究成果。这里限于篇幅,仅介绍有关记忆信息加工的研究。

信息加工心理学从信息的存储与提取的角度,对记忆的结构、记忆的表征、记忆的容量等问题进行了比较深入的研究。

1.记忆的结构

早在20世纪初美国心理学家詹姆斯(James)就已采用初级记忆和次级记忆的概念,来表达他对意识问题的看法。1959年,彼得森(Peterson)用实验证实了记忆划分为短时记忆和长时记忆的假设。在上述基础上,阿特金森(Atkinson)和谢夫林(Shiffrin)提出了感觉记忆、短时记忆、长时记忆三个记忆阶段的信息存储模式。外界信息进入感觉记忆(也称瞬间记忆),仅停留一秒钟左右就立即消失。通过过滤和衰减,部分感觉信息进入短时记忆阶段,转入短时记忆的信息大约停留20秒钟,若得不到适当的加工也会消失。只有经过复述的短时记忆才有可能转入长时记忆阶段。长时记忆是一个容量很大、保留时间很长的记忆系统。当然,也有一些心理学家不赞同记忆结构三阶段的理论,认为记忆只是在不同等级水平上的信息加工。

2. 记忆的表征

信息加工心理学多从信息编码、存储形式与内容的角度来探讨记忆的表征。许多实验材料表明,记忆系统中存在着两种主要的编码形式,即视觉编码形式和言语编码形式。视觉编码形式是一种与实际的物理刺激表象相对应的信息加工。有关心理旋转、心理折叠、表象扫描的心理实验表明人的记忆系统,尤其是在瞬间记忆和短时记忆阶段存在着这种表象加工的视觉编码形式。言语编码包括音素编码和语意编码两个方面,在短时记忆系统中以音素编码为主,而在长时记忆中则以语意编码为主。语意编码又可分为语意网状模式和语意特征模式。语意网状模式认为,在记忆系统尤其是在长时记忆系统中,信息是以命题的形式进行语意编码的。人可以通过联想,在这些命题所构成的语意网络中寻找记忆和安置新的信息。语意特征模式认为,语意记忆是按照不同形式的归类而保存在记忆系统中的。它类似于家谱关系的立体结构,也隐含着概念之间的逻辑关系。

3. 记忆的容量

信息加工心理学对记忆的容量,尤其是短时记忆的容量进行了大量的研究。1956 年,米勒在《奇妙的数字 7 ± 2 ——信息加工的限度》一文中,提出了"组块"(chunk)这一概念,认为短时记忆的容量是 7 ± 2,即 $5 \sim 9$。米勒认为,每个组块既可以是一个字母,也可以是一个单词,还可以是一个短语。组块所含信息量的多少和组块化过程密切相关。而组块化过程又受个体知识与经验的影响,组块化过程一般从两方面进行:一是把时间和空间上非常接近的单个项目结合起来;二是利用以往的知识把单个项目组成一个有意义的组块。正因为这样,在记忆容量方面存在个体之间的差异。

三、布鲁纳和奥苏贝尔的理论观点

近几十年来,认知心理学发展迅猛,出现了一大批研究者和研究成果,美国心理学家布鲁纳和奥苏贝尔的理论观点就是其中的佼佼者。

(一)布鲁纳的认知发现说

杰尔姆·S. 布鲁纳(Jerome S. Bruner,1915—2016),美国教育和认知心理学家。1937 年在杜克大学获文学学士学位,1941 年获哈佛大学心理学博士学位。第二次世界大战期间应召服兵役,先后在美国战争情报署和同盟远征军最高统帅部心理战部门工作,主要研究公众的态度和纳粹德国的宣传技术。1945 年返回哈佛大学任教;1959 年任美国国家科学院科学教育委员会主席,主持了著名的伍兹霍尔中小学课程改革会议;1960 年任总统教育顾问;

1965 年当选为美国心理学会主席;1962 年获美国心理学会颁发的杰出科学贡献奖。布鲁纳论著甚丰,主要代表著作有:《思维之研究》(*A Study of Think*)(与人合著)、《教育过程》《论认识》《教学理论探讨》《认知生长之研究》《教育的适合性》《超越所给的信息》《儿童的谈话:学会使用语言》《心的探索》等。

1.学习的实质是学习者主动地进行加工活动形成认知结构

布鲁纳认为,所谓认知结构,是指个体过去对外界事物进行感知、概括的一般方式或经验所组成的观念结构。它可以给经验中的规律以意义和组织,并形成一个模式,其主要成分是"一套感知的类别"。学生的学习旨在形成与发展认知结构,即形成各学科领域的类别编码系统。在学习过程中,学习者通过这种类目化的活动将新知识与原有的类目编码系统联系起来,不断形成或发展新的类目编码系统。布鲁纳提倡"发现学习"的学习方式,即鼓励学生利用教材或教师提供的条件自己独立思考,自行发现知识、掌握原理和规律。

2.使学生掌握学科的基市结构是教育过程的核心

布鲁纳在皮亚杰的影响下,从事认知心理学、教育过程和学科结构的研究,提出了关于"学科基本结构"的理论,从心理学的角度阐明了学生掌握学科基本结构的必要性和重要性。布鲁纳认为,任何学科都有一个基本结构,即具有其内在的规律性。这种规律性反映了事物之间的联系,包含了"普遍而强有力的适用性"。它表现为各种定义、原理或法则。它不是一成不变的,也不是只能有一个模式。它可以随着学科基本知识和观念的不断扩大和加深而不断提高和完善。其实,新闻、影视剧等节目形式皆有一定的基本结构。在布鲁纳看来,任何学科的基本知识和观念都可以用某种方式教给学生,各门学科的教师的根本任务就是要用该学科基本、普遍的知识和观念来不断扩大与加深学生的知识结构。所谓学科的基本结构,就是构成该学科的基本原理,就是把该学科的各种事实、零散知识联系成整体的基本观念、基本公式、基本准则。

布鲁纳通过进一步研究,提出了促进发现学习的方法:一是鼓励儿童积极思考和探索。布鲁纳认为,儿童是发现学习的主体,因此,应鼓励儿童相信并依靠"自己的头脑"去思考、发现和解决问题。二是激发儿童学习的内在动机。布鲁纳认为,内在动机,特别是能力,是儿童学习的推动力,应启发儿童把学习与日后的生活联系起来,以发现为奖励,逐步培养和形成自主学习的行为和习惯。三是注意新旧知识的相容性。布鲁纳认为,应采用灵活多样的教学方法,创造良好的学习情景,促使学生发现新旧知识之间的内在联系,并把新知识纳入自己已有的知识结构,成为自己的知识。四是培养学生运用假设、对照、操作的发现技能。布鲁纳认为,培养学生发现的技能,不仅有助于学生对所学的知识进行有效的组织,有助于其运用所学的知识解决问题,而且有利于提高学生的思维能力,实现发现学习。

(二)奥苏贝尔认知—接受说

D. P. 奥苏贝尔(D. P. Ausubel,1918—2008),美国心理学家。1939 年在宾夕法尼亚大学获得学士学位;1940 年在哥伦比亚大学获得心理学硕士学位;1943 年获布兰迪大学医学博士学位;1950 年获哥伦比亚大学哲学博士学位;1976 年获得美国心理学会颁发的桑代克教育心理学奖;1978 年退休,任纽约市立大学荣誉教授。主要著作有《教育研究的本质》《在有意义言语材料学习中先行组织者的作用》《有意义言语学习与保持的类属理论》《知识结构的某些心理方面》《学校学习的认知结构理论》等。

1.有意义言语学习的实质及机制

奥苏贝尔认为,有意义学习和机械学习的条件、心理机制有着本质上的不同,机械学习的心理机制是联想,其产生的条件是刺激和反应接近、重复、强化等。有意义学习的心理机制是同化,其产生的条件,在客观上学习材料本身要有逻辑意义,在主观上学习者本人应具备有意义学习的心向(内部学习动机),同时其认知结构中应有可以用来同化新知识的原有观念(包括原有的概念、命题、表象和已经有意义的符号)。这样新旧知识之间才能建立起非人为的、实质性的联系。有意义学习过程即新旧知识相互联系、相互作用的过程(同化的过程)。通过同化,新知识被纳入学习者的认知结构,获得了心理意义,从而丰富了原有的认知结构;而原有的认知结构经过吸收新知识,自身也得到了改造和重新组织。

2.有意义学习的同化模式

有意义学习即新旧知识相互作用的同化过程,根据新旧知识的不同类型和不同性质,可以将有意义学习区分为以下几种模式。

(1)下位关系和类属学习。当学习者认知结构中的原有观念在包摄和概括水平上高于新学习的知识时,新旧知识便构成下位关系(新观念是原有观念的下位观念),相应的学习便称为类属学习。类属,也就是将新材料纳入并整合到认知结构适当部位的过程,其结果是导致认知结构进一步按层次组织和分化。类属学习按上下位观念关系的性质的不同又可分为派生类属学习和相关类属学习两种。

派生类属学习的特征是,通过新旧知识相互作用,新观念获得意义,但认知结构中的原有观念不发生实质性变化(这是因为新观念完全可以从原有观念中派生出来,新观念只对原有观念起支持或证实作用)。例如,学生通过直角三角形、锐角三角形、钝角三角形的学习,头脑中已经有了三角形的内角和等于180°的观念(上位观念)。在学习等腰或等边三角形时,其内角和为180°的命题(下位观念)就类属于原有上位观念,新命题很快就获得意义,原有观念得到充实或证实。这种学习,由于新旧知识实质性内容相同,非实质性的特殊细节或现象即使不同(相异),也很容易进行,新知识很容易被固定,学习效果既快又好。

相关类属学习的特征是,通过新旧知识相互作用,新观念获得意义,原有观念被扩充、精确分化、修改或限制(这是因为新旧观念虽有类属关系,但新观念不能单纯从原有观念中派生出来)。例如,学生已通过三角形、四边形的学习,掌握了几何图形"高"的概念(上位观念)。现在要学习圆锥形的高(下位观念),两者虽有上下类属关系,但高的概念却有本质上的不同,所以新观念不能直接从原有观念中派生出来。相关类属学习的上下位观念的相似程度较低,上位观念不能完全代表下位观念的意义,下位观念也不能完全蕴含上位观念的全部意义,而且上位观念所类属的各个下位观念之间,其含义的差别也较大。因此,与派生类属学习相比,相关类属学习要困难得多。

(2)上位关系与总括学习。当学习者认知结构中的原有观念在包摄和概括水平上低于新学习的知识时,新旧知识便构成上位关系。在有意义学习中,当学习者认知结构中已经形成了几个观念,现在要在这几个观念的基础上学习一个抽象程度更高的观念时,便产生总括学习。总括学习实际上是一种常见的由特殊到一般、由具体到抽象的归纳式学习。儿童在形成概念或被要求通过发现学习或解决问题的活动获得概括性的观念时,都要进行这种学习。在总括学习中,新旧知识之间的相似性表现在:上位观念寓于各个下位观念之中,是对下位观念实质意义的概括和抽象,下位观念则是上位观念的具体的特殊的例证和派生事实。所以,总括学习与派生类属学习的相似性性质是一样的,两者都是实质意义上的相同,只是学习的方向相反。

(3)并列结合学习。当新的观念与认知结构中原有的观念既不能产生类属关系,也不能产生总括关系,而只是具有某些非从属或上下关系的相似性时,两者便可能形成并列结合关系,从而出现并列结合学习。这种学习又可分为同类别并列结合和不同类别并列结合两种。如鲁班发明锯,是从草叶上的一排尖齿割破手指,而想到用铁制的一排尖齿来拉断木头,这就是利用不同类别的事物具有某方面的相似特征的关系,进行并列结合学习的例证。而像数学教学中同一单元的不同章节之间,以及同一单元的例题与习题之间、语文教学中的范文与习作之间等,则属同类相似。显然,同类相似的学习较之不同类相似的学习,要容易得多。但相对于类属学习和总括学习,不管是同类别或不同类别,并列结合学习都由于缺乏上下观念的固定作用,要困难得多,且不易保持。

应强调的是,以上三种同化模式只是凭借理论抽象来简化新旧知识相互作用过程的分析结果。实际上,在有意义学习中,它们总是处于错综复杂的状态,是不能截然分开的,而是相互包容的,即你中有我、我中有你。但是,奥苏贝尔提出的这几种同化模式却使我们更具体、更明确地了解了有意义学习过程的内在机制。

第四节　认知心理学对传播学研究的影响

认知心理学强调认知过程的整体性,认为人的认知过程就是对信息的接收、编码、贮存、交换、操作、检索、提取和使用的过程,强调人已有的知识和知识结构对行为和当前认知活动起决定作用。与认知心理学的发展相应的是,各种传媒理论也越来越多地将传播过程看作信息的加工过程,从信息加工的角度研究传媒致效的中介因素,并更多地考虑了受众个体的认知结构等个别差异。

一、认知观点与传播理论研究

认知心理学特别是信息加工心理学自产生以来,就对大众传媒理论产生了深远的影响,而且有越来越多的研究者从认知结构、信息加工的角度出发,对传媒致效进行了深入的研究。

在早期的传播研究中,效果主要限于外显的行为变化。如拉斯韦尔(Lasswell)的5W模式、香农(Shannon)的数学模式等,这些模式所阐述的都是简单的从传播者到接收者的信息传递过程,信息运动的轨迹是线性的、单向的。这些模式深受行为主义的影响,将媒介信息看作刺激,而把受众的行为和态度的改变作为反应,整个研究过程中比较重视对传播效果的分析探讨。后来的传播效果研究虽然引入了中介变量,但研究者主要考察由受众认识结构、亚文化类型和社会关系上的个人差异所导致的对媒介内容的选择性注意、认识、回忆和行动。与魔弹论相比,虽然这些研究考虑了受众的个人差异,但研究的重点不是探讨受众在接触媒介信息时的内部处理过程,而是把人的差异作为影响因素(干涉变量),研究的目的仍是考察受众外在的行为变化。正如德弗勒所说:"大多数早期媒介研究都试图用这些个人属性来解释受到某部影片、某种报刊讯息或某个电台节目刺激的人们所做出的即刻反应。"(德弗勒、丹尼斯,1989:229)

作为传播学先驱之一的格式塔心理学家勒温的研究,使传播理论研究达到了一个新的高度。他提出的"场论"认为,在传播学研究中,我们所面对的是人的整体性抑或整体的人,因而无论是传者还是受者,其所具有的整体的系统特征足以证明传播活动的复杂性,仅仅专注于单一类型的浅表层次的传播研究,难以满足学科发展的真正要求。

20世纪70年代以后,行为主义的效果研究模式得到了进一步的改变。如议程设置研究,将认知而不是态度作为媒介效果,把一般性的传播而不是说服性的传播作为研究对象。使用和满足理论,把受众看作是在个人需要驱使下的主动的媒介信息处理者,而大众媒介则变为信息的提供者。知识沟理论,强调受众的认知结构差异对进一步寻求信息的影响等。有学者认为,这些研究是在认知革命影响下所形成的传播研究的新模式,这些研究和以往有限效果模式相比,存在三方面的转变:①因变量从态度到认知;②自变量从说服性传播到较少指向性的一般传播过程;③从关注简单的变化(如从支持某个政党转向支持另一政党)到认知结构和意义的建构。另外,还包括对媒介信息处理过程的关注。

事实上,在这种明显的转变出现之前,传播研究中并非没有在现在看来是认知观点的思考,只不过在行为主义盛行的年代,这些思考被掩盖了,没有成为传播研究的主流。例如李普曼在他著名的《舆论学》一书中谈道:"对于所有听众来说,完全相同的报道听起来也不会是同样的。由于没有完全相同的经验,每一个人的领会就略有不同,他会按照自己的方式去理解它,并且掺入他自己的感情。"观众在接收报道的时候,会把自己的特性加在报道上,按自己的模式设想报道的内容。观众加给报道的特性会因性别、年龄、种族、宗教和社会地位不同而各异,而且个人的才能、职业、情绪和紧张状况等等,都会影响对报道的接收。李普曼的上述观点,与当时流行的魔弹论不同,强调了受众的原有认知结构对当前认知活动的影响。

受众接触媒介内容的过程,从信息加工心理学的角度看,就是媒介信息处理过程。从研究方法看,研究媒介信息处理过程,主要是解决不同的媒介形式和内容对受众注意、处理、保持、提取媒介信息能力的影响问题。

迄今为止,认知心理学已经发展了许多无须直接询问被试本人而测量被试处理信息过程的工具。例如,双作业操作就是常用的测量加工容量和注意分配的方法,做法是要求被试同时进行两种作业,一种为主要作业,另一种为伴随作业,测量被试在有无主要作业的情况下,完成伴随作业的反应时的差。完成伴随作业的反应时越长,说明对主要作业的注意所需的加工容量就越大。传播学研究利用这种方法,考察受众对媒介信息(包括文字的、声音的和图像的信息)的注意程度和加工容量。例如,在实验中,可以安排受众观看事先编辑好的新闻节目作为主要任务,同时安排伴随任务,这些伴随任务可以是被试听到某种声音或看到某种光亮时,按下一个按钮。实验过程是,在受众观看新闻节目过程中的某些时间点,发出声音或光亮,记录被试从听到声音或看到光亮后到按下按钮所需的时间(通常在0.2～0.8毫秒)。利用双作业操作方法,传播学研究对受众接触大众媒介例如观看电视是否需要心理资源,以及把电视节目作为背景对人的智力操作有无影响等问题进行了探讨。(Basil,1994:87)

二、态度改变研究

态度是由认知、情感、意向三个因素构成的比较持久的个人的内在结构。它是外界刺激与个体反应之间的中介因素,个体对外界刺激发出反应受其态度调节。

态度研究是传播学研究的重要领域之一。1946—1961 年由霍夫兰领导的"耶鲁传播与态度改变计划"被看作是传播学研究的一个"里程碑"。该研究所提出的单方面论据和双方面论据的说服效果、信息来源的可信性对效果的影响、首因效应和近因效应,被广泛应用于广告、宣传等传播活动中。

态度改变研究深受认知心理学发展的影响。20 世纪四五十年代,在勒温的影响下,海德、费斯廷格相继提出认知平衡理论和认知失调理论,被传播学研究广泛应用。这些理论的主要观点是认知的不一致能产生动机,从而导致态度的改变或行为的发生。

海德的认知平衡理论认为,在日常生活中人们总是倾向于建立和保持一种有秩序、有联系和符合逻辑的认知状态,即在人们的认知系统中,存在着某些情感或评价之间趋于一致的压力。认知主体一旦失去这种平衡,就会产生紧张和恢复平衡的力量。态度可以凭借这种不平衡的关系而形成和改变。

费斯廷格的认知失调理论,有两个基本假设:作为一种心理上的不适,不协调的存在将推动人们去努力减少不协调,并力求达到协调一致的目的;当不协调出现时,除设法减少它以外,人们还可以能动地避开那些很可能使这种不协调增加的情境因素和信息因素。(周晓虹,1997:258)

1953 年纽科姆(Newcomb)提出的 ABX 模式是海德认知平衡理论的扩充。它研究人们如何知觉行为的原因以致影响我们对别人的反应。(叶浩生等,1998:466)这一组理论均是从人有保持自己的认知一致性倾向这一前提出发所做的研究,统称为认知一致性理论。这类理论的基本假设是:人的认知结构是平衡的、和谐的,一旦出现不平衡、不和谐,就会产生一种趋力,去改变这种状态,重新恢复认知系统的内在一致性。这种追求认知一致性或降低认知失调程度的倾向,就会导致传播行为的发生。

在纽科姆的 ABX 模式基础上出现的韦斯特利—麦克莱恩模式(Westley & MacLean's Model),是一个真正为大众传播研究所做的模式,这一模式的理论基础就是认知一致性理论。

从态度改变的机制来看,与霍夫兰的态度改变理论(以及以往的动机理论)相比,认知一致性理论第一次从认知的角度探讨动机,认为只有考虑到复杂的认知活动,才可能充分理解动机。正如缺乏食物会产生一种我们试图要消除的紧张状态一样,认知不一致同样会导致我们试图消除的不愉快的唤起或紧张状态。

态度改变的精细加工可能性模式(ELM)是 20 世纪 80 年代由心理学家佩蒂(Petty)等提出来的。该理论将态度改变归纳为两个基本路径:中枢的和边缘的。中枢说服路径将态度改变看成是受众认真考虑和综合信息的结果,如消费者主动地考察广告的信源,重新搜集和检验有关体验,分析和判断广告商品性能与证据并做出综合的评价。边缘说服路径则相反,它认为受众对某一事物的态度改变,不在于考虑对象本身的特性或证据,而是将该对象同诸多肯定或否定的线索联系起来。ELM 模式的基本原则是,不同的说服方法依赖于对传播信息精细加工的可能性高低。当精细加工的可能性高时，即受众有接受动机和处理媒介信息的能力时，中枢说服路径更有效，而且通过对媒介内容的接受后产生赞成的想法和意见，对态度和行为有持久的影响。如果精细加工的可能性低，则边缘说服路径更为有效。在中枢和边缘路径均能导致态度改变的情况下，如果传播目的在于持久的态度和行为改变，则中枢路径是首选策略。如果目的是即时形成新态度，即使这种新态度是一时性的（如由美国的马拉松募捐电视节目引发的捐款行为），边缘路径也是可以接受的。该理论可作为传播学中研究媒介内容对改变态度的影响的理论框架。

三、认知结构与接收分析

现代认知心理学研究表明，人类的行为并不能视为对外部刺激纯粹的被动反应，主体的选择、加工在受众与大众传媒的互动中发挥着十分重要的作用。这种作用的发挥与受众个体的认知结构密切相关。

接收分析（reception analysis）被认为是 20 世纪 80 年代以后受众研究领域的新趋势。卜卫（1996）认为，接收分析作为受众研究的一种研究方法，主要特征在于方法论上的意义，即在研究受众接触媒介的活动中，从以媒介信息为中心（如魔弹论）和其以后的以受众为中心（如使用与满足理论）转向以两者及其相互作用为中心。

从心理学角度看，受众从媒介内容中获得意义的过程是一个学习过程。受众所获得的意义不等于媒介中原来的内容，而是受众通过一系列内部心理加工过程获得的主观经验，在媒介接触中最终获得什么样的经验不但取决于媒介内容本身的性质和结构，还取决于受众原有的认知结构，即特定性质和结构的媒介内容和受众特定的认知结构相互作用，决定了受众最终从媒介信息中所获得的意义。

受众对客观事物的认知过程与人们一般的认知过程是一致的，只是对传媒受众而言，客观刺激专指媒介信息。美国著名传播学者施拉姆曾说："所有参与者都带有一个装得满满的生活空间——固定的和储存起来的经验——进入了这种传播关系，人们根据这些经验来解释他所得到的信号和决定怎样来回答这些信号。"这里施拉姆所说的"生活空间"就是受众的认知结构。

认知心理学认为，人们获取知识（或信息）的内在机制在于新的知识材料（或信息）与主体已有的认知结构相互联系和作用的过程，两者的互动模式决定现实生活和生产实践活动，以及知识（或信息）传播活动中人们学习过程的本质，这一本质蕴含在主体认知结构的不断扩展、分化和重组过程中，正是在这一过程中，认知结构本身得以更新，从而为人们进一步的认识和实践活动提供新的基础。

大众传播的效果与受众认知结构的广度（容量）和深度（质量）直接相关。因为何种信息能成为对作为主体的受众起作用的"刺激"，取决于受众已有的认知结构。反之，受众的认知图式能否激活、构建、巩固，也与媒介信息的数量与质量有关。

传者通过媒介信息帮助受众激活其认知图式有多种途径，如增加背景介绍，增添解释性内容或综合性信息。这几个途径的心理机制是相同的，都是帮助受众提取认知结构中的相关内容，以同化传者提供的媒介信息。"同化"是指受众对输入的刺激进行过滤和改造，并将之纳入主体已有的认知结构。这个过程的完成表明了主体对这一信息的认知和理解。如果受众的认知结构中没有可用于同化媒介信息的认知图式,那就只能依靠调整和改变已有的图式来同化新的刺激。这个过程就是"顺应"。

四、皮亚杰的儿童"自我中心"理论与传播功能的划分

皮亚杰"自我中心"理论最先见于他所著的《儿童的语言和思维》(1923)一书中。皮亚杰用"自我中心"这一术语来指明儿童不能区别一个人自己的观点和别人的观点,不能区别一个人自己的活动和对象的变化,把一切都看作与他自己有关,是他的一部分。皮亚杰观察了两个卢梭学院"幼儿之家"的儿童言语之后,把学前儿童言语的机能分为自我中心言语(包括重复、独白和集体独白三个范畴)和社会化言语(包括适应性告知、批评、命令请求和威胁、提问、答复五个范畴)。皮亚杰认为自我中心言语是一种非社会性言语,它不考虑听者的需要,可以用来指导行动而并不用来进行交流,有时是为了感到说话的愉快而重复这些字词和音节。儿童语言约 38% 是自我中心的。

皮亚杰对儿童的言语功能的划分直接影响了传播学对传播功能的划分。他将儿童的言语功能划分为自我中心性功能和社交性功能,而传播学中也将传播功能划分为个人功能和社会功能两类,并且更注重对传播社会功能的研究。

本章要点

1. 广义的认知心理学是指以认知过程为主要研究对象的各种心理学流派和理论,包括完形心理学、拓扑心理学、皮亚杰的发生认识论和信息加工心理学。狭义的认知心理学即指信息加工心理学,认为人的认知过程就是对信息的接收、编码、贮存、交换、操作、检索、提取和使用的过程,强调人已有的知识与知识结构对行为和当前认知活动起决定作用。

2. 格式塔心理学(gestalt psychology)也称完形心理学,诞生于 20 世纪初的德国,是西方心理学的主要流派之一。主张研究心理现象的整体、形式或形状,宣称心理现象最基本的特征是在意识经验中所显现的结构性或整体性,反对构造主义心理学的元素主义和行为主义的 S-R 公式。格式塔心理学的主要代表人物有韦特海默、科勒和考夫卡。

3. 皮亚杰认为智慧的本质就是适应,而适应是有机体与环境之间的一种平衡状态。适应的形成在生物学上就是同化和顺应,在心理学上就是主体(内因)和客体(外因)相互作用的一种平衡状态。他认为主客体的关系不是静止的、单向的,而是动态的、双向的,因而主客体是不可分的。

4. 信息加工心理学是西方现代心理学的一个新流派,起始于 20 世纪 50 年代末期,60 年代开始迅速发展。1967 年,美国心理学家奈塞尔《认知心理学》一书的出版,标志着信息加工心理学成为一个独立的流派立足于心理学界。信息加工心理学在研究对象上是对行为主义的否定,在方法上则是对行为主义的深化。

5. 认知心理学强调认知过程的整体性。与认知心理学的发展相应的是,各种传媒理论也越来越多地将传播过程看作信息的加工过程,从信息加工的角度研究传媒致效的中介因素,并更多地考虑了受众个体的认知结构等个别差异。

基本概念

1. 顿悟：由科勒提出来的概念。顿悟说认为人遇到问题时，会重组问题情境的当前结构，以弥补问题的缺口，达到新的完形，从而联想起一种可行的解决方案。顿悟说主要有两个基本观点：学习的实质是在主体内部构造完形，而非在情境与反应之间建立联结；学习是通过顿悟过程实现的。

2. 图式：动作的结构或组织。这些动作在相同或类似的环境中由于不断重复而得到迁移或概括。儿童最初的图式是遗传性的图式，一经和外界接触，在适应的过程中就不断变化、丰富和发展起来。

3. 同化和顺应：同化是指个体将环境因素纳入已有的图式以加强和丰富机体的动作，引起图式量的变化；顺应则是指机体的图式不能同化客体，必须建立新图式或调整原有的图式，引起图式质的变化，使机体适应环境。

4. 认知结构：个体过去对外界事物进行感知、概括的一般方式或经验所组成的观念结构。它可以给经验中的规律以意义和组织，并形成一个模式，其主要成分是"一套感知的类别"。

5. 态度：由认知、情感、意向三个因素构成的比较持久的个人的内在结构。它是外界刺激与个体反应之间的中介因素，个体对外界刺激发出反应受其态度调节。

思考题

1. 简述皮亚杰关于儿童心理发展的四个阶段。

2. 请你谈谈态度研究的进展情况。

3. 你怎样理解认知心理学对传播学研究的影响？

4. 李普曼认为："人类为适应环境而做出的所谓调整往往是通过虚构中介（medium of fiction）而发生的。"李普曼的话意味着媒介对世界的虚构都是谎言吗？

第五章

人本主义心理学与大众传播研究

人本主义心理学(humanistic psychology)是 20 世纪 50 年代兴起于美国的西方心理学思潮和革新运动,被称为心理学的"第三思潮"。人本主义心理学反对行为主义环境决定论和精神分析生物还原论的思想,认为行为主义机械地将刺激—反应过程作为对人的行为的主要解释,甚至把心理活动降低到化学或物理的层面上去。而在弗洛伊德看来,潜意识的冲动和本能是强有力的、无法控制和校正的,我们并没有生活,而是无数未知的和无法控制的力量促使我们生活着。人本主义心理学强调人的主观活动,主张研究人的本性、潜能、经验、价值、创造力及自我实现等。其主要代表人物有马斯洛、罗杰斯等。

第一节 马斯洛的人本主义心理学理论

一、生平介绍

亚伯拉罕·哈罗德·马斯洛(Abraham Harold Maslow,1908—1970),出生于纽约市布鲁克林区一个犹太家庭。1926 年进入纽约市立学院学习法律,后转至威斯康星大学攻读心理学,1930 年获学士学位,次年获得心理学硕士学位,1934 年获心理学哲学博士学位。

马斯洛早年痴迷于行为主义,在他的第一个孩子出生之后,他对行为主义产生了深刻的怀疑,他写道:"我们的第一个婴孩改变了我的心理学生涯,他(指婴孩)使我从前为之如痴如醉的行为主义显得十分愚蠢,我对这种学说再也无法忍受,它是不能成立的。"1941 年 12 月7 日,日本偷袭珍珠港,马斯洛决定投笔从戎,却由于年龄太大未能如愿,他决定贡献毕生精力去寻找一种关于人类行为的普遍理论。1951 年,马斯洛应马萨诸塞州新成立的布兰代斯大学之聘担任心理学系系主任和心理学教授,开始对健康人格或自我实现者的心理特征进行研究。1954 年他首次提出人本主义心理学的概念。1967 年当选为美国心理学会主席,并任《人本主义心理学》和《超个人心理学》两个杂志的首任编辑。

二、主要观点与经典研究

马斯洛最大的长处在于他善于从行为主义和精神分析理论中汲取营养,力图把这两派中有用的、有意义的及可运用于人类的部分加以正确评价,并将这些部分作为继续前进的起点。他说:"我发现很难向别人表达清楚我对这两种普遍的心理学既尊重又不耐烦的心理。那么多人坚持认为不赞成弗洛伊德就是反对弗洛伊德,不赞成科学心理学就是反对科学心理学。我认为所有这些忠诚不渝的态度都是愚蠢的。我们的任务就是要把这些各种各样的真理汇集起来,使它们成为统一完整的真理。只有对这样一种真理,我们才应该是矢志不渝的。"

马斯洛一生著述颇丰,其中最有影响的当属 1943 年发表于《心理学评论》杂志的论文《人类动机论》,该文后来被马斯洛收录到他的第一部专著《动机与人格》中。

(一)动机理论

马斯洛的动机理论是以他对人类需要的理解为依据的。他认为,需要的性质决定着动机的性质,需要的强度决定着动机的强度,但需要与动机之间并非简单的对应关系,人的需要是多种多样的,但只有一种或几种成为行为的主要动机。

该理论认为人类行为的心理驱力不是性本能,而是人的需要。马斯洛将人的需要分为两大类、五个层次,如同一座金字塔,自下而上依次是生理需要、安全需要、归属与爱的需要、尊重的需要和自我实现的需要,如图 5.1 所示。人在满足更高一层次的需要之前,至少必须先部分满足更低一层次的需要。第一类需要属于缺失需要,可引起匮乏性动机,为人与动物所共有,一旦得到满足,紧张消除,兴奋降低,人或动物便失去动机。第二类需要属于生长需要,可产生成长性动机,为人类所特有,是一种超越了生存满足之后,发自内心的渴求发展和实现自身潜能的需要。

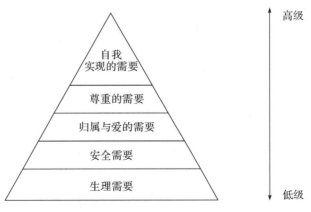

图 5.1　马斯洛的需要层次

马斯洛认为,产生人们行为的根源是需要没有得到满足,换句话讲,也就是只有那些未被满足的需要才驱使人们去行动。当一个层次的需要得到满足或基本满足后,新的、更高层次的需要又会产生。

马斯洛认为,基本需要虽然有层次的不同,但这种层次并不是固定的顺序,而只是一种一般的模式。在实际生活中,例外的情况是很多的。如有些天赋较高的人尽管缺乏基本的满足,仍孜孜于创造活动。更重要的是,富有理想和崇高价值观念的人"会为了某种理想和价值而牺牲一切"。

在谈到一种需要相对满足后会出现新的需要时,马斯洛认为,他所说的满足是就相对意义上的,而且新的需要的出现也不是突然的,而是逐渐发生的。大多数人在正常情况下,只能得到基本需要的部分满足。一种需要得到基本满足,新的需要就有可能出现,这个人的动机就有可能受新需要的支配。

(二)人的潜能与价值

马斯洛用潜能说明人的内在价值,认为一种潜能即一种价值,潜能实现即价值实现。

马斯洛曾就人类各种伦理道德学说和价值论体系的失败的原因提出过三种解释:①从人自身的外部去寻求价值观念或道德意识的来源,如宗教的神学观;②把社会文化和个人对立起来,强调社会对个人的约束作用是价值观念的来源,这是弗洛伊德的观点;③虽然认识到人有内在的德行,但这些理论提供的论据是不科学的、不适当的、不全面的。他认为近几十年来心理学的发展已使人类第一次有可能科学地解决这一最古老的问题。

马斯洛的后期著作很大部分是反复论证他的价值论体系的。他的价值理论大致可以概括为以下几点:

(1)人性是善的,至少是中性的,而恶是派生的,是由人的基本需要受挫引起的。

(2)在生物进化的阶梯上,人有高于一般动物的心理潜能,心理潜能高于生理潜能。

(3)人的需要和动机有高低不同的层次结构。高级动机的出现有赖于低级需要的满足,但只有高级需要的满足才能产生更令人满意的主观效果。高级需要的价值高于低级需要的价值。因此,低级需要和高级需要都得到过满足的人会为高级需要的满足做出更多的牺牲,并能更有准备地忍受低级需要的剥夺。

(4)高级需要包括爱的需要或社会需要,因此人的自我满足和利他主义是一致的。

(5)创造潜能的充分发挥是人的最高需要,是人生追求的最高目标。这一目标的实现称为自我实现。

(6)自我实现和创造潜能的发挥本身就是奖赏,它是一种"高峰体验",是一种极度快乐的状态。

(7)健康人有自发追求潜能实现的内在倾向,并有以此为依据的自我评价能力。

(8)高级需要和创造潜能(心理潜能)较低级需要(生理潜能)微弱,它只是一种类似本能的微弱冲动,不像动物本能那样牢固,它有赖于后天的学习和培养,才能得到充分的发展。

(9)人的潜能和价值与社会环境的关系是内因与外因的关系。潜能和存在价值是内因,对人的发展起主导作用,而社会环境是外因,对人的潜能和存在价值的实现起着限制或促进的作用。

(10)人的潜能和社会价值并无本质矛盾。人的需要层次越高,自私行为就越少。满足生存的需要是为了自己,但追求爱和尊重需要的满足,则涉及他人和他人需要的满足,而追求自我实现本身总是有利于社会的。只有充分实现全部潜能或人性全部价值的人才能成为自由、健康、无畏的人,才能在社会中充分发挥作用。

（三）自我实现与高峰体验

自我实现在马斯洛的需要层次中是追求的最高目标,自我实现论是马斯洛理论的最高发展。马斯洛认为,自我实现是在人的各种需要得到充分满足之后才能出现的高级需要,这是人真正的存在状态。自我实现的人是完全自由的,支配他们行为的因素是来自主体内部的自我选择。自我实现的人在其非常喜爱的工作中显示出巨大的潜能。自我实现的人是摒弃了自私、狭隘观点的人,是人的创造性的最终实现。

马斯洛认为,自我实现不是一次性的,而是一个连续不断、渐进的过程。在马斯洛的自我实现理论中,高峰体验是一个重要的概念。高峰体验是自我实现的短暂时刻,每个人在生活中都可能产生这样的体验。马斯洛认为,自我实现者的人格特征之一,就是常常产生高峰体验。能否创设条件使高峰体验更易于出现,是达到自我实现目标的重要途径。

第二节　罗杰斯的人本主义心理学理论

一、生平介绍

卡尔·兰塞姆·罗杰斯(Carl Ransom Rogers,1902—1987),美国心理学家,人本主义心理学的主要代表之一。1902 年生于美国伊利诺伊的一个中产阶级家庭。1919 年考入威斯康星大学农学院。1924 年大学毕业后,同年进入纽约联合神学院,两年后转到哥伦比亚大学攻读心理学,1928 年获硕士学位,1931 年获博士学位。1940 年罗杰斯受聘为俄亥俄大学心理学教授,1945—1957 年任芝加哥大学教授,1957 年任威斯康星大学心理学教授。

罗杰斯是美国应用心理学会的创始人之一。1946—1947 年担任美国心理学会主席。1956 年荣获美国心理学会首次颁发的杰出科学贡献奖。他是马斯洛在接受采访时多次提到的对他"产生重大影响的人"。

二、主要观点与经典研究

罗杰斯是人本主义心理学领域最有影响的人物之一,他对心理学的贡献主要表现在人格的自我理论的提出、来访者中心疗法的创立及以学生为中心的教育思想的倡导。以下对罗杰斯的人性观、自我论和教育观做简要介绍。

（一）人性观

与弗洛伊德不同的是,罗杰斯对人性的看法不仅是乐观的,而且是积极的、建设性的。罗杰斯曾说:"我不赞同十分流行的观念,即人基本上是非理性的,假如不加控制,他的冲动将导致他人和自己的毁灭。人的行为是理性的,伴随着美妙的和有条理的复杂性,向着他的机体奋力达到的目标前进。"

综观罗杰斯在专业领域的大部分著作及 50 余年来的专业生涯,我们可以得出这样的结论:在尊重及信任的前提下,人类均具有一种以积极及建设性的态度去发展的倾向。罗杰斯的专业经验告诉他,如果他能进入一个人的核心世界,就可发现一个值得信赖而积极的中心。他坚定地相信人是有能力的,能自我引导,且能过着美好的主活。当咨询员能够体会,并能表达出真实、关怀,以及不带批判色彩的了解时,当事人最有可能产生显著的改变。

(二) 自我论

在长期的心理治疗中,罗杰斯逐渐形成了自己的人格理论,而关于自我的理论则构成了他的人格理论的核心。

1.自我的概念及特点

罗杰斯关于人格的基本假设是:每个人都具有一种固有的、先天的自我维护、自我提高、"自我实现"(self-enhancement)的动机,这是人最基本的,也是唯一的动机和目的,它指引人朝向满意的个人理想成长。马斯洛提出的所有需要层次都可归入这一动机。

罗杰斯认为每个人都生活在一个以自我为中心而又不时变动的经验世界里。罗杰斯将一个人的经验和内心世界称为"现象场",认为自我是在与环境和他人的相互作用中形成的,是现象场的产物。

自我概念一旦形成,个体就可以在社会生活中逐渐产生许多"机体经验"。例如,一个人可以完整地知觉到他的机体,体验到他所有的知觉,体验到这些知觉与所处环境中其他知觉和整个外部世界发生关系的方式。个体体验的积累决定着个体是否接受外界刺激的影响及接受什么样的影响。但是,有些机体经验被儿童意识到,这些经验就成为现象经验,而没有被儿童意识到的经验则以潜在的形式对自我的发展起着作用。

2.自我的发展

刚出生的婴儿并没有自我的概念,随着他(她)与他人、环境的相互作用,他(她)开始慢慢地把自己与非自己区分开来。

当最初的自我概念形成之后,人的自我实现趋向开始激活,在自我实现这股动力的驱动下,儿童在环境中进行各种尝试活动并产生大量的经验,其中有些经验会使他感到满足、愉快,有些恰好相反,满足、愉快的经验促使儿童寻求保持、再现,不满足、不愉快的经验会使儿童尽力回避。在儿童寻求积极的经验中,有一种是受他人的关怀而产生的体验,还有一种是受到他人尊重而产生的体验。罗杰斯把这两种体验称为"正向关怀需求","正向关怀需求"的满足完全取决于他人,而他人(包括父母)是根据儿童的行为是否符合其价值标准、行为标准来决定是否给予关怀和尊重,所以说他人的关怀与尊重是有条件的。这些条件体现着父母和社会的价值观,罗杰斯称这种条件为"价值条件"。

儿童不断地通过自己的行为体验到这些价值条件,会不自觉地将这些本属于父母或他人的价值观念内化,变成自我结构的一部分。渐渐地儿童被迫放弃按自身机体评价过程去评价经验,变成用自我中内化了的社会的价值规范去评价经验,这样儿童的自我和经验之间就发生了异化。当经验与自我之间存在冲突时,个体就会预感到自我受到威胁,因而产生焦虑。预感到经验与自我不一致时,个体会运用防御机制(歪曲、否认、选择性知觉)来对经验进行加工,使之在意识水平上达到与自我相一致。若防御成功,个体就不会出现适应障碍,若防御失败就会出现心理适应障碍。

为保证经验与自我的一致即健康人格的形成,家长和社会就应该通过"无条件的积极关注",使儿童得到"无条件的满足"。在这种条件下成长起来的儿童,不会显示出价值的条件,自我与经验之间也就不会有不一致,儿童就能发展成为"充分发挥作用的人"(the fully functioning person)。

在罗杰斯看来,每个人心中都有两个自我:一个是他的自我概念,即实际自我;一个是他打算成为的自我,即理想自我。如果两个自我重合或相当接近,人们的心理是健康的;反之,如果两种自我评价差距过大,就容易出现心理问题。

(三)教育观

教育是罗杰斯最为关注的领域之一。罗杰斯的教育观是以他的关于人的本性、自我理论、心理治疗观为前提和基础的,是他的心理治疗观在教育领域的延伸。

1.教育目标

罗杰斯认为心理咨询的目的是促进来访者的行为和人格变化,而真正有效的教育必须帮助学生发展积极的自我意识,促进学习和个人潜力的充分发挥,因而使他们成为"充分发挥作用的人"。罗杰斯认为传统教育或是不能对人的行为产生影响或是产生消极影响。他认为,生活在不断变化的经验世界中,人需要不断学习,不断接受新经验以促进自身变化,实现自我。

罗杰斯的教育目的观远远超越了单纯的知识传授和智力培养。罗杰斯鉴于世界处于迅速变化、充满矛盾、危机四伏的时代,主张教育目标应是促进变化和学习,培养能够适应变化和知道如何学习的人,而不像过去那样只重视知识内容的学习及知识结果的评判。正如罗杰斯所说:"只有学会如何学习和学会如何适应变化的人,只有意识到没有任何可靠的知识,唯有寻求知识的过程才是可靠的人,才能适应当下的世界。毕竟在现代世界中,变化是唯一可以作为确立教育目标的依据,而这种变化又是取决于过程而不是取决于静止的知识的。"

2.学习理论

罗杰斯的学习观是人本主义学习理论的集中体现,其主要内容为:①提出了有意义学习的学习观。学习是有意义的心理过程,教育应当更多地帮助人们实现自我和保持心理健康。②人生来就有学习的潜能,教育应以学习者为中心,充分发挥他们的潜在能力,使学生能够成为选择和塑造自己行为并从中得到满足的人。③提供学习资源,创造良好的学习氛围。④构建真实的问题情境,提倡"做中学",鼓励学生自由探索。⑤强调学习过程中学生的主体地位,教师是学生学习的促进者。⑥强调学习过程不仅是学习者获得知识的过程,而且是学习方法和健全人格的培养过程,最有用的学习是学会如何进行学习。罗杰斯强调学习不仅是知识的获得,更重要的是方法的学习。

3.教学理论

罗杰斯将他的"以人为中心"的治疗移植到教学过程中,提出了"以学生为中心"的"非指导性"教学的理论与策略。

"非指导"不等于不指导,罗杰斯所提出的"非指导"可以说是指导的另一种或特殊形式。它强调指导的间接性、非命令性,以区别于传统教学中的那种直接告诉、简单命令、详细指示式的指导。罗杰斯始终强调教师的"非指导性"原则和学生的"自主参与性"原则,即学生做主人,教师是促进者(facilitator)。

"非指导性"教学的基本原则是强调教师在教学中要有安全感,信任学生,同时感受到被学生信任。从罗杰斯的教学论思想可以看出,在教学过程中,他强调情感因素和人际关系。在"以学生为中心"的教学理论中大大突出了教学中的情感因素,形成了一种以知情协调活动为主线、将情感作为教学活动基本动力的教学模式。罗杰斯不仅强调情感因素和人际关系在教学中的积极作用,而且他还竭力呼吁应培养有充实丰富情感世界、精神世界的人,也就是知情合一的"完整的人"、有形成良好人际关系能力的人。

4.师生关系

罗杰斯的教育观除了教学目标、学生的学、教师的教三个方面的内容外,还强调教学过程中师生关系的重要性。正如在心理治疗中把重点放在医患关系上一样,罗杰斯认为教学的重点也应当放在良好的师生关系或教师态度上,因为促进学习的关键不在于教师的教学技能、课程设计、教学设备资源等,而是教师对于学生的某些态度品质。

为了促进学生人格的充分发展,他认为教师必须具备四种态度品质:①充分信任学生能够发挥自己的潜能。②真实(realness)或真诚(genuineness)或表里一致(congruence),即在师生关系中坦诚如实,思想感情表里一致。罗杰斯认为,这个要素是最重要的。③尊重(reward),也称接受(acceptance)或认可。罗杰斯认为,教师应充分尊重学生,认可每个学生都是作为具有自身价值的一个独立个体。在教学过程中,教师要善于倾听学生的意见,重视学生的情感,欣赏并赞扬学生的优点,同时也宽容其缺点,维护学生的尊严与爱好,相信学生能自己做出选择。④理解(understanding),即一种对他人设身处地的理解,是从他人的角度来理解他人,常被称为"移情性理解",与"评价式理解"相对。教师只有以这些态度品质处理教学中的师生关系才能免除学生种种精神上的威胁和挫折,才可能使学生的自我实现的学习动机得以自然地表现。

第三节　人本主义心理学对传播学研究的影响

人本主义心理学认为人性是自主的,是能够进行自我选择的,因此取得预期传播效果的关键,是了解和把握受众的内在需求。无论是传统的魔弹论还是选择影响理论,都侧重于分析受众对传媒及其内容的反应,信息内容是这类传媒效果研究的出发点。从20世纪六七十年代起,受心理学研究走向的影响,受众研究也开始从以传播者的意图为中心转向以受众如何利用媒介信息、如何从中获得满足为中心,并根据后者来确定大众传媒的效果。这样一种研究方法和途径被称为"使用与满足说",受到许多人的拥护,而且因其所特有的实用性,在美国得到了较为迅速的发展。实际上,"使用与满足说"并不是一夜之间出现并完善的,它是一系列研究范例的综合物,一些关键人物如卡茨的相关研究为它的产生打下了基础。"使用与满足说"正式问世以后,对此后的传播研究如"知识沟假说"产生了巨大的影响。

一、卡茨的"功能取向"

态度取向是对传播效果的直接检验。传播学中关于态度的研究主要是由心理学家来完成的,心理学的各个流派都对它投入了相当的关注。在 20 世纪 70 年代之前,态度研究的两种主要理论取向一个是学习理论取向(learning theory approach),主要和霍夫兰的理论相联系;另一个是一致理论取向(consistency theory approach),主要与费斯廷格、纽科姆、海德和奥斯古德等人的理论相联系。有一段时间,这两种理论同时并存,相互之间很少有明显的联系。但是,在人本主义理论盛行之后,丹尼尔·卡茨(Daniel Katz)和他的同事们开始着手研究这个问题,并提出了研究态度改变的功能取向(functional approach)。

这些学者尝试将两种不同的人类行为模式结合在一起:一种是非理性的模式;另一种是理性的模式。非理性的模式认为,人类是不爱思考的动物,其信念很容易受周围人的影响,并且人类对现实的理解受到他们欲望的摆布;而理性的模式则认为,人类是聪明的、具有批判力的思考者,只要给予充足的信息,便可以对之做出明智的决定。怎样使这两种见解都成为真实的模式呢? 卡茨等人认为,要回答人类既是理性的又是非理性的这一矛盾的问题,要以环境和当时行为的动机等因素来说明,他们还主张,对于理解态度改变而言,人类以不同的思考方式采取行动的倾向具有重要意义。

卡茨主张,对态度的形成与改变,都必须以态度服务于人格需要的功能来理解。卡茨指出,大众传播早期的许多研究处理的变量都不是真正心理学的因素,例如,给人看电影。由于看电影对于不同的个人而言有不同的功能,行为主义的研究者以给受试者看影片的做法进行研究,并不能真正了解或预测态度的改变。卡茨按照人本主义心理学注重个人的主观能动性和动机的逻辑,提出同样的态度可能基于不同人心中不同的动机。他主张"除非我们知道与持有某种态度相关的心理需求,我们是很难预测态度在何时改变及如何改变的"(Katz,1960:170)。

卡茨认为态度能服务于人格需要的下列四种功能:

(1)工具性的、功利主义的功能。人们之所以会持有某种态度,是因为人们极力争取从外部环境中得到最高的荣誉,并将对己不利的惩罚降到最低程度。例如,认为赋税太高的选举人可能拥护承诺减税的政治候选人。

(2)自我防卫的心理功能。人们之所以持某种态度,是因为人们要保护自己免受伤害,这种伤害可能来自他们自己不认可的冲动,也可能来自自己对外部威胁力量的认知。某些人对少数群体投注蔑视感情,常常是以此作为支撑自我的方式的。这可能是为了自我保护而持偏见态度的一个例子。

(3)表达价值观的功能。人们之所以持某种态度,是因为这种态度能使一个人向中心价值观和该人认为同属一类的人做正面的表示。例如,青少年会以喜爱某一摇滚乐团并将此作为一种态度来表现他们的个性。

(4)知识的功能。人们之所以持有某种态度,是因为这种态度能满足人们对知识的欲望,或为世界提供结构或意义,否则这个世界将是无序的。很多宗教信仰具有这种功能。

卡茨总结了服务于每一种功能的态度的起因和动力、激发条件及改变条件,并将它们归纳在表 5.1 中。

表 5.1　与功能类型相关的态度形成、激发和改变的决定因素(Katz,1960:192)

功　能	起因和动力	激发条件	改变条件
调节	满足态度客体需求的功用,最大限度地扩大外部奖励,减少惩罚	1. 需求被激活 2. 突出与满足需求相关的隐含线索	1. 需求被剥夺 2. 新需求及新层次欲望产生 3. 奖励和惩罚转变 4. 强调满足需求的新方法和较好途径
自我防卫	对内部冲突和外部危险的防护	1. 施加威胁 2. 诉诸憎恨与被抑制的冲动 3. 挫折感增加 4. 采取独断的暗示	1. 消除威胁 2. 发泄(情绪) 3. 增进对自我的认识
价值观表达	1. 保持自我个性 2. 提高受欢迎的自我形象 3. 自我表达与自我决策	1. 突出与价值观相关的隐含线索 2. 追求自我形象再确立的个体愿望 3. 威胁自我概念的模棱两可性	1. 在一定程度上对自我的不满意 2. 对自我更加适当的新态度 3. 对各方面环境支持的控制破坏了旧的价值观
知识	1. 对理解的需求 2. 对有意义的认知组织方式的需求 3. 对一致性和清晰性的需求	重建与旧问题相关的及对旧问题本身的隐含线索	1. 由新信息出现和环境变化产生的模糊性 2. 关于问题的更多有意义信息

　　卡茨警告说,如果不了解态度所服务的功能,而试图改变态度,便会导致相反的结果。

　　卡茨的研究将前人对态度的研究进行了总结,正如马斯洛对待其他心理学流派的态度,卡茨从行为主义和认知心理学中汲取营养,对有用的、有意义的部分加以正确评价,并将这些部分作为继续前进的起点。他的"功能取向"研究为"使用与满足"学说的最后成形奠定了基础。

二、"使用与满足"研究

　　过去的传播效果研究,重心都是媒介对它们的受众做了什么。但是,受众并非总是被动的,有一项名为"顽固的受众"(The Obstinate Audience)的经典研究业已指出,受众常常是相当主动的(Bauer,1964)。其他的研究者如布赖恩特等人也持相应的观点:"在传播学中,主动传播者(active communicator)的概念正上升到突出的地位"(Bryant & Street, 1988:162)。

　　在美国经验主义传播学历史中,"使用与满足说"(Uses & Gratifications,简称 U&G)得到确认的时间大约是在 20 世纪 70 年代,流行于 80 年代。该理论认为,受众(或一般的传媒使用者)是具有支配能力的,而不是被动的接受者,受众根据自己对媒介使用的获益性期待,做出相应的选择性行为。使用与满足研究考察使用传媒的"动机"和传媒使用所满足的"需要",将关注的焦点从传播者转向接受者,试图确定大众传播的哪些功能可以为受众所用。使用与满足研究的理论基础是马斯洛的人本主义心理学,它强调个人的理性及个人自我实现的潜力。尽管该理论在 20 世纪 70 年代才正式成形,但从这一方法所涉及的思想来说,早在 20 世纪 40 年代就开始了。早期的大众传播研究者在探讨媒介效果这一中心问题时,曾经尝试从受传者使用媒介的角度来进行。

(一)"使用与满足"研究的开始

"使用与满足"研究首次出现在卡茨和福克斯(Katz & Foulkes,1962)的文章中,它是对贝雷尔森(Berelson,1959)"传播研究看来将要死亡"的说法做出的回应。卡茨和福克斯主张,正在死亡的领域是将大众传播视为说服的研究。当时,大部分的传播研究皆致力于调查这样的问题:媒介对人们做了什么?(What do media do to people?)

卡茨和福克斯建议,如果这个领域将研究的问题改成人们用媒介做了什么?(What do people do with the media?)就可以解救自己,免于死亡。他们列举了在这方面已经完成的一些研究。有趣的是,其中的一个研究正是贝雷尔森本人做的,即 1949 年所做的"失去报纸意味着什么?"的研究。这一研究是在报纸投递工人罢工期间,访问人们对失去报纸的看法。

在报纸投递工人罢工的两周里,多数读者被迫寻找其他新闻来源。绝大多数人说,新闻是他们最怀念的内容。很多人读报是因为这是被社会接受的行为,有些人则认为,报纸是知天下事不可或缺的东西。然而,还有许多人看报纸所追求的是逃避现实、放松自己、休闲娱乐和提高社会声望。这些人承认,对公共事物有所了解可以增加与人交谈的内容。另有些人看报是想要从报上得到关于时尚、食谱、天气预报及其他有用信息,作为他们日常生活的指导。

卡茨和福克斯所举的另外一个例子是赖利夫妇的研究(Riley & Riley,1951)。研究显示,那些将媒介中的探险故事"用于"集体游戏的儿童与同龄伙伴相处融洽,而用相同的媒介内容幻想或做白日梦的儿童则不能与其他儿童打成一片。这个例子说明了使用与满足研究的基本内容,即不同的人可以将同样的大众传播消息用于完全不同的目的。另外一个研究是检验广播剧对定期收听收音机者的功用。有些听众发现自己从面临的问题中得到了感情的宣泄。另外一些听众则认为,收听广播剧能逃避现实。还有一种人是为了解决他们自身的问题寻求办法的(Herzog,1944)。

麦圭尔(McGuire,1969)以使用与满足理论作为总体研究策略,对 1964 年的英国大选进行了研究。研究者期待,根据观看者收看电视的动机将他们进行分类,就能揭示先前未发现的态度改变与接触宣传之间的关系,最终可能告诉我们关于效果的一些东西。该研究使人们对早期研究认为大众媒介主要是为了加强原有态度的结论提出了怀疑。

(二)个人需求与媒介使用的分类

几年之后,卡茨等(Katz et al.,1973)对当时的相关研究做了总结,指出那些研究涉及:①需求的社会和心理起源;②需求本身;③需求产生的期望;④期望指向的大众传媒或其他来源;⑤这些来源引向对不同形式媒介的接触(或参加其他活动);⑥由接触造成需要的满足;⑦与满足同时产生的其他后果,也许大多是无意获得的结果。

关于个人需求与媒介使用的分类,有些人分为即时满足和延时满足(Schramm et al.,1961);有些人则分为信息教育的满足与幻想者和逃避者(娱乐方面)的满足(Weiss,1971)。

布朗等(Brown et al.,1972)在英格兰的研究中建议采用以下分类:①转移注意力(逃避例行公事和问题,宣泄情绪);②人际关系(在交谈中信息的社会利用,信息替代了同伴);③个人的特征和个人的心理(强化或确认价值观,自我了解,发现真实);④监视(关于可能影响或帮助一个人从事或完成一件事的信息)。卡茨等(Katz et al.,1973)将大众传播媒介视为个人用以联系(或不联系)他人的工具。他们从关于大众传播媒介的社会及心理功能的文献中,选出 35 种需求,并将其分为五大类:①认知的需要(获得信息、知识和理解);②情感的需要(情绪的、愉悦的或美感的体验);③个人整合的需要(加强可信度、信心、稳固性和身份地位);④社会整合的需要(加强与家人、朋友等的接触);⑤舒解压力的需要(逃避和转移注意力)。

珀斯与考特赖特(Perse & Courtright,1993)提出,不管是大众传播还是人际传播,通过传播人们可以对 11 种需求获得满足:①放松;②娱乐;③忘掉工作或其他头疼的事情;④与朋友交往;⑤获得关于自己和他人的事情;⑥消磨时光(特别是在无聊时);⑦感觉兴奋;⑧感觉不孤单;⑨满足一种习惯;⑩让其他人知道我在乎他们的情感;⑪让某人为我做某事。

(三)使用与满足理论的新发展

尽管使用与满足研究有助于将注意力从被动传媒使用者转向主动传媒使用者,然而该理论也受到了批评,特别是遵循文化研究传统的传媒使用者的批评。批评者认为,许多研究指出了人类动机的复杂性和隐蔽性,然而使用与满足的研究方式注重自我报告来确定人们的动机,失之于简单和天真。另一种批评认为它依赖心理学的概念,例如需求,而忽视社会结构和在该结构中所处的环境。

对此,温德尔等(Windahl et al.,1986)提出了一种使用与满足和依赖理论相结合的综合方法。他们提出的使用与依赖模式(Uses and Dependency Model)将个人置于社会系统之中,这些系统帮助人们形成自己的需求。德弗勒和鲍尔-洛基奇(DeFleur & Ball-Rokeach,1989)概括了个体与传媒发展"依赖关系"的三种关键途径。首先,传媒提供的信息使我们了解世界,它在"自我理解"的层次上给我们提供了关于自身的信息,以获得跟他人解释的同一性。其次,我们在行动(决定继续减肥,或在选举中投票)或交往(如何应对社会情境)上可能需要传媒帮助定向。英国学者对儿童电视话语的研究似乎可以支持这一点(Davies & Machin,2000)。最后,传媒给我们提供娱乐的机会(单独放松,或像看电影这样的社会活动)。

使用与满足研究另一项衍生出来的理论是期望—价值论(Wenner,1980)。它应用阿杰恩和菲什拜因(Ajzen & Fishbein,1977)的理智行动理论来探索传媒使用和对传媒的态度。根据期望—价值模型,我们看电视是因为我们期望能满足自己的需要(如观看连续剧达到娱乐的目的),而且认为很有价值(朋友推荐看)。然后我们衡量需要满足的程度(我们笑了吗?是否受到了冒犯?)以决定将来是否再进行这样的行为。如果我们的期望总是得以实现,我们就建立起习惯性的传媒使用模式(如沉溺于某一肥皂剧)。

传统的使用与满足的研究是将受众分为积极的、主动的(active)或者消极的、被动的

(passive)两种,将其概念化,并将其行为或活动作为处理变量的方法(Rubin,1994)。近期的新发展打破了这种非此即彼的二元论的桎梏,采用了更为灵活和现实的态度来分析受众的状态。也就是说,在某些时候,媒介使用者在处理媒介信息时是有选择的、理性的;但在另外一些时候,他们使用媒介是为了放松和逃避。受众行为在形式和程度上的差异可能也对媒介效果产生影响。另一种新的观点认为,人们用媒介满足特定的需要。例如,大众媒介的一个用处可能是消除孤单。卡纳里和科迪(Canary & Cody,1994)发现了可以支持这种使用方法的证据,但是其相关性依赖于孤独的程度。他们发现,在孤独情境中(即人们处在孤单的情况下)媒介接触的程度最高,而在持续孤单中(即多年来一向孤单的受众那里)受众较少将媒介用于解除孤独。对此的解释似乎是,持续孤独者将他们的孤独归于内在因素,因而不相信媒介传播可能有助于对孤独的解脱。

使用与满足说也被用于解释人们对新兴传媒的使用动机。帕帕可里斯和鲁宾(Papachrissi & Rubin,2000)考察了最有可能预测影响人们使用互联网的因素。他们鉴别出五种动机:人际效用(在线社会交往)、消磨时间、寻求信息、便利和娱乐。一些互联网使用者将传媒用作社会交往的替代,特别是那些对交友和面对面交流感到困难的人。

使用与满足说在理论和现实两方面都具有独特的意义:它在美国经验主义传播学的受众研究中占有重要的地位,如果将从前的受众研究称为"效果型"研究的话,那么,使用与满足说则代表着一种"满足型"的受众研究,它采纳了两个新角度——人们如何使用大众媒介,大众媒介内容能够满足人们什么样的需要;同时它也是后来崛起的批判学派的关注对象。它本身不仅富含理论意义,而且蕴含着形成有关现代社会的某种理论的方向。最重要的是,这种研究传媒效果的方法,"正在与现代已几乎成为考虑传播效果时必不可少的因素结合起来:传播关系中有一个活跃的接受者"(Schramm & Porter,1974)。这方面的研究对于我们理解信息传播和大众交往具有重要的启发意义,尤其是在日益强调传播媒介面对活跃的、有参与意识的受众的当今社会。

三、知识沟假说(Information Gap Hypothesis)的改进

人本主义心理学注重个人动机(individual motivation)的能动性,这一点对发展传播学中的"知识沟"假说也具有深远的影响。

(一)知识沟假说的提出

在20世纪60年代的美国,要求实现教育机会平等的社会呼声不断高涨,其背景之一就是学校中贫富儿童在学习能力和学习成绩上的差异引起了社会的广泛关注。为适应社会发展和科技革命的新要求,美国政府通过一系列法案,旨在"改变一个技术高度发达的社会中的贫困和不平等状况"。在"知识沟"研究中被当作典型案例的著名儿童节目《芝麻街》,便是20世纪60年代末为实现教育机会平等而特别开设的。它试图通过普及率很高的电视来缓解贫富儿童受教育机会的不平等,帮助贫困家庭的学龄前儿童。然而,相关的传播效果调查却一再表明,原本有着良好意愿的宣传活动,在社会地位低下的群体中收效甚微,而社会地位较高的群体获益甚多,因此反而加剧了原有的社会不平等。

大众传播中受众的社会经济地位与知识获取之间的关系,引发了美国明尼苏达大学三

位学者的研究兴趣。1970 年,蒂奇纳等(Tichenor et al.)在一篇《大众传播流动和知识差别的增长》(Mass media flow and differential growth in knowledge)的论文中提出了"知识沟"假设:当大众媒介信息在一个社会系统中的流通不断增加时,社会经济地位高的人将比社会经济地位低的人以更快的速度获取信息,因此,这两类人之间的"知识沟"将呈扩大而非缩小之势。

(二)个人动机和兴趣的引入

长期以来,社会经济地位及其变量被认为是造成知识沟的唯一要素,直到 1981 年吉诺瓦和格林伯格(Genova & Greenberg,1981)以受众兴趣(audience interest)为变量重新审视了知识沟假说,他们重新研究了受众的两种兴趣——个人兴趣和社会利益对于知识获得之间的关联。

夏普(Sharp,1984)的研究再次指出,个人动机(individual motivation)是寻求信息的一个重要因素,当寻求信息的动机非常强烈的时候,知识沟就会缩小而非扩大。我们对浙江省城乡青少年的知识沟研究也验证了这一点,虽然城乡青少年媒介拥有量差距悬殊,但是农村青少年从媒介中"获取信息和知识"的诉求要远远高于城镇青少年,最终弥补了双方之间的信息获取的鸿沟(葛进平等,2006)。

(三)韦尔的信息寻求行为等级图

近期的知识沟研究试图厘清这样一对关系,即经常被引述的导致知识沟的原因(尤其是教育、社会经济情况及兴趣或动机)与知识获取之间的关系。

韦尔(Weir,1995)曾设法增进人们理解动机在导向知识沟过程中的作用。包括吉诺瓦和格林伯纳研究在内的多项研究发现,人们之所以取得某类信息,兴趣(一个近似于动机的概念)比教育的作用更大。但其他的研究并未发现,怀有动机的人们获得的知识增加了,倒是一些其他的研究显示:动机、教育及其他因素相辅相成,才共同影响着人们的知识水平。

韦尔提出了一个议题:为什么被认为有兴趣和动机的人往往未能更多地介入寻求知识的活动?他借鉴马斯洛的需要层次(见本章第一节)来分析人们的信息需求,提出了他的信息寻求行为等级图(hierarchy of information-seeking behavior),如图 5.2 所示。韦尔认为,一个人在等级中的位置决定着他的信息寻求行为,而且只有在一个层次的信息需求得到满足之后,人们才会致力于获取更高层次的信息。当指向人们的某类信息在某些个体自己的信息需求等级中看来无关紧要时,知识沟就出现了。

人本主义心理学对传播学最显性的影响就是"使用与满足说"的产生,在该学说产生之前和之后,我们都能看到人本主义对传播研究的影响,所以要以发展的眼光来看待两者的关联,正如凯里(Carey,1989:86)所说:"我们做的任何事情或者我们正在形成的任何状态都是从遥远的过去发展至今的过程的一部分。"所以,认为某一种学说的影响"从某一点开始,又在某一点结束",这种想法是幼稚的。

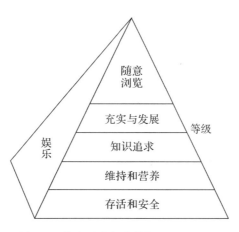

图 5.2　信息寻求行为等级（Weir,1995）

本章要点

1.马斯洛创立的人本主义心理学,冲击着当代西方的心理学体系,形成了心理学的"第三思潮"。马斯洛的学说与弗洛伊德学派和行为主义学派分道扬镳,既反对弗洛伊德学派仅把病态的人作为研究对象,把人看作本能的牺牲品;也反对行为主义学派把人看作物理的、化学的客体。

2.人本主义心理学注重人的主观能动性,从心理学上巩固了对人性的信念,强调了人的尊严,是人类了解自身进程中的一块里程碑。

3.马斯洛将人的需要分为两大类、五个层次,如同一座金字塔,自下而上依次是生理需要、安全需要、归属与爱的需要、尊重的需要和自我实现的需要。人在满足更高一层次的需要之前,至少必须先部分满足更低一层次的需要。

4.传播学的某些研究是各种学说、各种流派混合衍生的产物,例如,态度研究中就能发现行为主义、认知心理学和人本心理学等流派的交织渗透和影响。

基本概念

1.第三思潮:由马斯洛创立的人本主义心理学,20 世纪 50 年代兴起于美国的西方心理学思潮和革新运动。人本主义心理学反对行为主义环境决定论和精神分析生物还原论的思想,强调人的主观活动,主张研究人的本性、潜能、经验、价值、创造力及自我实现等。其主要代表人物有马斯洛、罗杰斯等。

2.马斯洛的需要层次理论:马斯洛将人的需要分为两大类、五个层次,如同一座金字塔,自下而上依次是生理需要、安全需要、归属与爱的需要、尊重的需要和自我实现的需要。人在满足更高一层次的需要之前,至少必须先部分满足更低一层次的需要。只有那些未被满足的需要才驱使人们去行动。当一个层次的需要得到满足或基本满足后,新的、更高层次的需要又会产生。

3. 功能取向：卡茨提出的一种观点，即要以环境和当时行为的动机等因素来理解态度的改变，人类以不同的思考方式采取行动的倾向具有重要意义。卡茨主张，对态度的形成与改变，都必须以态度服务于人格需要的功能来理解。

4. "使用与满足"说：首次是在卡茨和福克斯（Katz & Foulkes,1962）的文章中提到的，得到确认的时间大约是在20世纪70年代，流行于80年代。其理论基础是马斯洛的人本主义心理学。该理论认为，受众（或一般的传媒使用者）是具有支配能力的，而不是被动的接受者。它考察使用传媒的"动机"和传媒使用所满足的"需要"，将关注的焦点从传播者转向接受者，试图确定大众传播的哪些功能可以为受众所用。

5. "知识沟"假设：当大众媒介信息在一个社会系统中的流通不断增加时，社会经济地位高的人将比社会经济地位低的人以更快的速度获取信息，因此，这两类人之间的信息和知识获取将会出现鸿沟，而且将呈扩大而非缩小之势。

思考题

1. 请评价马斯洛对待精神分析理论和行为主义理论的态度。

2. 你有喜欢的媒介人物吗？请试着分析你喜欢他（她）的动机和他（她）带给你的满足。

3. 请就"动机弥补不足"举一个实例。

4. 智能手机等新传播媒介提供了传统媒介未能提供的使用与满足途径吗？或是它仅仅以不同的方式满足了旧的需求？

延伸阅读

迷,fans——传统的迷和网络中的迷之异同

迷，也就是我们通常所说的"粉丝"。媒介学者亨利·詹金斯（Henry Jenkins）曾指出迷群体所共有的四个特征：①迷对他们所喜欢的节目会不厌其烦地观看，从中寻找有意义的细节，对那些自相矛盾或语焉不详的地方吹毛求疵，因为这可以让他们找到一种介入其中的突破口。②迷会用他的社团的观点来理解和分析文本。从这方面来看，迷们创造了一种被詹金斯称为"元文本"（meta-text）的东西。元文本比原节目文本具有更多的关于角色、生活方式、价值观和关系的信息。③迷通常会在某个节目上有特别的投入，他们会就某些剧情或角色向电视台写信发表自己的观点，有时他们会采取行动以让自己喜欢的连续剧可以在电视台继续播出。所以，迷们是积极的消费者。④迷生产了一种特殊形式的文化，例如，有关主要角色的故事，关于演员行踪的消息，某个影视剧的生产进度和八卦新闻，电视剧中的剧照、流行音乐的音乐录影带，迷自己的创作、迷活动等。

在网络中，这种文化的生产包括：为某个节目或节目中的明星所特别制作的网页，在官方的或非官方的电子公告板中的各种帖子。利用与其他迷们的对话或通信，某个电视文本的观众们创造出了一个比日常世界更为宽容更为民主的空间。对于某个节目的共同爱好使

迷们走到一起,他们彼此的政治、社会和经济背景可能大相径庭,但是共同喜欢的节目却让他们达到一致。无论是在网络中还是在传统的社团中,迷在发现别人喜欢自己的时候,会马上表现得非常高兴与欣慰。贴在官方公告板系统和个人网站中的帖子,经常会称赞那些迷团体所给予的支持。而一个在现实中孤独的迷也会因在网上获得支持而欢呼。

人们对迷们的固定印象是,他们是痴迷者,是不得志者,他们与世隔绝,生活在一个奇幻的世界里。但是,一些媒介学者对这种说法持有异议,他们认为,迷文化受到不公正的抨击的原因有很多,但这些原因都与等级观念和性别观念有着密切联系。例如,菲斯克(Fiske,1992)指出,做迷,常常是一些从属性的群体所做的美学上和文化上的选择。此外,他还指出,迷行为中还包含了一些能被社会接受的社会行为,它们替代了过激的政治和社会行动。在他看来,对那些无权无势的群体来说,成为迷,可以让他们更好地与媒介产品发生关系,按照自己的方式来利用媒介产品。同样地,媒介学者格罗斯伯格(Grossberg,1992)也认为,成为摇滚乐迷和摇滚乐手,意味着用某种行为和个性来表现自我。以"摇滚"为方式,摇滚乐迷们借得了一种反权威的精神,这就显示出他们自己的政治、行为与身份特征。因此,迷并非是以不健康或不现实的方式热衷于某种媒介文本的边缘极端分子,而是用通俗文化满足自己的欲望与需求的聪明的消费者,他们通常会用一种独特而又能被人接受的方式来重新表述这些文化。

根据一些传统的说法,这些节目的迷最有可能积极地对原始文本进行解读,用他们精心构思的结构来使文本产生新的含义。媒介学者认为,人们不约而同地选择这些特定节目并不是一种巧合,而是因为这些节目可以让人们更好地以"迷"的方式介入。根据菲斯克的观点,所有电视文本都是多义的(polysemic),也就是说,它们的意义都是开放的,需要由观众自己来解释。但有些文本会比其他文本更加开放,因而更有可能成为"迷"的偏好。菲斯克把这些文本定义为"生产者的"(producerly)。它们包含着一些矛盾和歧义之处,这就使得"迷"们有可能去进行弥补,用自己的方式去理解(Fiske,1992)。研究表明科幻节目、魔幻内容能更多地激发出迷们的想象力。

互联网提供的信息发布与联网能力,可以使更多的观众参与到过去被认为需要有耐力和责任心的"迷"行动中来。

（编选自冈特利特主编:《网络研究:数字化时代媒介研究的重新定向》,彭兰等译,新华出版社2004年版,第90页。）

第六章

积极心理学与大众传播研究

　　"积极"一词源自拉丁语 *positism*，具有"实际"或"潜在"的意思，既包括内心冲突，也包括潜在的内在能力。积极心理学的研究可以追溯到 20 世纪 30 年代特曼（Terman）关于天才和婚姻幸福感的探讨，以及荣格关于生活意义的研究。20 世纪 60 年代，人本主义心理学和由此产生的人类潜能研究奠定了积极心理学发展的基础。但是，受第二次世界大战的影响，积极心理学的研究几乎中断，战争及战后心理学的主要任务变成了治愈战争创伤和治疗精神疾患，研究心理或行为紊乱以找到治疗和缓解的方法，心理学对人的积极性研究似乎被遗忘了。消极心理学模式在整个 20 世纪占据了心理学发展的主导地位。20 世纪 90 年代末西方心理学界开始兴起积极心理学的研究。

　　积极心理学（positive psychology），也被翻译为"正向心理学"（中国台湾地区）和"正面心理学"（中国香港地区）。这个词最早于 1954 年出现在马斯洛的著作《动机与人格》（*Motivation and Personality*）中，当时该书最后一章的标题为"走向积极心理学"（Toward a positive psychology）。

　　积极心理学的提出是在西方社会的现代性危机背景之下，西方人面临着生态、社会和精神等多方面的危机，在过去的发展过程中，心理学对于有关抑郁、种族主义、暴力、非理性及在逆境中成长的知识已经有诸多收获，但是对类似于性格优势、美德，以及能够促进公民更加幸福的条件的研究等内容却很少谈及（Gable & Haidt, 2005）。积极心理学认为，传统主流心理学的研究重点在关注心理疾病等消极的内容上面，而较少关注如何促进人们更好地生活这类积极的内容上面。积极心理学的提出，就是为了推翻这种过于"消极"的倾向，其目标是促使心理学的研究焦点从只关注修复生活中最糟糕的事情转变为培养积极品质，致力于研究人类的力量和美德等积极方面。正是基于这样的理念，积极心理学看待问题的角度往往与传统主流心理学有所不同，它从一个完全相反的角度展开对问题的解释。

　　积极心理学希望能够摆脱对消极的过分关注，而转向关注人的积极的一面，进而促进人们走向更加幸福的生活。由于其独特的关注视角，积极心理学自提出以来，便迅速得到心理学科内外研究者的广泛探讨，成为心理学领域内的一大研究热点，并迅速渗入企业管理、社会治理和新闻实践等多个方面。由于积极心理学的历史较短，没有其他几种经典心理学流派历史渊源深厚，代表人物和研究成果相对较少，因此本章将除塞利格曼之外的主要积极心理学家合并在一节中进行介绍。

第一节　塞利格曼的积极心理学理论

一、生平介绍

马丁·E.P.塞利格曼(Martin E.P. Seligman，1942—　　)美国心理学家，临床咨询与治疗专家，被誉为"积极心理学之父"。主要从事习得性无助、乐观主义、幸福感等方面的研究。曾获美国应用与预防心理学会的荣誉奖章，并由于他在精神病理学方面的研究而获得该学会的终身成就奖。1998 年当选为美国心理学会主席，成为当代美国心理学界最有影响力的人物之一。

塞利格曼出生于美国纽约州奥尔巴尼，在家乡念书时，喜好篮球运动，后因未能入选篮球队转而钻研学问。1964 年，塞利格曼毕业于普林斯顿大学，随后进入宾夕法尼亚大学师从 R.所罗门学习实验心理学。1967 年，塞利格曼获得哲学博士学位，执教于科内尔大学。1970 年他回到宾夕法尼亚大学，在该校的精神病学系接受了为期一年的临床培训后，于1971 年重返心理学系。1976 年他晋升为教授，在此期间出版了《消沉、发展和死亡过程中的失助现象》一书。1978 年，他与 L.艾布拉姆森和 J.蒂斯代尔一起，重新系统地阐述了失助型式，提出有机体的品质决定了失助的表达方式。

二、塞利格曼的主要观点与经典研究

20 世纪 60 年代末，塞利格曼从巴甫洛夫的经典条件反射实验中剥离出习得性无助的现象。习得性无助现象为进一步了解抑郁诊断和治疗抑郁症做出了积极的贡献。20 世纪 80 年代末，塞利格曼的研究方向开始转向习得乐观的研究，并开始关注如何更好地促进人类的天赋和优势的发展。他不断地通过科学探索，将心理学引向关注人类性格力量和美德完善的道路上，转变了 20 世纪中后期心理学更加关注人性消极层面的取向，推动了积极心理学思潮的开启。正如塞利格曼自己所说："我之前的学术研究在预防、乐观和习得性无助方面，而这些领域都已经被我征服，对我而言，不再具有吸引力和挑战性，我将要从事的下一个研究就是积极心理学，这将是我倾注余生去完成的使命。"(Gillham & Seligman,1999)

2000 年，塞利格曼和米哈里·契克森米哈赖在《美国心理学家》杂志发表了《积极心理学导论》，明确提出了积极心理学主张积极乐观评价人，强调人的生命价值，同时也致力于研究人类积极的品质、发展潜力和美德，充分挖掘人所固有的潜在的建设性力量，以积极心态解读人的心理现象(包括心理问题)，从而促进个人和社会的良好发展。

(一)习得性无助理论的提出

塞利格曼在《教出乐观的孩子》一书中，指出悲观是一种习惯，这种习惯会带来多方面的恶果，包括情绪抑郁、退缩、较低的成就感，甚至不健康的身体。1964 年，他来到宾夕法尼亚大学攻读实验心理学博士，想探索人为什么会痛苦，为什么会因深陷痛苦而无法自拔。他尝试用心理学实验的研究方法去探索这种痛苦机制的根源。塞利格曼选用动物作为自己的实验对象。而这些动物十分不听话,所以他试图找出恐惧是如何强化适应行为的。通过信号和电击相关联的刺激,让实验对象(狗)能够学会一种经验,这种刺激—反应模式,即巴甫洛夫的经典条件反射理论。他们将狗放到实验箱中,给狗施加无法躲避的电击,狗做出任何自主反应都不能阻止电击。在狗有了这种体验后,当其再经历类似的电击时,尽管现在只要它跑到箱子的另一边即可躲避电击,但结果却是这些狗只是略作挣扎,消极地坐在通电的地板上,并没有通过跑到箱子的另一边来逃避,这种现象就是习得性无助。这个实验最终停止了,因为没有出现实验者的预期行为,即狗逃避电击。狗的这种被动行为激发了塞利格曼的研究兴趣,他发现,现实生活中,当人类面对诸多无法控制的事件时,也往往不做任何努力和尝试就放弃了。如何克服这种无助感,在心理学研究领域尤为重要。接下来的五年里,塞利格曼和史蒂夫·梅尔等人一同致力于研究无助感形成的原因、治疗与预防。他们的研究发现,狗的症状并非由电击引起,而是因为狗意识到自己对电击的无能为力,可以通过教导动物知晓它们行为的影响来进一步治疗无助感。在塞利格曼最初的习得性无助理论中,他认为,习得性无助的产生包含了三个相互联系的内容:一是不可控的环境;二是伴随性认知;三是放弃反应。导致无助感的关键在于行为和结果的不可控性,所以早期对习得性无助的干预,主要是让个体能够主动体验到习得性无助的过程,形成可控性的认知,降低不可控的期待,增强个体的控制感和积极情绪体验。

(二)从习得性无助到习得乐观

塞利格曼在《真实的幸福》里记录了一段自己和五岁女儿的广为人知的谈话。一天,他在花园里面除草,女儿在周围快乐跑跳,结果他对女儿大发脾气。年幼的女儿认真地对父亲说:"从三岁开始我每天都在抱怨,现在我五岁了,我决定不再抱怨了,你能不再发脾气吗?"这段对话,对塞利格曼的内心产生了巨大的震撼,他开始反思自己和自己从事的工作。首先,他认识到改正女儿抱怨习惯的动机,不再是来自他人,而是源自她自己,这个五岁的孩童自身具有某种神奇的力量在促使她不断地成长、发展,帮助她不断地去改变自己的弱点,去抵抗生活中的潜在危机;其次,他认识到培养孩子不只是修正他们的错误,还要识别和培养他们的内在品质,帮助孩子更好地生活。塞利格曼由此回想过去的 50 年,自己一直是一个抱怨者,"灵魂深处充塞着阴冷和潮湿"。这次谈话让他决定彻底改变自己,塞利格曼的理论研究也由过去关注消极的习得性无助,转向研究习得性乐观。

塞利格曼在测验抑郁的习得性无助感模式的时候,发现悲观者更具有无助感,同时,这些人患抑郁症的风险也较高。乐观者在面临无法解决的问题及无法逃避的事情时也不会放弃。塞利格曼将人们对待成功与失败的归因进行科学划分,即悲观归因风格和乐观归因风格。当个体解释为什么一件好事或者坏事会发生在自己身上时,往往需要从以下三个维度进行考虑:永久性、普遍性和个性化。

(1)永久性。在永久性维度上,当坏事发生的时候,悲观的人会认为坏事发生在自己身上的原因是永久存在的。既然永久存在,坏事就会不断地发生。相反,乐观的人则会相信坏事发生的原因是暂时的。悲观的人认为坏事是来自自身个性化的缺点,乐观的人则认为坏事是心情及其他短暂或可改变的状态。乐观的人更加倾向于使用永久性的原因来解释好事,他们将这种原因归结为自身具有的特性和能力,悲观者则将好事归于暂时性的原因,对好事的解释仅仅局限于运气好坏,视成功为一次意外。

（2）普遍性。在普遍性维度上,对失败解释持有普遍性看法的人,面对某方面的失败,就会全面放弃;相反对失败解释持有特殊性看法的人,即使在某方面有了无助感,也会坚定不移地完成自己的任务。当好事发生时,乐观的人相信成功的原因可以有效强化自己所做的一切事情,但是悲观的人却认为好事的发生仅仅是某一方面的因素促成的。

（3）个性化。在个性化维度上,塞利格曼教导个体对坏事进行归因,提出了两个目标:第一个目标就是当个体做错事的时候,不要让其轻易放弃,要让其必须为自己做错的事情负责任,然后进行积极改正;第二个目标是让个体觉知责怪行为本身而非进行普遍性自责,要教会个体正确地看待自己,当问题与自己有关时要积极地应对和改正。

塞利格曼认为个体是乐观还是悲观,主要源自他们解释问题的风格。悲观的思维抑制进一步的行为,乐观的思维则可以助推面向目标的行为。

（三）幸福理论的提出与完善

塞利格曼在《真实的幸福》一书中明确指出,积极心理学最终的目的是校正心理学过去的不平衡,利用过去积累的关于问题与痛苦的知识,带出更多关于幸福,以及个人优势和美德的知识。2002年,塞利格曼提出了著名的幸福理论,认为幸福由三个部分构成:愉快的生活、投入的生活和有意义的生活。塞利格曼的幸福理论认为抑郁是由缺少积极情绪、生活空虚寂寞和生活没有意义这三个原因形成的。抑郁的人过分关注现实生活中消极的一面,且认为消极是不可逆的。积极心理治疗就是鼓励个体的认知活动从消极情绪和非理性思维转向积极情绪和希望,让其发现自己内心蕴藏着的人类抵抗心理疾病的力量和美德,主要机制是增加个体对自身积极力量的感知,激励并帮助他们用最佳的方式发挥自己潜在的能力,并将这些能力充分运用到工作和生活中。积极心理学的另外一个机制就是强调个体应该将优势转化为一种动力去从事有意义的工作,获得更多的"心流"体验,产生积极向上的情感和精神。

塞利格曼认为:积极心理学能让人们更幸福,帮助普通人的人生蓬勃绽放。伴随积极心理学研究的深入,塞利格曼重新审视幸福1.0里面的一元论解释,主张将幸福分解成若干个可以研究的术语,为此塞利格曼(2010)进行了形象的比喻,"就像我们没有用一个单一的指标来描述汽车的表现如何,相反,我们可以通过里程表、车速表和油量表等来描述汽车一样"。因此,塞利格曼对幸福的探索进入2.0升级阶段。

塞利格曼认为,幸福2.0是一个构建出来的概念,而幸福1.0是一种真实的可以测量的实体。这种实体可以被操作,即可以定义具体的测量方法。幸福2.0理论认为,积极心理学的主题不应该是一种真实的东西,而应该是一个构建的概念,由若干个可以测量的元素组成,这些元素应该是一种真实的东西,每个元素都能够促进幸福,然而没有一种元素可以单独定义幸福。塞利格曼将幸福提炼并抽象成一个概念,从而避免人们坠入为了幸福而追求幸福的循环论证。幸福不再是一种心情、一种情绪,亦不是一种单纯感受,而是由若干个独立的元素组成的,这些元素才是衡量幸福和实现幸福的基础。没有单一的幸福结构,但是不同的概念可以有效帮助人们认识幸福的抽象结构,而且能够提出可供测量、可持续性发展的具体领域。塞利格曼将幸福的定位从平民化的认知提升到科学研究的层次,更好地让心理学家、教育学家和社会学家科学地把握幸福的实质,为幸福的研究做出开创性贡献。

塞利格曼提出了被称为"PERMA"的幸福模型,这个模型首先在他的畅销书《持续的幸福》中进行了详细描述,然后被全球的积极心理学实践者广泛采用。幸福2.0理论实质上是一种自由选择的理论,它的五个元素构成了自由人的终极追求。塞利格曼认为幸福的五个元素要具有以下三个特征:它对幸福2.0有所贡献;许多人都把它当作终极追求,而非追求其他元素的途径;它的定义及测量与其他元素无关。塞利格曼提出的五个幸福元素分别为积极情绪、投入、关系、意义和成就,PERMA模型就是这五个幸福元素的缩写,每一种元素对应的恰恰是一种幸福人生。

(1)积极情绪。积极情绪就是人们的感受:愉悦、温暖、舒适、快乐等。较多的积极情绪可以促进人们产生积极的内心体验并有效正向预测幸福指数。情绪与认知存在必然的联系,积极的情绪帮助人们更好地适应周遭环境,促使人们不断拓宽对自己的认识并帮助人们更好地应对外界环境的威胁。积极情绪更能够促进人们发展和实现幸福。

(2)投入。积极心理学领域认为,投入是一种与心流(flow)相关的体验,指完全沉浸在一项吸引人的活动中,时间好像停止了,自我意识也消失了,这种体验具有高度集中、沉浸和关注等特点。

(3)关系。人际关系是生活的基石。塞利格曼认为,社会性是人类已知的最成功的高等适应形式。积极的人际关系对幸福具有深刻的正面影响。

(4)意义。意义是指归属于和致力于某种你认为超越自己的东西。意义也指生活中有方向,与比自己更大的事物相联系,感到一个人的生命是有价值的,并且他所做的事情是有目的的。

(5)成就。主观上,成就感包括一种朝着目标努力和达到目标的感觉、掌握能力和完成任务的效率。塞利格曼认为,追求人生成就的人,经常会投入自己的工作,如饥似渴地追求快乐,并在胜利时感受到积极情绪,还能为更大的目标而努力。

塞利格曼不仅在西方影响巨大,他的众多著作,如《认识自己,接纳自己》《真实的幸福》等在中国读者众多。从国内一些著名心理咨询者如武志红、连岳身上,我们都能看出塞利格曼和积极心理学的深刻影响和烙印。

第二节　其他研究者的相关研究

积极心理学探讨人类的美德、爱、宽恕、感激、智慧等,以及研究人的发展潜能,不断地发展自己,使普通人的生活更健康、更美好,促进个体、团体和社会的繁荣,这具有极大的理论和现实价值。除了塞利格曼以外,还有其他的心理学家也做出了卓越贡献。

一、米哈里·契克森米哈赖及其研究

米哈里·契克森米哈赖(Mihaly Csikszentmihalyi,1934——　),出生于意大利阜姆港,就读于芝加哥大学,于1960年获得学士学位,1965年获得博士学位。曾担任芝加哥大学心理系系主任,后任教于美国加州克莱蒙特大学。他是积极心理学的奠基人之一,"心流"理论提出者,塞利格曼称其为"世界积极心理学研究领军人物"。他一直致力于幸福和创造力的研究,提出并发展了"心流"的理论,对积极心理学的发展产生了重大影响。其畅销书《心流》自 1990 年出版以来,被翻译成 30 余种文字,影响了全球千万研究者和读者。

"心流"这个词最早是由米哈里·契克森米哈赖在《心流:最优体验心理学》一书中提出的。米哈里·契克森米哈赖通过深入研究发现,当人们从事一种可控而富有挑战性的活动,而且这种活动需要一定的技能并受内在动机所驱使时,就会经历一种独特的心理状态,即心流体验。当人们处于心流状态时,会注意力高度集中、全神贯注,意识中似乎只存留了与活动相关的资讯,没有余力去考虑其他与活动不相干的事情,经常会到忘我的地步,对时间的知觉不同于平常,随后产生成就感、满足感与愉悦感。心流在本质上是对一种能产生愉悦感的活动的深度专注状态。米哈里·契克森米哈赖把这种独特的心理体验称之为"flow",国内翻译为"心流体验"或简称"心流"。心流是对可以意会不能言传的全神贯注、乐此不疲、孜孜不倦、沉浸、专注等心理过程的一个概念化。

(一)心流的产生机制

米哈里·契克森米哈赖指出,意识在心流的产生过程中扮演着非常重要的角色,心流是个体意识和谐有序的一种状态。意识是外界资讯对个体心灵产生作用的巨型中转站。外界资讯通过注意力进入意识,在意识中加以判断评估,最终使得个体做出适当的行为。意识中的自我是对资讯采取何种行动的重要决策因素。自我包括了对自身觉察的一切,如对饥饿、痛苦、快乐的感觉,对自身能力、性格、理想、信念、记忆、行动等的认知和评价,最重要的是包含了依据个体经验和现实规则建立起来的对于各类活动目标的排序。当相关信息与个体目标相冲突,对个体目标构成威胁时,就会造成内心失序现象,称为"精神熵"。这种状态若长时间持续下去,将会对自我造成严重的损害,会造成注意力分散,无法为实现目标而努力。与"精神熵"相对立的是"精神负熵",即心流。当外界资讯与个体目标一致、亲和时,对自我不会构成任何威胁,内心井然有序,个体无须怀疑自我,没有担心的必要,行动的全过程也会得到积极的反馈,从而强化自我,集中更多的注意力去实现目标,这就是"心流体验"。日积月累的心流体验会不断促使个人集中更多的注意力,积攒更多的精神力量以实现更强的个人目标,有助于自我的整合与成长。从这一角度来看,心流也是一种内在激励机制,激励个体不断开发潜能,挑战自我,以获得自身的完善和发展。米哈里·契克森米哈赖还认为学生能够在学习中感受到强大的心流,有助于提升学习幸福感、促进个人成长。

(二)心流的要素

米哈里·契克森米哈赖等人经过研究,整理得出以下几个心流要素。当心流出现时,会具备这其中的一个或几个要素。

(1)活动存在挑战与技能的平衡。个体技能与所面对的挑战难度存在多种组合关系,在不同的组合关系下,个体会有不同的体验。能够带来心流体验的活动必定是需要个体运用一定技能才能完成的,有可能接近人们的极限,更重要的是人们认为自己可以胜任、有能力完成它。并且,只有在挑战难度与所需技能基本持平时,才会产生心流体验。

(2)明确的目标与即时的反馈。人们始终会明确自己的目标,并且在完成最终目标的每一步都能得到即时的反馈。

(3)全神贯注与忘我。在进入心流状态时,人们往往会对所进行的活动全神贯注,达到忘我的境界。短暂忘我之后得到的收获是,在心流过后会感受到自我变得更加强大。

(4)时间转换。在进入心流状态后,人们往往会感受到时间异常,与往日不同。在注意力高度集中,全身心投入某项活动时,人们会认为时间过得飞快。或出现另一种情况,即在解决困难时,可能真正耗费的时间会比自身所认为的要短。

二、查尔斯·斯奈德及其相关研究

查尔斯·R.斯奈德(Charles R. Snyder,1944—2006),生前为美国堪萨斯大学临床心理学杰出教授,是临床、社会、人格、健康等心理学领域的国际著名心理学家。他与沙恩·洛佩斯(Shane Lopez)合作,撰写了该领域的第一本教科书。查尔斯·斯奈德是一名出色的研究者和教学者,他曾获得多达31个研究类奖项和27个教学类奖项,包括两次获得美国杰出进步主义教育家奖,以及巴弗尔·杰弗里人文和社会科学研究成就奖。查尔斯·斯奈德最为著名的研究是关于希望,此外他还建立了解释人们应对个人挫折、独特性的人类需求及宽恕的相关理论。

积极心理学兴起以来,希望心理研究日益受到了心理学家的重视。在美国召开的第四届世界积极心理学大会上,"积极心理学之父"马丁·塞利格曼表示,最新的脑神经科学研究发现:减轻心理痛苦的最好方法,不是传统的安慰、抚慰等,而是提升人们的希望。其中查尔斯·斯奈德的希望理论是近年来的主流理论。

(一)希望的定义

查尔斯·斯奈德认为希望是一种以目标为导向的认知集合、一种基于内在成功感的积极动机状态,包含动力和路径两种相互作用的关键要素。动力是指个体在过去、现在和未来成功实现目标的决心,路径是指个体实现目标的有效方法。动力和路径相互联系、共同作用形成希望,而且两者中的任何一个都无法定义希望。换言之,无论是动力,还是路径,它们都是组成希望的必需要素。当个体感受到与成功实现目标相关的动力和有效方法时,希望也会随之产生。希望是一种目标导向的思维,在该思维下,个体会评估自己找到实现目标的可行方法的能力,以及按照可行方法开始行动并坚持努力的潜能,前者是路径思维,后者是动力思维。

(二)希望的要素

希望理论主要包含四大要素。

(1)目标:目标是希望的核心,是支撑希望理论的认知成分。个体会对实现目标的结果价值进行评估。当目标结果具有价值时,个体才会对其进行持续的有意识的思考,即希望思维开始萌芽。也可以说,没有目标,就没有所谓的希望。

(2)路径思维:面对既定的目标,个体会寻找可行的路径以实现目标。大脑中为实现目标寻找有用方法的过程就是路径思维。同时,在追求目标的过程中,个体的路径思维也会变得越来越精细和准确。

(3)动力思维:动力思维是希望理论的动机组成部分。它贯穿于目标追求的全过程,是推动个体向着目标前进的动力系统。

(4)障碍和情绪：一般而言，个体在实现目标的过程中或多或少都可能会遇到困难。这些困难是个体实现目标的障碍。障碍在短期内会降低个体的动力思维，使个体产生压力感。对低特质希望的个体来说，当他们发现无法解决实现目标的障碍时，最初的压力就转变为消极情绪。对高特质希望的个体而言，他们往往会改变实现目标的方法，调节自己的行为，以成功处理问题。在成功处理障碍的过程中，他们也感知到较多的积极情绪。

希望是心灵的彩虹，它给人以前进的力量和勇气。作为一种重要的积极心理资本和正向思维，希望不仅能帮助个体减缓应激性事件等消极影响，还能促进个体的积极正向发展。一方面，希望对个体的消极心理具有保护作用。研究表明，较高的希望水平有助于减少个体的抑郁或抑郁倾向、焦虑、自杀意念和学业倦怠等。希望作为存在于个体身上的积极心理品质，不但能保护个体较少遭受一些不良影响，它还具有调节作用。例如，希望可以缓冲父母关爱缺失对孤独感的不利影响、反刍思维和压力知觉对社交焦虑的影响等。另一方面，希望对个体的积极心理发展具有增益作用。它不仅可以预测个体的学业成绩，还能促进个体的认同整合、网络利他行为和创伤后成长等。更为重要的是，希望与个体的生活满意度、主观幸福感和社会幸福感等密切相关。个体过去的学习和成长经验会影响个人的自我价值观，而这样的自我价值观，能促使个人对所想要达成的目标产生不同的策略和方法，并影响到个体对于达成目标的决心与动机，进而对目标产生不同的外显行为。最后，对于所设定目标的结果，又会成为个体过去的学习经验，影响到个体的自我价值观，产生循环的体验模式。因此，当个体具有多种达成目标的方法，且同时又对该目标具有高度的决心和动机时，则我们可以说个体具有高度的希望感，反之，则相对较低。这样的模式会在我们不断追求不同目标的人生经验中不断循环，当我们将这样的循环推展到了极致时，我们会发现个体对于各项目标都能保持高度的希望感，并勇于挑战，那么他的人生就会时时感到光明和希望，任何事情都能因为自我积极的应对，而最终成功地达成目标。反之则容易陷入自我效能感不足，对生活中任何事物都看不到希望，从而对任何事情都会产生逃避和退缩的情况。

除了以上三位心理学家之外，还有很多其他心理学家进行了很多探索和推广。如美国加州大学心理学家桑雅·吕波密斯基(Sonja Lyubomirsky)，著有《如何幸福》和《幸福的神话》等书，他根据研究结果，提出八项具体可行的"找寻幸福"的做法：心存感激，时时行善，品尝乐趣，感戴良师，学习宽恕，爱家爱友，照顾身体，逆境自持。

塔尔·本-沙哈尔(Tal Ben-Shahar)在哈佛大学开设最受学生欢迎的著名选修课——"幸福课"。他本人是哈佛的毕业生，从本科到博士都表现得优秀而全面，但这些并没有让他感到持久的幸福。他坦言，自己的内心并不快乐。"最初，引起我对积极心理学兴趣的是我的经历。我开始意识到，内在的东西比外在的东西，对幸福感更重要。通过研究这门学科，我受益匪浅。我想把我所学的东西和别人一起分享，于是，我决定做一名教师。"塔尔在哈佛被称为"最受欢迎的导师"，同时他还受聘为多家著名跨国公司的心理咨询师和培训师，他的课程具有实用性和可操作性，被众多企业家和高管誉为"摸得着的幸福"。美国公共广播电台(NPR)、美国有线新闻网(CNN)、美国哥伦比亚广播公司(CBS)、《纽约时报》等数十家著名媒体对他进行了专访和报道。

一项有关"幸福"的研究表明，人的幸福感主要取决于三个因素：遗传基因、与幸福有关的环境因素，以及能够帮助人们获得幸福的行动。而积极心理学，可以帮助人们活得更快乐、更充实。幸福,是可以通过学习和练习获得的。在这些研究者和实践者的推广下,积极心理学开始产生越来越广泛的影响。

第三节 建设性新闻和积极新闻学

2003 年 8 月初在华盛顿召开的第二届国际高峰会议上,丹尼尔·卡内曼(Daniel Kahneman)(曾获诺贝尔经济学奖)、霍华德·加德纳(Howard Gardner)、罗伯特·斯坦伯格(Robert Sternberg)等都对积极心理学的发展方向给予了充分肯定,并分别在大会做了《心理学有什么要对政策制定者说吗》《从多元智力到良好的工作》《成功智力理论——为人类展现和开发全部的潜力扩大了机会》等报告。这标志着积极心理学超出了单纯心理学的范畴,得到了其他学科和领域的权威的肯定,进入教育、企业和人力资源管理、政府决策、社会治理等公共领域。在大众传播领域,社会结构变化带来了用户心理变化和新闻观念的变革,积极心理学的影响也随之进入了新闻传播领域,并促进了建设性新闻和积极新闻学的兴起。这一点与其他心理学流派更多地影响传播学研究不同,积极心理学更多的是影响传媒业的新闻实践。

一、西方积极新闻学的兴起

(一)冲突性、揭露性报道带来的现实困境

西方的现代新闻业从诞生之日起,就对冲突性充满了与生俱来的热情。著名的论断"坏消息才是好新闻"成为其典型注解。趣味性、冲突性成为新闻价值的核心要素。20 世纪 30 年代,美国《纽约先驱论坛报》采编主任斯坦利·瓦利克尔即认为新闻建立在三个"W"上:women(女人)、wampum(金钱)、wrongdoing(坏事)。这样的新闻价值观使新闻记者在受众的眼中成了所谓的只关注坏消息的"愤世嫉俗者",因此从事揭露性报道的也被称为"扒粪者"。西方的这个传统传承至今,尤其是获奖的优秀新闻作品,更是主要关注社会的阴暗面。历届普利策奖的获奖作品中,揭露性的负面新闻报道占有绝对优势,比例在 80%~90%。这些负面新闻的报道,对于揭露社会阴暗面、推进公共决策、促进司法公正,确有正面作用,但是也会带来负面效应。长期被负面信息包围的人们,比较轻易产生消极情绪,不利于人的发展。除此之外,也极易造成公众对客观世界的偏差性认知,增强个体悲观和无助情绪,消解其参与和解决现实问题的热情。因为揭露出问题并不等于解决问题,人性中的弱点、制度的缺陷,某种意义上很难从根本上得到解决。"信息的失真、心态的失衡、意见的失当及行为的失序之间几乎形成了一个链条。"2010 年,尼尔森公司在发布的一份亚太各国网民用户习惯报告中指出,中国网民发表负面评论的意愿超过正面评论,约为 62%,而全球网民的这一比例则为 41%。其他研究也表明,如果媒体仅仅关注负面,而忽略人们解决问题的种种尝试和努力,则无法展示有关挑战的完整图像,新闻难以做到准确、均衡(McIntyre et al.,2018)。

面对倾向于报道负面新闻带来的现实困境,西方新闻界率先开始反思:人们是否已经对足够多的负面新闻感到麻木与厌烦? 是否需要调整新闻报道理念,关注更多社会积极变革,

从而为抛出的社会问题提供解决方案?

在这种背景下,荷兰温德斯海姆应用科技大学教授戈尔登斯泰德(Gyldensted,2015)借鉴积极心理学的理念,强调新闻业需要用希望取代愤世嫉俗,用积极的公民参与取代冷漠,用辩论取代两极分化,从而增加社会福祉。巴登等(Baden et al.,2019)研究新闻框架对情感与心理健康的影响,提出如果新闻更具建设性,将能更好地服务于公共利益。建设性新闻以乐观、共情等积极情感,突破以往新闻骨子里的"破坏性(destructive)",重建公众的新闻认知与心理体验,使公众更好地培养乐观精神,尤其是对负面事件的解释风格方面,从而更好地谋求社会共识,促进社会行动。

(二)积极新闻学的基本新闻理念

积极新闻学的主要表现手段之一就是建设性新闻。从表 6.1 对建设性新闻与传统新闻报道的风格比较中,我们能认识到积极新闻学的一些基本理念。

表 6.1　建设性新闻与传统新闻的风格比较(殷乐,2020)

要　素	类　别		
	即时新闻	调查报道	建设性新闻
时间	现在	昨天	明天
目标	速度	问责	激励
问题	何时(when)? 何事(what)?	谁(who)? 为什么(why)?	现在怎么办(what now)? 怎么做(how)?
风格	戏剧化的	批判的	好奇的
记者角色	警察	法官	协调者
焦点	戏剧、冲突	罪犯、受害人	解决方案、最佳做法

1.平衡及和谐报道

新闻不但要报道反常的方面,也要兼顾其具有社会共性的细节,要注意新闻源的多样化,要吸纳更多的声音和观点以对抗传统新闻的两极化,尽量调和新闻事件利益各方的冲突。人们对事件的认知需要嵌入语境,方能深入了解事件背后的深层次原因,建设性新闻报道常常提供充足的素材与背景资料,摆脱传统报道中惯用的二元对立的框架,引导舆论场获得更具理性的张力,促进公众产生积极态度。不回避冲突,但是也不加大冲突和制造新的冲突,在报道中体现人文关怀,努力增强受众的幸福感。

2.问题解决导向

新闻不仅仅要坚守"瞭望者"角色,揭示真相、揭露问题与揭秘丑闻,还要尝试以"解困者"和"协调者"的角色着眼于解决问题并推动社会进步。除了"积极乐观"之外,"问题解决"这一建设范畴也是建设性的核心特征,同时也是建设性乐观实现的重要路径,报道问题的同时要有解决的框架。哈格洛普(Haagerup,2014)认为建设性新闻这种新的理念通过提供方案与决议进行鼓舞人心的报道,提振公众信心,从而解决世界面临的问题。

3.营造理性讨论语境

在社会化媒体浪潮中形成的公共传播的信息喧嚣中,很容易形成群体分化和极化。公共空间中情绪化的蔓延,常常使得媒介事件激发网民的悲哀、愤怒、恐惧等基本情绪心态,促使网民沉溺于情绪的宣泄,而不能形成对社会问题的理性思考(党明辉,2017)。

而建设性新闻积极寻求与公众的互动与协作,不断加深公众介入性与关联性(McIntyre et al.,2018)。媒体不再是冷静的旁观者(observer),而是与公众保持联系的调节者,要充分挖掘事件背后的深层原因,提供足够的背景和语境,倡导舆论场的理性讨论,提升公众对建设性方案的参与意识,使其参与到社会中,实现对社会共识的维护。

4.凸显报道的正面效应

努力发掘负面新闻信息的积极作用。负面新闻的积极作用,表现在它揭露丑恶时所彰显的警示功能和监督功能。如果处理得好,会促进事物的转化,使受众从对负面事件的相关处理中看到光明,对未来产生积极的社会影响。

综上,中国社会科学院新闻与传播研究所研究员殷乐(2020),对建设性新闻做出了概念界定:建设性新闻是一种理念与实践的延续、传承与交融,是公共服务、参与、平衡三个层面的核心理念的相互渗透与交汇。因此,建设性新闻既有公共新闻提高公共服务意识及增强公众力量的宗旨,强调公民新闻的协作性或参与性,也有和平新闻的去极化和降级的倾向,解决之道的解决方案目标,以及恢复性叙事的未来时间观(高慧敏,2020)。

三、西方的新闻业界关于积极新闻学的思考与实践

积极新闻学发轫于西方新闻界的实践,其现实行动远远早于理论研究,本书在此回顾一下西方新闻业界关于积极新闻学的实践行动和严肃思考。

(一)美国的"积极新闻"和"解困新闻"运动

《今日美国》的创始人纽哈斯(Neuharth)在1983年就提出了"希望新闻学",并将这一理念运用于新闻实践。纽哈斯极其厌恶美国新闻界所谓的"揭丑报道",在他的自传《一个婊子的自白》中,批评美国的一些报人把获得普利策奖而不是把读者需求放在第一位。他指出"玩世不恭者从事的是绝望新闻学,陈旧的绝望新闻学通常使人们读后感到沮丧,或是发疯,或是愤怒。而新鲜的希望新闻学则是喜忧皆报的一种手段,读者读后会对事物有充分的了解,使他们自己能够决定什么值得他们关注。"

《今日美国》带来了某种新的新闻运作方式,它拒绝做出判断,体现了中庸之道。它相信如果给人们以事实,如果他们能在所处的环境中识别真实的形势,如果让他们听到多种观点,他们将获得有用的真理。纽哈斯说:"它不是听写,我们不会把不想要的东西送到不情愿的喉咙上。"因此,纽哈斯办的报纸没有震惊、突击,也不使用长的词汇或艰深的概念。它们给消费者提供愉快的产品,从一地到另一地,强调与读者的互动和"好消息"。

《今日美国》的"办报方针"包括:"精确而不悲观、详细而不消极地报道所有的新闻";"鼓励理解和团结,而不是歧视和分歧";"人质、谋杀、残害儿童一般不登头版,头版倡导光明和积极的调子";等等。

纽哈斯的办报理念影响到了采编部,新闻故事传递的是事实和信息,句子常常压缩得很短,但表述得相当清楚。标题被建议强调积极的一面,如西班牙一次飞机失事的标题是"奇迹:327人生还,55人死亡"。此外,纽哈斯批评过一则健康研究报道的标题——"死亡率下降",他说应该写成"我们的寿命变得更长"。

除了《今日美国》倡导的希望新闻之外,美国自由作者大卫·伯恩斯坦(David Bornstein)大力推介他提出的"解困新闻"(solutions journalism),他认为解困新闻时代已经来临:首先因为企业、非营利组织,以及其他关注社会问题的机构逐渐增多;其次,网络信息的爆炸使人们厌倦了负面消息;同时,出于记者自身的愿望,记者也想报道积极的社会变革以吸引更多的读者。

伯恩斯坦为此专门创办了一个名为 dowser.org 的新闻网,致力于对社会改革的报道,主要关注的是 Who is solving what and how(谁正在解决什么社会问题,如何解决的)。他还创办了 Solutions Journalism Network(解困新闻网络),旨在传播他的理论,试图改变传统媒体对新闻报道的认识,并通过网络影响更多有志于做"解困新闻"的新人。

实际上,早在20世纪90年代中期一些美国媒体包括提供新闻供稿服务的机构、电视台、报纸、杂志和其他出版物就已经在做"解困新闻":如以"寻找解决之道"为口号的美国新闻服务公司(American News Service);1996年8月—1997年9月,美国广播公司新闻频道(ABC News)的《詹宁斯秀》(Jennings Show)每周播出2～3次"解困新闻"等(Benesch,1998)。

目前美国新闻界的"积极新闻"运动,表现形式颇为多元。不但有《纽约时报》等12家合作媒体联合推出"解决之道新闻网",其他的传统主流媒体和新兴媒体也纷纷跟进,哥伦比亚广播公司(CBS)的《星期天早晨》、美国公共广播公司(NPR)、《华盛顿邮报》、美国广播网ABC新闻、互联网媒体如赫芬顿邮报(Huffington Post)、BuzzFeed、Upworthy网络等也越来越偏向于激发人性、鼓舞人心的编辑方针。

(二)英国的积极新闻实践和建设性新闻尝试

英国的积极新闻(positive news)已成为一种正在崛起的新闻思潮和新闻实践。这一思潮和实践的源头可追溯至已故报人肖娜·克罗克特-伯罗斯(Shauna Crockett-Burrows)在1993年创办的报纸《积极新闻》,经过23年的发展,这份最初的报纸在2016年1月改为季刊,并拥有一家同名网站(见图6.1),但其独特的编辑理念并未因时间推移而有所改变。《积极新闻》1993年始由积极新闻出版有限公司出版,该公司是由积极新闻信托支持的非营利社会机构,积极新闻的主要资金来源之一为会员费,目前英国会员费为每年20英镑,国际会员费为每年30英镑,会员可以免费获得一年四期的积极新闻纸刊。值得一提的是,2015年"积极新闻"在英国最大的众筹平台上发起了一场名为"拥有媒体"的活动。截至2015年7月,"积极新闻"成功众筹到263422万英镑,该媒体现为来自全球33个国家的1525名读者、记者和支持者所共同拥有。其网站称"积极新闻"成为世界首个众筹的世界媒体合作机构,未来会进一步提升纸刊和网站的质量。众筹结果一方面在一定程度上印证了此类新闻的受众基础,另一方面也势必会对基于英国的"好新闻"报道产生一定影响,这有待于进一步的观察。

此外,英国新闻界还提出了建设性新闻运动,这一提法的主力倡导和支持组织为建设性新闻项目(Constructive Journalism Project,CJP),其发起人之一为现任《积极新闻》主编肖恩·达根·伍德(Seán Dagan Wood),另一发起人则是20世纪90年代曾在《积极新闻》工作过的丹尼尔·巴蒂斯特(Danielle Batist)。

图 6.1　《积极新闻》网站网页(2017 年 10 月 20 日)

(三)日本的"快乐新闻活动"

"快乐新闻活动"是日本报业协会主办的一项面向日本全国(主要是全国的中小学生)征稿的活动,从 2004 年 4 月开始,开设了"每日新鲜快乐新闻集"网站,定期更新快乐新闻。征稿范围是那些让你感到温暖幸福,让你鼓起勇气,抑或是让你有新感悟的新闻报道和相关评论。日本全国有 104 家报纸参与支持该活动,陆续刊登征集的稿件。"快乐新闻活动"的初衷是希望大家更了解"报纸能带来快乐",其自举办以来,在日本中小学生群体中产生了较好的反响。

近年来,欧美的多项调查均显示,积极的、具有建设性的新闻信息更受广大受众欢迎,在信息纷繁的新媒体时代受众需要积极的新闻信息去增加其社会资本。麻省理工学院的一项研究发现,正面新闻比负面新闻传播得更远,人们希望让自己看起来更优秀,而在线分享正面新闻有助于此项愿望的达成。得克萨斯大学的一项研究发现,相较于只报道问题的新闻,人们更喜欢有解决方案的新闻,也更愿意分享此类新闻。沃顿商学院针对《纽约时报》报道的相关调查也显示,积极的新闻比消极的新闻更受大众青睐,共享次数也更高。"推特"网站基于用户的数据研究也证明了这一点。此外,一些信息聚合类媒体如 BuzzFeed 网站也发现,最受欢迎的新闻多来自令人受到鼓舞的积极愉悦的新闻故事。

"解困新闻"和"希望新闻"在一定程度上都是对西方所奉行的传统新闻价值观的反思和颠覆,但这些积极新闻实践都不是吹捧与阿谀奉承式的新闻,也不是简单停留在报道好人好事的层面上,它有重视批判性和建设性的一面,通过深入的采访解释社会问题的重要性,挖掘其背景及深层次的原因;而与揭露性报道不同的是,它的终极目的是为某一问题的解决提供行之有效并可推而广之的方案。从发现问题到为所关注的问题提供解决之道,这才是立志于"解困新闻"的新闻人士的职业追求。

本章要点

1.积极心理学是利用心理学目前已比较完善和有效的实验方法与测量手段,来研究人类的力量和美德等积极方面的一股心理学思潮。

2.在西方社会的现代性危机背景之下,西方人面临着生态、社会和精神等多方面的危机,传统主流心理学的研究重点在关注心理疾病等消极的内容上面。积极心理学的提出,就是为了推翻这种过于"消极"的倾向,其目标是促使心理学的研究焦点从只关注修复生活中最糟糕的事情转变为培养积极品质,致力于研究人类的力量和美德等积极方面。

3.借鉴积极心理学的理念,一些学者提出了"建设性新闻"的概念,强调新闻业需要用希望取代愤世嫉俗,用积极的公民参与取代冷漠,用辩论取代两极分化,从而增加社会福祉。

4."解困新闻"和"希望新闻"在一定程度上都是对西方所奉行的传统新闻价值观的反思和颠覆,但这些积极新闻实践都不是吹捧与阿谀奉承式的新闻,也不是简单停留在报道好人好事的层面上,它有重视批判性和建设性的一面,通过深入的采访解释社会问题的重要性,挖掘其背景及深层次的原因;而与揭露性报道不同的是,它的终极目的是为某一问题的解决提供行之有效并可推而广之的方案。

基本概念

1.建设性新闻:一种理念与实践的延续、传承与交融,是公共服务、参与、平衡三个层面的核心理念的相互渗透与交汇。因此,建设性新闻既有公共新闻提高公共服务意识及增强公众力量的宗旨,强调公民新闻的协作性或参与性,也有和平新闻的去极化和降级的倾向,解决之道的解决方案目标,以及恢复性叙事的未来时间观。

2.希望:一种以目标为导向的认知集合、一种基于内在成功感的积极动机状态,包含动力和路径两种相互作用的关键要素。

3.积极心理学:心理学领域的一场革命,也是人类社会发展史中的一个新里程碑,是一门从积极角度研究传统心理学研究的东西的新兴科学。积极心理学作为一个研究领域的形成,以塞利格曼和米哈里·契克森米哈赖 2000 年 1 月发表的论文《积极心理学导论》为标志。它采用科学的原则和方法来研究幸福,倡导心理学的积极取向,研究人类的积极心理品质、关注人类的健康幸福与和谐发展。

4.幸福理论:由塞利格曼提出,他认为幸福由三个部分构成,即愉快的生活、投入的生活和有意义的生活。

5.心流:最早是由米哈里·契克森米哈赖在《心流:最优体验心理学》一书中提出的。米哈里·契克森米哈赖通过深入研究发现,当人们从事一种可控而富有挑战性的活动,而且这种活动需要一定的技能并受内在动机所驱使时,就会经历一种独特的心理状态,即心流体验。

思考题

1.你有过心流体验吗？请描述细节。

2.请结合新近发生的一起灾难事件,用建设性新闻的思路策划一组后续报道。

3.你在媒体接触中有感到过积极因素的心理提振吗？请试举一例。

4.请你谈谈积极心理学对当今社会的意义。

第七章

传者心理

心理现象和心理状态的发生和存在的先决条件是要有主体，在传播过程中，传播者和受者作为个体，其心理状况对整个传播流程产生巨大的影响。奥斯古德一施拉姆模式告诉我们，传播过程中的传者和受者都要担负起编码、译码和释码的工作，考察传者和受者的心理状态对于研究传播效果和发生机制意义重大。我们按照传播发生的顺序，从传者开始我们的考察。

第一节　传媒研究中的“传者”

传播者作为传播活动的主体，处于信息传播链条的第一个环节，是传播活动的发动者，也是传播内容的源头。因此，传播者不仅决定着传播活动的发生和发展，而且决定着信息内容的质量与数量、流向与流量。

作为信息源头的传播者，有职业传播者和普通传播者之分。本章的研究对象是大众媒介的从业人员，即在报纸、广播、电视和专业网站从事大众传播工作的人员，如记者、编辑、播音员、主持人、摄像、编导等，也研究他们所在媒体的特征。

在传播学的先驱拉斯韦尔提出的5W模式中，传播者“who”实际上不仅指单个的个人比如记者、编辑、播音员、主持人等，还包括一切从事传播的组织和机构，比如报社、电台、电视台、通讯社、出版社、电影制片厂等，不管是个人还是组织一般统称为“传播者”(communicator)。

一、传播者所受的控制

在传播学领域中有关传播者的研究被称为“控制分析”，其中“控制”分两层意思：一层意思是指传播者对信息流通所进行的干预和影响、左右和操纵，比如记者在众多的事件中确定自己的报道对象，编辑对众多的来稿进行筛选，主持人按照自己的意图对嘉宾进行提问等。这层意思可以概括为“施控”，即主动地施加控制，也就是我们通常所说的“把关”。另一层意思是指传播者受其所处时代与社会的制约，不得不屈从于外界施加在自己身上的诸多政治的、经济的、法律的、文化的压力，比如作为传播者的“美国之音”，就必须听命于美国政府，服从于美国的外交政策和国家利益。除了这些外部压力之外,作为个体的传播者如记者、编辑、编导、主持人等还受自身的一些因素的影响和制约,如社会地位、种族、宗教信仰、性别、个体的认知水平、心理定式、情感情绪、价值观等。这些来自外部和内部的影响可以概括为"受控",即被动地受到控制。不论是施控,还是受控,都是针对传播者而言的。如果说传播者在施控中是主人,那么在受控中就成了仆人。在控制问题上,传播者既是大权在握的主人,又是唯唯诺诺的仆人,在某些场合颐指气使,而有时又得听命于人。

总之,所谓控制,包含施控和受控两个方面的含义,是就传播者操纵传播的同时又受到操纵的处境而言的。控制分析就是专门考察传播者(包括个人与组织)及其活动特征,解释传播者同所处时代与社会之间关系的研究,具体包括三项内容:一是分析传播者的施控行为,如把关研究及理论;二是分析传播者的受控情况,如批判学派的研究;三是指出各种不同的控制形态,如政治控制、经济控制、受众控制、自我控制等。

传播者在传播过程中的双重身份导致了传播者心理状态的复杂性。这些内部和外部的压力作用于传播者身上,使得他们在进行传播活动的时候产生特定的心理状态,继而影响着他们的"施控"行为。

二、传播者的职业特征

将传播者置于一个线性过程中加以分析,我们可以看到信息传播犹如一场接力,一则信息传至受众往往经过多道关口,需要许多人参与其中,比如记者、编辑、编导、播音员、主持人在传递信息时,都会在自己所处的关口发挥作用。下面我们来看看这些传播者具有哪些共同的职业特征。

(一)代表性

职业传播者虽然也是社会大众中的一员,但是,他们一旦进行职业传播(采、写、编、导、传等),便具有一定的代表性,即代表一定的传播部门、传播组织、政党和阶级进行新闻传播活动。无论在哪个国家,大众传媒都是整个社会结构的有机组成部分,并且在政治和经济方面受到它们置身其中的社会制度的决定性影响和制约,受到各种政治与社会势力的控制和操纵,因此大众传播的内容往往含有特定的意识形态色彩,反映着特定的文化背景和社会价值观。大众传播者都是有代表性的,他们所发布和传播的信息无不具有一定的倾向性和思想性,反映并代表一定阶级、集团、组织的利益、愿望和要求。

(二)自主性

尽管传播者的言行要受到一定的控制和约束,但他们仍有很大的自由驰骋的空间,有较大的传播权利和自主性,甚至可以公开传播表达个人信念和价值观的信息,如央视主持人黄健翔在解说 2006 年世界杯足球赛意大利对澳大利亚的比赛中,采用了掺杂个人情绪的语言,公开宣扬自己的立场。播音员哪怕是处理已经定稿的文字新闻时,在运用语调、语气、语速、音量、表情等非语言符号方面仍有一定的自主性。

(三)专业性

专业性,指职业传播者必须经过专业训练,拥有一定的专业知识和技能,具备一定的专业精神和职业道德,才能从事大众传播工作。职业传播者依靠大众传播来谋生,从属于一定的协会组织,并且要遵循一定的职业标准。总之,专业性是职业传播者区别于非职业传播者的一个重要特点。

(四)集体性

大众传播媒介进行信息传播往往需要集体合作。报纸、广播、电视上所有的个人作品其实都是经过一系列把关之后的集体成果。如在美国收视率最高的 CBS 的王牌节目《60 分钟》中,露面的主持人只有 4 人,但编导摄制人员却多达 40 余人。大众传播的所有内容,都是台前的和幕后的职业传播者一起合作的产物。

(五)复杂性

大众传播是运用复杂的传播技术与设备进行的,是建立在复杂和庞大的技术设施基础之上的,印刷厂、演播室、发射塔等难以胜计和价值昂贵的机械与设备,是大众传播得以进行的基本物质手段。所以,在大众传播中,职业传播者不仅人数众多,而且分工日益精细复杂。以电影电视为例,它集声、光、电于一身,环节众多,包括采、编、导、播、摄、录、剪等,加上美术、化妆、服装、道具、演奏、指挥等人员,队伍庞大,构成复杂。

第二节　媒介内部因素对传者心理的影响

根据休梅克和里斯(Shoemaker & Reese,1996)的研究,影响传者心理的因素可以分为五类:来自媒介工作者个人的影响,来自媒介常规的影响,来自媒介机构的影响,来自媒介机构以外因素的影响,意识形态和文化的影响。

休梅克和里斯认为,这五个因素对媒介内容的影响是分层次的,即从意识形态等宏观的层次到媒介从业人员个体素质这样微观的层次。但每一层次的影响均受制于更高层次的影响。意识形态和文化决定了大众媒介在社会中的角色和地位,使一些在媒介机构外部的因素,如广告主、受众、信息来源、经济等,影响媒介机构所确定的目标和标准,这些目标和标准的存在,决定该媒介工作的常规和程式,这些常规和程式又作用于他们的成员,使媒介工作人员社会化。

休梅克和里斯认为,这五个因素影响媒介内容的重要程度不同。一般而言,媒介内部的具体业务操作,例如对某些技术和故事类型的选择,对社会的整体影响较小,因为这些因素不可能系统性地强调或去除某些内容以服从制度化的要求(institutional imperatives);新闻工作者个人对媒介内容的系统化影响有限,因为新闻工作者个人行为是由新闻工作者个人的某些特征和价值判断决定的,而不是制度性因素所决定的;新闻机构以外的因素及意识形态,则对媒介内容有较大的影响(Shoemaker & Reese,1996:60)。

为了讨论的方便,我们将影响传者心理的因素分为媒介内部因素和媒介外部因素,也就是将来自媒介工作者个人、媒介常规的影响和媒介机构的影响归为媒介内部因素,将来自媒介机构以外的因素及意识形态和文化的影响归为媒介外部因素。

一、来自媒介工作者个人的影响

休梅克和里斯的研究,主要从三个方面来考察媒介工作者个人对媒介内容的影响:媒介工作者的背景和人口学特征的影响,包括性别、种族、性取向、教育程度等方面;个人态度、价值观和信仰的影响,包括媒介工作者个人的价值观和信仰、政治态度、宗教信仰等;职业角色的影响,包括职业角色和职业伦理道德等。

(一)媒介工作者的背景和人口学特征的影响

威尔伯·施拉姆讲过,每个人都有自己的"生活空间",从逻辑上讲,媒介工作者的家庭背景、教育背景及过往所有的生活经验都会影响他们对世界的看法,但这种影响会不会对媒介内容产生系统性的影响呢?

休梅克和里斯在这方面列举的研究有:媒介工作者的身份对报道的影响,例如女性新闻工作者对权利法案的报道,非洲裔美国人在报道1992年洛杉矶暴乱时所遇到的问题,同性恋新闻工作者报道同性恋问题,等等。

韦弗和威尔霍伊特(Weaver & Wilhoit)认为,媒介工作者的人口学特征对新闻价值和媒介内容的影响比较小。例如,他们据此推论,增加妇女和少数民族记者,不会给媒介内容带来重大变化,因为新闻工作者的受教育程度、社会化程度和组织性制约会抵消个人之间的差异。

2006年7月17日,法国电视一台20点新闻(相当于我国央视的新闻联播)首次启用黑人播报员哈利,在法国引起了轩然大波。在哈利之前,2004年9月一位名叫奥德丽·普瓦德的黑人记者坐上法国电视三台晚间新闻播报台,改写了法国的历史,在法国历史上,新闻播报从未出现过有色人种的面孔。奥德丽在得到晚间新闻主播的位置后,有记者采访她,提问中则说道:"你作为有色女主播⋯⋯"奥德丽立刻微笑着打断对方:"我不是有色女主播。我就是黑人女主播。"从奥德丽的回答中能看出人种对于她作为传播者的个人心理是有影响的。

(二)个人态度、价值观和信仰的影响

有关研究表明,美国记者和大多数美国人一样,崇尚家庭、爱情、友谊和经济繁荣,反对仇恨、偏见和战争(Gans,1979)。除了这些基本的价值观之外,美国记者的价值倾向中还有以下的特征:民族优越感(ethnocentrism)、利他的民主政治(altruistic democracy)、小城镇田园主义(small-town pastoralism)、个人主义(individualism)、政治温和主义(moderatism)、遵守社会秩序(social order)和注重领导能力(leadership)。

政治态度:一些学者研究了各个时期记者的政治态度的变化情况,他们发现,总的来说,记者是倾向于自由主义的。这与西方的媒介理论中的"观点的自由市场"是一脉相承的。

个人宗教倾向:韦弗和威尔霍伊特1991年和1992年对美国新闻记者的抽样调查表明,美国新闻记者的宗教倾向与美国人的平均宗教倾向基本相似。

　　记者上述的价值、政治和宗教倾向是否会反映到他们所制作的媒介内容中去呢？休梅克和里斯的结论是：当个人在媒介组织中的权力较大或所受约束较弱时，个人的价值观、政治和宗教倾向将有更多的机会影响媒介内容；当权力较小或所受约束较强时，媒介组织的常规和约束将会抵消个人的影响。

　　在第一章中，我们曾讲到，媒介现实源于客观现实但不等于客观现实。李普曼对美国报纸三年内关于俄国布尔什维克革命的报道的研究，以及昂特曼对《时代周刊》《新闻周刊》《纽约时报》《华盛顿邮报》和哥伦比亚广播公司（CBS）有关大韩航空公司和伊朗航空公司客机被击落的新闻报道的研究，清晰地表明价值观和政治立场的不同将对记者、编辑的把关心理产生微妙的影响，从而在具体的把关行为上产生巨大的差异。

（三）职业角色的影响

　　媒介工作者的职业角色和职业伦理道德，主要是在进入媒介工作机构或在职业教育的过程中形成的，它们在很大程度上决定了媒介工作者如何看待每日发生的事件及如何取舍事件的各个方面。

　　约翰斯通、斯拉夫斯基和鲍曼（Johnstone，Slawski & Bowman）在1972年的研究中发现，一些记者认为自己是"中立者"，而另一些记者认为自己是"参与者"。前一类记者认为他们的工作是把信息尽快无误地传播给广大受众，如 Discovery 的制作者在节目中宣称：对于自然，他们"只是观察者（observer），而不是入侵者（intruder）"；后一类记者则以调查政府承诺、对复杂事件提供分析、讨论国家政策及开发智力和文化方面的兴趣为己任。用传播学的观点，前一类记者传播的是"信息流"，而后一类记者更致力于传递"影响流"。

　　中华全国新闻工作者协会和中国社会科学院新闻研究所在1995年对全国女新闻工作者的调查中，调查了新闻工作者对新闻媒介机构职能的认识。绝大多数新闻工作者对以下九种职能持赞成态度：①迅速真实地向公众报道国内外新闻；②对公众关心的社会热点问题提供分析和解释；③传达和解释国家法律和党的政策；④揭露、抨击社会不公现象；⑤传播现代科学技术和文化知识；⑥对党和国家领导机构及公务员实行舆论监督；⑦宣传先进典型人物；⑧为公众提供发表作品及意见的机会；⑨提供文化娱乐消遣（中国女新闻工作者现状与发展课题组，1995）。一些其他的调查，如2014年针对上海"80后"新闻从业者的调查（周葆华）和2014年针对上海女性新闻工作者的调查（上海市记协）也得出了相似的结论。

　　新闻工作者对自己职业角色的认识，对其业务行为影响巨大。在20世纪90年代一次救助贫困儿童慈善活动的报道过程中，中美两国记者的反应大不相同。美国记者说，让我们看看这些孩子需要我们做些什么？而中国记者则说，让我们来做点什么来帮助这些孩子！美国记者致力于通过自己的报道来引起更多人对此事的关注，而中国记者则准备运用自己掌握的资源来做一些报道之外的事情。国情不一，记者的反应不同非常正常，但可以看出美国记者将自我的角色定义为"客观世界的报道者"，而中国记者的自我定位为"社会活动家"，角色定位的不同无疑会对其选择和制作的媒介内容产生重大和深远的影响。

　　关于新闻工作者对自己职业角色的认识对传播内容产生的影响，1977年斯塔克和索洛斯基（Starck & Soloski）所做的研究提供了部分证据。该研究发现，认为自己介于极端中立型和极端参与型之间的新闻专业学生，所写出的新闻报道内容最为客观准确，而认为自己是中立者的学生，所写内容最不清楚全面。

职业道德主要是针对职业行为的道德原则和规范,是约束媒介从业者的职业行为、调节大众传播活动中各方关系的一种最基本、最有效的规范形式。据统计,超过42%的美国报纸和31%的美国电视台公布了他们的工作规范,例如1926年通过的《职业记者的道德规范标准》。中国也有相应的道德规范标准,如《记者守则(试行草案)》(由中共中央宣传部与中央各新闻单位1981年共同制定,并于1994、1997年两次修订)和《中国新闻工作者职业道德准则》(中国新闻工作者协会1991年制定,2019年第四次修订)。

综合上述三个方面的有关研究,休梅克和里斯(1996)对媒介工作者个人影响媒介内容的基本结论是:虽然从人口指标来看,媒介工作者的平均情况和美国成人的平均情况不同,但尚不能确认这种不同对媒介内容有什么直接的影响,可以确定的是,媒介工作者的背景情况会影响他们个人的价值观和职业角色。另外,在媒介工作者职业角色和伦理道德及媒介工作者个人的态度、价值观和信仰这两组因素中,前一组对媒介内容的影响要大于后一组。

二、来自媒介常规的影响

媒介行业常规,是指那些已经规范化的、形成一定模式的,被媒介从业人员反复实践的工作形式。沃伦·布里德(Warren Breed)在对报纸记者的社会化过程的研究中指出,刚进入新闻行业的记者在其所做的报道被编辑的过程中,逐渐了解到什么内容适合新闻报道,什么内容不适合,布里德把这种微妙的影响称为"潜网"。年轻记者在获得独立工作的资格之前,必须学会媒介内部的"规矩",否则不但在加薪晋职时会遇到困难,而且还有可能丢掉饭碗。于是,传播媒体就会形成代代相传的新闻传统。尽管西方的传播媒体具有多元化的特点,但研究人员发现它们在报道内容上却有惊人的相似性。许多传播学著作都引述过以下两个事例的研究:一项研究是关于美国将军麦克阿瑟(MacArthur)1951年从朝鲜战场返美的报道。麦克阿瑟途经芝加哥市时,市政府为他安排了欢迎仪式,现场目击者看到的是平静疏离的人群,但电视新闻却努力显示出狂热的欢迎场面,以"反映"出人们对麦氏的同情。另一项研究是关于大众媒介对1968年在伦敦发生的一次反越战示威游行的报道。无论哪种政治派系的传播媒介都认为这次示威游行肯定将是一次暴力事件,结果不约而同地将游行队伍与警方发生的小冲突当成报道重点。研究人员并不认为大众媒介是在蓄意歪曲事实,但他们对事实的选择和解释往往都是根据某些预存的"框框"或成见。

在一些存在审查制度的国家里,媒介从业人员也就是职业传播者往往更多地采用"自我审查"的方法,审查的标准在他们的思想意识中被"内化"了,长期积累的经验使得他们清楚什么样的新闻应该被摆上头条,而什么样的新闻是不能被发表的。在这种媒介行业常规所构成的媒介工作环境中,记者和编辑对无数新闻线索和新闻素材进行甄选以形成最后的新闻报道的时候,实际上是代表他们所在的媒介组织做出决定,其依据的重要标准之一就是所在媒介的内在规范,即行业常规。这些媒介行业常规能够确保媒介生产出具有标准化样式的新闻和娱乐内容。一些世界著名通讯社和媒体,都会由资深编辑撰写本媒体组织的格式书(style book),并在媒体内部举办训练班,来规范本媒介组织所有报道的风格和形式。

这些在经年的工作实践中形成的常规,保证了媒介系统以一种可以预测的和行之有效的方式运作。这些常规形成了一套整体性的相互关联的规范,这些规范决定了媒介的行业特征。

媒介行业常规不是偶然和随意形成的,它是由新闻价值、媒介组织和消息来源三类因素决定的。

(一)新闻价值因素

媒介的生存,取决于它所提供的信息产品能否满足受众的信息需要,换言之,就是是否具有新闻价值。新闻价值是由满足受众需要的程度来衡量的。具有什么特征的事件受众喜欢或愿意看到,尽管大众传媒在搜集受众的即时反馈方面并不擅长,但是在长期的职业生涯中积累的经验,使得新闻界在这方面已经基本形成共识:①事件是突出而且重要的,重要程度以影响的大小来衡量;②事件具有趣味性,尽管它可能跟人们的生活没有直接关联;③事件具备冲突性和矛盾性;④事件是不同寻常的,即反常的;⑤事件是新近发生的,或者内容上具有新鲜性;⑥事件是在临近地区发生的,或者与受众具有某种利益上的接近性。对于电视新闻来说,这些事件还必须具备一定的可视性。新闻价值还需要考虑报道的客观性。客观性(objectivity)是西方新闻报道的核心信仰。然而休梅克和里斯在 1996 年指出:"虽然客观性是新闻事业的意识形态的基础,但它却植根于新闻机构组织在事件中提出的要求。从这个意义上看,对新闻记者来说,客观性与其说是核心的信仰,不如说是一套他们愿意遵守的程序,来保护自己免受攻击。"

西方新闻界非常推崇客观性原则,美联社前社长肯特·库珀(Kent Cooper)认为该原则"作为一种至关重要的道德观念,发展于美国,奉献于世界"。西方新闻界对新闻报道客观性的理解有四重含义:第一,记者在事实选择上不应带有偏见;第二,记者应超然于所报道的事实之外;第三,记者不应该对事实发表评论;第四,记者应努力做到公平和平衡,以一种可以对受众提供充分信息的方式,给双方一个答辩的机会。

除了在信息的选择上,在对新闻事件的表述上,也要考虑新闻价值。这种考虑体现在新闻故事的结构及电视画面的安排上,包括一些戏剧性手法的采用等。在当下自媒体野蛮生长的传播环境中,"体验性"也被认为是新闻价值的关联要素。这些技术手段同样是构成新闻行业常规的一部分。

新闻价值实际上是对已刊出的报道的特征的分析和总结,事实上,有很多看起来具有新闻价值的事件并未被报道,而已刊出的新闻,也并不一定都拥有突出的新闻价值。相关研究表明,在实际操作中,新闻工作者对新闻价值的考虑,远逊于对职业和组织方面的限制的考虑。

(二)媒介组织因素

成熟的媒介组织有自己的一套完备的工作流程和制度,依靠他们来保证日常传播工作的正常进行。对这些工作模式和流程目前已有大量的研究,早期的有怀特(White)在 1950年所做的把关人研究。许多成规是为了使媒介组织能够应付各种硬性的规定,包括版面限制和时间限制等。从版面限制来看,把关人从大量的信息中甄选出适量的新闻放在一定的版面内。而这种挑选新闻的标准基本是稳定不变的,这就使得媒介组织在那些容易产生新闻的地方建立分支机构,从而保证媒介能够搜集到稳定可靠的消息。

从时间限制来看,一个事件能否被报道与该事件发生的时间是否与报道工作步骤合拍有关。政治家特别留心对时限的利用,预留出充裕的时间来发布一些事件,以便于电视台的晚间新闻节目进行报道。在工作日,最佳"新闻事件"发生的时间是在上午 10:00 到下午 2:30。下午 2:30 以后,这条新闻就不可能被编入下午 5:00 或 6:00 的晚间新闻。对那些不希望扩大影响的事件则选在周五晚上发布。

新闻不仅是简单地报道事件,有时常常是在塑造事件。比如在报道新闻事件之前,媒体常常会确定某种"角度"或"主题",当采访对象的观点与这个角度或主题一致时,记者的工作效率就特别高。记者往往在采访之前就知道采访对象的观点和立场,这就是为什么记者经常采访某些固定对象的原因。把新闻故事模式化必然会影响记者看到事件其他方面的可能性。

新闻机构的成规还体现在新闻媒体之间的相互依赖,即各媒体完成的新闻报道有很大的相似性,成为"团体型思维"(pack mentality)。各媒体遵从共同的职业价值,并且相互作为比较的标准。所有记者都希望得到最准确具体的消息,因此虽然媒介机构鼓励记者竞争,但在实际工作中,各媒体记者却相互分享信息,有一些媒体在某些领域具有较高的威望,如《纽约时报》在国际新闻方面,《华尔街日报》在经济报道方面,这些媒体在自己擅长的领域会对其他的媒体产生很大的影响力。

新闻机构也常常以避免麻烦作为自己对传播内容审查的依据。因为可能引起法律纠纷,美国 CBS 的《60 分钟》被迫撤销了一个批评烟草工业的节目。这个节目的主要信息来自一位烟草业的前高级管理人员,他曾签下协议,不得泄露公司内部事务。CBS 的律师担心,电视网会被起诉,不过烟草公司要求赔偿的依据不是节目对它进行了不实报道,而是 CBS 导致它的前雇员违反合约。这一法律诉讼可能让 CBS 损失数十亿美元。许多人认为这是一个危险的先例,它将使调查类节目数量减少。

(三)信息来源因素

从理论上讲,记者有广泛的信息来源,如图书馆、政府文件、民意调查和亲身体验观察等,但在实际工作中,记者往往将一些个人作为采访的重要信息来源。根据西加尔(Sigal)在 1973 年的研究,《纽约时报》和《华盛顿邮报》的记者倾向于依赖常规渠道获得消息,包括官方会议记录、新闻发布会、记者招待会以及各种演讲、仪式等。西加尔对《纽约时报》头版的内容研究发现,其 58.2% 的消息来源为常规渠道,15.7% 为非正式渠道(如背景简介、泄露出来的消息、非政府会议,如行业会议文件、其他媒体的报道、对其他记者和编辑所做的采访等),25.8% 为源自记者自身的第一手消息,包括记者主动进行的采访、自然事件的目击报道、独立研究、记者自己的分析和结论等。而《华盛顿邮报》的情况为:常规渠道 72%,非正式渠道 8%,第一手消息 8%。对于政府部门来说,他们非常乐于看到记者通过常规渠道采集新闻,因为这有利于他们对报道内容进行控制。政府部门往往还会对这些媒体进行倾斜,如提供某些内幕消息,在记者招待会上提供好的席位和提问机会等,以鼓励这种行为。记者乐于采用常规渠道往往是因为这种渠道能够持续稳定地提供权威性的消息,使采访过程高效省力。

在美国,对专家的依赖正在成为信息的常规来源,新闻报道的客观性要求使得记者尽量避免表明个人观点,因此需要专家来对新闻事件发表看法。如何选择专家对于新闻事件意义的塑造影响重大。索利(Soley)在 1992 年的研究认为,经常出现在媒体上的专家实际是范围狭窄的一群人,虽然他们通常被说成是客观的、无党派的,但他们的观点大部分是保守的。例如负责在媒体上解释海湾战争的一组专家主要来自纽约和华盛顿,大多数是退休军官和政府的智囊团成员。媒体在挑选专家时往往已经事先了解这些专家将会说些什么,利用这些专家的观点来表明自己的立场,同时也使报道显得较为客观。

传播路径也是另一个可能起作用的外部因素。一些传统主流媒体开始用与社交媒体合作的方式达到引流的目的。如《卫报》首席数字版执行官塔尼娅·科德里(Tanya Cordrey)与脸谱网(Facebook)合作创建了一个应用小程序,向脸谱网的用户专门推送《卫报》的新闻。2012年2月,脸谱网为《卫报》贡献的转介流量超过了搜索产生的流量,达到了30%以上,被称为"媒介流量地震式的变革"。

三、来自媒介组织的影响

职业传播者是作为专业的媒介组织的一员来进行职业活动的。作为媒介组织的专门成员,他们的心理和行为会自觉或不自觉地受到传播机构的多方影响。

(一)媒介组织目标的影响

大众传媒作为专门从事大众传播活动以满足社会需要的社会机构,无疑有着自己的组织目标。在美国,媒体是商业实体,个人所有,个人经营,可买可卖,所以大多数媒介组织的首要目标就是利润。对利润的追求是否影响媒介人员选择传播内容,是研究人员关注的问题。研究发现,经济目标对媒介组织来说,早期是一种限制,后期变为一种原则或要求。

20世纪70年代的一种观点认为,经济利益作为一种限制,间接影响编辑的决定,这种限制表现为,必须考虑新闻的制作成本,以防超支。然而无法预料的因素,往往使得经费超支。但当经费能够保证媒介组织的生存时,职业和社会目标就超越利润成为媒介组织优先考虑的目标。

近年来,经济因素已经从一种限制变为一种原则和要求。对这种原则的追求表现为一味迎合受众口味,片面追求发行量和收视收听率。大多数发行量超过10万份的报纸都有自己的内部研究部门,研究受众的兴趣和需要。对经济目标的追求必然影响到媒介从业人员对传播内容的选择,可能会使得媒介放弃自己的社会职责。所以有媒体人士戏称收视率是万恶之源。

地方媒介和地区经济之间不可避免地存在着联系,这种联系会影响媒介从业人员对内容的选择。例如,1990年美国环境保护机构认定被动吸烟每年可导致3800人死于肺癌,因而决定成立一个专家小组来撰写研究报告。专家小组中一位最主要的被动吸烟专家戴维·彭斯(David Burns)博士,在烟草协会和一位众议员的坚决反对下,最终被排除在16人的小组之外。对这一事件,烟草工业区和非烟草工业区的媒体报道有所不同:非烟草工业区的媒体更多地提到烟草协会排挤彭斯博士的行为,并且从使用的新闻语言来看,非烟草工业地区比烟草工业地区的媒体对烟草工业较少持赞成态度。

经济原则也体现在媒介组织的资金流向上。资金将投向那些最能吸引受众的地方,例如付给名牌节目主持人高额的报酬,而给新闻采集部门相对较少的经费,这会影响成本较高的新闻节目的制作和播出。

总之,西方媒体尤其是美国媒体在进行把关的过程中,往往更多地考虑商业标准,当然业务标准和商业标准并不是天然对立的。我国的媒体由于媒介性质和社会政治制度的不同,媒介的组织目标与西方媒体有很大不同。在中国,新闻媒体责无旁贷地将社会效益放在首位,习近平同志在《致中国记协成立 80 周年的贺信》中要求"新闻工作者坚定'四个自信',保持人民情怀,记录伟大时代,讲好中国故事,传播中国声音,唱响奋进凯歌,凝聚民族力量"(2017)。当然,媒体追求经济效益也无可厚非,但要做到社会效益与经济效益的统一,因为新闻事业属于先进文化的范畴,先进文化可以促进生产力的发展。而且提高经济效益,也是新闻事业自身发展和壮大的客观需要。

(二)媒介组织结构

西方媒体的组织方式已变得越来越复杂和多样化,组织方式将影响媒介从业人员对内容的选择和处理。

从组织的经营方式来看,各种经营方式对媒介内容有相应的影响。经营方式包括独立经营、连锁经营、集团经营、交叉经营等。美国的媒介研究人员对各种经营方式影响媒介内容有诸多的研究。研究发现,经营方式对媒介内容的影响是各种各样的,每种方式都有相应的积极影响和消极影响。例如,对各种媒体协作的媒体集团的经营方式来说,其消极影响是,集团所属的各媒体会尽量避免出现批评本公司其他媒介产品的新闻。

从媒介组织的内部结构来看,为了达到媒介组织的目标,媒介组织就要分配一定的角色,形成一定的结构以便最优化地完成媒介组织的目标。媒介组织中的角色一般可分为三类:前线是负责采集原始资料的记者、创作人员;中间是负责处理原始材料使之符合本媒介组织要求的人员,例如编辑;高层是负责制定政策和财政预算及负责保护组织的经济和政治利益的人员,即组织的所有者。在这三类角色中,媒介的所有者对媒介组织拥有最终的权力。从媒介机构所有人的变化,最容易看出所有人对媒介的影响,这些影响表现在不同的价值观、目标、文化,最终体现在不同的内容上。例如,美国的批评者认为,20 世纪 80 年代美国三大电视网所有权的变化,使得媒介新闻内容出现了更具有轰动效应的、更耸人听闻的和更像纪录片风格的趋势。

媒介所有者的利益与媒介内容编辑自主权的关系的处理,也会影响到媒介内容。

迫于利润的压力,西方媒介的编辑部门和市场部门越来越成为一体,称为"无墙的"(wall-less)报纸。这个墙是指把报纸的市场部门和编辑部门隔开以确保编辑部门能够自主编辑的组织机制。一些报纸的编辑越来越像某一个普通公司的管理人员,这就可能使编辑人员更多地从经营的角度而不是从新闻业务的角度考虑问题。这样的组织结构,会使媒介组织的经济利益和媒介内容设计自动趋于一致,从而避免了编辑自主权和所有人的利益冲突。

还有一种做法就是,通过股权分配来保证编辑的自主性和对媒介组织的控制,以《纽约时报》为例。《纽约时报》是纽约时报集团公司的一个组成部分,这家报纸在各新闻媒体中由于其独立和重要的声音而赢得了广泛的声誉。为了保证报纸的地位,1891 年购买了该报的奥克斯(Ochs)家族,通过公司股票的分配,将投票权和控制权掌握在家族的手里,从而使管理者不必担心来自外部股东的压力,以实现该报所声称的目标——"保持独立自主的编辑权力和报纸的完整性,使其继续成为独立的、完全无须惧怕外界压力和控制的、无私地贡献于公众利益的报纸"。

不过,如果媒体的广告来源比较缺乏,媒介内容编辑的自主权就显得脆弱。另外,由于媒介组织机构变得越来越复杂,媒介工作者个人和行业成规的影响也就相对小了。

第三节 媒介外部因素对传者心理的影响

来自媒介外部的一些因素同样会对传者的心理和行为产生压力和影响。这些因素包括信息来源(个人及官方、特殊利益集团等)、利润来源(广告商和客户)、其他机构(政府控制、市场、经济环境、技术等)及受众。

一、信息来源

信息来源对媒介人员特别是记者有着极其重要的影响,因为他们不可能报道自己不知道的东西。信息来源可以提供有保留的信息或假信息,也可以提供一种情境使其他的消息来源受到评价,还可以提供方便省力的消息来源使得记者不再去寻求其他的信息来源。

关于同一事件可有多个信息来源,影响消息选择的因素包括消息的易得程度、事件的性质和重要性及相互影响等。例如,记者和编辑认为,官方发出的消息常常是重要消息,因此倾向于在重要的事件上依赖官方的消息源。另外官方的消息往往比民间的消息易得,但并不是在所有的报道中,官方来源都多于民间来源。例如在对劫机事件的报道中,对人质和亲友的个人采访就非常多。另外,在美国,总统从来都是影响媒介内容的重要信息来源。

由一些个人组成的利益团体对媒介内容会产生重要影响,包括为媒体设置报道的指导方针、批评媒体的一些报道或某个记者来影响和改变媒介内容,一些利益团体就是以改变媒介内容为行动目标。一些利益团体通过发起公关运动来影响媒介。在美国有各种媒介监测组织,如针对媒介暴力、色情、性别种族歧视的,保护儿童、环境的,保护传统家庭观念的,等等。目前在中国,只有一个女性主义的民间媒介监测组织。

另外,从某种程度上说,每一个媒介机构对于其他媒介机构来说都是消息来源,在英文的报道中经常能看到"It's reported"的句式。一些有较大影响的媒介机构很善于为其他媒介机构设置议程,如中央人民广播电台的《新闻与报纸摘要》节目可以看作是纸质媒体为广播媒体设置议程,一些报纸每天都会在显著位置刊登一些来自其他媒体的重要新闻和言论的摘要等。在各种媒介组织中,通讯社作为媒体信息的主要源头,对媒介内容有重要的影响,一些人认为通讯社就是日报的议程设置者。当然,在当前的传播环境里,我们也经常能看到社交媒体为传统媒体设置议程,如"新浪热搜"经常成为其他媒体跟进报道的热点。

大多数的新闻来源机构都有可能试图影响并控制媒介,让媒介总是按照他们所希望的方式描述新闻事件。毕竟,那是多数公关行业的惯用行为,也是一些商业公司向媒介提供消息的原因之一。现在,商业公司还提出自己的标准以评估记者,特别是那些报道商业题材的记者。有研究称,一家公司提供了一份有400多个记者简介的名单,供选用者在一年中挑选。一般来说,重点在于记者报道公司消息时的表现好坏。

持怀疑论点的人们声称,持批评论点的记者越来越找不到接近新闻来源的出路;所报道的内容也越来越谄媚了。那些批评家认为,这些公司正在试图招一些不以批评态度报道公司情况的记者。

一些最有个性的政治家和商人甚至致力于拜托媒体对其的控制。如美国前总统特朗普（Trump），在任期间一共发了 10000 多条推特，单日最高纪录达到 200 条，这种绕过大众媒体的"把关"直接暴露政治观点的行为，被称为"推特治国"。无独有偶，特斯拉公司的老板马斯克（Musk），解散了美国总部的公关部，和"媒体"断交，只保留了亚洲和欧洲的部分岗位。这样一来，马斯克的推特成了特斯拉官方新闻的唯一来源，被称为"商界特朗普"。这也说明当今社交媒体的极速发展和其对日常生活水银泻地式的浸染，正在改写传统媒体信息来源的走向，并影响着整个传媒生态。

二、利润来源

自从 20 世纪 40 年代美国商业电视台全面运行以来，广告已经成为各大媒体生存的最重要的经济血脉。媒体在这里进行的是二次销售，即先将版面或时间卖给受众，再将受众的注意力卖给广告商。而广告商刊登广告的对象是目标受众，通过广告吸引受众，从而推销其产品和服务。不同的目标受众具有不同的社会特征，如种族不同、收入差异等，这就促使媒介组织去研究不同的受众群对媒介内容的不同需求。因为不同的目标受众群的需求存在差异，所以针对他们的媒介内容也相应不同。

广告收入对于现代媒介的生存至关重要，因此广告也就对媒介内容产生了一定的制约力。在美国，烟草广告在媒体广告中所占的比重很大，烟草公司在控制媒介内容方面做出的努力远较其他行业的广告商多，并且这种努力还有很长的历史渊源。1989 年凯斯勒（Kessler）调查了 6 份重要的妇女杂志，考察烟草广告的刊登是否与杂志上刊登吸烟危害妇女健康的文章数量有关。调查发现，这些杂志虽然有很多关于妇女健康问题的讨论，却很少有关于吸烟和健康之间关系的讨论，甚至一家并不接受吸烟广告的杂志也是如此，原因是烟草公司往往财雄势大，所在集团通常还兼营其他业务，刊登吸烟有害健康的文章可能会失去烟草公司所在集团的其他公司的广告。

广告商往往会对媒介内部的一些事务拥有发言权，如著名的传媒巨子默多克（Murdoch）在买下英国的《泰晤士报》后，任命埃文斯（Evans）为总编来扩大发行量，埃文斯在报纸中加入了一些较为大众化的内容来吸引较低阶层的读者，这一举动得罪了该报的广告商，他们认为这降低了该报的品位。于是默多克马上解雇了埃文斯，虽然他确实成功地扩大了发行量。一些媒体还专门设计内容来吸引潜在的广告商。影响媒介内容的不只是广告商，还包括各种节目的赞助商，这些赞助商也在一定程度上影响节目内容。

20 世纪 80 年代，在美国出现了一种新的儿童电视节目，即由玩具制造商制作的与普通儿童节目长度相同的商业片，商业片制造商把这些具有娱乐价值的商业片卖给电视广播网，使儿童通过这些商业片了解玩具，从而促进玩具的销售。这些商业片中角色的外观、言论、环境等，都是由这些玩具制造商决定的。

这种方式也被用于录像带、唱片的销售。唱片公司将制作好的样带、样片、MTV 等素材提供给电台和电视台播放，从而促进其产品的销售。此外，周边和衍生产品的销售也是现在很多媒体的经济来源之一。

伴随着互联网提供的大量的免费信息带给传统媒体的巨大冲击，一些西方媒体开始拓展新的收入来源——内容付费。20 世纪 90 年代,《纽约时报》就开始着手内容的数字化。当然,哪怕今天《纽约时报》是全世界在内容付费方面最为成功的传统媒体之一,它的内容付费模式也不是一蹴而就的,而是在多次摸索、试错、调整后才定型的。它采取的是一种"计量收费"模式,即用户可以免费阅读一定数量的内容,但是一旦超过一定的限度,就要开始对其内容阅读进行收费。

中国传统媒体在融媒体的道路上不断探索,包括"中央厨房"、全媒体、云媒体等。2017年 11 月 6 日,财新网开始了新闻内容收费模式。当然,《纽约时报》和财新网有着毫无争议的权威度和专业性,其他的新闻媒体如想进入新闻内容收费的赛道,不但需要资源的投入和优质内容的供给,还需要探索新闻呈现报道的"新疆界"。

三、其他机构

无论何种政治制度和传播制度,世界各国的政府都在尽力控制媒体。众所周知,大众传媒具有引导舆论、监视环境、联系社会、维系传统等多方面的功能,任何政府都不可能对此袖手旁观,不闻不问,绝对地、毫无限制地传播自由在任何国家都是不可思议、不可想象的。不论是出于直接维护自身统治、保障政权稳固的动机,还是出于捍卫社会大众整体利益的愿望,政府都不得不通过种种手段对传播加以约束,但控制的程度和方式各不相同。美国有传播学者曾于 1988 年对世界 58 个国家的政府和媒体的关系进行了调查,发现美国、加拿大和希腊控制媒体的倾向最弱,而社会主义国家的控制倾向较强。在媒介主要为私人所有的国家中,主要通过法律、规则、许可证和税收等方式进行控制;在媒介主要为国家所有的国家中,主要通过行政和财政手段进行控制。

(一)立法

通过立法对传播实施控制,可以说是各国政府广泛采用的手段。因为它一方面可使控制显得名正言顺,师出有名,另一方面又可使国家机器行之有效地进行监视、管理、约束传播。以常见的新闻出版法为例,它就像一把双刃剑,既保障传播者的权益,同时又程度不一地限制其自由。目前世界各国与大众传播有关的法律大约有以下几种:①著作权法;②煽动叛乱罪法;③色情管理法;④诽谤罪法;⑤保障隐私权法;⑥保密法;⑦反垄断法;⑧广告管理法;⑨许可证管理法;⑩广播、电视与电影管理法;⑪图书出版法;⑫新闻法。

(二)行政

通过行政措施对传播者施加直接与间接的压力,从而达到控制传播的目的,也是司空见惯的政府控制手段。这种手段的具体形式有:①直接或变相地资助某一传播机构;②对倾向政府的传播者给予种种优惠或特权,如优先提供内幕新闻;③在纸张、无线电频道等方面进行有选择的配给;④遴选传播从业人员;⑤确定新闻教育的基本内容与方向。

需要说明的是,不同时期或不同国家的政府采取的行政控制手段是不同的,通常在局势紧张时控制较严,在和平时期控制较松。

（三）操纵新闻

在大多数西方国家,操纵新闻的发布、控制新闻的来源是一种十分常见的政府控制传播的手段,像吹风会、试探性气球、新闻发布会、记者招待会等名目,都是这一手段的具体应用。在美国政府各部门,有3000多名工作人员专门负责向媒体发布消息。来自政府方面的消息不论是有意还是无意(通常都是有意的),肯定都是有利于政府的,传媒对这些信息的报道也就在无形之中维护了政府的利益。此外,政府还常常为某种意图,借助自身的资源优势,将本来毫无意义和价值的事情,经过巧妙安排而弄成轰动性的大事件,吸引媒体对此加以报道,而转移媒体和公众对其他事件的注意,有历史学家将这种人为事件称为"伪事件"(pseudo-events)。

除上述手段之外,政府控制还包括登记、检查、惩办、征税、津贴、引流、投放稀缺内容资源等手段和内容。

四、受众

受众的形象过去长期被认为是模糊、抽象和笼统的。近年来伴随着受众调查技术的进步及"窄播"的趋势,受众的面目似乎开始清晰起来。职业传播者尤其是新闻传播者在采集、制作和传播新闻的过程中,头脑中往往会有受众的"映象"涌现出来。在早期的传播学研究中,普尔和舒尔曼(Pool & Shulman,1959)曾试图弄清"抽象受众"对传播者的影响情况。他们在报社进行了实地调查,每当记者完成一篇报道,他们就立即询问记者在写作时头脑中涌现的形象,结果发现记者写作中有部分时候是根据心目中想象的受众形象来组织内容的。具体研究结论为:①写到好的消息时,常想到支持者的形象;写到坏的消息时,常想到反对者的形象。②所想到的受众的形象特点,若与所写消息的性质相吻合,那么报道会比较正确。③好的消息比坏的消息报道更为准确。有一些新锐媒体,还会将受众具象化,如《中国经营报》就有明确的目标受众的定位,该报编辑部甚至还找来一名外形符合该定位特征的男青年,拍摄了系列照片,张贴在记者和编辑的桌前,要求他们在写稿或处理版面的时候随时抬头看看照片中的"读者",想想自己正在处理的新闻是否符合"读者"的口味。

事实证明,受众在传播过程中并不是消极的、被动的、无所作为的,它总会将自己的意志通过各种方式作用于传播者,从而使传播者在相当程度上听命于受众。受众不仅对传播者有间接的影响,还会有直接的干涉。

受众对传播的控制主要表现在反馈上。简而言之,反馈就是受众对信息传播所做出的反应,就是受众意志的显示。它分两种形式:一是受众通过信件、短信、邮件、电话、访问等手段,直接表示对传播活动的意见、建议和批评,如近年来热播的《乘风破浪的姐姐》《披荆斩棘的哥哥》等选秀节目中的观众票选环节,观众可以通过投票决定选手的去留;二是受众通过是否订阅某种报刊,是否收听某个节目,间接地表示自己的态度和看法。在当今社会,传播媒介对公众反应相当敏感,非常重视,因为广告客户主要是根据订阅数、收视率、收听率来决定广告投放的。受众意见,尤其是受众组织的意见常常会对媒体发挥重要作用,如中国台湾地区的"许纯美事件"。台湾超视启用"话题女王"许纯美担任新闻主播,利用其丑态百出迎合观众的审丑心理,后来在台北阅听人监督媒体联盟和广告主协会点名批判的强大压力下,台湾超视才终止启用许纯美播报新闻。

除了日常新闻报道之外,在大众传播的其他领域,如娱乐内容的传播方面,受众的好恶也受到了媒介工作者的高度重视。2020 年岁末年终之际哔哩哔哩(bilibili,以下简称 B 站)与央视频道联合举办的"2020 最美的夜·bilibili"晚会,在各家平台的跨年晚会中脱颖而出,成了现象级媒介事件,收获了 130 万条弹幕,掀起了一阵热潮,B 站市值一夜之间暴涨 50 亿。这场晚会的节目单,其实是由 B 站用户的选择行为决定的。导演组通过对 B 站大数据的抓取,进行分析,选择了节目方向、类别、曲目,其被评价为"最懂年轻人的晚会"绝非意外。

本章要点

1. 传播者有职业和非职业之分,本章的研究对象是职业传播者,也就是大众媒介的从业人员。

2. 对传播者的研究被称为"控制分析",其中"控制"的含义有两层:传播者能够对传播加以控制,同时传播者自己又身受多重控制。

3. 作为个体的传播者会受到来自个人、组织和社会三个层面的多方影响,可以将它们划分为媒介内部因素和媒介外部因素。媒介内部因素包括来自媒介工作者个人、媒介常规的影响和媒介机构的影响,媒介外部因素包括信息来源(个人及官方、特殊利益集团等)、利润来源(广告商和客户)、其他机构(政府控制、市场、经济环境、技术等)及受众。

4. 无论何种政治制度和传播制度,世界各国的政府都在尽力控制媒体。这种控制通常采用立法、行政、操纵新闻等手段来进行。

5. 传统的受众正在从被动的接受者转化为积极的"用户",甚至参与信息生产过程,受众的需要和兴趣指向可以在相当大的程度上影响媒介组织的运行方向和目标的制定。

基本概念

1. 传播者:传播活动的主体,处于信息传播链条的第一个环节,是传播活动的发动者,也是传播内容的源头。传播者有职业传播者和普通传播者之分。本章的研究对象是大众媒介的从业人员。

2. 控制:传播者在传播中的双重状态,就是传播者操纵传播同时又受到操纵。一方面传播者对信息流通可以进行干预和影响、左右和操纵,即"施控";另一方面传播者受其所处时代与社会的制约,不得不屈从于外界施加在自己身上的诸多政治的、经济的、法律的、文化的压力,即"受控"。

3. 潜网:任何处在特定社会环境中的传播媒介都担负着社会控制的职能,而这类控制往往是一种潜移默化、不易察觉的过程,因此沃伦·布里德称之为"潜网"。

4. 自我审查:在由媒介行业常规构成的媒介工作环境中,记者和编辑往往将所在媒介的审查标准在思想意识中"内化",他们在对无数新闻线索和新闻素材进行甄选以形成最后的新闻报道的时候,实际上是代表他们所在的媒介组织做出决定。这种行业常规的内在化就是"自我审查"。

5. 伪事件(pseudo-events)：西方政府常常为了某种意图，借助自身的资源优势，将本来毫无意义和价值的事情，经过巧妙安排而弄成轰动性的大事件，吸引媒体对此加以报道，而转移媒体和公众对其他事件的注意，有历史学家将这种人为事件称为"伪事件"(pseudo-events)。

思考题

1. 美国学者阿特休尔认为(Altschull)："一切媒介，不论是以前的，还是现存的，都不是独立的、自为的，媒介历来都是为某种权势卖力的'吹鼓手'……"请你谈谈对这段话的理解。

2. 从传播者的动机和技巧来看，新闻与宣传的区别是什么？

3. 举例说明媒体工作者是如何进行把关的。

4. 请分析以下案例，谈谈美国媒介平台封杀特朗普的动机。

美东时间 2021 年 1 月 8 日晚，美国社交媒体推特宣布，永久封禁美国总统特朗普的推特账号，这是特朗普最仰仗的社交媒体平台又一次对特朗普出手。目前已有包括脸谱网、推特(Twitter)、优兔(YouTube)、Snap、Instagram、Reddit 等在内的美国社交网络平台，在国会骚乱后采取了针对现任总统特朗普的封禁措施。此外，对于特朗普支持者聚集的软件 Parler，苹果应用商店和亚马逊网络服务(AWS)分别进行下架和停服处罚。至此，特朗普丧失了所有的发声渠道。从社会性的意义来讲，特朗普已经"死亡"。(资料来源：《美国成了世界的笑话，总统特朗普接近"社会性死亡"?》，中国新闻网，2021 年 1 月 13 日，https://www.chinanews.com.cn/gj/2021/01-13/9385476.shtml。)

第八章

不同类型的传者心理分析

报社、广播电台、电视台、网站等大众媒体中有大量的职业传播者,我们从大众媒介获得的信息,无不通过他们的采集和加工。本章选取大众传媒中最富代表性的三种角色——记者、编辑、播音员、主持人来探讨他们的心理特征。

第一节 记者心理

记者是在新闻事业专业化的过程中从社会分工中独立出来的一种专门职业,同时又是新闻机构的一种专业技术职务,记者的职业定位是采写新闻、提供信息。新闻记者的职责,最根本的就是即时提供事实的报道,即通过采访,尽快报道新近发生的重要事实。记者以社会活动的方式完成工作任务,由于工作项目具有突发性,工作时间有一定的限制性,因此记者容易浮光掠影,对客观实际的认识往往存在一定的片面性和表面性。

一、采访中常见的心理误区

记者作为新闻媒体中距离事实和真相最为接近的人群,在采访过程中首先完成的是对新闻事件和新闻人物的认知活动。心理学曾对一些典型的认知性误差做过比较多的研究。对于在观察或解释人物事件时力求客观公正的新闻记者来说,心理学的这些研究成果具有重要的启发。美国印第安纳大学新闻系副教授斯托金和哥伦比亚大学主修法律的学生格罗斯 1989 年在美国《新闻教育》(*Journalism Education*)杂志上发表的一篇题为"Understanding Errors: Biases That Can Affect Journalists"的文章,揭示了新闻采访中较常出现的两种心理误区。

(一)观察偏差

俗话说,"百闻不如一见"。倘若记者声明"这是我亲眼看到的",那么读者就会更容易听信并记住他所说的事情。从西方新闻的写作规范也能看出,当记者本人是新闻来源,即记者就是现场目击者时,在行文中可以不注明消息出处和来源(sources & attributions)。而在其他的情况下,几乎所有的信息都必须注明其来源。也就是因为这一点,所以记者一向被要求深入新闻现场,从而提供给受众更多的生动细节以及现场感。从近年来媒体发展的趋势也能看到,现场报道正越来越多地出现在报端和电子媒介中。

目击的力量确实很大。研究过人证对陪审员裁决的影响的心理学家发现,陪审员在听取证词做出决断时,的确把人证看得比其他类型的证据更为重要。

毫不奇怪,新闻记者似乎本能地了解证人的说服力。于是,正如范迪克(Van Dijk)所指出的,报社编辑都那样看重第一手报道,以至于"想往已有许多其他记者在场的地点再派出一名特派记者"。

问题是目击者的叙述虽然比道听途说更加可信,但并不总是可靠,有关人证的研究非常清楚地表明了这一事实:受不同因素的影响,如偏见、暂时的期待(temporary expectation)、被观察者的细节特征及紧张等,观察可能千差万别甚至错误百出。换言之,一个人在观察过程中(以及在对被观察者进行追忆时)非常容易扭曲事实,甚或完全弄错,连以客观著称的科学家也不例外。

在德国戈廷根的一次国际心理学会议上曾做过一个经典的实验。在会议开到一半的时候,突然从门外冲进一个人,后面一个人在执枪追击,两个人在屋子中央追逐了一阵,后面那人开了一枪,之后两人又一先一后奔了出去。整个过程不到 20 秒,事情一过去,大会主席要求与会者写出他们的目击经过。这件事是预先安排的,但是与会者并不知情,组织者将摄像机放在暗处,将整个过程完整地录了下来。

在 40 份由科学家撰写的目击记录中,只有一人主要事实错误少于 20%,14 人有 20%～40% 的错误,另 25 人的事实错误在 40% 以上,半数以上的人有 10% 的错误出于臆测。

问题的症结或许在于个人偏见会不知不觉地影响一个人观察的准确性。个人偏见(personal prejudices)就是新闻教育者通常所说的在新闻报道中应给予警觉的"偏见"(bias)。

有关人证的研究显示,除个人偏见之外还有其他因素也能导致目击者的报告不可靠,其中包括暂时的期待,基于以往经验的假设及紧张等。

如果目击者只是偶然地和惊诧地看到某一事件,如果事件涉及暴力,如果从目击此事到叙述此事之间相隔甚久,或者目击者是在紧张的情绪状态下追忆此事,那么目击者的叙述也都会不可靠。研究者还发现事过之后得到的信息能够改变目击者对此事的记忆。比如,一位记者在匆忙目睹了一场车祸之后又读到另一位记者就此所写的报道,那么他就可能改变自己对这场车祸的记忆,以便使自己的印象能同对方文章中的叙述保持一致。

所有这一切的根源在于,人们(包括新闻记者在内)都可能把目击者的叙述看得比其他类型的证据更重要更可靠。除非记者知道目击者的陈述发生偏差的种种可能情况,否则他们也会像陪审员一样,错误地假定这类陈述可提供更多的真实情况。而这种假定反过来会促使记者过分"依赖"目击者的陈述,从而过早限制住他们的报道效果。

(二)注重个案,忽视统计信息

人们往往重视人证胜过其他类型的证据,同这种心理倾向相关的另外一种倾向,就是人们更看重逸闻趣事或个案这一类型的信息,而轻视基本的统计类型的信息(即有关个案在人口中所占比例的信息)。

哈米尔、威尔逊和尼斯比特(Hamill,Wilson & Nisbett)1980 年进行了一项研究,生动地显示出这种心理倾向,即轻视更可靠的基本统计信息,只关注具体人物而忽略人物所在地总人口方面的信息。在这项研究中,被试读到一篇杂志文章,内容说的是一位波多黎各妇女带着一群难以管教的孩子,这些孩子是她先后与几个同居丈夫共同生活时生养的。被试在阅读这一逸闻趣事类的个案时,还看到一篇统计资料,它指出90%的接受福利救济者"在四年内从福利救济的名单中消失"。被试对这两份材料的看法是:历史个案比起较为可靠的基本统计数据更加令人信服。换言之,统计资料中的事实不如一个生动的个案更能影响人们对接受福利救济者的看法,即把他们视为懒惰无望之徒。

人们为何偏重逸闻趣事类信息而轻视基本统计类信息的原因尚不清楚,或许是由于逸闻趣事类信息一般比较生动,或许是因为它们同实际好像更加关联。不管真正原因究竟何在,哈米尔等人的研究及其他相关研究都提醒常以逸闻趣事来使新闻富有"人情味"的记者,在处理此类信息时需格外谨慎。

有些新闻来源很善于讲述逸闻趣事。他们会自觉不自觉地提供同比较抽象的统计数据并不相符的逸闻趣事型材料。如果记者沉溺于生动的趣闻信息而忽视死板但是可靠的统计资料,那么他们和受众都可能被引入歧途。

从理智上看,大多数研究者或许都认识到了成见制约着人们对信息的理解、解释和记忆,但是我们可能还认识不到这种成见使人产生认识发生偏差的程度。近年来心理学的研究显示,成见的确能够有力地制约人的观察、理解和记忆。事实上,这种制约力强大到使人很难想象记者会不受它的影响。

人们根据预先所有的期望或理论去寻求、挑选和抽取资料的心理倾向,就是所谓的"证实偏差"(confirmation bias)。要想了解它的影响范围,最重要的是懂得它的影响方式。

这里有两种方式显得特别突出。第一种方式,就是人们在寻求有关一种理论的信息时,不可能同时寻求有关另一种理论的信息。简言之,人们一次只检验一种理论,或者说这次检验这种理论,下次检验那种理论。比如,检验有关女权运动给妇女生活带来消极影响这种理论的人,不可能也同时检验有关积极影响的理论。第二种方式,就是当人们去寻求信息以检验自己的理论时,往往表现出明显的想要证明自己理论正确无误的倾向。举例来说,一个认为有一股针对老年人的犯罪浪潮的记者,会不自觉地去寻找能够证实这种理论的新闻来源,比如生活在城镇治安秩序较乱地区中的那些有可能成为和已经成为受害者的老年人,保护老年人免受侵害运动的领导人等。而且这位记者还会向这些新闻来源询问能够证实这一理论的问题,诸如犯罪率的增加,减少犯罪措施的效果等;与此同时,他会回避那些可能动摇这一理论的问题。

种种预期和期望不仅影响记者所接触的新闻来源和记者所提问题的种类,而且还会影响记者对素材的评估和选择。当记者在决定什么材料最有用或最可信时,一种常见的偏差就是总把那些符合自己既有理论的信息视为最有价值的。于是,当人们在检验一种有关某事的性质、起因与后果的理论时,那些被选来作为最有用的信息正是符合和证实这一理论的信息。

与此相关,同人们的理论相悖的信息则通过许多方式被淘汰。一种方式就是把相关的论据视为反常的,或者以客观条件为由予以淡化。比如,一位被认为诚实坦率的政界人士在某件事情上撒了谎,那么这种不诚实的表现就可能被当成是一时糊涂,或者是没有想起来,甚至还可能会被看作是受到顾问们的错误引导或受到官方压力所致。即使记者本人不这样解释行为,但是他们可能把其他人的这类解释当成非常可信的,并因此给予突出的报道。第二种摒弃相反证据的方式就是把提供这类证据的来源视为信誉不佳或令人生疑。记者同样也会把动摇自己理论的心愿(采访对象和参考资料)弃之不顾,理由就是此类判断不足信赖。

1980年菲什曼在阐述纽约一系列事件如何被连缀成一股"犯罪浪潮"时写道,一旦犯罪浪潮这一念头在记者思想中形成便具有了自己的生命,它将引导记者去感知迄今为止互不关联的犯罪活动和纽约警方的工作。这种报道开始一周半以后,警方热线便天天向报界源源不断地提供新的犯罪事件。即使一位记者在核查警方的犯罪统计资料时发现与上一年相比针对老年人的犯罪活动实际上是在减少(而不是增加)之后,在他的报道中犯罪浪潮的主题仍然保持不变。正如菲什曼所言:"这位记者始而困惑,继而决定对警方的统计数据不予理睬。他觉得这些数据既不可靠,又不全面。反正不管怎么说,他还得按照原定计划报道,因为事件关系重大,不能轻易放过或者就此罢休。"

如果人们认识不到他们在何种程度上寻求信息以证实自己的预期或理论的话,那么部分原因可能在于这个过程是在下意识中进行的,记者也许真诚地相信他们是在客观地考虑一个问题的所有方面,然而事实上他们不过是以证实所期望或所相信的方式来处理信息罢了。

心理学家发现,人们经常会大大高估两个人或两件事之间的相关性,甚至在他们之间臆想出根本就不存在的关系。这种现象以"虚幻关联"为人所知。它在许多情况下都表现出来,不过当两个事物在意义上恰好相互关联的时候,它将表现得尤为明显。因此,如果记者常把"留长发者"同示威游行联系在一起(即他们总想着在示威游行中能看到留长发者),那么他们就会高估留长发者参与这类事件的频率。同样,如果记者总是把国家艺术奖同学院中的艺术家相关联,那么他们就会高估这类艺术家(区别于社会上的艺术家)获得此奖项的频率。

有关虚幻关联的一些研究(如Chapman et al.,1982)似乎表明,期待(expectations)也能引导人们在人物或事件之间设想虚幻的因果关系(有别于简单的相关关系)。比如一位记者注意到,在一家化工厂附近地区出生的婴儿中,先天残疾的数量特别多,他就可能认为化学事故经常危害人类健康;如果残疾儿的增多恰好发生在一起化学事故之后,那就表明这一增加必是由那起化学事故引起的。沉浸在如此顽固的预设假设中,这位记者可能绝未想到,出生率的上升这样一个简单理由就会导致残疾儿数量的激增。

记者在新闻报道中往往作为行为与事件的"解释者",不仅要报道事件与行为,而且还要解释行为与事件背后的原因。如美国《华尔街日报》自2007年1月开始,宣称其头版的内容只有20%是关于"What had happened yesterday",80%的内容是"What does it mean"。但是就大多数记者来说,这个问题还远非他们的水平所能企及。因为记者往往并不真正懂得如何去推论原因,也并不真正了解那些能够并且常常干扰推论的心理误区,所以记者在扮演"解释者"的角色时常常免不了错误。这类错误有些已经在归因理论研究(attribution theory research)中得到证实——归因理论研究探讨的是人们如何推断自己与他人行为的原因这类问题。

认知性错误中有一种十分常见的"基本归因错误"。有关研究表明,人们很容易把人的行为归因于他们的性格特征(dispositional qualities)而非情境因素(situational factors)。于是,当一位记者发现在本地大学生中发生的一起科学诈骗案时,他就有可能认为诈骗者是个

"坏苹果"（bad apple,意指"坏蛋"），而不大注意到"桶本身已经腐烂"。当然，基本归因错误中也有已被证实的例外情况，但应承认总的趋势还是如此。

二、写作中常见的心理误区

新闻写作，是记者用以宣明事理、表情达意、传递信息的一种精神劳动和实践活动，是一种典型的编码过程，也就是将目的、意愿或意义转化为符号的过程。普通语义学告诉我们，一些语言特性会造成编码的困难。记者写作时，这些特性可能给他们带来心理误区。

（一）指认不当（undue identification）

指认不当，是指无法分清同一范畴或类型中事物之间的区别，即把同一类型中的不同成员视为完全相同的个体。用以说明这种现象的其他术语有类别思维（categorical thinking）或过度概括（over generalization）。最常见的一种指认不当就是刻板印象，或称成见。

有一个例子可以说明新闻记者的过度概括。约旦驻美国大使穆罕默德·卡马尔（Mohammed Kamal）在一篇社论版对页文章中谈道：

> 美国媒介一贯倾向于在"穆斯林（回教徒）—恐怖分子—阿拉伯人"之间简单地画等号，对此我非常不安。
>
> 全世界大约有 2 亿阿拉伯人和将近 10 亿的穆斯林。新闻媒介在报道中东恐怖分子的恐怖行为中，不分青红皂白一律冠以"穆斯林"或"阿拉伯人"的形容词，使这些人被贴上"恐怖分子"的标签，这难道是诚实或者公平的吗？
>
> 新闻记者在描述新闻事件中的选择方法相当奇怪，即使是那些表明客观报道的新闻记者也不例外。他们从未将巴德尔·曼霍夫（Baader Meinhof）黑帮视为"基督教恐怖分子"。日本的赤军派也从未被称为"神道恐怖分子"。而在黎巴嫩的灭绝营和城镇的大屠杀也从未被称为"犹太恐怖主义"……报纸不会想到要写"黑人小偷"或"基督教杀人犯"，那么，为什么发生在"阿拉伯人"或"穆斯林"身上时，这种种族和宗教的形容词就变成可以接受的呢？
>
> 更有甚者，美国媒介显然认为可以忽视伊斯兰国家最高层的决定：一致谴责与伊斯兰教义相悖的任何形式的恐怖主义。这种失误只是我在此确认的歧视的另外一种形式。

这种指认不当的例子在我们的新闻报道中十分普遍，同样的质问也曾发生在中国，有人认为在对外来务工者的报道中存在强烈的下述倾向：将外来务工者直接定义为"小偷小摸者""不遵守公共秩序的人"或"素质差的人"。

（二）写作中的偏见（slanting）

新闻学教授梅里尔（Merrill,1965）在其关于"《时代》周刊怎样形成对三位美国总统的偏见"的研究中运用了他自己和普通语义学上的概念。他列出了以下六种偏见：①归属偏见（例如，"被击败的杜鲁门"）；②形容词偏见（例如，艾森豪威尔"温文尔雅的谈话方式"）；③副词偏见(例如,"杜鲁门不客气地说");④直率偏见(相当于早川一荣所说的判断,"很少有不受欢迎的人解雇一个更受欢迎的人");⑤上下文偏见(整个句子、整个段落或整个报道的偏见,例如,"6个法官不得不同意");⑥照片偏见(照片给人的整体印象是什么? 照片上总统是如何被表现的——高贵的、低贱的;生气的、快乐的;平静的、神经质的? 照片标题说明或暗示了什么?)。

梅里尔选出《时代》周刊报道杜鲁门、艾森豪威尔和肯尼迪的十大争论问题为研究样本,并计算出这六种偏见中每一种偏见发生的次数。结果表明,该周刊对杜鲁门持强烈的否定偏见,对艾森豪威尔持强烈的肯定偏见,而对肯尼迪的报道则相对平和。对杜鲁门和艾森豪威尔的描述就是很好的偏见例子,并且对读者有深刻的影响力——经过一段时间以后,从大量事实中选择出的细节不论是对哪位总统都造成了喜欢或不喜欢的压倒性印象。

早川一荣指出,除了上述陈述方式之外,偏向同样也有违客观报道的原则,它是新闻记者在写作中必须要高度注意的另一个因素。

(三)陈述的无意识投射(unconscious projection)

新闻业中主要的争论都是关于客观性(objectivity)的,即它是有益或是有害的,以及是否可能做到客观。一些知名记者说客观性是神话,而另一些知名记者说它是新闻报道的基本要求。

早川一荣探讨了记者在报道中的三种陈述方式——报道、推论和判断,以及与此相关的争论。

报道(report),是一种可以证实的说法,它排除了推论和判断。报道的例子像"北加利福尼亚州达勒姆市昨晚的最低温度是华氏47度"。这种说法是可以查证的。你可以到达勒姆市的气象站查证记录或访问那里的气象学家。报道的另一例子如下:

> 市议会批准了1995年度2.37亿美元的财政预算。(他们有没有批准,可以从议员们、参加会议的见证人和官方的会议记录处查证。)

推论(inference),是在已知情况的基础上陈述未知情况的说法。对别人想法和情感的任何结论都是一种推论。你可能看到一个人一拳打在墙上,提高了嗓门,脸涨红起来,这些都是已知的方面。但如果你接着说,"戴维生气了",则表明你对未知的情况即这个人的情感下了结论。在很多情况下,最保险的办法就是固守已知的信息并将它报道出来——一拳打下去,提高了嗓门,涨红了脸。这些可观察到的特征是可以证实的,是报道。

任何关于未来的说法都是一种推论,因为未来是未知的,聪明的办法是将它变成报道,如"总统将在下周去医院检查",这是推论,但是"总统秘书称总统将于下周去医院检查"就是报道,因为它可以被证实。

判断(judgement),是对一桩事件、一个人或一件物或赞同或不赞同的表达。如记者可能用"出色"或"糟糕"来形容一场音乐会。

判断是典型的主观意见,一位好的新闻记者应该对它保持高度警觉,就是对别人的判断也需刨根问底。在得克萨斯州教材听证会上,一位女权主义批评家就书中的性别歧视接受电视新闻采访时说:"今年有些书我们几乎可以说是喜欢,但也有很多不好的书。"记者接着追问:"什么是不好的书?"这位批评家早就准备好了答案:"一本不好的书就是工作角色中有75％以上是男性的书。"这就使访问从判断转向了报道的领域。

在新闻报道的过程中,记者往往会混淆报道、推论和判断之间的界限,将主观意识无意识地投射到新闻中去,哪怕是记者"现场很拥挤"这样一个简单的陈述,其实都是对记者本人的主观印象的描述。所以为了新闻的客观性,新闻记者可以采用多种办法,尽量坚持客观报道,排除推论与判断,有意识地避免主观性。

第二节　编辑心理

编辑是在大众传播活动中,为满足受众需要,使用独特的符号系统,对他人的精神文化成果进行组织、编选、加工整理等创造性的优化处理,使其构成整体的、有序的出版物物化形态的专业人员。

自大众传播媒介出现以来,任何具有固定的物质形式并采用印刷或电子技术进行生产繁衍的精神产品,如要合法地、精益求精地、最大效果地进行传播,就必须通过编辑的选择和加工。传播学中早期的"把关人"研究就曾经关注和考察过编辑的业务流程。戴维·曼宁·怀特(David Manning White)在《"守门人":新闻选择的事例研究》一文中指出,"把关"或"守门"实际上就是一种选择。而导向无疑就产生于选择之中,特别是同一标准或类似标准的持续性系列选择中。麦克内利的"国际新闻传播"模式进一步揭示出编辑在持续性选择中的重要作用。A.Z.巴斯(A.Z.Bass)的"双重把关"模式指出,信息的采写和编辑是媒介把关行为中的两个至关重要的环节。

编辑活动是大众传播过程中重要且不可或缺的重要环节,对于大众传播的信息内容的最终面貌影响巨大。本章将依据各种媒介不同的传播特征来讨论修改信息这个环节中的各种形式的把关者,也就是各种广义的"编辑"。下面我们依次讨论文字编辑的审读心理、报纸编辑的版面编排心理及广播电视节目编辑的节目编排心理。

一、文字编辑的审读心理

文字的理解是以思维为中介的,编辑的审读既是一种理性认识,也是一种能动思维。这种能动思维是通过分析、综合、比较、抽象、概括等步骤去综合完成的,是以感应、分析、逻辑性、推理、言语、想象、创造为基本特征的。审读是编辑通过阅读稿件文字与作者心灵沟通的过程,编辑通过审读对稿件的思想性、艺术性、创造性、可读性等进行评价,可以体验到作者艰辛的创作历程,感受到作者在创作过程中显现的各种能力。编辑在审读中一般存在以下几种常见心理。

(一)期望心理

所谓期望心理,实际上是编辑的一种欲求心理,指编辑期待着稿件的成功和圆满完成。在审读稿件的过程中,编辑往往在稿件上付出了很多的辛劳与心血,所以自然产生"期望心理",希望稿件成功,这时编辑与作者的心理需求是一致的。

审读者在审读稿件时，以审读注意为先导，继而引发审读情绪。审读注意有其独有的心理机制：审读者在选题的背景下，总是去主动配合并本能地对比自己的期望值。

因此，当编辑带着期望值进行审读时，如果审读的结果与编辑原有心理准备差距过大，审读情绪就会波动，相继出现失落、悲观等不良情绪反应；如果超出原期望值，又可能喜出望外，从而减少了对稿件的评价理性。审读心理的成熟度、主客观条件、情况的变化必然影响着审读注意和审读情绪。它随审读者个人的自控心理状态表现出不同的心理反应。在期望心理的作用下，编辑要保持一种相对稳定的心理状态，就必须培养良好的审读意志。

要拥有顽强的审读意志，编辑要预先调适好心理的期望值，预先做好一定的心理准备。对审读而言，建立相应的心理准备机制，是非常必要的。否则期望值如果失衡，就容易分散审读注意，干扰审读情绪，使原本的心理需求出现偏差，从而弱化审读意志，甚至难以将审读认真地进行到底，给正常工作带来不必要的干扰。

（二）自惑心理

心理学研究表明，在选择和判断事物的过程中，信息越密集、相似度越高、选择的参考系数越大，人的心理状态就会越趋复杂，越难以把握，此时当事人往往会出现犹豫、迷惘、左右为难的心理反应，对已经认知的事物久议不决，甚至把经过反复论证、确认无误的结论推翻，这就是自惑心理。

例如，《三国演义》的"空城计"，司马懿在绝对的兵力优势条件下，猜忌、犹疑、举棋不定，错失了必胜的良机。我们从心理分析的角度观察，不难发现正是由于司马懿"老谋深算"，了解了诸葛亮太多的信息，才导致他产生自惑心理。在控制自惑心理上，司马懿反倒不如他鲁莽的儿子。

自惑心理是一种广泛而普遍的社会心理现象，在编辑出版领域里也同样存在，在文字审读过程中，编辑越是知识经验丰富，就越容易产生自惑心理。对于文字编辑来说，保持清醒的记忆和信息应激的反应能力，是化解自惑心理的有效调适手段。

（三）定式心理

人类的发展是以知识和信息不断积累为前提的。任何在科学文化上的探索与创新，都离不开前人的积淀，这样就形成了知识和信息的联系与继承。任何人、任何时代和任何社会都必然在继承之后，才能够发展和创新。

历史的经验表明，对知识的继承有着天然的合理和当然的局限。思维定式表现在心理机制上，就是定式心理。所谓"定式心理"，是指人们在接受某种认识或事物前已形成的态势和习惯，它具有固着、潜在和综合性的特点。编辑的定式心理是指编辑在审读中的一种预备性顺应或者说是反应准备，这种顺应或准备使编辑倾向于以一种特定的方式进行认知反应。

定式心理并不一定是一种不良的心理状态。一定的心理定式是知识、经验的积累，可以使人少走弯路，但有时它确实影响人的思维和感知。

在审读中，编辑要尽量避免用固定的模式来工作，因为固定的工作模式极可能将编辑的思维与行为固定在一些"框框"之内。另外，编辑应扩大自己的阅读面与接触面，保持自己思维的灵活多样性。

(四)从众心理

从众,是指人们在群体的压力下,个人放弃自己的意见而采取与大多数人一致的行为。群体通常拥有某些规则或标准,也就是群体规范,群体规范会对个体形成群体压力。现代心理学显示,其他人对我们的态度、行为甚至对我们的感觉都有很大的影响。

从众心理往往使人屈从于群体的压力而抑制个人的感知、思考和创见。1995年,全国多家知名晚报报道了一篇名为《狗咬猫,人咬狗,狗咬人》的社会新闻。1996年,有人将此新闻一字不改再次投稿,结果多家晚报重复登载了该条新闻。其中曾有个别媒体的编辑对此有疑问,但当得知其他媒体都登载此文时,他们放弃了自己的求证,也登载了此文。这就是从众心理带来的负面效应。

(五)社会效标效应

社会效标效应,是指如果信息传送者的"社会效标"愈明显,在社会上的威信、名气愈大,那么被影响的人往往会愈加信服。

编辑的角色有时近乎舆论活动中的"舆论人",而各种作者尤其是一些有名望的作者近乎"舆论领袖",所以编辑往往会受到这部分作者的影响。作者对于编辑来说相当于"信息来源",作者的名望越高,在编辑心目中他的"专业权威度"(expertness)和"值得信赖度"(trustworthiness)也就越高。在传播学的态度改变研究中,信源的可信度对于接受者的态度改变作用非常明显。受这种效应的影响,编辑可能会更容易采纳那些来自高可信度信源的稿件,而对其他来源的稿件更可能较多地持批评意见。

曾经有杂志报道,一个业余作者写了一篇稿子,投稿后被屡屡退稿,他将退回来的稿件署上一个知名度较高的名人姓名后再次投稿,一家曾经拒绝过他的刊物马上予以采用,这就是"社会效标"产生的效应。

编辑作为职业审读者,其最终面对的是传播的内容,也就是"文本",而消息的来源并不能决定传播内容的质量。所以编辑应该尽量克服自己心理上的社会效标效应,对所有的消息来源要一视同仁。

审读时的心理反应远不止上述种种,编辑在审读中所遇到的情况是复杂而多变的。在一般情况下,还有愉悦心理、渴求心理、迁就心理、轻慢心理、应付心理、忧惧心理、依恃心理等,各种心理反应往往交织在一起,集合反应,并外化为相关行为。

我们分析研究审读中各种心理活动,就是要通过这种分析研究科学而辩证地对待它们,及时调适编辑的心理状态,引导并开发积极心理,注意弱化消极心理,使之在审读过程中尽量保持健康心理状态,以强化审读质量,提高审读效率。

二、报纸编辑的版面编排心理

任何信息的传播都离不开内容和形式两个方面。就报纸而言,除了要求内容吸引人之外,还要求编辑人员精心设计好版面。版面语言不仅成为报道内容的一种包装形式,而且是体现报道主题的重要手段。也就是说,在一张报纸中,报道内容通过"说什么"来传递信息,而版面语言通过"怎么说"也同样传递出重要信息。

利用各种版面编排符号,高明的报纸编辑往往可以巧妙地表明传播者的立场和意见。布里德曾经在他的两篇文章中对此进行了阐述。布里德认为,所谓的新闻和编辑政策(news and editorial policy),是体现在社论、新闻专栏、新闻标题和版面安排中的取向,通常是"省略、有差别的选择,带有偏好的安排"。比如说给符合自己政策的事件或观点加一篇"特写"文章,将一篇不符合自家政策的报道"埋藏"在版面中,等等。布里德指出,无论承认与否,每家报纸都有自己的政策原则。政治、劳工、商业部分集中体现了报纸的政策。

在此,我们以办报历史悠久、享有世界声誉的美国《纽约时报》为例,考察报纸版面编辑在编排版面和稿件处理中透露出的心理状态和价值取向。

(一)突出

《纽约时报》对于符合自己价值观和利益的重要新闻,一般都突出加以报道。主要做法包括:

(1)使用大字号标题和大篇幅。最重要的新闻刊登在头版,使用巨大标题乃至通栏标题和大量版面。

(2)新闻配以照片、"新闻人物"、"新闻分析"等,以强化读者的印象。

(3)在社论版配以社论。重大事件可连续发表社论、评论和读者来信。

(4)在"社论版对页"配以本报专栏作家的文章或其他人的评论。"社论版对页"的英文为 Op-Ed,这是排在社论版 Editorials 相对应的一版页面,因此而得名。"对页"是个双关语,不仅版面相对,并且其言论也是同社论唱对台戏的自由论坛。它专登该报政治评论员的专栏和外界的专论,不登现职官员文章。这些文章有的是从不同角度同社论相唱和,有的提出不同看法,与社论辩论,报纸借此表明博采众长,并收到"平衡"之效。

(5)"新闻摘要栏"。重要新闻逐条刊登内容摘要,次要新闻刊登标题索引。在该栏的"今日引语"中刊登新闻人物的引语。"新闻摘要栏"的英文为 News Summary,英文报纸多在固定版面设有此栏,内容一般分为两部分:第一部分是新闻摘要,叙说当天的新闻要点;第二部分是新闻标题索引,推荐当日的重点新闻。其中还有一小栏目"今日引语",摘录当天的新闻人物谈话。此栏推荐的文章很引人注目。

(6)星期日版的"一周回顾"组件,对一周事件加上背景材料、新材料,重新改写加以综述。

(7)重大事件连续显著刊登,并连续利用以上各种做法加以配合。

(二)平衡

西方报纸特别是美国报纸完全商业化,为了争取读者,他们往往标榜自己态度公正无私、立场不偏不倚,在新闻报道、社论、评论、特写专栏及读者来信中,尽量表达不同意见,并在各种新闻体裁之间相互补充,即在此处如果一种意见或主张多了,就在其他地方有意反映别种意见、主张。这种手法,叫作宣传上的"平衡"。《纽约时报》在保持"平衡"上最经典的案例就是 1978 年邓小平访美期间,该报突出报道了这一开创中美关系新时代的事件,同时为了防止刺激苏联,又在同一天的报纸上登载了三幅反华广告,煞费苦心来安抚苏联,表明它并非一边倒地倒向中国。

西方报纸的版面中,读者来信版及社论版对页都是重要版面,这也能从一个侧面反映出他们标榜"平衡"的诉求非常强烈。

(三)淹没

编辑对于不得不刊登又不愿意引人注意的事件,如尚未为人注意的企业倒闭、工人罢工等,会将其刊登在内页不显眼的地方。《纽约时报》平时 80 多个版,逢节假日加上各种增刊(supplements)往往多达几百个版,这类新闻往往淹没在巨大篇幅的新闻与广告交错的内页的汪洋大海中。

(四)抬高

在处理一些重点稿件时,编辑往往将版面拼在一版的上端或上半版,标题使用"黑体字",新闻加"花线框"(边),或四周留些许"空白"(编辑应重视"留白"的作用,读者在密密麻麻的版面上看到"空白",有如疲倦的摩托车手穿过深长的隧道后,重见光明)。"空白"取得的方法:适当掌握标题的字号、字数、长新闻、新闻分析、解释性新闻以及调查性新闻中加以"分题";图片周围留出些"空白",减削标题上下不必要的"边""线""条"。标题和文中使用褒义词。

(五)拟低

"拟低"是与"抬高"相反的一种处理手法。对于一些不符合该报价值观的新闻,编辑将其排在版面的下半版不显著的位置,并使用小标题,标题中常常使用贬义词。

(六)夭折

西方的大报每天滚动出版,一天会出好几版。《纽约时报》将一些不愿广为流传的新闻,只在报纸的某一次版中刊登,在当天的其他版中删去,尽量减少此类新闻的传播范围和影响面。

(七)隐瞒、删削、淡化

编辑对于不愿为人所知的事件、问题加以隐瞒,完全不予报道,或尽量推迟报道,但是有的事件已经为人所知,无法回避,此时编辑就隐瞒部分事实,即对于报道中的某些内容加以删削。

"淡化"是同"突出"恰好相反的一种手法,即不做报道,不连续报道,不配合各种新闻体裁的材料与照片,在标题中不显示要加以淡化的问题,以及标题温温吞吞,不引人注意。如美国媒体对"水门事件"最初定位为"恶作剧"(caper),将这个词沿用了数月之久,试图将其淡化,后来随着事件的发展,才被迫使用"丑闻"(scandal)一词。媒体最初试图将其定义为党派之争,直到真相无法掩盖才被迫承认这是政治腐败。

了解版面编排语言中的编辑意图、编辑心理和编辑手法,能够帮助我们更好更深入地读报,更好地解读深层信息。

三、广播电视节目编辑的节目编排心理

版面是传达报纸内容的一种手段,而节目则是构成广播电视节目内容的基本要素,是广播电视节目内容传播的基本播出单位。广播电视节目是广播电台和电视台各种播出内容的最终组织形式和播出方式,有特定的名称、内容、主题、形式和一定的时间长度。广播电视节目编辑的工作主要是根据总体构思和录制拍摄意图,对文字、声音、画面进行处理,把素材最终变为成品节目的工作过程。

作为广播电视节目的编辑,必须拥有以下几种观念意识。

(一)全局意识

当今的信息社会,媒介报道的范围越来越宽泛,媒介的触角已逐渐延伸到社会各个角落。广播电视等电子媒体由于覆盖面广,已经成为最为主流的和最大众化的媒体。德国哲学家哈贝马斯认为,现代社会要靠三种不同的媒介来维系,即货币或市场、管理的力量或国家的行政管理,以及共同的价值、规范和语言来实现一体化,一个多元的社会需要依靠文化的力量来凝聚。尽管当今的意识形态出现了多元化的趋势,但社会的整合仍需要有一个统一的价值参照体系,这就意味着负有社会责任的广电媒介不可以放弃对主流价值观的弘扬。

广播电视编辑应该清醒地认识到,在全球化的背景之下,大众传媒的社会协调(整合)功能也应得到加强。大众传播足以协调社会的功能是:激励和动员群众投入当前的事件中去,提出对策,抵御有碍社会安定的各种威胁;通过解释与评论,防止因报道某些事件和敏感问题造成的过度刺激;将公众的注意力集中到某些事件上去,并使这些事件广为流传。这也就意味着传播内容应具有一定的政策性和导向性。编辑特别是新闻节目编辑应通过广泛的题材、丰富的内容准确及时地反映党的方针政策,避免片面性。编辑应该明了一段时期出台的党和国家的方针、政策,社会经济的发展情况,重大事件发生的时间、地点及背景,并在此基础上,确定报道思想,拟订报道计划;"参谋"新闻视角,把握舆论导向。

(二)整体意识

广播电视节目编辑既要编排特定的节目内容,又要考虑整套节目的安排次序。以电视新闻节目为例,除了文字工作之外,编辑还需对节目进行制作。这是由电视新闻的特性决定的。记者拍摄了画面(含现场声),编写了文字稿(含字幕设计),并不等于完成了一条新闻,编辑还要做大量的工作。

编辑既要编辑具体的单条新闻片,又要参与整档新闻节目的编排。编辑需对文字进行加工,也就是我们通常所说的电视解说词的修改和节目内容的提示。编辑也要对所负责的时段新闻中的每一条消息进行合理的"加工",有些重要消息,还必须写好编前、编后话,配发评论;编辑的意图,与受众之间的沟通,都由编辑拟好提纲或成文的东西,由播音员(主持人)传播到千家万户。

(三)节奏意识

广播电视编辑除了需要具备全局意识和整体意识外,还需要注意蕴含在相对时空中的

"节奏"。

报纸是在单位面积中布置文字,电视则在单位时间里安排节目。单位时间的固定和客观时间的流动,对电视新闻节目的编排都会产生一定程度的影响。广播电视受众对于时间的认同至关重要,所以要从头到尾保持听众观众的收视收听兴趣,就必须不断有高潮,即使是节目的结尾也不允许出现令人情绪低落的信息。

美国著名电视人特德·怀特(Tedd White)在《广播电视新闻报道写作与制作》一书中,将电视新闻节目想象成"一系列的山峰和峡谷"。他说,每次新闻广播都要用当天最重要的、最新的、突发性的新闻做头条,即从高峰开始。这一想法当然是有一定合理性的,但新闻节目表越往后,新闻的价值和吸引力越小,观众就会索然无味地关掉电视机或另换频道。

因此,应该让观众感到每个时段新闻中随时都可能有"高潮"发生。目前广泛采用的"本台最新消息"或"本台记者刚刚发回的报道"就属于这种"办法"之一。实际上,在实现"直播"后,有时也很难将最重要的摆在"头条",只好将"头条"屈居其他位置了。

怀特认为,节奏意味着新闻节目要保持流畅就要随时变换编排方式。一成不变的编排节目,会让观众厌烦,也会让观众忽略既定收看时间以外的节目。

以中央电视台的《新闻联播》为例,前20～25分钟是国内新闻,后5～10分钟是国际新闻,而国内新闻的常规是:政治、经济、军事、文化。这种格式,多少年不变,毫无疑问对收视率有所影响。

怀特认为有多种编排的方法,"山峰(高潮)、峡谷(低潮)、山峰、峡谷"是一种方法,"峡谷、山峰、峡谷、山峰"也是一种方法。形式可以多种多样,还应不断尝试新的手法。当然,形式是由内容决定的,根据什么样的内容,确定什么样的编排方式,就不会使人觉得故弄玄虚。在具体操作上,怀特认为,要将录像新闻和口播新闻恰当地混排。

例如,江苏卫视的新闻节目《江苏新时空》,编辑就很好地把握了节奏感,整个1小时的节目被划分成几大块,有轻松的资讯类,也有严肃的各地要闻类,轻重各有不同。该栏目一共有三名主持人,分工各有不同,一人担当总主持,另两人根据风格的不同,分别主持不同的版块,相互配合,彼此呼应。整档节目的节奏控制得有起有伏、有张有弛,既有个人风格又有整体感,从头到尾保持着观众的收视兴趣,起到了很好的传播效果。

第三节　播音员、主持人心理

美国社会心理学奠基者查尔斯·库利(Charles Cooley)在《社会组织》一书中说:"所谓传播是人际关系借以成立的基础,又是它得以发展的机理。"他认为人际传播构成了社会存在、社会机体运作的基础。也就是说,传播是一种建立在人际性之上的社会性活动。物质媒介的介入所引起的传播关系和传播模式的变换使人类传播活动分化为人际传播和大众传播。人际传播由于通常是面对面的传播,因而产生的社会互动是直接的,对传播参与双方也能产生较大影响,而大众传播由于物质媒介的介入加大了传播者和受传者之间的距离,人际传播的直接社会互动显然远远超过大众传播的间接社会互动。

播音员、主持人的出现在某种程度上缩小了这种反差,使传播参与双方都找到了一个平衡点,这无疑有助于跨越因媒介介入而在传播参与者之间产生的距离感。正如美国"传播学之父"施拉姆所说:"在电视中可以有一种人与人之间个别谈话的亲切感。"电视新闻可以通过主持人、播音员和记者出镜采访,激发起观众对电视新闻的注意和认同。由此可见,主持人角色的出现有助于大众传播完成"人际性回归"。

当播音员、主持人作为组织的代表工作时,有时批评者也会将对组织的批评强加于他们身上。美国一位新闻学教授劳里(Lowry),曾研究美国前副总统斯皮罗·阿格纽(Spiro Agnew)著名的得梅因(Des Moines)演说是否对电视新闻播音员造成了威胁。劳里注意到,阿格纽将播音员、主持人作为他对媒介批评的主要对象:

> 1. 一小撮人……挥舞着自由之手,选择、表现和解释我们国家的重大"议题"的事实;这些人是电视新闻的"主持人、评论员和执行导演"。
> 2. "诽谤"和攻击是从电视演播室这个特权的圣殿散播出来的。
> 3. "无论某种新闻检查制度是否存在,当4000万美国人每晚收看的新闻由只对雇佣他们的公司雇主负责的少数人决定,并且经过只承认他们自己一套偏见的少数评论员过滤后,他们实际在进行新闻检查。"

由此可见,在某种程度上,播音员、主持人是媒介组织形象的具象化和人格化。播音员的工作看上去比较缺少灵活性,特别是进行有稿播音的时候。但马伦等人(Mullen et al.,1986)发现,新闻播音员的面部表情可能影响观众对正在播出的信息的反应。他们研究了1984年罗纳德·里根(Ronald Reagan)击败沃尔特·蒙代尔(Walter Mondale)而获胜的美国总统选举。马伦等人要求学生不听声音观察各类新闻播音员的面部表情,结果发现,美国广播公司(ABC)一位名叫彼得·詹宁斯(Peter Jennings)的新闻播音员,在播报里根的竞选新闻时,其面部表情要比播报蒙代尔时有更多的肯定。随后进行的电话调查表明,ABC的观众更倾向于投里根的票。虽然这项发现有可能反映了ABC本身的一些偏爱,但研究人员并没有发现其他偏爱的例证。事实上,相比其他电视台的民意调查,ABC所做的民意调查显示有更多的人支持蒙代尔。

与记者、编辑相比,播音员、主持人对受众的情感情绪状况影响较大。利维(Levy,1979)发现,被访者中很多人同意这样的说法:"我喜欢新闻播音员之间互相开玩笑。"一位被访者解释说新闻播音员的逗趣会使人宽心,特别是播报坏消息时;假如他们能找时间说说笑话,就会让人觉得,尽管在世界的其他地方发生了可怕的事,但生活还得继续下去。这种宽心不断地吸引观众,就好像"我们把一床舒适的毛毯盖在身上,就会觉得整个世界都是美好的"。这也意味着,播音员自身的情感情绪状态是决定受众收听收看情绪的重要因素。

一、情感在播音主持工作中的作用

播音员、主持人是大众媒介与受众之间的情感联系,所以情感对于播音主持工作有着特殊的意义。越是成熟的播音员、主持人,就越能认识到情感的多维性,更能精确地把握情感的尺度分寸,也越能娴熟地驾驭情感。

美国著名广播电视节目主持人爱德华·默罗(Edward Murrow)因现场报道第二次世界大战而一举成名。他独创了战地现场广播、连续广播报道等口语广播形式。这些形式的创新,不仅真正发挥了广播的优势,而且使广播在美国成为合法、严肃、传播面极广的新闻媒介,改变了人们过去一直把广播只当作消遣娱乐工具的看法。在战事新闻报道中,默罗成为新媒体与新形式的最佳实践者,他创办的现场广播《这里是伦敦》与电视报道《现在请看》,被誉为美国广播新闻与电视新闻中两座并峙的高峰。

1937 年,默罗凭着他敏锐的嗅觉,始终把目光盯着德国,密切地关注着局势的进展。1938 年 3 月 12 日,在希特勒进入维也纳的前一天,默罗发出了他的战事新闻的开篇报道,向英国与美国听众直播了德军进军维也纳的实况。

在第二次世界大战中,3000 万美国家庭坐在收音机旁收听默罗的现场广播——《这里是伦敦》。为了让美国人民感受到战争的激烈,空袭最猛烈的时候,默罗要求站在 BBC 广播大楼的楼顶上做现场报道。由于这是德军轰炸的主要目标,英国空军拒绝了他的要求。最后,丘吉尔首相被这个年轻的美国记者感染,出面批准了他的请求。在震耳的空袭警报与隆隆的炮声中,默罗以一种慎重、准确而有节奏的声音进行着广播。在他平静的声音中,饱含着对和平、正义的热爱,以及对美国人民和新闻事业的责任感,这种高尚的情感蕴含着极大的感染力,给了战争中的美国人民心理安慰和精神力量,唤起了他们对战胜纳粹的同仇敌忾的决心。

二、对象感

播音员、主持人的特殊工作性质,使其在播音主持工作中产生了一些特殊的心理状态。

播音员、主持人的播音主持工作,大多数时候是在封闭的演播室对着镜头来完成的。播音员、主持人是把有声语言(包括副语言)传送出去给人收看和收听的,而在实际中,受众是不存在的,他们的行为看起来更像是对空发言或者自言自语。这样特殊的工作环境,对象的缺席,可能会使信息传播发生障碍。解决这一问题,就必须引入对象感这一概念。

对象感是指播音员、主持人必须设想和感觉到对象的存在和对象的反应,也就是说必须从感觉上意识到受众的心理、要求、愿望、情绪等,并由此调动自己的思想情感,使之处于运动状态。

对象感使播音员、主持人的思想情感在工作过程中一直处于运动状态,从中流露出与设想的对象相符合的态度、语气、眼神、姿态。在备稿中,在播音、主持节目前,具体对象的设想就要完成。开始播音、主持节目时,具体对象就要在感觉上出现。形象也许十分清晰,也许并不明显,但对象感必须把握住,如果对象感时断时续,甚至消失,那就会"心中无人",影响节目的针对性和感染力。

不少优秀的播音员、主持人往往会反复审听审看自己的节目,将自己摆在对象的位置上,从而帮助自己更好地理解对象。同时,播音员、主持人应该多接触受众,如亲自接听热线电话,参加受众论坛和受众活动,尽可能多地熟知各种对象的情况。

三、亲切感

大众传播要达到良好的传播效果,就必须让受众觉得传播内容与他们有接近性和相关性。播音员、主持人作为媒介组织的人格化形象代表,接近性和相关性就体现在他们要给受众以亲切感。

亲切感体现在播音主持工作中,是指播音员、主持人与受众之间情感上的接近性,让受众产生心理认同感,并对播音员、主持人产生"熟人""自己人"效应。一旦有了亲切感,受众的忠诚度就会大大提高。

如何利用亲切感博得受众发自内心的认同,这个问题牵涉很多方面的因素。

1.选择能激发受众情感的话题

播音员往往不能自由选择话题,但是主持人在这方面灵活性比较大,特别是西方国家的节目主持人。一个好的选题往往就意味着节目成功了一半。不久前刚刚采访了哈里王子(Prince Harry)和梅根王妃(Meghan Markle)的美国脱口秀主持人奥普拉·温弗里(Oprah Winfrey)就非常擅长挑选能唤起观众情感共鸣的选题。《奥普拉·温弗里秀》定位在社会、家庭生活领域,话题非常宽泛,从家庭厨艺交流、失业人员的理财建议到父母对摇头丸的了解、妇女遭遇的暴力侵扰等。即便请来好莱坞明星,谈论的也是他们的家庭生活。

让全体美国人印象深刻的是在"9·11"美国遇袭事件之后,奥普拉将这一期节目的主题定为"怎样向你的孩子解释9·11",显示出她对题材的敏锐触觉。这期节目在美国影响巨大,就连第一夫人劳拉·布什(Laura Bush)也要求在她的节目中出镜,以稳定国民情绪。

一位叫帕特里克·克洛维(Patrick Clowe)的铁杆支持者坚信奥普拉具备成为一位出色总统的才能,他甚至还出了一本书《奥普拉竞选总统:竞选,奥普拉,竞选》(*Oprah for President:Run,Oprah,Run*)呼吁她参加美国总统竞选。而福克斯电视台随即进行了一项调查,结果显示:24%的人认为奥普拉会"成为一位好总统",与此形成鲜明对比的是,阿诺德·施瓦辛格的支持率只有11%,参议员泰德·肯尼迪有23%,地产大亨唐纳德·特朗普则仅有11%。这也说明大众对主持人的认同蕴含着巨大的能量。

2.采用真诚平等的姿态与受众交流

要获得大众发自内心的认同,播音员、主持人应该抛下自己身上"公众人物"的炫目光环,与受众平等交流。前文提到的奥普拉主持的脱口秀曾连续18年坐拥美国日间电视谈话节目头号交椅,她本人被封为"心灵女王",每年收入2亿多美元,是全球电视人中的首富,但是奥普拉在节目中从来都将自己放在与嘉宾、观众平等的位置。有人曾经好奇地问她每次为节目准备多少问题,她说:"我从来不准备问题,我只是坐在那里和人聊天。"

在奥普拉看来,与别人沟通的最好办法是去了解他们,倾听他们酸甜苦辣的故事。在竞争日益激烈的娱乐界,许多脱口秀节目为了吸引观众不得不大卖噱头,奥普拉的竞争对手们乐于展示功能紊乱的个人和家庭,以揭露和羞辱困境中的人为乐事;而奥普拉却想办法抚慰和帮助他们,让他们感觉好一点,从心灵出发,自我改善。奥普拉为那些受到心灵折磨的人群开掘了一个出气孔,让他们痛快地把压力释放出来。

无论自己头顶上的光环多么炫目,奥普拉对自己的认识始终十分清醒,在获得第33届艾美奖为她专门设置的创始人奖时,她幽默地说:"成功了我很高兴,但是这并不能改变我是谁,我的鞋子还是踩在地球上,不同的是我的鞋子可能比别人的稍微贵点。"

3.适度透露个人情况,扩大开放区域,提高受众对自己的熟悉程度

心理学家约瑟夫·勒夫特(Joseph Luft)和哈林顿·英格拉姆(Harrington Ingram)共同提出了一个著名的"约哈里"窗口,将个人的情况分为四个区域,如图8.1所示。

	自　知	不自知
人　知	开放区域	盲目区域
人不知	秘密区域	未知区域

图 8.1　约哈里窗口

开放区域代表关于个人的所有自知、人亦知的情况和信息。该区域涉及行为、相貌、仪表、爱好、情趣、职业、年龄、性格、已发表的观点等等。

秘密区域表示关于个人的自知而人却不知的情况和信息。人不可能把自己的一切都公开于人,隐私就属于这一范畴。

盲目区域表示关于自我的人知而不自知的情况和信息。个人对自己的认知往往很难做到客观和准确,盲目区域的存在使人尴尬。

未知区域是关于自己的自不知、人亦不知的情况和信息,如预感、灵感等。

人际传播的过程,就是人知因素不断扩大的过程。人际交往越活跃,秘密区域就会不断向开放区域转化,良好的人际传播还会显著地促使盲目区域向开放区域的转化。播音员、主持人的工作特性,使得他们天然地将自己的外在特征开放给了受众,但是这时开放区域的范围可能还比较小,如果播音员、主持人能够主动开放一些自己的秘密区域,将会更好地促进他们与受众的关系发展。当然这并不是鼓励播音员、主持人贩卖个人隐私,而是将自己的独特人生经历与受众坦诚交流。

畅销书《你就是不明白:男人和女人交谈》(*You Just Don't Understand : Women and Men in Conversation*)的作者——德伯拉·坦嫩(Deboroh Tannen)曾经受邀请上过奥普拉的节目。坦嫩这样解释奥普拉节目的独特之处:一些男性主持的脱口秀节目是"报告谈话"(report-talk),经常是代表了男人之间的谈话;而奥普拉的节目形式是"亲切谈话"(rapport-talk),是你来我往的交谈,这是女性之间友谊的基础,看奥普拉的节目,就如同在倾听好朋友交谈。她深谙女性之间建立友谊的秘诀,通过交换秘密牵动嘉宾和观众的感情。对于隐私,大多数人是藏得越深越好,奥普拉则恰恰相反,她总是乐意向人们坦露无遗,比如她在节目中讲述自己小时候的"劣迹",曾经抽过可卡因,甚至谈到她幼年被强暴的经历。她的坦率和真诚是主持人中少见的,一般主持人不欣赏也不具备这种品格,而她总是对观众动之以情,这使她的嘉宾及观众能很快进入角色,也使她能开拓别人不曾想到过的话题。

本章要点

1. 记者是媒介组织中距离事实本源最近的人,新闻记者的职责是采写新闻、提供信息。新闻记者"高风险""重经验"的行业特性要求记者有良好的心理素质。

2. 在记者采访活动中,新闻报道的生动性要求往往会发挥潜在的作用,记者本能地会青睐更具情节性的细节和更具现场感的叙述,因此记者在对新闻事件和新闻人物的认知活动中很可能会出现误区,如观察存在偏差,过于相信目击的力量,在选择新闻素材时往往更注重个案,而忽视统计信息。

3. 绝对的客观性也许是不可能的,但在事实中,新闻记者却可以尽量坚持客观报道,排除推论与判断,有意识地避免主观性,而尽可能地做到客观。

4.编辑活动是大众传播过程中的一个重要环节,对于信息内容的最终面貌影响巨大。不同媒介的编辑运用不同的符号系统,表现出不同的心理特征。

5.报纸的版面编排不仅是美化版面的需要,更是表达新闻信息的一种手段,它其实是一种新闻价值评判系统,体现出媒体组织的立场和态度。

6.播音员、主持人作为大众传播链条的最后一环,其传播方式带有一定的人际交往的特征,无论是在信息层面还是在情绪层面都对受众有相当大的影响力。

7.算法会对职业传播者的"把关"产生影响和挑战,我们将在后面的章节中进行讨论。

基本概念

1.观察偏差:记者在观察过程中(以及在对被观察者进行追忆时)可能会扭曲事实,甚或完全弄错。受不同因素的影响,如偏见、暂时的期待(temporary expectation)、被观察者的细节特征及紧张等,观察可能千差万别甚至错误百出。

2.证实偏差:人们根据预先所有的期望或理论去寻求、挑选和抽取资料的心理倾向。表现为人们一次只检验一种理论,而忽视其他理论的影响;当人们去寻求信息以检验自己的理论时,往往表现出明显的想要证明自己理论正确无误的倾向。

3.指认不当:无法分清同一范畴或类型中事物之间的区别,即把同一类型中的不同成员视为完全相同的个体。用以说明这种现象的其他术语有类别思维(categorical thinking)和过度概括(over generalization)。

4.社会效标效应:如果信息传送者的"社会效标"愈明显,在社会上的威信、名气愈大,那么被影响的人往往会愈加信服。

5.平衡:西方报纸往往标榜自己态度公正无私、立场不偏不倚,在新闻报道、社论、评论、特写专栏及读者来信中,尽量表达不同意见,并在各种新闻体裁之间相互补充。这种手法,叫作宣传上的"平衡"。

6.对象感:播音员、主持人必须设想和感觉到对象的存在和对象的反应,也就是说必须从感觉上意识到受众的心理、要求、愿望、情绪等,并由此调动自己的思想情感,使之处于运动状态。

思考题

1.请注意以下报道中形容词的运用,并通过它们来判断记者的立场。

……事实已经证明,办事拖拉的官僚机构无法迅速行动起来,帮助这位在社会的阴暗角落里生活了将近一个世纪的妇女。

(资料来源:《新泽西州疗养院丑闻》,《费城问讯报》,1986年。)

2.请在报刊中找出一个证实偏差的案例,并试着分析如何避免此类偏差。

3.请关注不同媒体的同题报道,比较不同记者之间观察事实和运用事实的差异。

4.你能区分新闻报道中的"报道""推论""判断"吗?

5.如果编辑在审读当中遇到与自己的既定立场完全不一致的观点,他该做何反应?

6.请在报刊的新闻报道中找出"抬高"和"拟低"的例子各一个。

7.请注意当地新闻联播的节奏,并提出改进建议。

8.你最喜欢哪个播音员或主持人?你会特别信任他所传播的信息内容吗?为什么?

9.请比较奥普拉与国内某一节目主持人的社会影响,并分析差异产生的原因。

 延伸阅读

为什么干这一行:知情的需要,传情的需要
(Why We Do It:A Need to Know,a Need to Tell)

《华尔街日报》本周都在庆祝它获得普利策突发性新闻奖。获奖新闻是关于去年(2001年)9月11日,4架载着活人的美国客机被用作袭击美国的武器的报道。

一架飞机撞向了美国国防部,另两架撞进了世界贸易中心,导致它起火并坍塌,第四架飞机上的乘客强迫飞机撞向了宾夕法尼亚州一块宁静的田野。所有这一切均在同一天上午发生。所以,这个奖及今年的其他奖项,其实是在伤痛中问世的。这一天之内所发生事情的细节目前已经是众所周知,但是,它的道德情感的成分却并未完全暴露,至少对我们当中的许多人是这样。

关于当天《华尔街日报》的所作所为的故事,已经有人讲述了。事实上,那天在街对面世界贸易中心工作的每一个人都已经疏散,极有可能不再回来了。这种疏散对记者来说意味着什么,是很难说清楚的。打一个不太恰当的比喻,你的报纸每天都在这栋大楼里生产出来,现在为了求生,你要做出逃离的决定,这无异于让船长弃船。大多数的船长都会选择与船共沉。《华尔街日报》大多数记者和编辑也像船长一样,选择留在船上,只求在船沉没之前尽快将最后一版报纸弄出来。

没有人讲过,我的同事、外国新闻主编约翰·布西接到通知要离开大楼,而当时他却正在为 CNBC 电视台做现场直播。没有人讲过,我的社论版同事菲尔·康纳斯在下午三四点时发出了一封电子邮件,说他一如既往守在9楼的书桌旁工作,当时窗玻璃已经被震碎,而他的电脑还上着网。菲尔早就收到疏散通知,而他却抓起一部别人掉下的数码相机,躲开警察,冲到最危险的地方,拍下了那些后来被叫作"爆心投影点"的摄人心魄的照片。当然,当时我们每个人都想做同样的事情。

《华尔街日报》因为报道去年9月的一些原本不为人所知的事情而在今年4月赢得这个奖项,这给了我一个恰当的时机,来说明我们新闻记者为什么要做我们所做的事情。当报道揭示的是战争、自然灾害和噩运中人性的堕落,或是反映出人的作恶和引发关注的嗜好时,一些优秀的新闻工作和新闻作品就随之产生,并因此受到褒奖,事实就是这样。

我们所做的事情,或者至少是在那一天我们所做的事情,可以用一种并非所有人都完全认同的方式来描述:那天早晨,几乎所有工作在下曼哈顿最南端的人,在惊恐万状之余,有生以来最大的渴求莫过于平安脱险,渡过曼哈顿河,去拥抱自己所爱的人。在同样的情况下,

几乎所有在市中心工作的《华尔街日报》成员,有生以来最大的愿望莫过于去抱住一台个人电脑,以便在死前将新闻发布出去。

为什么我们会全力追逐这些故事并付诸报章,难道上帝创造的所有东西——个人安全与健康、对他人的情感,或是公认的权威——没有一样比这些故事更重要吗?我在长期观察同事们的工作之后发现,很明显,他们尊重一种力量,这种力量就是不可抗拒的截稿时间,也就是印刷机转动的那一刻。

很多人对办报的态度都很虔诚。的确,我们这个行当中有很多人经常感到,他们仿佛是不食人间烟火的圣徒、无私的文化修士和修女,但是,这种胸怀"神圣的责任"的观念还并不是报人令我惊叹的主要方面。我着迷的是他们那种强迫性冲动。

在这个政府安全为先的世界里,有一个词语叫作"知情的需要"。它的意思就是,基于安全理由,对于某一特定主题,你只需要告诉某人他需要知道的那些东西,一点也不要多说。报人会对这个有名的词语略有改动,他们会说:"我需要知情,我需要传情。"

在新闻工作中,有一种知情、探究和传情的强迫性冲动,这正是本行业的高贵所在,这也正是《华尔街日报》能在9月12日竭尽全力保证出报的原因。

9月11日那天的所有非凡努力还只是故事的一半。另一半,也是更强有力的那一半,开始于第二天早晨近200万订户读到报纸之时。这些人在分享一些可以叫作一般性事实的东西。这些一般性事实,这些刊登在报纸上的新闻,让人们可以理智地互相讨论公共生活,讨论一些超越他们自身的事情。它是讨论从小到邻里、大到国家的一切利益共同体的基础。

这种关于新闻功能的观念并不新鲜,人们可以继续探讨它。它通常只不过是把故事讲得高明,而通常这就够了。但是,现在有一个方面值得点评。

我们告诉自己,我们生活在信息时代,在此之前是电视时代。这种新的信息流有时容易被称为"数据流"。这听起来不像是新闻专著上的用语。它是别的东西,而且通常更有用,但不是那种我们在《华尔街日报》的每个人都能称之为新闻的东西,我们谋求的是超越单纯信息的"影响流"。

9月11日那天,本报华盛顿分社主编布赖恩·格鲁利收到了50名记者的急件。如果我们是电视台的话,布赖恩·格鲁利会让这50名记者在观众面前将他们头脑里的所有东西逐一讲述,也可以称他们为"说话的大脑"。不过,我们的头版报道《惊骇而立,举国生疑》成了《华尔街日报》申报普利策奖的报道,它对9月11日的丝丝入扣的叙述,天衣无缝、浑然一体,仿佛出自一个人之手。

这篇报道所做的,也是办得好的报纸所做的,是拨开信息高速公路的迷雾,而诉诸一种有条理的智慧——先是由记者,然后是由一群编辑,再后是由稿件编辑,即那些能在几个小时内理清千头万绪的人逐一处理。反过来我们希望,读者们关于我们每天所描述的这个世界的对话也是连贯的。

日常办报太苦、太无情,以至于不能始终产生高明的思想,但是,此刻却能够恰当地揭示:9月11日那天也好,今天下午也罢,报人会做他们不得不做的事,那就是将事实传送出去,并相信这些传情的努力能消除痛苦、问题和暴力事件;我们目击并且用文字描述它们,而它们经过撰写、编辑和出版,变成了新闻。

(本文是《华尔街日报》总编丹尼斯·亨宁格在2002年该报获得2001年度普利策突发新闻奖后所致的答谢词。本文译自该报网站,有删节。)

第九章

受众心理

受众是传媒心理学中一个重要的概念,也是一个相当模糊的概念,它在不同的时期、不同的媒介、不同的传播情境中的所指各不相同。按照丹尼斯·麦奎尔(Denis McQuail)的说法,"受众既是社会环境——这种社会环境导致相同的兴趣、理解力和信息需求——的产物,也是特定媒介供应模式的产物"。

一般而言,受众是传播活动中听众、观众和读者的总称。随着传统大众媒体的技术革新和更迭,新媒体的出现,媒介模式由传统的线性化、技术化、消费型的受众模式,转变为非线性、社会化、生产与消费融合的用户模式。媒介产品的生产从以受众为中心转向以用户为中心。传播者与受众之间的地位差别逐渐缩小,一部分生产性受众还具备了传播者的很多特性。

因此本章讨论的受众,不但指传统受众,也包括用户,同时包括生产性用户。它是传播活动产生的动因,是传播指向的客体,是信息的接收者,也是生产者和评价者。

第一节 受众概论

在广义层面上讲,受众(audience)是指大众传播所面对的发言的个体与群体,它不仅是大众传播效果的核心概念和考察效果的基点与出发点,而且在由媒介、社会与人的复杂关系建构起来的大众传播理论中,受众是一切问题的交叉点。因此,理解受众就是理解大众传播学的核心问题,就是理解在媒介化社会中被受众化的我们自己。

一、西方受众研究的古希腊渊源

西方受众研究乃至整个大众传播学研究,在许多方面都继承了源自古希腊智慧的遗产。按照麦奎尔的说法,西方的受众概念起源于戏剧、竞技和街头杂耍的观众群,起源于不同文明、不同历史阶段所出现的所有不同形态的"演出"的成批观众。在古希腊,诗歌、戏剧、演讲等活动兴盛,"观众"或"听众"应运而生。虽然圣贤们并不把他们作为聚焦的对象,但早期的受众观念还是随着对人的思辨而浮现出来。如柏拉图在《国家篇》中,认为诗在理念与欲念的争斗中扮演了不光彩的角色，"诗迎合了人们低级的感官需求，诱发了受到抑制的欲念和情感""诗增大了欲念的强度，削弱了理性的力量，破坏了心理的平衡"，在这里呈现的观众的特性就是，智力水平低下，内心充满情感和欲念，易受迷惑和引诱，而这种特性与诗的非理性特性的对应性，构成了诗的强大效果。

现代媒介强效果论中被动、乏力的受众，法兰克福学派严重软弱无力、无法抵抗的大众，似乎早就被柏拉图确立了。更为重要的是，柏拉图受众理念的背后是对人的理性与非理性的二元反思框架。从某种意义上讲，西方的受众研究一直没有走出这一思维框架，即便是有所反抗和超越，也是以这个思维框架的基本术语来进行反抗和超越的，因为无论是在媒介暴力面前消极的受众、被涵化或被媒介议程设置所界定的受众、在媒介使用与满足中的积极的受众，还是处在社会结构和权力关系中的受众，有着阐释自由的受众，都没有脱离对人的理性和非理性的二元对立的关注，以及对人的命运的关注。

媒介暴力研究中的宣泄假说（catharsis hypothesis）亦来源于古希腊。在希腊文里，"katharsis"用来指医学意义上的"净洗"和"宣泄"，亦指宗教意义上的"净涤"。亚里士多德认识到，情感的积淀犹如人体内食物的积淀，可能引出不好的结果，它会扰乱人的心绪，破坏人的正常欲念，既有害于个人的身心健康，又无益于群体或团体的利益。因此，人们应该通过无害的途径把这些不必要的积淀宣泄出去，从而使人们得以较长时间地保持健康的心灵。现在的宣泄假说继承了其中的精神治疗与伦理意味，只不过转换了论说的时空，消解了宗教意义，表述为"人们日常生活中的挫折感经由看电视暴力节目而得到纾解，并降低了人们从事暴力的冲动"。

苏格拉底对交流的分析，在给西方传播学带来直接启示的同时，也给受众研究留下了精神和道德的影子。在他看来，交流是爱和被爱，是一种双向的互惠。在当时古希腊由口语传播转向文字传播的过程中，他认为文字削弱人的记忆力，缺乏互动，引起爱欲倒错。在这一点上，今天的西方学者还在顺着这种思路思考现代传媒技术对人与人交流的扭曲。苏格拉底一方面让人们领悟到，交流就是心灵与心灵的对接，要在有形体的人之间进行，在亲切的互动中进行，交流必须适合参与交流的每个人；另一方面，在他对文字引起爱欲倒错的担心背后，隐含的是这样的受众观——写作之人是施爱之人，阅读的人是被爱的人，也就是说作者是主动、积极的，读者是被动、被战胜的。在某种意义上，西方人对市场型受众的细分，对受众心理的剖析，对语境化受众的强调，都强化了苏格拉底观点的这一面，形成了媒介对受众无所不在的爱欲（控制），当然也遗失了心灵和心灵的对接。（迪金森等，2006：单波序）

与苏格拉底相对的是，《福音书》中关于耶稣对于海边众多的人布道的寓言把广泛撒播看成是公平交流的形式，它把意义的收获交给接收者的意志和能力，也就是把解释权交给接收者，让接收者自己活跃起来。现代西方学者的生产意义的受众与解释性的受众观念，又从某种角度延续了这条思路。

二、主体、类主体与受众问题的形成

从表面上看，受众是由话语、语言、文字、印刷物、报纸、电影、广播电视、网络等各种各样的媒介所建构的，或者是由一切有指向性的传播活动所建构的。其实，从根本意义上讲，受众诞生于人的主体意识的形成。没有对知识的主体和权力主体的认识，就没有现代意义上的个体(individual)、大众(mass)、公众(public)和消费者(consumer),当然也就没有现代意义上的受众。麦奎尔曾认为,受众是这样一种大众的集合,通过个人对愉悦、崇拜、学习、消遣、恐惧、怜悯或信仰的某种获益性期待,而自愿做出选择性行为,在给定的时间范围内形成。其核心内涵还是具有主体意识的获益性期待和选择性行为。没有这一点,受众至多是被控制的物而已。因此,尽管受众研究传统复杂多样,但仍然存在一条清晰的主线,即思考作为主体的受众的命运。

一般说来,"主体"是西方近代思想的产物,它是从笛卡尔那里起步的。那时,个人阅读行为所产生的对特定作者和风格类型的崇尚和趋附,形成了印刷时代的"读者大众"。西方的思想家们以主体性哲学开启了"读者大众",赋予其主体的自主性、自主意识性和自为性。正是把受众作为主体看待,才有了对受众的性质、矛盾、处境、结构及归属等问题的追问,形成了诸如此类的问题:受众是理性的还是非理性的,是同质的还是异质的,是群体(group)还是聚合体(aggregates),是主动的还是被动的,是被媒体操纵的还是等待媒体迎合的。

与此同时,西方学者对受众的主体性的思考表现了"类主体化"的倾向。所谓"类主体",就是强调主体的集约性、群体性和人类性。在受众研究领域的表现就是把受众想象为大众,其方法多种多样,如作为读者、听众、观众的受众,作为大众的受众,作为公众或社会群体的受众,作为市场的受众,构成了受众研究的魅力之源。

三、批判视野中的受众

在欧洲,对大众的构建主要是从大众社会(mass society)批判开始的。"mass"一词在英文中含有"乌合之众"的贬义,它一开始就预示着对大众社会的批判是贵族式的。最初提出大众社会理论的人,有着明确的政治意图,即捍卫统治阶级的社会地位,企图压制下层民众追求民主的精神,打着保护高雅文化的旗号,来贬损大众的革命精神和文化创造,恢复贵族们所追求的社会秩序。

具体到大众传播业本身,法兰克福批判学派认为,文化工业的产品对受众具有绝对的决定力量,人们在文化工业面前是那样的无助,甚至无法知觉到自己所相信的意识形态就是奴役自己的意识形态。他们认为,大众文化的商品化、标准化、单面性、操纵性的特性,压制了人的主体意识和创造力、想象力的自由发挥,大众在文化工业中不是主体而是对象。

今天的媒介与受众研究在很多方面承续并变革着批判传统,一些学者在人们对受众的自主性呈现普遍乐观的情绪下,继续保持着对文化工业的权力本质的密切关注,继续捕捉着少数媒介控制者和文化精英"塑造"公众的事实,同时又面对现实问题扩展着批判思维的空间。菲斯克(Fiske)也强调大众对意识形态的反抗,并对受众问题进行了有价值的阐述。首先,他认为大众并不是一个单质的整体,而是包含了各种由于利益关系、政治立场和社会联系而形成的群体,是一个复杂多元的组合。其次,他认为大众文化不是一般的商品,它不仅在财政经济体制中流通,也在与之平行的文化经济体制中流通,前者流通的是金钱,后者流通的是意义和快感,这一区分体现了灵动的批判意识,使人明确受众的两种处境:一是在财政经济体制中,媒介生产的商品是受众,受众成了被动的角色;二是在文化经济体制中,媒介向能生产快乐和意义的受众播放节目,这时的受众就成为意义的"生产者",成为文化创造者。最后,他把文化定义为特定社会中社会意义的生产和流通,这种生产和流通既依赖于文本提供的意义框架和空白,又依赖于受众积极的参与和创造,从而产生千差万别的"生产性文本"。

事实上,在这个多元化的社会,任何关于受众的本质主义研究都是不恰当的,甚至是有害的,正如彼得·达尔格伦(Peter Dahlgren)所说,"过去的确定性理解已经消失了,不会再有统一的受众理论",不会再有对于"受众"含义及受众研究方法的一致意见。对于我们来说,在日常生活中保持对受众的亲切体验与理性分析,也许是受众研究最好的归宿。

四、受众的媒介使用动机与需要

美国传播学者麦奎尔的研究表明,人最关心的就是自己。受众使用媒介往往有他个人的动机存在。研究者们运用大量的行为理论,试图说明人们出于什么样的动机对传播媒介的内容发生兴趣,又从中获得了什么样的满足。

有研究将观众介入电视媒体的原因分为两大类:习惯性的和工具性的。其中,"习惯性的观众有点倾向于被动,他们观看电视是出于习惯或仅仅是为了逃避。……工具性的观众更积极,也更有选择性。他们有计划地安排自己的电视观看时间。"(陈犀禾,1998)工具性的媒介接触包括通过媒介获得物质或者精神的收获,如求知、向媒体求助等。具体而言,受众接触与使用媒介大致有以下几种动机。

(一)获取信息

人要生存和发展,必须对外部世界有所认识和了解,以适应外部世界的发展变化。因此,人类生活离不开信息,最权威、最及时的信息提供者无疑是大众传播媒介。通过大众传播媒介,受众获得各种信息,尤其是重要的政治、经济、文化信息,了解世界的动态,把握时代的脉搏,及时调整自己的生活方向。

新闻媒介与舆论的关系大致体现在三个方面:一是反映并代表舆论。在现代社会,新闻媒介已经成为受众代言人,它同时扮演了公众论坛和公众代言人的双重角色。二是引发舆论。人们生活在由新闻媒介提供的源源不断的信息流中,新闻媒介也许不能从根本上决定人们如何判断和思考,但至少能在很大程度上决定人们思考什么、关心什么。这也就是传播学中所说的媒介的议程设置功能。三是引导舆论。新闻媒介常以公众代言人的姿态出现,它的意见传播具有权威性,很容易成为主流意见。公众在感知外界意见时,也往往将其视为多数意见。如果自己与媒介意见相同就大胆发表,如果不一致就保持沉默或干脆改变原有想法顺从媒介意见。受众对于媒介意见的顺从或附和的过程,就是媒介有意识地引导舆论的过程。

(二)娱乐消遣

美国学者威廉·斯蒂芬森(William Stephenson)在《大众传播的游弋理论》(*The Play Theory of Mass Communication*)中提出,大众传播是普通人在业余时间以主体方式进行自由体验的一种娱乐,即便是非虚构类的新闻时事节目,也可以作为一种以假想方式参与的精神游戏,在游戏中释放沟通与交流的欲望。

娱乐需要是人的天性。中国的大众传播媒介历来重视媒体的教化功能,受众也习惯在长期的宣传中获得教育。但是,随着生活节奏的加快,工作压力的提升,受众接触与使用媒介的娱乐意识逐渐增强。与之相对应,受众的参与积极性也极大提高。

人是有惰性的,在接受传播信息时,往往选择省时省力就能获取信息的媒介。美国传播学大师威尔伯·施拉姆曾经设计了一个数学公式:可能得到的报偿÷需要付出的努力=选择的概率。意思是说,预期报偿(满足需要)的可能性越大,费力的程度越低,那么选择某种传播渠道接收信息的概率越高;相反,预期的报偿很小,而费力程度很高,那么选择的概率就很低。由此我们不难理解传播者为什么要"尽力使硬新闻软化",强调"新闻的故事性、情节性",写作中"加入人情因素,加强贴近性","新闻故事化、文学化"了,这是由受众的接受心理决定的。

(三)获取知识

社会发展日新月异,人们对各类知识的需要日益增长。大众传播媒介不仅传播本国文化,也传播外来文化,受众通过大众传播媒介的传播,增进对世界的认识与对西方文化的了解,开阔视野,增长见闻。

(四)拓宽社交

大众传播媒介是联系社会的桥梁,它把受众同周围的世界联系在一起。大众传播的内容可以成为社交中的话题,受众以此与朋友、熟人进行日常闲谈。同时受众还能与媒介人物开展准社会交往(para-social interaction),弥补现实交往的不足,并可能将这种准社会交往转化成真实的社会交往,形成准社会关系,我们将在后面的章节讨论准社会交往与准社会关系。

第二节　大众传播过程的微观分析

美国传播学者赖利夫妇认为,传播者和接受者都是由若干基本群体构成的,这些相互联系和相互作用的基本群体又从属于更大的社会结构,由此构成了多重的传播关系。下面我们从微观层面考察受众与传播者、传播内容、传播媒介的紧密联系。

一、受众与传播者的关系

传播者是对应于受众而存在的,没有了受众,也就无所谓传播者,离开了受众,传播活动就失去了方向和目的,而不能称其为传播活动。传播者与受众是相互依存、缺一不可的矛盾统一体。

传播者通过媒介报道内容,受众通过媒介接收内容。但同样的内容,传收双方的认知、理解却可能存在许多情形。这涉及双方的认知基础、传收的目的等。有些是无意的误传与误解,有些则是有意的片面传播与歪曲理解。

改革开放初期,有一个跨文化传播的案例引人深思。我国新闻媒体报道美国时任总统里根的儿子失业的新闻,传播者意在说明美国的经济不景气,而受众的理解是,贵为总统之子,照样失业,不像我们社会中流传的"有个好爸爸,走遍天下都不怕"。显然,此处,歧义的产生是传播者与受众对同一问题的思考角度不一致导致的。

在传统的大众传播中,受众通过写信、打电话等方式对传播内容做出反馈,大众传媒在可能的情况下对今后的传播内容做出微调。自从互联网出现后,大众传播者与受众之间出现了互动,双方都既是传播者又是接收者。受众的主动性得到了前所未有的发挥。

在互联网时代,传播除了传统的信息交流外,更可能是意见的沟通。因此,传收双方的心理与行为跟此前相比都可能产生较大的变化。

二、受众与传播内容的关系

受众的头脑不是简单的接收器。大众传播内容在多大程度上被受众接收和利用,受多种因素的影响。

(一)受众的个性特征

社会心理学家常常假定某些类型的人比其他一些人更容易受影响。比如,不够自信的人容易相信大众传播的内容及说法,大众传播的强效果论常能在他们身上得到验证。固执的人非但不容易接受大众传播中与其固有观念不一致的信息,还可能强化其固有的观念,并且对大众传播媒介或传播者产生逆反。

(二)受众的过往经验

过往的经验制约着人们对认知对象的理解与接受。因为在新的信息面前,受众总是将它与心目中的形象进行比照,然后决定是认可、回避还是加工,进一步将其纳入自己的价值观、社会观、人生观。比如,爷爷给孙子讲红军二万五千里长征途中"爬雪山过草地"的故事,爬雪山、过草地的行为在祖孙二人的头脑中,印象是截然不同的,爷爷的经验是艰难险阻,而孙子的体会是娱乐休闲,所以孙子会问爷爷"怎么不打的去"。

(三)受众自身的需要

不同的个体对大众传播的需求与期待不同,即使同一个体在不同的时间、环境下需求与期待也会不同。

受众在接收传播的过程中存在选择,选择的前提就是自身的需要。按照沃纳·塞韦林(Werner Severin)传播理论,选择的过程可视为四道围墙的防御:最外层的防御是选择性接触,接下来是选择性注意,然后是选择性理解,最里层是选择性记忆。有时候不想要的信息在最外层就被挡了下来,由此避免那些可能自己不需要的信息。

选择性注意是指当大众媒介所传达的信息符合受众的认知范围,且能够满足受众的部分需求时,才能引起受众对它的兴趣而加以注意;选择性理解是指具有不同心理特征、文化倾向和社会成员关系的人,会以不同的方式解释同一媒介内容;选择性记忆则是指受众往往只记忆那些对自己有利、符合自己兴趣,或与自己意见一致的传播内容。此后,不少传播学者都对受众选择性心理展开过深入的论述,如阿尔伯特·哈斯托夫(Albert Hastorf)、巴格比(Bagby)、麦克莱兰(McClelland)、鲁巴(Leuba)、坦卡德(Tancad)、梅尔文·德弗勒(Melven DeFleur)等。

选择性记忆被称为受众选择性心理的最核心环节。受众一般倾向于遗忘(也许是无意识的)与自己原有态度不相符合的信息。比如 2002 年中国男子足球队唯一一次打进世界杯,举国欢腾。在中国对巴西之前,绝大多数中国大陆的足球爱好者都是巴西队的忠实球迷,但这场球赛进行完毕后,大多数球迷都只记得巴西队有多少次犯规和小动作,而忘记了巴西队在场上的精彩表现。

从心理学原理来解释,我们发现受众的选择性记忆习惯很难改变。因为人脑并非计算机,不是人们所最关注的信息很难在他们的脑海中形成记忆,所以对于传播者而言,我们似乎应当花更大力气去解决受众的选择性注意、选择性理解的问题。

(四)大众传播内容对受众的吸引力

受众在接触媒介时,有时有明确的需要,有时却并不清楚想要什么。大众传播内容的吸引力一方面表现在受众的“约会”意识上,即到了固定的时间受众就自动接收相关的信息,如同约会一般;吸引力的另一方面表现在,受众在没有接收意向时偶然间接触到某一信息就不由自主地被吸引住了,进而搜寻相关信息。这种内容不外乎好看、实用、重要。

(五)传播者对受众的魅力

传播者如果具有“可信、专业、权威、公正、友好、诚恳、热情”等特点,会积极影响受众对传播内容的接收及接收效果。传播者如果具有极大的个人魅力,则受众可能爱屋及乌,关注并且认可传播者所传播的所有内容,甚至爱上传播者服务的媒体。

当例行的新闻播音员没有出现时(生病或休假),许多观众报告说感到“不安”。阿尔珀斯坦(Alperstein)进行的一项研究验证了这些观点。一位受访者将《美国你早》的节目主持人琼·伦丁(Joan Lunden)看作“可以信赖的朋友”;另一位受访者声称她“遭遇了怀孕的痛苦”并根据伦丁的建议购买婴儿食品。在英国,当约翰尼·沃恩(Johnny Vaughan)主持电视4台的新闻与时事节目《大早餐》时,它具有很高的知名度,特别是在学生当中。然而当沃恩离开该节目时,收视率直线下降。(方建移等,2006)

类似的情况在我们周围也发生着,比如,江苏广播电视总台城市频道推出《南京零距离》新闻栏目,收视率居高不下,其主持人光头孟非也持续走红,成为当地的明星人物,赢得了无数粉丝的追捧。孟非一旦出差或休假,不在节目中出现,当期节目的收视率就下滑,一些受众会留言或发弹幕表达对他的思念。

(六)受众所属群体的压力

每个人都需要同环境保持一致,得到认可与接纳,以采取与大多数人相一致的心理或行为。所以,大众传播的受众在接受媒介的传播内容时还可能受到群体的压力。

受众所属群体包括亲朋好友、同辈群体,丹尼斯·麦奎尔称他们为“媒介的‘微型把关人’(micro-gatekeeper)”。今天,社交媒体无孔不入,某种程度上社会关系网对受众会产生更大的压力。

（七）受众的价值观、认知能力

在媒介发达的现代社会，信息渗透到了人们生活的方方面面。尽管大众传播将同样的知识或信息传送到每一个家庭和社会角落，人们获得了平等接触和利用媒介的机会，但是，大众传播在提高整个社会文化水平的同时，并没有缩小社会各阶层和群体之间的差距。

据 2004 年 3 月 4 日新华每日电讯报道，中央专为农民增收而发了"一号文件"。新华社记者到鄂豫皖部分农区调查了解"一号文件"的落实情况，没有想到，不少农民居然不知道这个与他们切身利益休戚相关的"一号文件"。记者所去的农户，没有一家订报纸。有的人家里有电视，但没有电。有的农户就算看电视也不看新闻。所以最应该了解这个政策的农民恰恰最不知道有这个政策，而与之关系不是很大的城市居民反而获得了这个信息。

（八）认知偏差

受众的认知偏差是指受众在接收信息的过程中形成的对传播者或对传播信息的误解，从而导致其对传播者意图的理解偏差。受众的认知偏差会严重影响受众对信息的接收与认同。常见的受众认知偏差包括逆反心理、刻板印象等等。

三、受众与传播媒介的关系

现代社会行业越来越多，分工越来越细，每个人要认知的东西越来越丰富，但每个人都不可能完全直接感知或接触所有领域的人或事，亲身直观的外部世界只局限于感官所及的范围，何况还不能排除感觉不能识别的假象。大众传播媒介则力图向我们展示整个世界，以及这个世界上所发生事件的来龙去脉。

但是大众传播媒介向我们描述的世界往往有别于客观世界本身。除了不同的媒介人由于经历、视角、学识、见解等的差异不可避免会影响他们对客观世界的描述以外，大众传播媒介从降世那一天起就难以摆脱世俗利益的纠缠，受到各种有权、有势、有钱等人群的控制。这样大众传播媒介向我们描述的世界或多或少会烙下传播者的主观印记。由此可见，大众传播媒介在帮助我们认识世界的同时，也可能成为我们与外部世界联系的屏障。

受众对传播媒介的选择与使用存在极大的个体差异，这与每个人的文化教养、兴趣爱好、接收目的等有关。"受众接触媒介的行为越积极（包括广泛接触多种媒介、接触媒介的频度高等），则观念现代化程度越高；受众接触媒介的内容越倾向于新闻性，则观念的现代化程度越高；印刷媒介比电子媒介对受众的观念现代化更具影响力；三大媒介——报纸、广播、电视各具优势，任何一种媒介不可能完全代替另一种媒介；电视在当代拥有的受众人数最多，受众接触其频度和每天接触时间，远比报纸、广播为高，但受众收看电视的目的和收获如果仅仅是'娱乐消遣'，则不仅无助于受众观念的现代化，而且呈现出负相关。"（陈崇山、孙五三，1997）在后面的章节里，我们会专门探讨选择性机制对受众认知的影响。

第三节 传媒引导与受众心理

受众是天然的,但也是可以培养的;受众是自主的,但也是可以引导的;受众需要应该满足,但绝不能无限度迎合。大众传媒在传播信息的同时,也要发挥自身传递知识与文化的功能,为建设人类命运共同体和推动社会的进步尽责尽力。

一、对亲社会行为的引导

亲社会行为(prosocial behavior)通常是指对他人有益或对社会有积极影响的行为,包括分享、合作、助人、安慰、捐赠等。马森和艾森伯格(Mussen & Eisenberg,1977)将亲社会行为定义为"帮助或使另一个人或一群人受益而行为者又不期待获得外部奖赏的行为,这类行为通常需要行为者一方付出一些代价,做出自我牺牲或冒一些风险"。

亲社会行为作为一种普遍的社会现象,对人类的生存和社会的发展具有极其重要的积极作用。西方心理学家对分享与助人、合作、安慰与保护等亲社会行为进行了广泛而深入的研究。

20 世纪 80 年代中期,美国心理学家南希·艾森伯格(Nancy Eisenberg)在广泛吸收前人研究成果的基础上,结合自己多年的研究,提出了一种颇具特色的亲社会行为理论模型。该模型按亲社会行为产生的过程分为三个部分:对他人需要的注意阶段、确定助人意图阶段、意图和行为相联系阶段。

艾森伯格认为,在个体帮助他人之前,必须先确认他人具有某种需要或愿望。因此,从亲社会行为产生的过程来看,注意到他人的需要是亲社会行为产生的初始阶段。而能否注意到他人的需要受个体因素(个体的先行状态和特质特征等)和个体对特定情境的解释这两方面的影响。个体的先行状态和特质特征又受其社会化历史和情境特征的影响(同一个体对不同情境的解释不同)。另一方面,还受个体因素的影响(不同个体对同一情境的解释也不同)。

一旦潜在的助人者注意到他人的需要,便进入亲社会行为意图的确定阶段。艾森伯格认为,这个过程至少可通过两种方式进行。其一,在紧急情况下,由于时间紧迫,不容许潜在助人者全面地分析个人得失,在助人与否的决策中认知变量和人格变量所起的作用相对较小,而情感因素,如移情、同情、内疚感或个人痛苦等则起主导作用。其二,在非紧急情况下,个体的认知因素和人格特征可能起主要作用。艾森伯格认为,在大多数情况下,受助者并非处在一种十分危急的状态,其需要并不具有足够的情感力量而直接催发人们产生助人的动机。认知因素对亲社会行为意图的影响主要包括两个方面:一是对亲社会行为的主观效用分析,即对亲社会行为的代价和收益的主观评估。二是对他人需要原因的归因。如果潜在的助人者将潜在受助者需要的原因归于其可控制的内部因素,就可能萌发不助人的动机。人格因素的激励力量主要有:关于"助人"和"仁慈"特质的自我认同,自尊和自我关注(self focus),个体的价值观、需要与偏好等。

仅仅因为个体具有助人意图,并不意味着他实际上将做出亲社会行为。艾森伯格认为,助人意图与亲社会行为之间的联系受个人的有关能力、人与情境的变化两方面因素的影响。在某些情形下，助人行为与助人意图之间缺少一致性的原因是潜在助人者无能为力或感到无能为力。在某些情况下，一个人的助人决定与助人时机之间往往有一段时间的间隔，在此期间个体特征与情境因素随时间而发生的变化可能影响到已有助人动机的个体是否做出助人行为。

从该模型描述的三个阶段可以看出，影响个体采取亲社会行为的因素是多方面的，既有社会认知的因素，也有移情和社会学习等方面的因素。大众传媒以各种不同的形式，从认知、情感等侧面影响着个体亲社会行为的形成。

我们经常看到这样的报道：见义勇为的英雄身受重伤，需要大笔的医药费，而被救者却在英雄最需要帮助时无影无踪，或翻脸不认账。或者为了突出英雄的勇敢无畏，在报道中强化英雄行义时的艰难险阻，在做好事时无人肯伸援手，英雄如何单挑独斗歹徒等。传播者的初衷本是揭露、抨击、批判那些"丑陋"的社会现象，希望大家学习英雄，争当英雄。但如果受众这类信息接触多了，很容易告诫自己"多一事不如少一事"。这与传播者的本意显然是相悖的。这一现象被西方传播学者称为"飞去来器"效应（boomerang effect）。

二、对媒介依赖的引导

媒介系统是当代社会结构中的一个重要组成部分，它与个人、群体、组织和其他社会系统均发生相互关系。在信息社会，受众依赖大众媒介得到更安全、更详尽、更准确的信息；依赖大众媒介娱乐消遣；依赖大众媒介保持与他人和社会的联系。

媒介依赖与媒介依赖过度是两个不同的概念。当生活中的情绪情感与媒介纠葛太多，甚至倾注太多的时候，就是一种病症，这种症状是由社会化程度低、社会生活参与度低、对大众传播媒介的卷入程度高造成的。

有报道说沈阳一名青年女子为了讨回8000多元血汗钱站在工厂大门前脱衣示众。"年轻女子脱衣讨薪"其实就是媒体依赖的表现，"脱衣讨薪"成为具有传播价值的公共事件，吸引媒体报道和公众的关注，进而纳入有关部门的权责视界，从而扭转自己的困境。然而，尽管媒体的介入和报道可以在一定程度上促进问题解决，但却不是表达利益诉求的正常机制。当某一事件发生后，如果没有媒体的报道，相关部门就会对此视而不见。久而久之，就形成了非报道不解决的消极惰性。于是，一些人为了尽快地解决困难，做出了迎合媒体的出位行为。

有些受众反映，当习惯了定时收看收听的内容因故不能正常进行时，会产生不舒服的感觉。这其实是对媒介的卷入程度高引起的。2019年APUS研究院发布的《2019全球移动互联网用户行为图鉴》指出，全球45.4亿互联网用户，人均每天使用智能手机5.4小时。（环球网，2020）这说明，人类对于媒介的卷入程度越来越高了。

媒介依赖症受众容易混淆现实与虚拟的世界，愿意沉浸在媒介营造的环境中，或者过度依赖媒介实现自己的各种愿望。因此，大众传播者一方面要正确树立自己的形象，告知受众大众传播的功能与职责，放弃非大众传播者承担的角色，另一方面要引导这类受众积极参与社会实践，做个积极的生活者。

三、对受众需求的引导

受众需求有正当与不正当、合理与不合理、健康与不健康、积极向上与消极落后之分,传播媒介不能对受众的需求不加区分地一味迎合,给社会带来负面效应。

受众尤其是电视观众对于节目做出的评价同他们在实际收视动向中表现出的兴趣,有时相距甚远。被交口称赞的节目有时很少有人真的收看,而被骂得狗血喷头的节目可能有着很高的收视率。

《娱乐至死》一书提道:"越不用动脑筋、越刺激的内容,越容易被观众接受和欣赏。这几乎是收视行为的一项铁律。"比如,美国在大肆报道莫尼卡·莱温斯基丑闻的同时,问受众"这种报道是否太泛滥了,受众回答是肯定的。但当莱温斯基和巴巴拉·沃尔特斯出现在ABC的新闻里时,还是创了电视史上最高的收视率"。"美国人说他们觉得提供这种泛滥新闻的新闻机构之所以这样做是为了'吸引更多的受众',而不是认为这个报道重要。""当NBC的《晚间新闻》和《今天》节目中对辛普森案件进行了那么多超过事件本身应有的报道量时,就发出了一个重要的信号:电视网新闻的观念已经发生变化了。"(小唐尼、凯泽,2003)

另一方面,即便受众如实地表达出他们的需要,传播者也应该全面分析这些需要,对有些应该满足,对有些则应该拒绝。尼克松曾告诫:"政治家应当避免迎合公众的最低标准……政治家应该说他自己的话。"上海大学戴元光教授认为:媒体要体现人文关怀,更多地满足人民群众"知"的权利和"知"的需要。媒体除要使公众的知晓权实现外,还要承担提高全社会的文化质量的任务,因为老百姓需要的文化可能比较低俗,我们要提供一些高于他们欣赏水平的文化,以提高人民的素质,包括文化素质、文明素质。人民群众中也有大量落后的文化,这不应该成为我们传播的内容。(王永亮、成思行,2003)

引导受众也许要花费相当的代价。文化研究者麦克唐纳认为"坏东西会赶跑好东西,因为它更容易理解和欣赏"。ABC的彼得·詹宁斯谈论起辛普森案的影响时说,自己扮演了传统新闻观的维护者。但是最后,因为"不断改变着的受众世界",他最初想阻止辛普森案报道而做出的努力,导致了不受人欢迎的结果。(小唐尼、凯泽,2003)

四、对受众的媒介素养教育

在信息社会里,认识媒介将成为生存的必要条件之一。受众的媒介普及教育,大致包括四方面的内容:第一,了解媒介的基础知识,掌握使用媒介的技能与方法;第二,判断媒介信息的意义和价值;第三,学习传播信息的知识和技巧;第四,利用大众传媒发展自己。

一个现代人不会使用媒介是不行的,完全变成媒介的奴隶也不行。随着媒介传播技术的发展,人们获取信息并不困难,难的是分辨信息的价值,有效地利用信息。这取决于个人处理信息能力的高低。媒介教育重在启发受众的主动性和自觉性,以求达到高度的自律和对媒介的有效利用,这对个人和社会的发展都具有重要和深远的意义。

受众要能完整、客观地评价媒介的性质、功能和局限,要能认识到媒介提供的所有信息是一定的媒介传播体制运转的结果,是政治、经济、文化等多种因素相互作用的结果。它不是为某一个受众特别设置的。一个成熟的受众总能从容地面对汹涌而来的信息,因为他有一种思想的过滤能力,运用这种能力可以有效地处理信息,将有用的信息整合进自己的价值体系中,并从信息中获得真正的益处。

现代人无时无刻不处在信息的包围之中,在个性化媒体越来越普及的今天,我们每个人都应尽可能学习,高效地接收信息、处理信息,并负责任地传播信息。

本章要点

1.在信息时代,我们都生活在大众传媒的包围中。我们每个人都是受众。但受众却是看不见、摸不着的,它是抽象的、众说纷纭的,同时又是不断变化着的。

2.动机是引起、维持和促进个体行动的内在力量。受众接触与使用媒介的动机包括好奇、求新、得益、接近和参与等。

3.传播者和接受者都是由若干基本群体构成的,这些相互联系和相互作用的基本群体又从属于更大的社会结构,由此构成了多重的传播关系。从微观层面看,受众与传播者、传播内容、传播媒介都有着紧密的联系。

4.大众传播者在满足受众正当需要的同时,要积极引导受众,进而促进传收双方的和谐发展。这些引导包括对亲社会行为的引导、对媒介依赖的引导、对受众需求的引导、对受众的媒介素养教育等。

基本概念

1.受众:传播活动中听众、观众和读者的总称。它是传播活动产生的动因,是传播指向的客体,是信息的接收者,也是生产者和评价者。

2.受众观念:大众传播者对受众的态度。它是大众传播者传播行为的指南,涉及传播目的与传播效果。

3.认知偏差:受众在接收信息的过程中形成的对传播者或对传播信息的误解,从而导致其对传播者意图的理解偏差。

4.亲社会行为:对他人有益或对社会有积极影响的行为,包括分享、合作、助人、安慰、捐赠等。

思考题

1.你认为今后的传播者与受众之间的关系会是怎样?

2.请通过具体的案例分析,说明引导受众需要的必要性。

3.2021年1月9日晚,ID名为"袁隆平中华拓荒人"的账号在抖音悄然开通,2天"涨粉"1600万。1月11日下午,新华社发布消息称袁隆平院士对注册抖音号并不知情。请分析这个"乌龙事件"中的用户心理。

4.请针对目前最热播的电视剧或网剧谈谈你对"生产性文本"的理解。

第十章

不同类型的受众心理分析

在早期的大众传播研究中,受众曾经被看作是孤立的、分散的、沙粒式的个人集合体,在大众传媒的刺激面前是完全被动的存在。后来研究者引进社会集团和社会群体的概念来分析受众,发现受众并非是孤立的个人,而是具有一定社会背景的集团或群体成员。受众对媒介的接触虽然是个人活动,但这种活动通常受到群体归属关系、群体规范和群体利益的制约。受众在作为群体成员行动之际,对大众传媒表现出某种能动性:一是"能动的选择",即选择那些与自己的群体利益、规范和文化背景相合的传播内容加以接触;二是"能动的解释",即按照自己的利益、立场和意识形态来理解和解释大众传播的信息。

受众心理是传统的传媒心理学的重要内容,而这个领域里有如此多的研究传统,如果广泛地搜集受众心理研究的资料,可能会使本书缺少连贯性。因此,本章采用受众的个人特征中的一条——年龄,对受众群体进行了划分,分节讨论儿童受众心理、青少年受众心理、成人受众心理和老年受众心理。当然,本章讨论的是这些不同年龄人群的一些共性心理,不能替代现实生活中每个个体在实际的媒介接触中的情境和细节。

第一节　儿童受众心理

就人类个体心理的发展来看,从出生到成熟这一段时期具有决定性的意义。对于这个时期个体心理发生发展规律的研究,构成了"儿童心理学"的研究对象。广义的儿童期指从出生到青春初期,狭义的儿童期一般指学龄初期,即介于幼儿期与少年期之间。本章我们采用的儿童期概念,专指从出生到学龄初期这一阶段,即小学毕业以前的阶段。这一阶段儿童受众的媒介接触受到传媒研究者的广泛关注。

一、儿童的心理发展特征

以下按照皮亚杰的观点,将儿童受众划分为三个阶段。

（一）先学前期

0~2岁是儿童的先学前期。在出生后大约一年的时间内,儿童身心各方面都有了极为显著的发展。这是整个儿童期发展最快的时期。这个时期,儿童的心理发展主要表现在以下几个方面:

（1）儿童学会了随意地独立行走,这就扩大了他的生活范围。

（2）儿童的言语也在迅速地发展着。

（3）由于动作和言语的发展,儿童开始出现最初的游戏活动,同时逐步开始最简单的模拟活动和自我服务性的劳动。

（4）在初步的独立活动中,儿童心理有了进一步的发展。儿童能更好地知觉和理解事物,特别是在言语的帮助下,开始能对事物的性质进行最初步的综合和概括。

（二）学前期

从3岁到六七岁是儿童正式进入学校以前的一个时期,所以叫学前期。又因为这是儿童进入幼儿园时期,所以又叫幼儿期。这个时期儿童心理发展的主要特点是:

（1）渴望独立参加社会实践活动的需要跟从事独立活动的经验及能力水平之间的矛盾是学前儿童心理发展的主要矛盾。

（2）各种心理过程带有明显的具体形象性和不随意性,抽象概括性和随意性只是刚刚开始发展。

（3）儿童最初的个性倾向开始形成。

（三）学龄初期

学龄初期是指儿童从六七岁到十一二岁这一时期,这时儿童进入学校,开始以学习为主导活动。学龄初期大致相当于小学教育阶段,是儿童心理发展的一个重大转折时期。

（1）儿童开始进入学校从事正规的有系统的学习,学习逐步成为儿童的主导活动。

（2）逐步掌握书面语言和向抽象逻辑思维过渡。

（3）儿童能有意识地参加集体生活。

二、儿童的媒介接触特征

大众传媒是现代人无处不在、无时不有、无法逃避其影响的"社会空气"。教养理论的创始者乔治·格伯纳（George Gerbner）提出,现代人的一生,从摇篮到坟墓,都在接受媒介的教化,其影响是深入骨髓的,可以说大众传媒是儿童社会化唯一没有间断过的社会化主体。

许多研究表明,在不同的年龄阶段,媒介对儿童的影响是不同的。根据儿童心理发展的特点,我们将儿童的媒介接触大致分为三个时期。

（一）婴幼儿期

对婴幼儿来说,电视作为一种最主要的传媒对其心理发展产生了重要影响,主要表现在以下三个方面:

（1）促进儿童的语言学习，扩大儿童的语汇量。

（2）培养儿童认识事物的能力。

（3）认识社会角色和学习相应的行为规范。

(二)童年前期

童年前期指儿童在小学 1～3 年级这个阶段，年龄在 6～10 岁。媒介对童年前期儿童的影响主要体现在：

（1）电视为儿童了解社会打开了窗口。儿童随着电视进入了成人社会。

（2）连环画和电视为儿童提供了与一定社会相适应的价值观念和行为规范。

（3）媒介中的故事使儿童体验了人类丰富的社会性情感，促进了儿童道德感、理智感和美感的发展。

(三)童年后期

童年后期指小学 4～6 年级这个阶段，年龄在 10～12 岁。童年后期与童年前期在媒介接触上的主要差别在于是否能够使用印刷媒介。由于印刷媒介的介入，儿童不仅通过图像、声音，也通过文字符号来了解社会和历史。它对于儿童心理发展的意义是：

（1）刺激儿童词汇的增长。

（2）书籍、报纸和杂志为儿童提供了适合其心理发展水平的知识，可以有效地促进儿童的发展。

（3）刺激儿童想象力的发展。

除了印刷媒介，童年后期的儿童还开始尝试所有的媒介：电子游戏机、计算机、录像带、录音带和卡拉 OK。他们比其他年龄段的儿童接触的媒介要广泛得多。童年后期，儿童的媒介选择开始与父母的选择、同伴的选择相分离，表现出自己的个性特征。

总之，就媒介知识学习、社会学习和智力发展等功能来说，大众传媒对不同年龄的儿童有不同的影响。比如，对婴幼儿来说，电视可以刺激他们语言的发展、词汇的增长，但对童年期、少年期的儿童来说，由于他们已经具备了一定的语言能力，而电视提供的练习又远远低于儿童目前的水平，因此，这种影响甚微。可以看出，如果媒介提供的信息适合儿童的心理年龄特征，那么，就有可能发生有利于儿童发展的影响。

三、儿童对电视的理解

电视是当前儿童接触最多的传播媒介。调查数据表明，4～14 岁儿童平均每天接触电视的时间为 2.22 小时，从幼儿园到初中毕业的 12 年间，儿童接触电视时间长达 1 万多小时，远远超过学习任何一门课程的时间。电视作为目前最主要的传播媒介之一，对人类尤其是少年儿童的生活成长产生着深刻的影响。

(一)幻想与现实

建构充满想象人物和虚幻情节的虚拟世界，自文明一开始就考验着人类的创造力。然而，在考虑虚构世界对儿童的影响时，人们通常担忧其中的负面效应。

那么,儿童区分幻想与现实世界的能力是如何发展的呢? 大多数研究者认为,幻想与现实的区分一般要经历三个阶段(Jaglom & Gardner,1981;Wright et al.,1994)。在第一个阶段(2~3 岁),儿童还不能区分幻想与现实。3 岁以前,儿童往往还不能模仿录像中的动作,尽管如果改由现实中的人物来表现同样的动作,他们就能毫无困难地进行模仿(Barr & Hayne,1999)。

第二个阶段发生在四五岁,此时的儿童会简单地否定电视中出现的任何事物的现实地位。例如,将暴力看作"游戏活动",将血当作"番茄酱"(Hodge & Tripp,1986)。在一项研究中,3 岁儿童认为,如果将电视机倒过来,那碗爆米花就会撒落(Flavell et al.,1990)。

要意识到某些节目内容是真实的,某些节目内容是虚构的,似乎要到六七岁(跟许多阶段理论一样,这里也存在实质性的个体差异)。许多研究者将这种分辨能力归因于"电视识读能力"的发展(Bianculli,2000)。儿童首先学会识别广告,这发生在 3~4 岁。然后是识别动画片,再然后是新闻节目,最终才能识别儿童节目和成人节目,以及差别更微妙的一些节目类型(如区分肥皂剧跟电视连续剧)。

然而,电视节目中现实与幻想的区别并非总是显而易见的。事实上,即便成人也不是总能正确地区分。不管怎样,儿童能逐渐认识到新闻是由现实构成的,而动画片和戏剧是虚构的——前者是需要认真思考的,后者则是一种娱乐,这是非常重要的。

有人认为,在儿童后期,传媒内容越真实,儿童的情绪参与就越深入。霍吉和特里普(Hodge & Tripp,1986)认为,这可以解释为什么儿童随着年龄的增长,其兴趣偏好就从卡通人物转向现实人物(参见表 10.1)。

表 10.1 儿童最喜欢的电视人物(Hodge & Tripp,1986)

年龄组	动画片	戏　剧	"明星"(名人)	"现实生活"(人物)
6~8	7	13	11	0
9~12	28	58	9	5

注:$N_1=31$(6~8 岁组);$N_2=100$(9~12 岁组)

(二)图式与脚本

图式(schema),是当代认知心理学的重要概念之一,指的是一种心理结构,常用以表示我们对于外部世界的已经内化的知识单元。脚本理论是 1975 年由尚克和埃布尔森(Schank & Abelson)提出来的。他们认为脚本是图式的特殊类型,它表征知识的行动程序和熟悉的重复顺序。脚本包括的信息有角色、对象、行动中事件的顺序。脚本将这些信息组织在一起,形成关于这个时间的知识单元。

一些研究者考察了儿童对电视解说词的加工理解,以及对电视故事的记忆(Lorch,Bellack & Augsbach,1987;Low & Durkin,2000;Van den Broeck et al.,1996)。这些研究表明,儿童对电视解说词的回忆跟其他传媒中呈现的故事相似(Shapiro & Hudson,1991)。如果解说词以杂乱的、不可预测的、不合逻辑的形式出现,9 岁以下的儿童往往根据逻辑推断做出错误的理解。然而,到了 9 岁,儿童就能比较好地回忆这些杂乱的解说词(Low & Durkin,2000)。这些研究发现,当事件以儿童熟悉的形式发生,能激起其有限的过去经验时,幼儿感到更加快乐。这也许能解释为什么儿童对不断重复、令人厌恶的电视广告表现得如此着迷(Palmer,1986)。这也能解释为什么儿童喜欢重复的节目片段(如主题曲)。西尔弗斯通(Silverstone,1993)认为,在儿童早期,这类重复性的片段起着一种安心和稳定的作用,儿童知道接下来将会发生什么。

霍吉和特里普(Hodge & Tripp,1986)认为,电视不是给儿童的心理注入没有价值或有害的垃圾,而是给他们提供各种丰富的推论和叙述形式。这对发展"转换能力",即将概念运用于不同情境的能力,具有积极的作用。另一位传媒学者梅尔·梅辛杰·戴维斯(Máire Messenger Davies)在研究儿童的电视使用时,提出了类似的观点。她认为儿童是以被认知心理学称为"图式"的东西来认识和理解世界的。这类图式在儿童对观念分类的理解中发挥着重要作用。

(三)广告与儿童

2006年,美国儿童节目时段的大多数广告通常是食品广告,尤其是甜食(Harris et al.,2009)。在临近圣诞节时,越来越多的广告是关于玩具和游戏的。这些广告的用意无疑是给家长施加压力使其屈服于传媒所发出的"纠缠力"。在欧洲和美国,这使人们呼吁对广告管理进行立法。的确,瑞典政府在1991年就已宣布目标为12岁以下儿童的电视广告为不合法,美国有50名心理学家在请愿书上签名呼吁禁止儿童用品广告。

对儿童进行广告宣传的行为引起了心理学家、传媒和传播专家及广告业本身的激烈争论,研究者因所涉及的立场不同分为截然不同的几个阵营。批评儿童广告的人士认为,儿童还没有形成区分广告和其他节目的认知能力,即便是12岁的儿童也可能误解广告的性质与功能。另一些人则坚持认为,儿童要比儿童心理学家想象得更成熟,而且禁止电视广告,对抵制当今社会中促进消费的其他力量不可能起到多大的作用。

瓦尔肯堡和坎托(Valkenburg & Cantor,2001)提出,儿童要经历四个阶段才能发展成为成熟的消费者。第一阶段是婴儿期(0~2岁),儿童会对颜色鲜艳的电视节目(包括商业广告)感兴趣,18个月开始会对电视广告中看到的产品提出要求。第二个阶段是学前期(2~5岁),此时儿童最容易受到电视广告的影响,往往难以抵制产品的诱惑,因此当他们的父母在商店里拒绝答应其购买要求时他们便大发脾气(即人们所担心的"纠缠力")。该研究发现,有70%的5岁儿童的父母报告说经历过这类冲突。在第三阶段(5~8岁),儿童对传媒的消费广告变得更成熟,他们已能采取一定的谈判策略跟父母商量所要购买的东西。在该阶段的后期,儿童已开始表现出购买的独立性。最后一个阶段为9~12岁,随着儿童成为批判性的传媒使用者,并日益为成人形式的娱乐所吸引时,这种独立性继续得到发展。在这个阶段,同伴影响更加突出,成人的消费形式也开始出现,如对品牌的忠诚。

派因和纳什(Pine & Nash,2002)在一项关于看电视与对圣诞老人的礼物要求的研究中,考察了儿童广告的有效性。他们发现,从儿童所观看的电视广告片的量,可以预测儿童礼品单上物品的数量;儿童看电视的时间越多,他们所要求的礼品也越多,特别是名牌产品的数量更多。研究者由此得出结论,认为广告的影响是更笼统地在儿童中产生了消费定向的、物质主义的文化。尽管这类数据可能表明广告跟儿童纠缠力之间存在着明确的关联,但要在纯粹的哪个层次上研究广告对儿童的影响仍然是极其困难的。传媒心理学必须考虑历史和社会的因素。弗纳姆等(Furnham,et al. 1998)及图罗(Turow,2001)的研究提出了跟家庭互动变化性质有关的一些因素,它对儿童跟广告的争议具有重要影响。

首先,儿童并不是仅对儿童用品提要求,如糖果和玩具。现代儿童在家庭决策中对父母的选择起着更大的影响,如假日目的地和家用汽车,甚至包括购房。

其次,正如图罗(Turow,2001)所指出的,现代家庭儿童独处的时间越来越多,广告就利用了这一点,传媒的激增使父母的中介作用更难发挥。

跟现代消费有关的第三个问题是现代家庭动力学。现在的父母孩子更少,支付能力更强,因此给每个儿童买的物品的数量不断增加。家庭的崩溃问题还常常使这些东西数量激增,离异家庭的孩子得到的玩具通常是其他孩子的两倍。

四、大众传媒对儿童的负面影响

传媒是一把双刃剑,它在丰富人们精神生活、提供诸多认识便利的同时,也会对受众特别是儿童带来一定的负面影响。

(一)传媒暴力与色情的含义

所谓传媒暴力,笼统地说就是大众传播媒介中的暴力内容和信息。大量研究认为,电视暴力对受众特别是儿童具有负面影响,其中最著名的研究当推美国公共卫生署前署长威廉·斯脱特所主持的电视与社会行为研究小组在1972年所提出的研究报告,其结论认为,观看电视节目中的暴力镜头,与实际生活情境中表现出攻击性行为有很大的关联,只是电视暴力的影响也要视儿童本身的情况而定。

跟传媒暴力一样,人们对色情传媒也往往持否定的态度。尽管2000多年前的古人就说过"食、色,性也",现代传媒中有关性描写的内容也并不鲜见,然而,人们对待色情和色情作品的态度仍充满争议,而且总体上持负面意见。

(二)心理学解释

在对传媒暴力的心理学解释中,最有影响的当属来自学习理论(Bandura,1973)的角色模仿。另外比较有影响的就是兴奋转移理论和宣泄理论。

1.模仿

20世纪60年代,班杜拉开展了"贝贝玩偶"研究(Bandura et al.,1963)。研究表明,儿童在观看成人击打洋娃娃的录像后表现出更多的击打行为。这些研究已经成为社会心理学和发展心理学教科书中讲到攻击行为时必不可少的内容,尽管它们受到了外部效度低的批评。

对电视暴力行为的模仿可能受到攻击者地位的影响。一个普遍的抱怨是,传媒对暴力的报道增加了暴力行为的魅力。如电影《天生杀人狂》的角色塑造使年轻影迷觉得暴力可以接受,甚至令人向往。一些证据表明,攻击性原型的魅力和对攻击性原型的认同程度,加深了传媒暴力的影响(Donnerstein & Smith,1997;Huesmann et al.,1984;Jo & Berkowitz,1994)。甚至有人提出,电视游戏人物也可能被儿童当作暴力角色原型(McDonald & Kim,2001)。

2.兴奋转移

模仿是从旁观者的角度来看的,研究者需要判断儿童是否对影视中的暴力内容做出击打贝贝玩偶的反应。然而,要考察儿童对同一刺激的生理反应,其歧义要少得多。显然,一部激动人心的影片会使人心跳加快、血压升高、皮肤电导率增加。通过实验检验这一影响要比检验模仿行为容易得多。因此,有大量的实验研究考察观看暴力片的短时反应是毫不奇怪的,而且总体上都说明暴力传媒跟随后的攻击行为之间存在着正相关(Paik & Comstock,1994)。

兴奋转移能很好地解释跟传媒相关的暴力行为吗? 这主要取决于传媒影响持续的时间。如果电影暴力产生的肾上腺素在两个小时内便消退了,那么它就不能解释跟《发条橙子》有关的暴力事件,因为该影片中的暴力被限制在最初的 15 分钟,而影片总长有 136 分钟。然而电影放映期间未有观众暴力行为的记录。齐尔曼等(Zillmann et al.,1986)在一项关于故事情节的研究中,提出了一些有趣的证据,说明观看暴力影片将导致人们将暴力作为解决冲突的手段。然而,由于缺乏采取攻击性措施前的测量数据,因此很难在该研究中建立因果关系。

3.宣泄

弗洛伊德认为人来到世上便有一组"原始冲动",因此需要"宣泄"。随着历史的进展,文明社会已发展起许多更精致的释放这些冲动的出口,包括艺术表现。持宣泄观点的研究者认为,观看暴力节目对受众具有宣泄效果,通过对虚构攻击性行为者的认同,受众的暴力倾向因代理表达得以解除。这是反向的兴奋转移,即观众带着被压抑的攻击性来到电影院,然后带着心满意足和平静的心情离开。

实证研究很少能支持宣泄假设,因为实验室中的传媒暴力往往是不可预测的,而且不是参与者主动选择的。几乎没有研究设计用来调查传媒暴力的宣泄效果,然而根据兴奋转移研究提供的证据也不足以拒绝该假设。

对暴力传媒日常使用的研究还不多,但在有关长期使用传媒的日记研究中发现,成年男子在压力较大时会观看更多的暴力传媒(Anderson et al.,1996)。一种解释是,对屏幕暴力的宣泄效果只在符号水平上起作用,特别是观看动画片的儿童。在一项非同寻常的研究中,通过观察儿童看电视时的面部表情,拉格斯佩兹等人(Lagerspetz et al.,1978)发现,尽管成人对攻击和暴力具有明显的不安,但儿童对动画片人物的暴力行为的反应只是单纯的快乐。这项发现跟贝特尔海姆(Bettelheim,1966)的理论是一致的,该理论认为暴力神话故事在儿童时期具有治疗作用,可净化儿童的原始欲望。然而,他塔(Tatar,1998)认为,儿童对暴力的诉求主要在于暴力叙述的性质——儿童对叙述中"过多的超现实主义"做出愉快的反应。也有人认为在这类材料中存在着符号性的东西,儿童对暴力动画片的诉求在于他们对失败者的认同,因为他们在屏幕上战胜了身体更强大的攻击者。这种认同处在比喻的层次,将同情人物作为儿童,而将对手看作成人。

在解释传媒暴力的心理机制方面,除了上面几种比较有影响的理论外,还包括态度改变理论、脱敏理论等。态度改变理论认为,传媒暴力可能通过改变受众对暴力的态度,从而影响其行为。研究表明,看暴力节目多的儿童,会认为暴力行为是普遍存在的。儿童接触的暴力节目越多,越容易采取肯定攻击性行为的态度。脱敏理论则认为,过多地接触暴力传媒,会使人对暴力产生麻痹,因而降低了发生实际暴力行为的概率,也即暴力传媒对受众的影响随时间而减弱。

正视大众传媒的负面影响是采取有效措施控制其消极面的前提和基础。在传媒异常发达的今天,随着电视、互联网等在家庭中的普及,儿童更早地、更多地接触社会,我们再也无法将他们从成人的真实世界中隔离开来。每一种新传媒的出现,都使我们增加了一种新的生活资源,使我们的生活更加方便和丰富。我们认为,媒体对儿童的消极影响并不在于媒体本身,而在于媒体被运用的方式。儿童并不是完全被动地使用传媒,也不是生活在单纯的某种传媒环境中,传媒对儿童的影响是儿童的传媒偏好与其所处的社会环境共同作用的结果。对广义的暴力和色情传媒来说,其作用并非都是否定的。从暴力和色情传媒对人的影响来看,它也并不是万能的。有研究表明,人们往往高估传媒对其他人的影响,尤其是对那些社会阶层和教育水平较低的人,特别是儿童的影响。相反,传媒对自身的影响,以及对同一社会集团成员的影响,往往被低估了(Duck et al.,1999)。

第二节　青少年受众心理

根据大英简明百科,青少年是介于青春期(puberty)与成人期(adulthood)之间的过渡时期(12~20岁)。在这期间他们开始脱离父母独立,但仍欠缺一种明确的社会角色定位。因而青少年(teenagers)是指从儿童阶段过渡到成人的情绪高涨和充满压力的特定时期的人类个体的总称。

一、青少年的心理发展特征

(一)认知心理特征

认知是人脑反映客观事物的特性与联系,并揭露事物对人的意义与作用的心理活动。随着年龄的增长、身体和智力的发育、生活阅历的丰富、实践能力和范围的提高,青少年在认知心理方面呈现以下特征:

(1)抽象逻辑思维能力有了提高,开始对社会事物产生怀疑。

(2)青少年的社会互动与自我认知能力进一步提高,自我建构越来越清晰。

(3)青少年期虽然个体的自我意识显著提高,但也可能出现偏差,导致抑郁、自杀、冒险行为等。

(4)学校、同辈群体与大众传媒等社会文化环境对认知发展的作用更加明显。

(二)青少年的情绪情感特征

从生理学上看,青少年是儿童向成年人过渡的时期,在这一时期,身体的发育和心智的尚欠成熟成为左右他们的情感内蕴和情绪外显模式的重要因素。

(1)青少年的情感和情绪日渐成熟和稳定,自我情绪调节和控制能力趋于提高。

(2)情感的内容越发丰富、深刻。

（3）与成人相比，青少年的情感还比较敏感和脆弱。

（三）青少年的个性心理

个性是指一个人在其生活、实践活动中经常表现出来的、比较稳定的、带有一定倾向性的个体心理特征的总和，指一个人区别于其他人的独特的精神面貌和心理特征。具体表现在气质、性格、智力、意志、情感、兴趣、爱好等方面。

（1）青少年个性千差万别、精彩纷呈。
（2）个性多变，尚未稳定。
（3）相对于儿童期和成人期，青少年的个性较为叛逆。
（4）自尊与自卑交织。

二、青少年受众的媒介接触特征

（一）受大众传媒传播方式影响，青少年易产生"媒介依赖症"

"媒介依赖症"的典型症候，表现为过度沉湎于媒介接触而不能自拔，价值和行为选择往往从大众传媒或媒介人物中寻找依据；满足于媒介所建构的虚拟社会的互动而回避现实的社会互动；孤独、自闭的社会性格等。（郭庆光，1999）现代青少年多多少少呈现出"媒介依存症"的个别特征，也提示着家庭和学校教育方式的改进。

（二）控制能力弱，易导致"网络成瘾症"

心理学家布伦纳（Brenner，1997）的研究显示，网络依赖行为和年龄、受教育程度有很大相关性，但与性别和种族关系并不大，青少年尤其容易成为网络成瘾的高发群体。网络成瘾者的非适应性认知特征非常明显。首先，他们对网络有一种"家"的感觉。网络世界让他们觉得舒适、温暖和安全，在网络世界里才能随心所欲地表现真正的自我。其次，网络给上网的青少年带来现实生活所无法给予的迥异体验，从而形成一种不合理的信念，即认为网络是其生活中不可或缺的一部分，甚至高于生命。最后，他们会以网络的处理方式来解决现实中的问题。例如，游戏痴迷者通过网络游戏中习得的消灭对手的方式来解释现实人际关系中的冲突与对立，明星粉丝通过沉浸在网络社区，加入"应援团"来获得被群体接纳的快感。

（三）媒介接触行为与偏好受外界环境影响大

首先，青少年的家庭背景会影响青少年的媒介接触行为。家庭处境不顺或者与同学关系不融洽的青少年倾向于观看打斗暴力场面多、富于刺激性的节目，而且主要从冒险情节或场面的紧张感中得到"满足"；而那些伙伴关系融洽、享受家庭温暖的青少年则更喜欢看一些轻松、快活、有趣的节目，而且在观看的同时，往往还联想式地把节目内容应用到与伙伴们的游戏之中。其次，青少年的媒介接触行为受同辈群体的影响较大。在对媒介产品中的人物或事件的态度上，青少年往往会屈服于群体压力与同伴保持一致。最后，青少年的媒介接触行为受偶像的影响较大，容易受到媒介精英的心理控制。

(四)青少年对电视人物的行为与处事方式的模仿性强

社会心理学创始人塔尔德(Tarde)认为,一切社会事物"不是发明就是模仿",而纯粹的发明是少之又少,人类大量的行为是模仿,它是人类最基本的社会现象。模仿也成为青少年社会化过程中习得他人经验和生活方式的重要手段。

三、大众传媒与青少年偶像崇拜

大众传媒提供了大量的人物形象,并成为青少年偶像崇拜的来源之一。

(一)青少年偶像崇拜的特征

自20世纪80年代以来,我国关于青少年偶像崇拜规模最大的调查是"浙江农村青少年大众文化接触及影响实证研究",课题组于2005年就"你的偶像是谁、你为什么喜欢他(她)、你换过偶像吗、换过几个偶像、大约几个月换一个偶像"等问题,对近5000名浙江省中学生进行了偶像崇拜的情况调查,部分结果如下。

1. 大众传媒对中学生的偶像崇拜影响巨大,媒介人物是中学生偶像的首选

数据显示,选择媒介人物作为自己偶像的中学生占了92.58%,而将现实人物选为偶像的中学生只有6.87%(参见表10.2)。

表10.2　浙江省中学生偶像类型(葛进平等,2006)

类型	男生		女生		农村		城镇		合计	
选择	频次	比例	频次	比例	频次	比例	频次	比例	频次	比例
明星	1769	81.56	1767	73.84	2466	78.31	1070	75.7	3536	77.51
超女	33	1.52	239	9.99	190	6.04	82	5.8	272	5.96
杰出人物	69	3.18	84	3.51	102	3.24	51	3.61	153	3.35
政治人物	76	3.5	50	2.9	74	2.35	52	3.67	126	2.76
父母	42	1.94	79	3.3	84	0.27	37	2.62	121	2.65
自己	61	2.81	32	1.33	49	1.56	44	3.11	93	2.34
传媒和IT业人员	43	1.98	45	1.88	62	1.97	26	1.84	88	1.92
虚构人物	30	1.38	32	1.33	37	1.12	25	1.77	62	1.36
亲属	8	0.37	24	1	26	0.83	6	0.43	32	0.7
老师	14	0.65	17	0.71	24	0.76	7	0.5	31	0.68
其他	11	0.51	14	0.59	17	0.54	8	0.57	25	0.55
同学	13	0.6	10	0.42	18	0.57	5	0.35	33	0.5
合计	2169	100	2393	100	3149	100	1413	100	4562	100

2.青少年的偶像崇拜存在显著的性别差异

从性别比较来看,男生在明星崇拜、政治人物崇拜、自我崇拜上比例较女生要高,而女生在"超女"崇拜、杰出人物崇拜、父母崇拜、亲属崇拜上比例较男生要高。

3.青少年的偶像崇拜存在一定的城乡差别

从城镇与农村的比较来看,崇拜政治人物、父母、自我、虚构人物方面城镇中学生比例要高于农村中学生,而在明星、亲属、老师和同学的崇拜上农村中学生比例要高于城镇中学生。

4.从中学生崇拜的具体对象看,男性偶像占了压倒性多数

从中学生崇拜的具体对象的排名看,男性偶像占了压倒性多数。

5.中学生的偶像崇拜体现出对泛中华文化的认同

从排名前20位偶像的国家(地区)来看,除姚明、周笔畅、李宇春和刘亦菲四人来自中国大陆,以及麦克格雷迪是美国职业篮球联赛(NBA)明星外,其余均来自中国台湾和中国香港,以及东南亚等华语区。这说明"文化认同"是文化全球化和媒介全球化的重要制约因素。

6.狂热偶像崇拜现象不容忽视,女性更容易对异性崇拜对象产生浪漫式依恋

在该研究深度访谈的103名对象中,有9人是狂热的偶像崇拜者。其中一位是贝克汉姆的狂热崇拜者,搜集大量的海报贴在她的房间,准时收看贝克汉姆所在曼联队的比赛,后来发展到在媒介上看到贝克汉姆的绯闻就气愤,喜欢他的儿子却讨厌他的妻子,希望与其近距离接触。还有一名是韩国影星李俊基的崇拜者,为了今后有机会和偶像见面,决定大学报考新闻专业,以后从事娱记职业,甚至一年前就开始学习韩语,并节衣缩食攒钱打算三年之内去韩国看一次李俊基。这9名狂热崇拜者均为女性,并且迷恋的偶像均为异性。美国学者亚当斯-普赖斯和格林(Adams-Price & Greene,1990)曾把对偶像的依恋分成两种,即浪漫式依恋(romantic attachment)和认同式依恋(indemnificatory attachment),前者是希望成为偶像的恋人,后者是希望成为偶像那样的人,此次调查发现女性更容易对异性崇拜对象产生浪漫式依恋。

(二)青少年偶像崇拜的动机

"浙江农村青少年大众文化接触及影响实证研究"课题组在深度访谈中考察了中学生偶像崇拜的动机和借此获得的满足,包括实现自我认知、消除对社会孤立的恐惧、建立和谐关系、弥补感情饥饿、"代理"自身的愿望、逃避现实压力、获得审美享受等,在此结合心理学、社会学相关理论,对青少年的偶像崇拜动机做简要探讨。

1.基于模仿机制的偶像崇拜

法国社会心理学家加布里埃尔·塔尔德(Gabriel de Tarde,1843—1904)在他的著作《模仿的法则》中指出,个人和群体,都具有双重的心理倾向:一方面不断地追求特立独行;另一方面又模仿他人,唯恐自己被潮流遗弃,被群体孤立。同济大学法国研究中心教授高宣扬(2006)认为,在流行文化的追求中,存在着一种"羊群心理",即群体成员对群体存在着相当大的依赖性,对于自己的命运消极等待,渴望着群体中出现"救世主"或"超人"来引导潮流,从而能以最省力、最经济、最便捷的方式获得指引。

班杜拉的社会学习理论(social learning theory)告诉我们,人类许多学习行为的发生,

除了个人的亲身经验外，大都是由于观察他人的行为所产生的"替代性学习(vicarious learning)"效果，也就是所谓的"示范"作用。较之亲身的示范行为，班杜拉认为，媒体所营造的符号环境示范作用可能更大。班杜拉将个体在观察学习时对社会情境中某个人或团体行为学习的过程称为模仿，模仿的对象则为楷模，楷模可分为榜样和偶像，前者是指教育者给学生树立的那个对象，后者指学生主动寻求的模仿对象。偶像崇拜是一种以人物为核心的社会学习和依恋，与其相对应的是以人物特质(如道德及其外化的行为)为核心的社会学习与依恋，即榜样学习。过去青少年的模仿榜样是时代先进人物，而当代青少年的模仿对象则日趋多元化。

2.基于群体机制的偶像崇拜

在个人主义与自由主义意识较为浓厚的西方社会，人们总是试图避免与他人同流，尽力追求个体的特性和优越。但一系列实验也证明，融入群体过程越困难，融入群体的个人参与者越倾向于选择与所处的群体保持同一性。社会心理学家拉达内提出的"社会影响理论"，指出人们有三大因素决定着个人接受外来影响的程度：一是周围群体的"强度"；二是周围群体与个人的亲密性；三是周围群体的人数。强度和亲密性越大，与群体的一致性、雷同性和类似性就越强。在数量方面，其影响方式就显得更为复杂。流行文化从来都是靠它的群众性和强制性而取胜的，女性青少年对"超女"的崇拜可能有这方面的原因。

3.基于时尚消费心理机制的偶像崇拜

偶像崇拜有不同的动机，其中之一就是大众媒介广告将明星与某种生活方式、生活态度和生活用品，包括休闲、娱乐、打扮、姿态、随身物等物化的、动作化和程式化的符号联系起来，认同、崇拜某一明星就等于认同了某种生活态度与生活方式。如耐克广告中的 NBA 战神乔丹形象与"想做就做"(just do it)的生活态度，就等于认同了乔丹和这种生活态度，认同了与乔丹有联系的商品与符号；周杰伦的音乐风格与舞台形象给人含混不清、耍酷、放荡不羁，骨子里却是深沉、温柔、孝顺的邻家男孩的形象。认同了周杰伦的语言、姿态、表情、动作和穿衣风格，就认同了这种混杂不清的生活态度，消费他们的音乐、服饰、海报，就是消费这种生活态度和生活方式。

但是明星的身体成为偶像或者成为青少年的消费品却是大众传媒精心策划的，这种消费心理机制的形成，离不开大众传媒对明星的包装及商业运作过程。大众传媒将身体中的某些性感、美丽、健康、叛逆、酷的部位与知名的品牌或某种生活方式联系起来，赋予这些品牌的消费品性感、美丽、健康、叛逆、酷等含义，成为一种具有象征意义的符号。它在潜意识里告诉青少年，要想拥有与某些明星一样的性感和魅力，就必须使用同样的品牌、喜欢同样的歌曲、选择同样的生活方式。

正是由于明星的身体被赋予了某种象征意义，在消费社会里，不间断、高频度地创造这些符号就成为大众传媒与广告商合谋算计青少年消费者的目标，因此不断有新的名词、概念、品牌、口号被发明，旧的明星不断地被新的符合传媒和广告商意图的新明星替代，流行的周期越来越短，而青少年对某一明星的崇拜的终结是从对另一位明星的崇拜开始的。调查数据表明，浙江省中学生人均更换过 3.79 个偶像，男生为 3.71 人次，女生为 3.84 人次。偶像更替的频繁从一个侧面验证了偶像崇拜更像是一种对流行符号的消费行为。

4. 基于快感生产机制的偶像崇拜

有一种观点认为青少年偶像崇拜源自对社会强加于他们的规范的抵制心理，如对麦当娜和迈克尔·杰克逊的崇拜。菲斯克认为大众的快感以两种方式运作：躲避（或冒犯）与生产。许多大众特别是年轻人的快感（他们可能是动机最强烈的逃避社会规训的人），会转变成过度的身体意识，以便生产这种狂喜式的躲避——躲避社会规范对他们行为举止的约束。

大众的快感有时候是从影视文本中生产出自身的意义。菲斯克以《第一滴血》的影视欣赏为例，发现它是生活在澳洲中部沙漠地区的原住民最为喜欢的电影之一，原因在于他们能从电影文本中创造出属于自己的意义。在他们看来，主人公兰博是第三世界的代表，与白人官方阶层进行斗争，这种意义的解读显然与他们对白人、后殖民父权主义的体验有关。这种意义生产所具有的活力，在于维护了那些在差异结构中处于弱势地位的亚文化的权利与认同。与此类似的是2005年的"超女"比赛中，平民偶像李宇春打破传统规范的穿着、舞台形象和行为方式被崇拜者从反父权制话语方向加以解读。

5. 基于身体狂欢的偶像崇拜

青少年偶像崇拜的表现之一是以"嘉年华"式的"节日"狂欢为基本模式，如歌星的见面会、"超女超男"和梦想中国的录制现场、摇滚演唱会等等。俄国文学评论家巴赫金认为，"嘉年华"的一个重要特点是不把表演者和观众区分开来，严格地说，嘉年华既不是被注视或被观看的，也不是被演出或被表演的，因为它的参与者是活生生地活动于其中的。所有对普通人的日常生活进行干预和限制的力量，诸如法律、规范、禁忌等，都在嘉年华中被悬置起来而失去了效力。日常生活中的等级结构及社会生活中延伸出来的不平等关系，都被排除在嘉年华之外。人们在嘉年华中完成了自己与各种枷锁、限制和规范的决裂，将"神圣"与"世俗"、"崇高"与"低俗"、"伟大"与"渺小"、"智慧"与"愚蠢"等一切相互对立的东西，彻底清除在嘉年华的欢乐之中。巴赫金认为，一切官方和"标准"文化的重要特点，就是充满着暴力、禁忌和限制，以"严肃"为基本特征，将文化创造中的精神自由压抑得一干二净。摇滚乐就是一种嘉年华式的盛会，对摇滚歌星（如披头士乐队、滚石乐队和20世纪80年代以崔健为代表的摇滚乐队的歌手）的崇拜，反映了青少年对生命热情高涨、渴望自由、对现实的痛苦，通过身体有节奏的摇摆而脱离社会规范压抑和意识形态控制的心理。

第三节　成年受众心理

从生物学的角度看，成人期是指生理和智力都充分发育成熟后的人生阶段，一般认为20或21岁为成年早期的起点，40岁以后为中年期，60岁以后为老年期。

一、成年受众的心理特征

（一）成年人的认知心理特征

关于成年人认知心理特征的研究是伴随着成人教育理论发展的副产品。1968年，波士顿大学的教育学教授马尔科姆·诺尔斯(Malcolm Knowles)提出了成人教育学(andragogy)的全新概念,并对成年人的认知特点提出了五个基本假设:①具有独立的自我概念,能够引导自己的学习;②积累了丰富的生活经验,这些经验是其后期学习的资源;③具有学习需要,这些需要与改变自我的社会角色密切相关;④以问题为中心,希望能立即运用自己所学的知识;⑤学习为内在因素所驱动,而非外在因素。尽管有批评者认为诺尔斯的假设忽视了成年人学习的社会背景和环境因素,但总的来说,诺尔斯的理论系统地揭示了成年人认知的特点,他本人也因此被尊为美国的成年人教育之父。(王海东,2007)

(二)成年人的情感特征

成年人意志坚强,善于控制自己的情感。同时,成年人也具有依恋情感。不同依恋类型的成年人在面对压力事件、亲密关系和情绪记忆时在情感体验与调节等方面表现出差异。

成年人对自己所喜爱的明星或主持人也存在着某种情感依赖,"媒介熟人"的陪伴可以纾解他们白天的紧张情绪或现实中紧张的人际关系。

(三)成年人的个性心理

独立、成熟、自信是成年人的个性特点。这些个性特点来源于成年人自我同一性的形成。成年期成熟的思维和行为方式较好地形成了自我同一性。但埃里克森相信,成年期的角色认同仍然是一个问题,当成年人个体面临严重的挫折,如失业或失去至亲,都有可能迫使他们评价他们先前所做的同一性选择。

二、成年受众的媒介接触特征

成年人认知的目的性、情感的可控性与自我认同的同一性,成年人所承担的社会责任及所扮演的社会角色,使得成年人的媒介接触行为表现得较为理性。但成年人的媒介接触行为无法脱离他们所处的社会环境、群体环境和文化因素,这使得成年人在媒介接触心理上呈现出不为人所熟知的特征。

(一)成年受众的媒介接触有较为明确的实用性动机

2006年寒假期间,浙江传媒学院23名同学在葛进平、章洁、马健、方建移等教师指导下,采用滚雪球方式,对浙江省农村成年用户进行了有关媒介接触的问卷调查,回收有效问卷1031份。调查显示,"关心国家大事""获取知识和信息""娱乐消遣休闲"是浙江农村受众收看电视的三大动机,分别占44.2%、40.1%和38.4%。农村受众将"关心国家大事""获取知识和信息"作为收看电视节目的最主要动机,说明当代农民已不再是只问耕耘不问世事、被动接受信息的自给自足的农民,大众传媒应把他们定位为具有公民意识、权利意识、市场意识和政治参与意识的社会主义新农民。这说明成年受众的媒介接触动机明确,具有较强的选择性接触机制。

(二)成年受众的媒介接触心理受人际关系和社会属性影响

在20世纪40年代以前,受"魔弹论"和"皮下注射论"的影响,人们相信大众传媒对受众的影响就像子弹击穿靶子或者对人们直接进行试剂注射一样直接有效。然而自 1940 年美国传播学者拉扎斯菲尔德(Lazarsfeld)等人在俄亥俄州所做的伊里县调查以来,学者们发现成年人的媒介接触行为事实上受到人际关系和所属社会群体规范的影响更深。

为了调查大众传媒对政治选举活动的影响,研究者在伊里县的登记选民中挑出 4 个小组,定期对他们进行访问,以确定哪些因素最大限度地影响了选民的投票决定。结果发现,整个选举过程中实际上只有 8％的选民从支持一位候选人转向支持另一位候选人,"在影响选民的投票决定方面,人际接触的影响似乎不仅比大众媒介更经常,而且更有效"(Katz,1957)。

随后拉扎斯菲尔德等人以社会经济地位、宗教信仰和城乡差别为指标对选民进行了既有政治倾向指数(IPP 指数)分析。结果发现,公众的社会群体归属对投票行为产生了相当大的影响。不仅如此,他们各自的社会属性还使他们选择性地接受大众传媒的宣传,并且选择性地接受其他人的影响。

在伊里县调查的基础上,研究者们提出了"两级传播"假说。他们推论在影响选民投票的人际传播中,有些人起到了"意见领袖"的作用,"意见领袖"将他们从大众传媒中得来的第一手信息,连同他们自己对其意义的独特解释一起传播给那些媒介接触度、知识水平和兴趣度较低的人。因此研究者认为:"观点经常从广播和印刷媒体流向意见领袖,然后再从他们流向了不太活跃的人群。"(Lazarsfeld et al.,1948)这是他们对"两级传播"假说的正式表述。

后来,拉扎斯菲尔德和卡茨等人测试了"意见领袖"与"两级传播"在时事、购物、时尚等其他领域是否存在,结果发现不仅在政治投票领域,以上两种传播机制也在时事、购物、时尚等领域影响着大众传媒的传播效果。

(三)成年受众的意见表达受到大众传媒所制造的"意见气候"的影响

在 20 世纪 70 年代初德国学者伊丽莎白·诺埃尔-诺伊曼(Noelle-Neumann,1973,1980)在论文《舆论——我们的社会肌肤》中提出"沉默的螺旋"假设之前,人们一直相信舆论的形成是公众对公共议题进行理性且充分讨论的结果。然而诺伊曼 1965 年在对联邦德国议会选举的考察中发现,舆论事实上并非公民理性讨论的结果,相反舆论的形成离不开心理机制的作用。竞选过程中社会民主党与基民盟－基社盟联合阵线的支持率一直相持不下,但在最后投票之际却发生了选民的"雪崩现象"。她发现,由于对"周围意见环境的认知"所带来的压力,选民对获胜者的"估计"发生了明显的倾斜,导致许多人最终改变了投票对象。

对此她做出的解释是,当公众围绕有争议的社会议题讨论时,群体成员在观察"意见气候"后发现自己的观点属于优势意见时,才会倾向于大声疾呼,反之为了避免受到群体孤立的惩罚而倾向于沉默或者附和。这样,劣势意见的沉默会造成优势意见的增势,而优势意见的强势又反过来迫使更多的人趋于沉默,从而形成了沉默呈螺旋式上升的趋势,最终导致"公开"的意见——舆论的诞生。

在此过程中,大众传媒以三种方式影响"沉默的螺旋"的产生:①对何者是主导意见形成印象;②对何种意见正在增强形成印象;③对何种意见可以公开发表而不会遭受孤立形成印象。由于大众传媒的信息传播具有遍在性、共鸣性和累积性,即使它所提供的意见并非多数人的意见,或者只代表了社会上活跃的少数人的意见,但社会成员往往将它视为"意见气候"

加以判断,因而大众传媒的公开报道成为公众舆论产生的重要机制。如果意见气候与个人的意见相左,则人们会继续保持沉默,而保持沉默的驱动力是害怕受到群体孤立的趋同心理机制。

(四)成年受众对大众传媒内容的多元解读

在阅读过程中,由于文本只是一个不确定性的"召唤结构",存在着意义的空白,任何文本都是一个充满各种潜在因素因而有待于读者在阅读活动中加以具体化的结构,读者将根据自己的经验、知识、价值观等对文本的意义加以填充和再构建。作品意义在读者与文本的"对话"中生成,因而文本的意义是开放的、不确定的,处于无限的对话之中。

文本空白表现在文本片段、句子衔接、选择的差异中,读者会提供上述地方缺失的任何内容,并形成期待,等待接下去的阅读去证实。阅读是一种充满期待和等待回应的过程,如果阅读证实了读者的期待,进一步的阅读会在此处开始。如果阅读后的意义与期待不相符,人们会修正原先的期待,使阅读继续。在句与句、段与段、章与章、镜头与镜头、情节与情节、集与集等之间,每一处变化和进展都留下空白等待读者去填补,填补同时也成为读者的一种创造和乐趣。这种填补行为对读者也是一种刺激,与文本共建意义的刺激。

正是利用了填补式的阅读和流动的期待,电视剧和娱乐节目采取了一些控制受众的策略:①电视连续剧的延长"空白策略"。现在的电视剧留白策略比起原来在每一集的最后走向一个小结局,更倾向于在每一集的中间来一个小结局,再发展下一个情节,在下一情节发展到高潮处也是该集电视剧结束的时候。这种策略性中断使受众的好奇心延长,每一集与下一集的空隙对于提高观众的兴趣是重要的,观众会在集与集的空白处评价人物的行为、讨论他们的命运、发表自己的看法,等待下一集印证他们的期待,因为观众会在填补空隙的过程中获得满足和乐趣。②娱乐竞猜节目增加"流转的期待"频率策略。所谓"流转的期待"是指阅读是在读者的预设观点和正文的回应之间周期性地交替进行的。正文不断地回应预设,同时又产生新的预设信息。当回应与预设一致时,阅读进入下一个预设;不一致时,读者调整预设,以便跟进正文。这种预设与回应的交替在娱乐竞猜节目中的应用非常频繁,增加了节目的刺激性和吸引力。

三、社会分层与大众传媒对成年受众的影响

在消费社会,人们的社会分层从生产领域被引至消费领域。现代人的消费动机已经超越了追求物的有用性本身,而是对物的象征意义如社会地位、阶级趣味和个人品位的消费。

(一)符号消费与社会分层

"消费社会"是法国哲学家让·鲍德里亚(Jean Baudrillard)的一大发明。他发现,物质本身的消耗并不是现代人消费的本质动机,对商品的符号价值的消费才是当代人消费的实质。在鲍德里亚看来,当消费与某种社会地位、名望、荣誉相联系时,就是符号消费。任何一种商品都具有彰显社会等级和进行社会区分的潜在性,这就是商品的符号价值。一件商品越是能够体现其拥有者或使用者的社会地位或声望,其符号价值就越高。因此,符号价值的消费,实际上已经成为社会成员之间的社会地位差异和社会关系的表征。

（二）夸示性消费与社会分层

鲍德里亚的另一个概念是"浪费"。个人只有在浪费时，或者在必需品之外有剩余可供使用、消费或挥霍时，"才会感到不仅仅是生存而且是生活"。鲍德里亚的"浪费"的概念与社会学家凡勃伦（Veblen）在 20 世纪初提出来的"夸示性消费"有某种内在的联系。鲍德里亚认为浪费远远不是非理性的、疯狂的或精神错乱的行为，它具有积极的作用。在生产力发达的社会，浪费以其独特的功用代替了以往理性消费的用途，它甚至作为消费社会的核心功能而发挥作用——"支出的增加，以及仪式中多余的'白花钱'竟成了表现价值、差别和意义的地方"。

（三）大众传媒在社会分层中的"神话制造"

大众传媒广告是如何激发人们的深层动机的呢？法国符号学家罗兰·巴特（Roland Barthes）是把符号学引入消费文化研究的先驱，他在《神话：大众文化诠释》一书中，对食品、时装、玩具、摄影等日常消费文化进行了符号学的"解魅"。符号学的创始人索绪尔将符号的意义分为"明示性意义"与"暗示性意义"两种。巴特所谓的大众传媒特别是广告文化制造媒介"神话"，就是通过混淆"明示性意义"与"暗示性意义"的区别，使原本属于暗示的、不确定的、文化的、外部强加的意义，在人们消费商品的过程中，转化为明示的、确定的、自然的性质，并且为消费者所自然接受的心理过程。

J.威廉姆斯曾经通过对一则法国香水广告的分析来说明这一过程。在这则广告上有两个形象，一瓶香奈儿 5 号香水和法国著名影星凯瑟琳·德纳芙（Catherine Deneuve）的肖像。在当代法国社会，德纳芙是高贵、优雅的古典美的象征，是法国女性美的典范。广告中，香水和肖像所指代的明示性意义是真实的香水和现实生活中的德纳芙本人。但广告的潜台词即"暗示性意义"却是：只要你使用了香奈儿 5 号香水，你就能拥有德纳芙一样的高贵和优雅。也就是说，从符号学的观点来看，香奈儿 5 号与德纳芙之间原本没有必然的联系，两者的关系完全是人为的、任意的和强加的。但是这则广告却使这种人为的关系变成了香水的一种自然属性。大众传媒就是这样通过"符号神话"的制造，赋予商品以某种象征性的含义，使人们心甘情愿地通过商品的消费来获得某种意义。

真实的社会分层事实上是由人们在生产中的地位决定的，如资本家、管理层、办公室白领、蓝领工人等。J.威廉姆斯在批评广告的意识形态效果时指出，在当代西方社会，人们之间的区分仍然是由其在生产过程中的地位决定的。但在广告中，真实的社会结构被掩盖了，人们之间的阶级区分被模糊了，取而代之的是由消费某一商品带来的等级区分。

除了大众传媒广告外，时尚杂志也刺激了人们的消费欲望，它们将人们塑造成某类人群，如白领、小资、中产阶级、SOHO 一族等，再向自我归类的人群提供象征性的符合其身份和趣味的消费品，使得社会分层进入了日常生活领域。如英国传播学者安吉拉·麦克罗比（Angela McRobbie）认为，后现代社会是一个被大众传媒控制的社会，女性尤其容易被大众传媒控制。这些杂志已成功地将女性的欲望与快乐转换到消费主义当中，女性的希望与快乐都要经由消费才能得到完成。

第四节 老年受众心理

传播学者陈崇山（2000）将老年受众界定为年龄在 60 岁以上、通过大众传播媒介接收和接受信息的人。根据国家统计局公布的 2018 年经济数据，截至 2018 年底，我国 60 周岁及以上人口占总人口的 17.9％，达到了 2.49 亿，不均衡且交叉分布在报纸、广播、电视及网络等大众传播媒介的受众中。

一、老年受众的心理特征

老年期是人生历程中最后的、颇具特色的然而又是相对被研究较少的时期。生理上的退化、年龄的增长及生活条件的改变，导致老年人心理上产生一系列变化。当然由于地域差异、文化差异、年龄差异、经济差异等，老年受众的媒介消费存在很大的个体差异，本节只讨论共性的部分。

（一）老年受众的认知心理特征

和其他年龄段受众群相比，老年人的思维从较少依赖一般社会模式、价值观和期望，转到更多依赖自身特有的内在情感、动机和价值观。

1. 智力有所减退，但并非全面减退

智力与年龄之间的关系非常复杂，目前仍有许多问题处于"黑箱"状态。大量的研究得出了一个大致相同的倾向：就一般人的普通智力而言，人的智力在 20 岁以前是迅速发展的上升期，之后便逐渐减退。

A. E. 琼斯（A. E. Jones）和 A. S. 康拉德（A. S. Conrad）于 1933 年对 10～60 岁的 1191 名被试进行了美国陆军的 A 式（言语性）测验，发现人的智力分数（即 T 得分）到 16 岁左右几乎是直线上升的，在 19～21 岁达到最高水平，之后便开始下降，在 55 岁时智力年龄下降到 14 岁的水平。迈尔斯夫妇（C. C. Miles & N. R. Miles）对 7～92 岁的 832 人进行智力测验，结果指出，18 岁时智力达到最高点，50 岁时智力下降到 15 岁的程度，一过 80 岁，智力便急速下降。

老年人的智力衰退，主要表现为记忆障碍、思维固执、注意力难以集中，概念学习、解决问题等思维能力也有所衰退。但思维的成分和特性十分复杂，由于老年人知识经验丰富，思维的其他特点如思维的广阔性、深刻性等，往往比儿童、青少年强。而且，生活现实和研究表明，老年人的思维存在着明显的个体差异，即有的老年人思维显著衰退，而有的老年人却仍能表现出较高的思维水平。教育就是影响这种差异的一个重要原因，这表现为高学历老年人的认知功能好于低学历老年人，并且高学历老年人认知功能的减退进程较低学历老年人缓慢。（李德明等，2004）

2. 流体智力与晶体智力

卡特尔和霍恩（Cattell & Horn）于 1967 年将智力分为"流体智力"和"晶体智力"。流体智力是指思维的速度、熟练程度和短时记忆,晶体智力指一般的推理能力、语言能力和经验评估。

流体智力是以神经生理为基础,随神经系统的成熟而提高,相对不受教育与文化的影响,如知觉速度、机械记忆、识别图形关系等;晶体智力是通过掌握社会文化经验而获得的智力,是指如词汇、言语理解、常识等以记忆贮存的信息为基础的能力。在青少年期以前,两种智力都随年龄的增长而不断提高。随着年龄的增长,人们的流体智力会逐步下降,但晶体智力下降并不明显,保持着相对的稳定。

(二)老年受众的情感特征

老年人离开工作岗位的同时也远离了社会生活,加之现代社会空巢家庭的大量出现,老年人的情感特征发生了较大变化。

1.容易产生消极情绪和情感

人到老年,由于生理的老化、社会交往和社会角色地位的改变,以及心理机能的变化,老年人比较容易产生诸如冷落感、孤独感、疑虑感、忧郁感、老朽感等不满情绪。特别是生活中的突发事件,诸如各种"丧失",包括社会地位、专业、健康、容貌、配偶、子女等的丧失,会成为老年人情绪体验的重要激发事件。

2.情感体验深刻而持久

由于老年人中枢神经系统内发生生理变化及内稳态的调整能力降低,情绪一旦被激发就需要花费较长的时间才能够恢复平静,因此老年人情绪体验时间比较长。同时,在漫长的生活中,老年人形成了稳固的价值观和较强的自我控制能力,情绪和情感一般不会轻易因外界因素的影响而发生起伏波动,情感表达含蓄深沉。但是另一些研究也表明,老年人情感的质量对老年生活的影响更加重要。

3.心境随增龄而趋于平静

上海零点市场调查公司在7个城市进行分层随机抽样调查的结果显示,我国大多数城市老年人的社会经济状况偏低,但他们的总体生活满意度、心情较好,主观幸福感较高。虽然高龄老年人的社会经济状况更差,但更多的人心情趋于平静满足。这一结论在多项宏观和微观指标中得到了一致性的验证。北京大学老龄健康与家庭研究中心提供的《中国高龄老人健康长寿调查数据库》也反映出类似的结果,即老年人的生活满意度随着年龄的增长呈升高的趋势。此外,在调查中还发现两个值得注意的问题:其一,低龄老人在给予子女经济支持和家务劳动等方面付出的经济和体力的压力较大;其二,更多的高龄老人在精神生活方面显得孤独寂寞,在家庭中的权威性角色弱化,人际关系的广度和深度较差。

二、老年受众的媒介接触特征

老年人对物质和精神文化有着特殊的需要。媒介在生活中的角色,更多的是对这个社会群体精神慰藉方面产生一定影响,而非物质满足。

(一)传统媒介依旧是老年受众的主要选择

近几十年来媒介的发展无论从种类还是内容,都呈加速度状态。但是,相对其他年龄段的受众,老年受众的媒介消费仍然集中在传统媒体。

如图10.1所示,以2018年CSM(中国广视索福瑞媒介研究所)在我国12座城市的基础研究数据①为例,老年群体每天接触最多的依然是电视直播,选择的受众比例达到近9成,且这一比例远高于排在第二的户外广告和排在第三的网络视频。

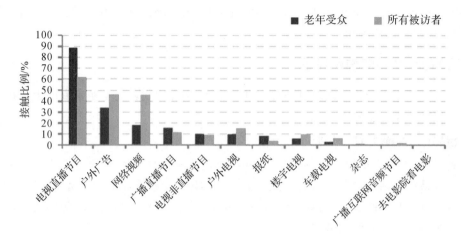

图10.1 2018年我国12座城市老年受众及所有不同媒介的接触比例(多选)

数据来源:CSM 2018年我国12座城市基础研究。

此外,老年群体对广播直播节目、电视非直播节目、报纸的选择比例均较所有平均水平更高一些。

电视作为大多数老年人的"第一媒体",人均收视时长一直领跑电视收视市场。CSM数据显示,2019年1—8月,电视人均收看时长约2.1小时,55～64岁观众收看时长约3.8小时,而65岁及以上老年观众收看时长高达4.7小时,可以说老年观众是传统电视的主要贡献者,如图10.2所示。

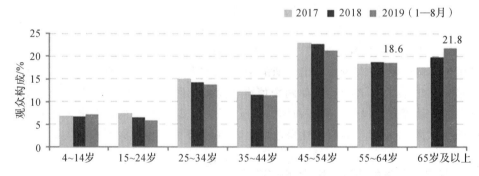

图10.2 2017年以来我国71座城市不同年龄电视观众构成

数据来源:CSM媒介研究。

———————————

① 我国目前界定60岁以上的公民为老年人,但CSM考虑到软件使用的便利性,将55岁以上的群体统一界定为老年受众。12座城市包括北京、上海、广州、深圳、天津、重庆、成都、西安、长沙、武汉、沈阳、南京。

针对老年人的媒介接触习惯,大量老年报、老年电视节目、老年广播节目应运而生,而一些综艺和电视剧的剧情设计和演员配置也充分考虑到老年受众的喜好。

尽管目前老年人的媒介消费以传统媒体为主,但是这种趋势也在变化。从 CNNIC 发布的第 43 次《中国互联网络发展状况统计报告》中的网民构成数据来看,可以发现网络用户中 60 岁及以上的老年受众虽然总体占比较低,但是增长幅度却不容小觑,2018 年增幅达 26.9%,为各年龄段增幅之首。

(二)老年受众媒介接触和喜好内容相对固定

由于年龄、经历、需要、面对的现实问题不同,各年龄段受众关注的媒介内容有所差异。

从 CSM 2019 数据可以看出,老年受众更倚重电视媒体的新闻/时事类节目,其选择比例逾八成,这与电视这一主流媒体的权威性是紧密相关的。

老年人喜欢的第二大节目类型是电视剧,且更为关注主题宏大、硬朗的电视剧题材,其受众选择比例达 72.7%。老年人第三喜欢的电视节目类型是综艺/娱乐类,但老年人对其偏爱程度明显逊于前两者,其比例为 35.8%。此外,法制类、生活服务类及体育类也均为老年人比较喜欢的节目类型,对其选择比例均超过 10%。可以看出,虽然新闻、电视剧与综艺同样是所有受访者最为青睐的三个节目类型,但是老年人对新闻/时事类节目和电视剧的倚重更为明显,而对综艺/娱乐类节目的选择则明显较低。此外,老年人对法制类、生活服务类、专题类和戏剧类节目的偏好程度也高于总体平均水平。

(三)老年群体是媒介接触习惯不易改变的群体

在固定的时间收看固定的栏目是很多老年人的习惯。相对于其他年龄段观众的易变性,老年受众是稳定的观众。很多人从年轻时就养成的阅读习惯很难改变,每天看报纸,定时听广播,数十年忠诚地阅读同一份报纸或收听同一个节目。特别是某些特殊的报纸或栏目,例如,《人民日报》和中央台《新闻联播》,深受许多老年受众的喜爱,他们每天必看,以此来了解国家和社会。

(四)老年受众是媒介接触时间相对充裕的群体

以拥有的空暇来看,老年受众又是时间充裕的群体。通常情况下,除了锻炼身体和家务劳动之外,看电视、读报纸、听广播是多数老年人选择的主要休闲方式。

老年受众可自主支配、较长的媒介接触时间资源是其他年龄段所不具备的。随着老龄化的加剧,以庞大老年人群体为数量基础的老年受众已是电视消费时间上最有潜质的群体。"银发"观众人均收视领跑电视市场,正在倒逼各大卫视生产更多适合老年受众消费的内容。

三、老年受众的媒介接触心理

伴随着社会老龄化和老年人数量的增多,无论是从经济利益的角度,还是从人文关怀的角度,了解分析老年受众的媒体接触心理都是非常必要的。

（一）渴望了解信息

年龄的增长虽然让老年人退出了社会舞台，但是他们对国家与社会的责任感并没有消退。他们中的多数人从年轻时就形成了一种信念，把自己的前途命运同国家的繁荣富强紧紧地联系在一起。

但是老年人离开工作退回到家庭，生活范围大大缩小，致使生活中信息获得数量和获得渠道大量减少。因此大众媒体就自然而然成为社会信息的重要来源。可以说，老年人比其他年龄的群体更多地依赖大众媒体来保持自己与社会信息的互通。他们通过这种方式，在心理上保持着对社会生活的参与感，并获得自我控制感。

（二）渴望情感交流

老年人的情感需要常常被人们忽视遗忘。随着现代家庭中核心家庭成为普遍趋势，从某种意义上，媒介成为老年人生活的背景和陪伴者。电视剧是最能集中满足受众情感需求的节目类型。根据 CSM 在 71 座大中城市的收视调查数据，2019 年 1—8 月，55 岁及以上电视观众所占的比例达 41%，而电视剧是他们观看的主要品种。

当老年人的情感需求在现实生活中不能得到完全满足时，在欣赏节目的过程中，部分老年人就可能与媒介人物产生准社会交往。不少老年受众对某些主持人及其栏目品牌非常喜爱，当看到这些主持人以其他角色出现时，他们仍对其言行极为信任；反之，如果发现主持人辜负了这一信任，他们则会非常失望难过，犹如受到亲人的背叛。

此外，CSM 2019 年的调查数据表明，老年人在使用社交媒体方面的比例与其他年龄群体基本持平，并无明显差别，这说明老年人可以在新媒体的使用中满足自己的人际交往需求。而反过来，老年人的人际关系网也会影响他们的媒介使用行为。

（三）寻求作为，追求自我实现

1954 年，美国心理学家马斯洛提出了完整的需要层次理论。经过风风雨雨的洗礼，老年人的各种基本需要基本上得到满足，自我发展的条件已经成熟，虽然每个个体人格的发展不一定都能够达到自我实现的高度，但是老年人还是具有强烈的发展愿望，八十高龄尚在一线工作的袁隆平、钟南山等院士也给广大老年人做出了示范。与之相应的，老年受众在媒介接触内容方面并不仅仅满足于娱乐节目和电视剧，他们也希望通过媒介进行学习。一直红红火火的《百家讲坛》和《考古公开课》就是很好的例子。它们的主要受众以中老年受众居多，反响也最强烈。

四、老年受众与数字鸿沟

2020 年突如其来的新冠肺炎疫情，将横亘在老年人面前的数字鸿沟暴露在公众面前。没有智能手机，老年人无法出示健康码，无法网上下单买菜，无法使用公共交通等公共设施和服务。2020 年 11 月，国务院办公厅印发了《关于切实解决老年人运用智能技术困难的实施方案》，为老年人解决燃眉之急。

（一）老年受众接触数字媒介的障碍

老年人运用智能技术困难的问题，主要来自技术、身体和经济因素，以及认知环境因素等几个方面的障碍。

1.技术的掌握成为老年人上网的最大障碍

赛博空间和赛博文化，是以技术为核心的。然而老年人前半生的知识和经验在网络这个新科技面前完全失去了作用。

面对网络，社会学家米德提出，老年人向年轻人学习新知识、新技术的"后喻时代"已经来临。面对老年人，年轻人除了赡养义务之外，也要"扶老上网"。现在，上海、北京、天津、哈尔滨等地的老年大学都开设了计算机和手机课程。据了解，这是老年大学中目前最时髦、最受欢迎的课程。

2.身体和经济因素是老年人上网的瓶颈

老年人的视觉、听力退化是制约上网的一个不利因素。经济条件也是制约部分老年人接触网络的重要原因，毕竟性能好的智能手机售价不菲，流量购买也是一笔花费。

3.认知环境因素是影响老年人上网的内在原因

在人们习惯性的目光里，网络和老年人是格格不入的。人们对此的反应，给了老年网民或轻或重的心理压力，而这阻碍了老年人接触网络的尝试。

4.老年人对待网络传播的态度个性差异明显

由于兴趣、教育、适应性、收入水平等背景的不同，老年人对待上网的态度差异很大。心态年轻，对新鲜事物有探究热情的老人较容易加入上网者的行列。

经常使用网络的老年人，具有一定的同质性：他们相对来说更年轻些，受过一定的教育，经济条件较好，最重要的是，这些老年人认为网络对他们的生活和情感具有积极的意义。

（二）网络传播对老年人健康的意义

1990 年世界卫生组织（WHO）在国际老龄大会上，第一次把健康老龄化（healthy aging）作为战略目标。健康老龄化既包括老年人口生理功能的正常，也包括人口系统的其他功能的积极状况，主要目标是帮助老年人乐观、乐群、积极向上、与社会保持一致、人际关系和谐，形成健康的老年群体。

经常使用网络和智能手机的老年人，会有较高的生活质量，他们会感到自己仍然是社会的一分子，生活更加丰富，精神更加健康。

1.体验求知的快乐

互联网迅捷和海量的信息传送，使得网上的新闻比报纸和电视更新更快，内容更丰富。知识和信息的不断更新，使得某种意义上已经脱离社会的老年人觉得自己并不落伍，他们的生活依然跟着时代的节拍，充满现代气息，从而获得成就感和自豪感。

2.满足情感交流的需要

微信等社交网络方便、迅速，成本低廉，使老年人更易得到情感上的满足。同时，老年人还可以从网上看到年轻人关注的话题和所思所想，有助于代际之间的沟通和理解。

3.提高生活质量

当今社会移动通信不但对接生活和消费场景,也与"智慧城市"和社会治理相关。2021年宁波市老年人智能手机操作技能普及工程正式启动,解决老年人社交、出行、办事、获得信息等方面的诸多不便,提升生活质量。

4.满足自我实现的需要

当前,"银发族"成为互联网消费新势力。2018年,阿里巴巴开出年薪35~40万元,招聘两名60岁以上的资深产品体验师,条件之一就是要有网购经验。3000多位老人投出了简历,最高龄者83岁。这说明,熟练使用网络,可以给老年人带来强烈的自我效能感,并能带来丰厚的经济收益。

随着我国老龄化社会的逐步加深,"银发潮"对我国社会、经济和文化产生了深远的影响。新老媒体应深度挖掘老年人群需求,多方发力满足其媒介偏好,努力提高老年人生活质量,促进社会健康老龄化,展现媒体的责任担当与文化关怀。

本章要点

1.教养理论的创始者乔治·格伯纳(George Gerbner)提出,现代人的一生,从摇篮到坟墓,都在接受媒介的教化,其影响是深入骨髓的。现在的儿童与其父辈或祖父辈小时候不同,他们生长在大众传媒异常发达的时代,他们降临到世界上刚一睁开眼睛,就被各种各样的传媒信息所包围。当他们还不会独自跨出家门的时候,就已经学会从电视来认识这个世界;当他们还没有踏上社会的时候,就已经能够通过互联网与世界沟通。

2.在对传媒暴力的心理学解释中,最有影响的当属来自学习理论(Bandura,1973)的角色模仿。另外比较有影响的就是兴奋转移理论和宣泄理论。

3.电视依然是青少年接触时间最长的大众媒介,网络媒介有后来者居上之势。青少年的媒介接触行为与偏好受外界环境影响大,其中影响最大的因素来自家庭、同辈群体和偶像;青少年对电视人物的行为与处事方式的模仿性强。青少年媒介接触的主要动机是增长知识和娱乐。

4.大众传媒对青少年的偶像崇拜影响巨大,媒介人物是中学生偶像的首选;男性与女性青少年、农村与城镇青少年在偶像崇拜对象上存在差异;"文化认同"是偶像崇拜的重要制约因素。

5.成年受众在生理、心理、文化和社会背景等方面的不同导致了他们在大众传媒的接触方面存在着较大差异,表现在不同性别、不同年龄、不同经济水平成年人的媒介接触偏好差异。随着媒介技术的发展和受众权利意识的增强,成年受众对大众传媒的信息反馈更加主动、踊跃,并积极从受众向传播者转变,主动利用媒介满足传播权。

6.在消费社会,人们的社会分层从生产领域被引至消费领域。现代人的消费动机已经超越了追求物的有用性本身,而是对物的象征意义如社会地位、阶级趣味和个人品位的消费。正是出于这种动机,人们通过符号消费来区分或彰显他们的社会地位,满足他们的心理需要。大众传媒无疑是赋予和传播商品符号意义、暗示或刺激人们符号消费的载体。

7.就媒介接触而言,老年受众是相对单一的群体,他们主要以电视接触为主,接触的媒介内容相对固定,而且接触习惯不易改变。从可用时间来看,老年受众是媒介消费时间相对充裕的人群。从忠诚度来讲,老年受众的媒介忠诚度较高。老年受众接触媒介的主要动机在于获取信息、情感交流和自我实现三个方面。

基本概念

1.图式:当代认知心理学的重要概念之一,指的是一种心理结构,常用以表示我们对于外部世界的已经内化的知识单元。

2.纠缠力:研究表明,学前期的儿童最容易受到电视广告的影响,往往难以抵制产品的诱惑,因此当他们的父母在商店里拒绝答应其购买要求时他们便大发脾气。

3.媒介依赖症:典型症候表现为过度沉湎于媒介接触而不能自拔,价值和行为选择往往从大众传媒或媒介人物中寻找依据;满足于媒介所建构的虚拟社会的互动而回避现实的社会互动;孤独、自闭的社会性格等。

4.非适应性认知:表现为个体对周围世界、个体与他人、个体对自身的不合理或不准确的认知,这种认知导致个体非适应性的行为和意识,从而产生心理和行为的障碍。

5.成人的自我同一性:埃里克森认为,青春期个体体力和情感上的急剧变化,以及同步增长的对成熟行为的社会期望,使青年个体开始努力寻求个人的同一性。他们必须把一些特别重要的特征,如新的身体特征、新的能力、新的感情和新的角色同自身早期的儿童身份整合起来,通过询问或探索成人生活可以选择的方式,努力把这些新特征融合为一致的整体,符合社会的期待,从而在新的水平上获得自我同一性。

6.沉默的螺旋:诺埃尔-诺伊曼发现,当公众围绕有争议的社会议题讨论时,群体成员在观察"意见气候"后发现自己的观点属于优势意见时,才会倾向于大声疾呼,反之为了避免受到群体孤立的惩罚而倾向于沉默或者附和。这样,劣势意见的沉默会造成优势意见的增势,而优势意见的强势又反过来迫使更多的人趋于沉默,从而形成沉默呈螺旋式上升的趋势,最终导致"公开"的意见——舆论的诞生。

7.夸示性消费:由社会学家凡勃伦在考察19世纪末、20世纪初一些社会"有闲阶级"为自己博取名望的生活方式后提出的概念。这些阶级成员相信要提高消费者的美誉,就必须进行非必需品的消费。这种为了某种社会地位、名望、荣誉而进行的彰显社会等级和进行社会区分的功能消费,用鲍德里亚的话说,就是符号消费。

8.流体智力与晶体智力:卡特尔和霍恩(Cattell & Horn)于1967年将智力分为"流体智力"和"晶体智力"。流体智力是指思维的速度、熟练程度和短时记忆,它随神经系统的成熟而提高,相对不受教育与文化的影响。晶体智力指一般的推理能力、语言能力和经验评估,是通过掌握社会文化经验而获得的智力。随着年龄的增长,人们的流体智力会逐步下降,但晶体智力下降并不明显,保持着相对的稳定。

思考题

1.你如何理解大众传媒对儿童的负面影响?

2.美国将各类电影分成 G、PG、PG-13、R、NC-17 五级,分别表示:大众级(人人都可以看)、辅导级(影片中一些内容不适合儿童观看)、特别辅导级(13 岁以上儿童观看)、限制级(17 岁以上观看)、17 岁及以下禁止观看。你觉得这种分级制对于中国来说迫切吗?

3.美国威斯康星大学教授菲斯克认为女性青少年对麦当娜形象的反父权制意义上的解读导致了麦当娜的成功:麦当娜的形象不是父权制下少女的意义典范,而是父权控制与女性抵制、资本主义与从属群体、成年人与未成年人符号冲突的战场。1985 年,《时代》杂志的女性受众对她的评价是:"她性感但不需要男人……她是那种非常独立的人……她给了我们理想。这确实是女性的解放,不必担心男人怎么想。"请试着分析自己喜欢某个偶像的深层原因。

4.不同性别、年龄、收入的成年受众在大众传媒接触偏好上有何差异?

5.大众传媒在成年受众的社会分层上如何扮演重要角色?

6.请分析地面频道湖北经视开设的情感节目《桃花朵朵开》受老年观众欢迎的原因。

(注:《桃花朵朵开》节目目前分为 2 档,周五晚 9 点播出的是中老年版相亲节目,周六晚 9 点播出的是青春版相亲节目,本题的分析特指周五播出的中老年版。)

7.电视剧《甄嬛传》自 2011 年播出以来,在社交网络上从未淡出网友视野。除了历久弥新的剧情解读和再创作,其贡献的金句、表情包和弹幕的"吐槽",成为网友二次创作"取之不尽、用之不竭"的素材库。互联网使得这个经典剧目成了具有重复创作、次生传播可能性的"开放性文本",保持了旺盛的生命力。请你结合本章所学知识谈谈对这个现象的认识。

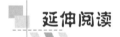

延伸阅读

《火星人入侵》节目
(The Program of "The Martians' Invasion")

1938 年,富有天赋的年轻编剧奥森·韦尔斯(Orson Welles,1915—1985,伟大影片《公民凯恩》的制作人和主演)好运不断,CBS 在黄金时间播出了这位年仅 23 岁的编剧的广播剧——《火星人入侵》。这部广播剧改编自 19 世纪作家 H.G.威尔斯的科幻小说,只花了 5 天时间就匆忙上阵了。当时哥伦比亚广播公司一度认为它的虚构成分太多而且滑稽可笑,考虑取消它,但奥森·韦尔斯坚持要播放。于是制片人说:那好吧,既然要播,就要让它紧张刺激点,要有身临其境的现场感,让人们觉得真有这么回事。他们选择在万圣节前一天播出这个节目。无论是韦尔斯本人还是 CBS 都没有想到这篇急就章会成为人类广播史上最值得纪念的节目之一。

那天的广播剧节目是这样开始的,奥森·韦尔斯假装成来自未来的一位年迈历史学家,神秘、低沉地开始了开场白:

"我们知道,在 20 世纪早期,这个世界正在被比人类更伟大的外星生命密切地注视着……"

在这段令人不安的独白之后，紧接着的是与往常一样的天气预报，然后是一段舞蹈音乐，通常广播剧播出10分钟之后会播放一段音乐休息一下，但是，当天的音乐被"突发新闻"打断了：一个天文学家证实，可以观测到火星上有几个很显眼的爆炸产生的"白色炽热气团"。

新闻报道结束后，听众又接着收听音乐，当音乐的旋律再度响起时，突然再次被打断：地震学家侦测到，新泽西州出现一次疑似地震的震动。然后是一条接一条的新闻：一个"巨大的燃烧的物体"已经降临到了新泽西附近的一个农场，播音员还以记者的口吻描述说，他看见了火星人正从一个太空船里爬出来。

"我的天，有个东西正在爬出太空船！"播音员在做"现场报道"："他身上闪着光泽，就像湿漉漉的皮毛发出的光泽。啊，他的脸，……简……简直是难以形容！"

1938年，全世界笼罩在第二次世界大战的阴影里，而《火星人入侵》所用的手法——急促的、喘着气的报道，同一个月前报道"慕尼黑危机"时的方式一模一样。

威斯康星-麦迪逊大学的传播学教授麦克尔·赫密斯说道："在战争一触即发的年代，人们会想，'战争的威胁可以来自各个大洲，当然也可能来自太空'。"

奥森·韦尔斯在绘声绘色地演播
广播剧《火星人入侵》

故事节奏加快了，巨大的火星人横行在整个国家，释放出致命的毒气。一次又一次，远方的记者们消失在毒气中间。内务部长出现了："公民们，我不会试图隐瞒局势的严重性……我们每一个人把忠诚奉献给上帝，我们必须继续履行我们的责任，我们整个国家必须团结起来，用勇气去面对这个毁灭性的敌人，献身于保护人类在地球上的至高地位的事业。"

同时，火星人消灭了陆军之后，正在横渡哈得逊河。在一片混乱的背景声中，一位记者在描述，火星人正在成千上万地屠杀人类，向他冲了过来。毒气漫过了第六大街，接着是第五大街，然后有100码远，然后是50码，然后，麦克风失灵，所有声音都消失了……奥森·韦尔斯把这段时间拖了好长好长，播音室里的制作人在玻璃后面都似乎觉得太久了，他们做手势问他：你在那儿干什么呢？他在那里控制着沉默，时间就这样在无声中一分一秒地过去。最后终于有声了，他用极其怪异的声音问："你们好！……能听到我吗？……有人在吗？……"而那时收音机前的人们早就夺门逃走了。官方责令哥伦比亚广播公司立刻澄清事实真相。很快，电台中止了节目，开始播放"公开声明"，但此时，收音机旁已经没有听众了。

令奥森·韦尔斯和他的剧组人员感到惊讶的是，这部戏引发了广泛的恐慌。在全国范围内，居民聚集在街道上，他们用湿毛巾捂住脸，以防止吸入火星人的"毒气"。第二天的《纽约时报》在头版的报道中描述了头一天听众的恐慌："极度恐慌的听众塞满了道路，有的藏在地窖里，我在枪中装满子弹……"这个节目成了报纸上的头条，甚至把希特勒也挤走了。

据普林斯顿大学事后调查，整个国家约有900万人收听了这个节目，约175万人信以为真，其中120万人产生了严重恐慌，要马上逃难。实际上，在广播剧播出时，开始和结尾都声明了这只是一个改编自小说的科幻故事,在演播过程中,哥伦比亚广播公司还曾 4 次插入声明。并且同时有几乎 10 倍于此的听众收听的是另一家广播网的一个通俗戏剧节目。此外,节目只播出了 1 小时,这么短的时间里不可能发生如下事件:火星人降落,横扫整个美国,纽约被毁灭。然而,谁也没有料到,该节目会对听众产生如此巨大的影响。

这个闹剧的始作俑者、时年 23 岁的奥森·韦尔斯自然备受谴责。后来,他通过新闻媒体向全国公众道了歉。尽管他面临多起诉讼的威胁,有的索赔金额甚至高达数百万美元,但美国法律不支持这种诉讼,最终没有一件立案。

年轻的奥森·韦尔斯因此一举成名。好莱坞邀请他加盟,但被他拒绝了。他宣称,想叫他去好莱坞只有一个条件,就是让他像以前在戏剧和广播中做的那样,拥有绝对的控制权。当然,好莱坞很快就再次找上门来,答应了他的所有要求,并提高了待遇。从此,奥森·韦尔斯成为好莱坞炙手可热的大明星和制片人,签下别人签不到的合约,并成功制作和主演了伟大影片《公民凯恩》。

在影片中,奥森·韦尔斯饰演的凯恩出场时说的头一句话就是:"不要相信收音机里的任何东西。"数年后,古巴一家电台用古巴语重播了这个广播剧,同样引起了骚动,愤怒的听众事后烧毁了这家电台。

这一事件成了新闻史上一个有名的恶作剧,一档广播剧产生了如此惊人的传播效果,它直接促成人们对受众心理的关注和研究。对此事件的研究结论直接导致了"魔弹论"的产生,也正式拉开了传播学中受众心理研究的序幕。

（节选自 Vivian,J. *The Media of Mass Communication*. Boston:Allyn & Bacon,1991.）

第十一章

过滤气泡、信息茧房与戳泡运动

享誉世界的著名未来学学者，美国麻省理工学院媒体实验室主任尼古拉·尼葛洛庞帝（Nicholas Negroponte）1995 年出版了有关信息技术革命的未来学经典著作——《数字化生存》，该书一问世便高居《纽约时报》畅销书排行榜，先后被翻译成 40 多种文字，在世界范围内引发轰动。尼葛洛庞帝在书里预言了数字化时代个性化信息服务的可能，并将之命名为"我的日报"（The Daily Me）。颇具讽刺意味的是，当"我的日报"最终变成现实的时候，迎接它的不是欢呼声，而是广泛的担忧和深深的质疑。批评者认为，这种新的技术手段，不再是等人去骑行的自行车，或驾驶的汽车，而是会自我学习、分析，慢慢演变为向人类索取、引诱甚至操纵并从人身上获利的工具，会对用户的心理和行为产生重大的影响，甚至会危及人类的未来。

第一节　过滤气泡和信息茧房

美国新闻工作者比尔·毕肖普（Bill Bishop）在他 2008 年的著作《大排序》（The Big Sort）中提出，美国人在搬家时都会考虑新邻居与自己的意识形态是否接近，这个现象非常有趣。将这种选择性考虑应用在媒体领域，则体现在美国大选网络上政治两极分化、点开新闻主页看到的都是自己感兴趣的话题、饭圈里粉丝沉迷应援社区……这种由选择导致的认知屏障产生了能分隔开人们意识形态的"过滤气泡"（filter bubble）。

一、"过滤气泡"概念的提出

"过滤气泡"概念最早由互联网活动家、公民行动网站 MoveOn.org 的前执行董事伊莱·帕里瑟（Eli Pariser）在其 2011 年出版的著作《过滤气泡：互联网向你隐瞒了什么》（The Filter Bubble：What the Internet Is Hiding from You）中提出。帕里瑟检验发现，不同的用户使用谷歌（Google）检索同一词语，得到的结果页面可能完全不同；不同政治立场的人浏览同一个新闻事件，看到的新闻倾向也有可能完全不同。2010 年发生了举世关注的英国石油公司墨西哥湾漏油事件，帕里瑟委托其两位住在北部并且受教育程度相似的朋友在谷歌上搜索相关信息。其中一位朋友检索获得了深水地平线漏油事件的信息;另一位获得的却是有关该公司的投资信息。这个结果的差异引起了他的高度关注和质疑。帕里瑟发现,在互联网时代,搜索引擎可以随时了解用户偏好,并过滤掉异质信息,为用户打造个性化的信息世界,但同时信息和观念的"隔离墙"也会筑起,令用户身处在一个"网络泡泡"的环境中,阻碍多元化观点的交流。帕里瑟将此称为"过滤气泡"。

伴随着技术的更迭,以大数据和算法推荐为底层架构,根据用户的使用时间、地区及浏览习惯生成用户画像,通过算法技术可以为其呈现独一无二的界面体验。这种针对个人化搜索而提供筛选后结果的推荐算法,成了当前互联网上随处可见的"过滤气泡"。无论是在内容推送还是搜索引擎上,算法几乎已经植根于所有主流移动应用中,社交媒体上信息流广告精准地直奔目标人群,智能音箱自动播放用户喜爱的音乐,电商直播推送着"明星同款",用户似乎在毫无觉察下已被包裹进个体与机器共筑的温柔甜蜜却严丝合缝的茧蛹。

学者(郭小安、甘馨月,2018)梳理了国内外关于"过滤气泡"现象的研究,认为目前学术界的研究视角如下:①考察政治与"过滤气泡"之间的关联,尤其是与美国大选的关系(Bozdag et al.,2014;许志源、唐维庸,2017;Groshek & Koc-Michalska,2017),相关研究指出用于"戳泡"的多样性工具须符合民主的内在精神(Bozdag & Van den Hoven,2015)。②对戳破"过滤气泡"进行策略性的研究,提出多样性意识的新闻聚合器和信息偶然性两个供给路径(Resnick et al.,2013)。Maccatrozzo(2012)主张将偶然性概念作为算法技术的性能指标。③对造成"过滤气泡"的重要推手——算法技术进行价值和立场的探讨,算法技术背后设计是人(张志安、刘杰,2017),个性化算法会影响信息的道德价值(Bozdag & Timmermans,2011),因而不能看作中立的,进而提出用人类价值观引领智能技术(陈昌凤、翟雨嘉,2018)。除了这些之外,一些最新的研究(Haim et al.,2017;彭兰,2020;喻国明、方可人,2020)对于"过滤气泡"的存在和效应持较为乐观和正面的态度,尤其是喻国明教授2020年的实证研究的结果,与其2016年对于信息茧房的悲观态度相比有了较为显著的改变。尽管"过滤气泡"的概念和现象引发了学界的较多关注,实际上早在21世纪初,有关"信息茧房"、"协同过滤"、"回音室"效应、"群体极化"、"偏颇吸收"等问题已经引起了学界的广泛讨论。

二、"信息茧房"概念的提出

信息茧房(information cocoons)这个概念来自美国芝加哥大学教授凯斯·R.桑斯坦(Cass R. Sunstein),他在著作《信息乌托邦——众人如何生产知识》(*Infotopia: How Many Minds Produce Knowledge*)中提出,信息茧房通常意味着人们对信息的需求并非是多元化和全方位的,人们会本能地被自己偏好的信息所吸引,长时间接触自己感兴趣的信息,久而久之会将自身的信息认知禁锢在一种类似蚕茧的"茧房"中这一现象。用户在海量信息中只选择感兴趣和悦己的主题,从而构成一套"我的日报"式的信息系统,进而排斥或无视其他观点与内容。长此以往,这将阻碍个体信息的全面发展,并阻断观点的自由交流,形成"回声室"(echo chamber)效应,并导致群体极化(group polarization),威胁社会民主的基石(Sunstein,2002)。桑斯坦对网民的网络使用情况进行了长期的细致观察和深入思考,他提出这一问题的主要背景,是数字时代个性化信息服务的逐步兴起。

　　信息茧房并非是网络时代的新问题,它实际上一直都存在。如果从桑斯坦对信息茧房的最初定义来看,信息茧房其实源于人们的选择性心理。而"选择性心理"这一心理现象,最早由美国学者拉扎斯菲尔德等人在有关 1940 年美国大选的研究中提出的。在考察选民的投票行为的过程中,他们发现人们原本的政治倾向在很大程度上影响着他们的媒介接触行为,受众更倾向于接触那些与自己原有立场、态度一致或接近的内容。选择性接触的结果通常不会导致原有态度的改变,而有可能强化原有态度或促进原有的模糊态度结晶。后来的传播学者,将受众的选择性机制分为选择性接触(包括选择性注意)、选择性理解与选择性记忆等几个层面,心理学领域的研究也证明了选择性心理的存在。因此,由选择性心理导致的信息茧房是客观存在的。从绝对意义上来看,信息茧房不可避免,因为它不但是选择性心理的结果,也是一种心理防御机制,而基于社会关系的传播结构有可能强化这种心理。

　　桑斯坦主要的担忧是类似于"我的日报"这样的个性化信息服务对信息茧房的强化。美国社会学教授盖伊·塔奇曼(Gaye Tuchman)2008 年在著作《做新闻》(Making News)中指出,新闻是人们看世界的窗口,人们在这扇窗口的所见所闻,会很大程度上决定他们对于世界和自身所处环境的认识。塔奇曼认为,一家有操守的媒体不能一味给受众提供其想看的内容,而是应该为其构建一个相对完整的全画幅社会实景图,时刻警惕被互联网放大的各种偏见和认知误导人们的行为和选择。这说明,在个性化信息服务越来越盛行的今天,社会学家、心理学家和媒介从业人员均高度关注信息茧房问题及其影响。

　　信息茧房与过滤气泡有一定的相似性,两个概念经常被相提并论,过滤气泡经常被认为是造成信息茧房的原因。相比较而言,国内研究者采用信息茧房这一提法居多。虽然今天研究者对信息茧房的定义尚未达成共识,但都会涉及信息偏食导致的视野局限,以及由此对观念、态度与决定等产生的影响。

三、过滤气泡和信息茧房的危害

　　信息茧房存在已久,过滤气泡也有其正面作用,某种程度上解决了信息泛滥的困扰。国内外越来越多的学者认为是算法加剧了气泡和茧房的形成,因此对过滤气泡和信息茧房的批评开始聚焦于算法。如果"过滤"仅涉及个人的娱乐爱好,倒也无伤大雅。但算法忧虑者关注的重点在于,算法的"价值无涉"可能导致舆论治理的危机,尤其使得传统新闻媒介"压舱石"功能的失灵,导致"群体极化"现象,公众在意识形态上越来越分化。目前批评者认为过滤气泡和信息茧房的危害主要表现在以下几个方面:①窄化用户视野;②消解社会公共价值实现的热情;③造成群体极化;④引发社会分裂等。

　　近年来,对于算法的批评越来越尖锐。我国的主流媒体《人民日报》曾经三评算法推荐,指出算法自动过滤"不感兴趣""不认同"的异质信息,久而久之,信息接收维度变窄,资讯获取渠道单一。研究者们认为,"信息茧房"内部信息传播封闭化、固定化,外部信息流动排异化、孤立化。如果在内容选取组合过程中无节制地以满足用户的信息需求为指标,这在一定程度上剥夺了用户对于信息的选择权,用户的视野逐渐收缩并局限于特定领域内,丧失了了解不同事物的机会,与一些关乎自身利益的重要信息擦肩而过,进而消解用户在个人价值实现层面的追求。当每个人都执着于自己看到的信息时,新时期的部落主义便随之产生。这种隔绝和强化效应有的时候会有很大的现实危害。

在娱乐领域,信息茧房也有可能引发群体极化。2021年初发酵于新浪微博的某女明星"代孕弃养"事件引发舆情,《央视新闻》微博、中央政法委微信账号、《检察日报》、《中国妇女报》、侠客岛、《广电时评》等多家媒体对其失德行为发出了严厉的批评,华鼎奖取消其荣誉称号,众多品牌中止合作。但是在各大社交网络平台,仍有大批粉丝"痴心不改",用各种匪夷所思的说法和理由,筹划和进行着相应的"洗白"行动,甚至攻击官媒,要求官媒给偶像道歉,其行为已经完全失去理性。互联网的社交功能为人们提供了"同类"相聚的绝佳之地,在"明星应援团"等虚拟社区所构成的"壁垒化的论坛"之内,粉丝往往倾向于选择"让自己愉悦的东西",排斥对偶像不利的负面信息,甚至重新阐释它们以适应已有观点,通过想象来制造印象。这些情绪化和非理性特征一旦增强,社区的自我净化和进化功能丧失,"回音室"中信息观点"共振",此时,处于群体极化过程中的个体在这特别营造的小天地之中得到虚假的保证,仿佛与自己的信念相抵触的事实全都不再存在,信息或想法在一个封闭的小圈子里得到加强。一旦有了触发性事件,可能会演化为网络暴力,甚至伤及无辜。

而新闻领域的信息茧房有可能会引发更大的社会危害。桑斯坦在《网络共和国:网络社会中的民主问题》一书中指出:人们应该置身于全面信息下,大部分公民应该拥有一定程度的共同经验,否则会带来价值断裂,"一个消除这种共同经验的传播体制将带来一连串的问题,也会带来社会的分裂"。因此,桑斯坦认为互联网的协同过滤技术有可能引发社会分裂,导致社会黏性的流失。(桑斯坦,2003:5)同时,算法也危及新闻业。算法的优势在于分发的效率,但将把关审核权力从人工让渡于技术,信息的真实性却难以得到保障。若用户长期受算法分发信息的裹挟,将会形成对某类认知与观点的长期追崇,从而降低对其他媒体尤其是主流媒体声音的信任感,影响其价值判断进而影响行为选择。在美国,在算法推送的信息浸染下,2017年的一项皮尤(Pew)研究中心的数据显示,2017年民主党与共和党的政治分歧达到了20年来最高点。

信息茧房被视为数字时代高度个性化信息服务不可避免的"副作用"。需要注意的是,桑斯坦所述的信息茧房更像是半预言式的隐喻,并未做更深入的研究和系统性论述。2020年,我国著名学者喻国明采用了实证研究方法,对算法是否导致信息茧房进行了实证探索,从渠道和内容两个方面,分析当前算法型媒介的使用对用户媒介多样性和信源信任的影响。研究发现,用户的信息接收渠道不仅未窄化,对传统媒体等非算法型信源的信任程度还有所提升,反倒是收入和学历等社会性差异导致的信息鸿沟值得警惕。喻国明认为,算法并没有导致信息茧房,而是在主流价值观的引导上发挥了积极作用,为个体提供了更多元、更理性的信息世界,见表11.1。(喻国明、方可人,2020)

表 11.1　喻国明各假设结论及结果(喻国明、方可人,2020)

假　设	内　容	结　果
H1	算法型媒介的使用频率会负向影响媒介多样性	不成立
H2	算法型媒介的使用频率会正向影响算法型信源的信任	成立
H3	算法型媒介的使用频率会负向影响非算法型信源的信任	不成立
H3a	算法型媒介的使用频率会负向影响传统媒介的信任	不成立

一些其他的研究者也认为信息茧房的存在不仅与算法有关，其他的因素也在发挥作用，如著名学者彭兰（2020）认为社会关系网络、用户性格、使用路径等也会导致信息茧房的出现。郭小安和甘馨月（2018）也指出，"过滤气泡"是技术、人性、社会结构共同作用的结果。

第二节　算法与囚徒困境

尼葛洛庞帝在《数字化生存》一书的前言里写道："计算不再只是和计算机有关，它决定了我们的生存。"时至今日，哪怕是普通人都能深刻理解这句话——数据和算法正成为决定我们生存方式的重要因素。

数据与算法的应用，扩张了人的能力，带来了个人信息服务水平的提升，伴随着实际运用的不断深化，算法推荐对人的影响越来越外显和深刻，从几个方面将人们围困：一是信息茧房的围困；二是算法中的偏见或歧视对人们社会资源与位置的限制；三是算法在幸福的名义下对人们的无形操纵。（彭兰，2018）处于算法包围的人被称为"算法囚徒"。

一、算法之"恶"

2016 年，谷歌的设计伦理学家特里斯坦·哈里斯（Tristan Harris）决定离职。当年他在做谷歌邮箱设计时，发现一个问题——约 50 名 20～35 岁的加州工程设计师做出一个决定，就能影响全球 20 亿人做出从来没有预想到的想法或决定。作为工程师的他意识到：脸谱网、优兔、谷歌、推特这样的超级互联网科技公司为了商业利益，利用算法设计让人上瘾的产品。哈里斯认为这种不道德的做法已经成为"人类生存的一大威胁"。尽管在他任职期间，谷歌有著名的"不作恶"准则，但令人遗憾的是，这一准则并没有阻挡住算法基于商业利益走向偏路。无独有偶，2017 年前后，很多硅谷互联网平台公司的高管感觉到了算法操持的道德伦理危机和社交媒体对人类文明构成的生存威胁时，纷纷选择了离职。

离职两年后，哈里斯发动了脸谱网和谷歌等大公司离职或在职的技术专家，在 2018 年建立了一个名叫"人道科技中心"（Center for Humane Technology）的组织，用来对抗硅谷互联网公司让人上瘾的设计理论。

不仅是科技公司，网飞（Netflix）公司也对算法进行了反思。2020 年，网飞拍摄了一部控诉科技行业的纪录片——《监视资本主义：智能陷阱》（*The Social Dilemma*），片中，众多硅谷科技公司的前高管和投资人等业界大腕频频忏悔和道歉，并纷纷发表了对算法的深切担忧。拼趣（Pinterest）的前总经理、脸谱网的前商业创收总监蒂姆·肯德尔（Tim Kendall）担心算法操纵的世界最终导致美国内战；推特首席执行官杰克·多尔西（Jack Dorsey）说，一个产品成型后，这些数据不用人看管，机器可以自动深度学习，给出预判，它的走势就不再是他能决定的。大数据科学家凯西·奥尼尔（Cathy O'Neil）说，算法是内嵌在代码中的观点，它并不是客观的。算法会被成功的商业模式引导、优化。

这些业内人士披露，让用户上瘾几乎是所有社交软件的需求。脸谱网、优步（Uber）等公司的高管都曾在斯坦福大学上过一个课程：怎么用技术劝服用户？这是一种极端刻意的、对人们行为进行设计的行为。用户的每一次下拉或上拉刷新,都是一次算法的重新推送。它们深入脑袋,植入一种无意识的习惯,让人的脑袋更深层次地被编程。上瘾带来的后果是,将你还没想到的部分,用算法推送给你,使它们成为你思想的一部分,还让你觉得这是自己所想的。脸谱网曾做过一个"海量规模蔓延实验",测试用脸谱网上的潜意识信号来让更多人在美国中期选举投票,实验结果令人吃惊:能。算法还会导致情绪处理能力的退化。当人的注意力空隙被算法推送的网络社交、短视频等占据了,人处理情绪的能力就退化了。

所有来自这些社交媒体时代的缔造者们的有理有据的控诉表明,网络科技公司对人类行为的操纵具有马基雅维利式的精准性:用人工智能预测用户喜好;通过无限滚动和推送通知让用户持续参与;以个性化推荐使用数据影响用户行为;从数据的搜集到数据的买卖,所有的这些都在潜移默化中让用户成为广告商和宣传者的猎物;算法还会导致情绪处理能力的退化,导致青少年的焦虑、抑郁、自残和自杀现象的急剧上升。这部纪录片还列举了虚假信息的不断蔓延、中东极端分子的激进化、美国白人至上主义者的激进化、缅甸和菲律宾的政治两极分化等失败的例子。《监视资本主义:智能陷阱》从上至下、从内到外地展现了社交媒体的基本本质,敲响了关于数据挖掘和操纵技术侵入社会生活的警钟。

在某种意义上,算法是行为主义心理学在赛博空间的借尸还魂,而人类似乎失去了对算法系统的控制。正如片中哈里斯忧心忡忡地说:技术超越人类的第一阶段是超越弱点,其结果就是上瘾,上瘾会激化愤怒、激化虚荣,压制人类天性,挫伤天性。第二阶段将会是超越人类的智慧。

颇具讽刺意味的是,看完这样的纪录片,我们仍然只能通过社交媒体来传播并推荐它。甚至,它的播放平台网飞,本身也是一个靠算法推荐电影的公司。识别和抵抗这其中的风险,也应该成为我们的基本技能,成为媒体和各种平台的基本责任。

二、算法和大数据引发认知偏差的机制

今天的人们被有史以来最多的数据包围着,而数据往往被当作描述客观事物、揭示真相的一种手段,但为何占有数据的增加非但没有提高人们认识客观事情和揭示真相的能力,反而使人们陷入了囚徒困境?学者彭兰(2018)分析了认为客观性数据也可能带来假象,引发认知偏差的机制。

彭兰指出,数据的开发和应用应有一整套自身的规范,如果不遵循这些规范出现了漏洞,未来我们或许会被更多由貌似客观的数据堆积而成的假象包围。从数据生产和应用的角度看,每一个相关的步骤,都可能存在干扰客观性、导致假象的因素。

(一)"全样本"数据稀缺

"大数据"的卖点是"全样本",但获得"全样本"并不容易。互联网数据被少数平台垄断,出于利益保护等因素考虑,平台通常并不愿意将数据完全公开。以新浪微博为例,平台设置了多种技术手段防数据抓取,爬虫软件在不被封杀的情况下,大约能获得 20% 的数据量,这在一定程度上影响到数据的完整性。平台本身,也可能因为各种因素,未必能保留全样本数据,例如,删帖会导致相关内容的不完整。大数据分析也常常要依赖行业性数据,但在中国,

历史性的原因导致很多行业缺乏完整、系统的数据积累。

(二)数据可能被污染

除了全样本的稀缺之外，用各种方式获取的数据，本身质量也可能存在问题。脏数据(dirty data)就是一个值得关注的问题，它也叫坏数据(bad data)，通常是指跟期待的数据不一样、会影响系统正常行为的数据。脏读(读了事务处理中间状态的数据)、重复数据、不合法数据、非验证数据等技术手段能导致"脏数据"的产生。尽管数据处理前都会要求数据清洗，但这未必能完全消除脏数据。某些数据分析者也可能无视脏数据的存在，甚至会制造一些脏数据、假数据。

(三)数据分析模型存在偏差

即使使用者能够获得完整、可用的数据，但这也只是数据分析的前提。要合理分析和利用数据，还需要有基于科学理念的合理分析模型。但是基于数据的实证分析模型本身可能是有缺陷和偏差的，有些数据应用者，甚至为了得到自己希望的结果而不惜在分析模型的设计中进行人为的"扭曲"，这些都必然导致结果的偏差和方向性错误。

(四)数据挖掘和解读能力有限

数据量越大、种类越丰富，对数据挖掘能力的要求就越高。很多在时代和生存压力下主动或被动数据化的产业，比如媒体行业，以往数据应用传统缺乏、技术能力不足，这些都会限制其数据挖掘能力。同样，数据解读能力，也需要良好的训练，否则对数据的解读可能会出现主观随意、简单化等种种问题，比如常见的混淆数据的相关关系和因果关系等。而在横向或纵向比较中，如果缺乏背景参照数据库，解读自然也容易产生偏差。

当下，在大数据或其他数据分析方法越来越多地用于公共决策和个人决策的指导时，我们将面临一个新挑战：一方面，数据分析的目标是追求客观地描述事物；另一方面，数据分析也可能成为对客观事物或客观进程的干预力量。而可以预见的是，未来两者之间的博弈可能会更成常态。

第三节　囚徒脱困——"戳泡运动"

在当下的5G时代，实时增长的数据、实时分析、实时调整的算法，已成为整个信息系统运行的神经和命脉，这已是无法绕开的基本要素。而在人工智能和算法推荐的背景下，信息的控制、虚假新闻、信息泄露、大数据杀熟等危害也正在凸显，这使得人们把关注的焦点对准了笼罩在用户周围的"过滤气泡"。在智能传播时代潮流下，"信息茧房"和"圆形监狱"无处不在，但是它们也并非是无法破解的难题。非常值得庆幸的是，近年来部分中外的媒体和数据公司担负起了社会责任，开展了系列"戳泡运动"，力图通过技术手段呈现多样化信息，还原客观真实的世界，并取得了一定的效果。

一、"气泡能够被消除吗"——《卫报》发起戳泡运动

2011 年在帕里瑟提出"过滤气泡"的概念后,传统上向来作为自由派代表的《卫报》(*The Guardian*)美国版同年进行了针对性的功能改革,在总统竞选活动中,《卫报》推出了一个专题集锦——"保守派媒体一周速览",将保守媒体每周进行的谈话汇总到一起讨论,希望能解决媒体报道中呈现的偏向问题。5 年之后,《卫报》新设专栏"戳破你的泡泡"(Burst Your Bubble,见图 11.1),每周选取 5 篇值得一读的保守派文章,拓宽读者视野。这也标志着一场声势浩大的"戳泡运动"的掀起,一些媒体、科技公司、非营利性组织纷纷加入。尽管《卫报》读者大多数偏左派,他们还是开设了推"右派"文章的专栏。该栏目每篇文章都附有文章来源、荐读原因和内文选摘三个部分,栏目主编威尔森认为这一栏目更适合提供给那些想要了解保守派想法的读者。

图 11.1 《卫报》"Burst Your Bubble"专栏

《卫报》对消除隔阂与偏见所做出的努力并不是突然的转型,事实上他们一直在做这方面的努力,只是当下更加意识到了平衡的重要性。

二、跨平台意见聚合——脸谱网和 BuzzFeed 的转变

因制造"过滤气泡"而备受争议的脸谱网也开始从数据和技术方面戳泡,在 2017 年 1 月采取了若干措施,从个人主题列表中删除了个性化内容。同时对 2013 年实施的相关文章功

能进行改进,使该功能由从前用户阅读及分享文章后继续发布相似新闻报道,调整到根据同一主题的不同角度发布文章。另外还加强了审核流程,被展示的文章均来自有着良好声誉的消息来源。扎克伯格在一次演讲中,反复谈到了脸谱网的社会责任感,"随着时间的推移,我们的平台将加强对内容的审核,找出那些提供了完整观点的信源,而非一面之词"。

同样的,深受年轻人喜爱的新闻聚合平台 BuzzFeed 为了缓解平台制造的"过滤气泡",在新闻版块引入了名为"泡泡之外"(Outside Your Bubble)的新功能,这一功能以模块形式出现在一些广泛分享的新闻文章的底部,并将发表在推特、脸谱网、Reddit 等平台上的立场各异的观点和评论呈现出来,试图让用户了解自身社交媒体空间之外发生的事情及看法。

三、夹带"惊喜"——《瑞典日报》和谷歌

为了消除"过滤气泡"的影响,瑞典的《瑞典日报》(NZZ)在谷歌数字新闻倡议下,研发了名为"陪伴"(Companion)的应用软件。该产品的负责人说,希望用新的推荐机制为用户提供多元化的信息同时这种推荐方式也需要用户的积极反馈。此款应用程序界面十分简单,由经过编辑策划的 NZZ. Ch-Stream 和个性化信息"为你"(For you)两个主要部分组成。"为你"部分同大多数智能新闻终端一样,通过机器学习生成算法,给予用户个性化推送。但该算法会确保这一系列新闻中包含一个"惊喜",也就是超出读者偏好范围之外的内容。这样既能将阅读习惯和用户偏好考虑在内,同时也不会丢失任何重要内容。

谷歌浏览器(Google Chrome)的"逃离泡沫"(Escape Your Bubble)插件也在做着巨大努力。用户安装此程序后,需要确认政治倾向,随后在访问社交媒体时,程序会将不同于用户政治倾向的信息插入 Facebook News Feed,以此平衡用户接收到的信息,以便用户能更好地理解不同观点。这款插件可以根据用户的阅读习惯,反向推荐调性积极、容易接受的内容。用户每次访问时,插件会在信息流中自动导入不同视角的文章。

与谷歌举措相似,Ven、PolitEcho、FlipFeed 等扩展程序也纷纷效仿,致力于平衡脸谱网、推特等社交媒体推送的信息。此类程序的技术逻辑可分为两种:通过可视化工具向用户呈现"气泡",或直接向用户呈现不同的观点。另外,还有针对网页信息的扩展程序 Balancer,通过跟踪用户的阅读活动,用直方图显示用户的阅读行为和偏见。

四、交叉推送——《华尔街日报》

《华尔街日报》为源自脸谱网的新闻建立了数据库,利用了脸谱网研究人员调查的1010万用户政治倾向的数据,将其政治观点分为五类:非常自由的、自由的、中立的、保守的和非常保守的,并创建了代表自由派的蓝色供稿和代表保守派的红色供稿。继而跟踪了500篇在脸谱网上分享的文章,并对其进行标记。如果超过一半的文章分享份额来自特定类别的用户(如"非常保守"),则链接被放进该类别中。此外,《华尔街日报》采用"红推送,蓝推送"(Red Feed, Blue Feed)的交叉推送的办法,确保用户可以并排查看自由新闻和保守新闻。

五、及时提醒——"跨越分歧阅读"应用程序

"跨越分歧阅读"(Read Across the Aisle, RAA)应用程序通过链接新闻网站提供新闻并可视化信息偏向显示,该应用程序按媒体受党派信任程度进行"红蓝"分类,红色代表保守派,蓝色代表自由派,分类塑造"意识形态波谱"。跨越分歧阅读作为一个非强制提醒,用光谱色条引导读者主动戳泡,试图让他们注意内容的均衡和多元。当用户的阅读习惯偏离任何一方时,应用程序会自动提醒用户,促使阅读走向多元和平衡。

值得注意的是,"戳泡运动"中出现了非营利性组织的身影,Allsides网站认为任何消息都存在偏见,所以他们力图提供均衡的新闻和公民话语。具体操作中,Allsides利用众包形式,让用户自主判断不同媒体的立场,分为极左派、左派、中立、右派、极右派。并在"今日新闻"(Today's News)栏目中呈现三家不同立场的媒体观点,让读者对同一个问题有多种看法。此外,Allsides还创造性地建立平衡词典,对有争议的词语呈现不同观点的解释,让对立双方能够互相了解彼此的观点。

目前,对于各种"戳泡运动"的效果,还没有确切的数据统计,但受众已做出积极反馈。总体而言,受众对"戳泡"持支持态度。如《卫报》开设"戳破你的泡泡"栏目后,读者表示他们通过这一栏目,阅读到了他们之前永远不会阅读的保守派信息,开始尝试了解保守派的观点。

2017年6月易观数据发布的《中国移动互联网网民行为分析》显示,2016年中国信息市场出现了算法推荐超越人工推送的现象。(何谦,2017)国内利用算法技术实现个性化推送的新闻聚合类平台发展也十分迅猛。但令人欣慰的是,国内的一些新闻聚合类头部平台已经认识到了这个问题。如"今日头条"创始人张一鸣表示,"技术必须充满责任感,充满善意"。2018年1月,今日头条首次公开了算法逻辑:内容上主要考虑提取不同内容类型的特征做好推荐,有四个典型的特征会对推荐起到重要的作用,包括相关性特征、环境特征、热度特征、协同特征。只有协同特征通过用户行为分析不同用户间的相似性,如点击相似、兴趣分类相似、主题相似、兴趣词相似等,依靠"兴趣探索"和"泛化"来完成价值的多样性。这或许能在部分程度上帮助解决所谓算法越推越窄的问题。喻国明和杜楠楠(2019)在考察了今日头条的情况之后,认为算法型信息分发在不断迭代中提升着"有边界的调适",并增强了其社会的适应度与合法性。

当下社交机制与算法技术导致的"过滤气泡"深刻影响着我们的信息认知结构,值得欣喜的是,一些媒体、数据公司、社会组织已经从技术及内容层面展开"戳泡"行动,并取得了一些成效,但总体上看只是一些算法逻辑上的技术调整,针对的对象是那些已经认识到"气泡"并意图解决"气泡"的用户。事实上,"过滤气泡"的形成非常复杂:既有算法推荐技术的推波助澜,也有人性和情感结构的内在需求,还与社会结构和权力息息相关,我们对此既不能过于乐观,也不必过于夸大"过滤气泡"的负面影响。一方面如果没有算法过滤技术,我们注定会被信息洪流淹没;另一方面从前那种传统的、非定制的新闻也未必能保证多样性。"我们必须要弄清楚,是经过滤的媒体世界造就了我们所见的在线集结,还是本来就拥有不同信念的人建构了自我增强的过滤器。"(胡泳,2015)因此,对于"过滤气泡"的消除,注定是一场技术与人性的较量,"戳泡运动"不仅需要不断改进算法技术,使用户可以接触到多元化的观

点,还需要借助一个类似哈贝马斯(Habermas)提出的平等、自由、开放而理性的公共领域平台,开展协商对话,凝聚共识,这才是真正意义上的治本之道。

总之,"过滤气泡"是技术、人性、社会结构共同作用的结果,不能仅仅停留在技术治理的维度上。在中国语境下,"过滤气泡"的形成与社会矛盾和情感结构息息相关。因此,"过滤气泡"的消除既需要技术的优化,也需要媒体的平衡报道,还需要社会矛盾的缓解、公共领域的完善及制度化参与渠道的拓展。

本章要点

1. 相较于传统的物理世界,在互联网、人工智能、大数据等技术的推动下,一个基于新兴科技运转的"数字世界"已经形成。算法已无孔不入地渗透到我们生活与商业的方方面面了。当一切都建立在数据和算法的基础上时,人们日常生活中的所有领域逐渐被算法接管,无意识但高度智能的算法,以效率优先为第一准则,往往会产生很多负面问题。

2. 数据与算法的应用,扩张了人的能力,带来了个人信息服务水平的提升,但也会带来如下问题:信息茧房的围困;算法中的偏见或歧视对人们社会资源与位置的限制;算法在幸福的名义下对人们的无形操纵。

3. 算法推荐技术虽然在某种程度上解决了信息泛滥的困扰,但容易引发"信息茧房"和"回音室"效应,制造"过滤气泡",导致"群体极化"现象。近年来部分媒体和数据公司开展了系列"戳泡运动",力图通过技术手段呈现多样化信息,还原客观真实的世界。

4. "过滤气泡"深刻影响着我们的信息认知结构,一些媒体、数据公司、社会组织已经从技术及内容层面展开"戳泡"行动,并取得了一些成效。事实上,"过滤气泡"的形成非常复杂:既有算法推荐技术的推波助澜,也有人性和情感结构的内在需求,还与社会结构和权力息息相关。

基本概念

1. 过滤气泡:由帕里瑟提出的概念,指的是在互联网时代,搜索引擎根据用户偏好过滤异质信息,为用户打造的个性化的信息世界。

2. 信息茧房:由凯斯·R.桑斯坦(Cass R. Sunstein)提出的概念,指人们对信息的需求并非是多元化和全方位的,人们会本能地被自己偏好的信息吸引,长时间接触自己感兴趣的信息,久而久之会将自身的信息认知禁锢在一种类似蚕茧的"茧房"中这一现象。

3. 算法囚徒:数据与算法的应用,扩张了人的能力,带来了个人信息服务水平的提升,但也将人们陷入了无形的操纵,处于算法包围的人被称为"算法囚徒"。

4. 戳泡运动:2011年由《卫报》美国版发起的,其后众多互联网公司、媒体和社会组织参与的一场运动,力争突破算法屏障,使用户可以接触到多元化的观点。

思考题

1. 社交媒体如何影响我们对政治和娱乐等事物的看法？

2. 把人们局限在他们自己的现实中，会让人们对同理心、客观真理和共同信念产生什么影响？

3. 流媒体视频的孤立性和算法编程的本质是否使其更能替代戏剧体验？

4. 你的日常生活中，存在哪些"过滤气泡"？

延伸阅读

地球是平的

"地球是平的"这个论调在优兔上被推荐了几亿次，因为有的人喜欢，算法每天都在变着法地给人们推送"地球是平的"相关内容，"地球是圆的"则被他们当作阴谋，而且越来越多的人相信了这种阴谋论。一项针对美国人的全国性调查发现，在美国 14～24 岁的人中只有 66％ 的人相信地球是球形的，近三分之一的人认为地球是平的。

平状地球理论自 19 世纪以来一直存在，但最近成为讨论的热点。尤其是在优兔和推特上，支持者们发布视频来证明地球是平的，这些支持者还包括前 NBA 著名球星。

外号"疯子"的 84 岁美国人迈克·休斯（Mike Hughes）坚信"地球是平的"，是一位地球扁平论者，也因此在优兔上非常出名。他还加入了一个人数不断增长的"地球是平的社团"（The Flat Earth Society），该组织的成员们都不接受地球是圆的这一事实。迈克·休斯在 2017 年的一部纪录片中说过："我要在这个地方建造我自己的火箭，我要亲眼见证我们生活的这个世界是什么形状。"

科学家迈克尔·马歇尔（Michael Marshall）是"良好思维学社"（Good Thinking Society）的项目主任，这家英国学社有着一个"愚公移山"式的使命："激发好奇的心灵，促进理智的探索。"作为一名专家，马歇尔解答了为什么会有人相信地球是平的。

"确实有人认为地球是碟子形状的，"马歇尔说，"不过地球扁平论还有别的形式……比如有些人相信大地是一块无限的平面，朝着各个方向伸展……当我在 2013 年第一次接触地球扁平运动时，曾有过一场相当喧嚣的辩论。"与会者在会议上争执不下，还有些与会者其实相信地球是圆的，他们来参加会议是觉得和"地球扁平论者"掺和一下挺有意思。但结果并不像他们想象的那样。

马歇尔介绍说："掺和这个会议的人在辩论中插话说，可是那些从太空中拍摄的地球照片呢？还有轮船从地平线上消失的现象怎么解释呢？他们不知道，'地球扁平论者'早就想过这些问题了。"他们不仅想过，还提出了具有说服力但未必正确的答复。"结果'地球扁平论者'赢得了辩论……并在赢了之后吸收了更多信徒。"

到 2016 年，又有几条网络视频火上浇油。马歇尔说，那些视频的内容非常直接："证据一：地平线看上去是平的。证据二：即便你爬上一座高山，地平线看起来仍是平的。证据三：水无法在弯曲的表面上附着，总会流淌成平面，所以水是不可能附着在一个球体上的。然而这些都是过于简化的论证。"

视频网站的推荐算法也推波助澜，将关于"地球扁平论"相关的视频推荐给了其他信徒。马歇尔这样做了介绍："比如你正在观看一个否认登月的视频，这时网站就会说'我看你对否认登月有点兴趣，那你或许也想了解一下地球扁平论'。接着，地球扁平论的视频就浮现出来等待你去点击。一旦有人点进去，就会巩固这个链接。"就这样，地球扁平论这个离奇而又自带幽默的信念，就成了马歇尔所谓的"阴谋论生态系统"的一部分。马歇尔说："我去过一场阴谋论的研讨会，令我十分吃惊的是，关于地球扁平论的支撑材料竟是那样少。"比如，他旁听了一个阴谋论者关于世界新秩序的一场报告。"报告还指出了为什么恐龙是伪造的。"

不必惊讶，除了地球扁平论，反疫苗材料和其他可怕的健康信息也在会上流传。马歇尔回忆："会上的一个主讲人告诉听众：'有一个办法可以治好所有的病，包括艾滋病，那就是把你自己的尿液喝下去或是注射到体内。'我还以为，就算一个人不知道希腊数学家埃拉托色尼在 2000 多年之前就精确估算了地球的周长（由此证明了大地是球形），他也该知道注射尿液是个比尿还臭的主意。我还是高估他们了。"

这个事件的高潮是，2020 年 2 月 22 日，为了证实地球是平的，84 岁的美国发明家迈克·休斯在用自制的载人火箭进行发射测试后，坠地身亡。

（本文编选自米尔斯基：《为什么有人相信地球是平的？》，红猪译，载《环球科学》，2020 年第 6 期。）

第十二章

准社会交往与准社会关系

+·

1956年,心理学家唐纳德·霍顿(Donald Horton)和R.理查德·沃尔(R. Richard Wohl)在《精神病学》(*Psychiatry*)杂志上发表论文《大众传播与准社会交往:非现场的亲密关系观察》(Mass Communication and para-social interaction:Observations on intimacy at a distance),开启了媒介人物与观众的准社会关系和准社会交往研究。

大众媒介不仅通过传播内容来影响受众,其提供的人物形象也会直接对受众的认知、情感、行为产生影响,还会形成相应的人际关系,影响非常深远。用户消费媒介人物时产生准社会交往,发展为非消费时的准社会关系,爱媒介人物之所爱,恨媒介人物之所恨,赞赏媒介人物,听其劝告,担心其困难,无视其错误,购买其推荐的产品,参与其发起的活动,这是大众媒介传播效果的重要体现,也是明星实现经济效益和社会效益的心理基础。随着大众媒体提供越来越多元化的人物形象,准社会关系和准社会交往成为社会科学领域中最受欢迎和最广泛研究的课题之一,娱乐产业研究者,以及调查广告效果和新闻的研究者,都在研究准社会关系和准社会交往的理论。准社会交往和准社会关系也成为传媒心理研究和实际运用的重要领域。本章梳理了准社会交往和准社会关系的概念、测量,并提供了实证研究的案例。

第一节 准社会交往与准社会关系理论

准社会关系的概念最早源自1946年默顿和肯德尔(Merton & Kendall,1946)的研究。1943年9月21日在CBS 18小时的广播中,被称为"自由小姐"的美国著名歌星凯特·史密斯(Kate Smith)推销战争公债取得巨大成功,业绩达3900万美元。默顿等人通过分析这一现象的社会心理效果,发现听众对主播的强大信任和积极响应,就好像他们认识的人要求他们购买战争债券一样,借此提出伪群落(pseudo-gemeinschaft)的概念来描述媒介名人和听众之间的虚拟社会礼仪(陈昌凤、师文,2020),即听众个人与媒介人物之间的虚拟友谊(Sood & Rogers,2000)。

一、准社会交往和准社会关系的界定

作为概念的最早提出者,霍顿和沃尔(Horton & Wohl,1956)对准社会关系和准社会交往的概念是有严格区分的。虽然论文的题目用了"准社会交往"(para-social interaction, PSI),但文章开篇就界定了准社会关系(para-social relationship,PSR)和准社会交往。

论文明确了以下几点:准社会关系是观众与表演者之间看似面对面的关系;准社会交往是指观众对观看节目做出反应越多,表演者为适应观众的反应调整其表演就越多的类似谈话的你来我往的交流;准社会关系是受观众控制的,缺少与媒介人物的互动;观众的准社会关系可以在准社会交往提供的关系中自由选择,但不能创建新关系;媒体人物在接受过程中不仅存在互动,而且还存在媒体人物与受众之间的长期关系,准社会交往的概念拓展到了准社会关系。

原始的定义将准社会交往限制在媒体角色和观众之间的互动,因此只能在媒体接收过程中发生,而准社会关系超过了这个限制,导致或包含了观众和媒体角色之间的跨情境关系。准社会交往是即时的,是观看电视节目时的情感,并能同媒介人物(表演者)进行互动。准社会交往的互动是单向的,受媒介人物控制,而不受观众的影响。准社会关系是长期的,包括观看时和观看后的情感,主要是观众的情感。观众被媒介人物的设计吸引,产生被邀请面对面交流的幻觉。为延长同媒介人物的准社会关系,很多受众不满足对真实人物的单纯幻想,而试图同媒介人物建立实际的联系,从传统的给媒介人物写信,到现代的给媒介人物投票、应援,进一步地企图会面(接机、参加见面会等)。

剧场演出,"幻觉"产生的时间短,演出一结束,演员和观众都回到真实世界。而广播电视导致的"幻觉"是持续的、交替的。媒介人物在公共平台和媒体的交替现身与表演,将准社会关系延伸到真实世界中。微博、微信、论坛等社交媒体的使用,使幻觉更为强烈,准社会关系与真实世界的界限更加模糊。

在准社会交往和准社会关系中,媒介人物起到主要作用。媒介人物是借由大众媒体塑造的典型的、固有的人格化形象,包括演员、播音员、主持人、歌手、体育明星、导演、作家、编剧等真实人物,也包括电视节目中的角色(人或者动物等卡通形象)、科技合成明星(初音未来、洛天依)等虚拟人物,也包括政治家等公众人物。准社会交往受到媒介人物的引导和某种程度的控制。但观众同样是积极的另一方,他们会响应媒介人物的话题和邀请,也可能做出消极负面的反应,如在演出现场不鼓掌,让笑话冷场或者喝倒彩。许多剧场表演的演员索取现场观众掌声就是证明。随着粉丝组织性的增加,粉丝的作用在增强。明星的成功与否在于两个方面:一是成功的作品,二是粉丝。明星的粉丝购买力影响明星的收入,经纪公司会根据艺人的粉丝数量来决定分配给艺人的资源。同时粉丝也可以采取打赏、应援、刷礼物等方式直接给艺人提供收入。

在后续的学者的研究中,认同(identification,Cohen,2001)、亲和力(affinity,Giles, 2002)、同质性(homophily,Lazarsfeld & Merton,1954)、受众卷入(audience involvement, Sood & Rogers,2000)、专注(absorption,Green & Brock,2000)、移情(empathy,Slater et al., 2002)等概念也常被用来描述和解释准社会交往和准社会关系。厘清这些概念与准社会交往间的联系与区别,可以帮助我们更好地理解准社会交往的内涵。

亲和力、同质性、移情等概念比受众卷入、专注等概念更具有情感导向。情感反应,在某种程度上可能是产生准社会交往的一个前提条件。换句话说,当一个观众喜欢某个角色,或与某个角色发生情感上的联系,他(她)将更有可能进行准社会交往。卷入和专注也有可能引起准社会交往。因为观众在收看节目时,无论他(她)对角色或媒介的感受是什么,只要仍然具有保持卷入的动机,就有可能产生准社会交往。

关注动机及情感反应是同时作为产生准社会交往的前提条件。如果观众专注于节目,他(她)就有可能继续交往,因此卷入或专注有可能会提高对媒介角色的移情、同质性和亲和力。我们可以用图12.1来展示这些概念之间的关联性,单向箭头表示两个变量间存在影响关系,双向箭头表示两个变量间存在关联性,而不是影响关系。

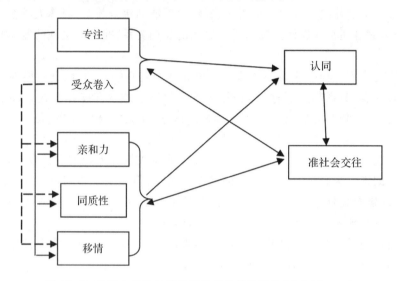

图 12.1　准社会交往与其他相关变量的关联性(毛良斌,2020)

二、准社会交往和准社会关系的应用

目前国内外对准社会交往的研究很少,大量的研究虽然使用"准社会交往"一词,但本质上研究的是准社会关系。本部分的应用研究,除马志浩和葛进平(2014)对弹幕的研究具有准社会交往的特征外,其他均为准社会关系研究。考虑到同文献用语的一致,本部分的研究,无论使用准社会交往或是准社会关系,均是准社会关系的"应该"研究。

(一)国外研究

利伯斯和施拉姆(Liebers & Schramm,2019)梳理了1956—2017年实证研究的261篇论文,将准社会交往和准社会关系并称为准社会现象。准社会现象的发生概率和强度随着年龄的增长而增加(Levy,1979),青少年的准社会交往和准社会关系非常强烈(Maltby et al.,2005),女性比男性表现出更强的准社会现象(Eyal & Cohen,2006),低教育水平和低收入(或者更准确地说,低社会经济地位)人群准社会交往和准社会关系明显(Auter et al.,2005),不满和绝望增加了准社会现象的强度(Chory-Assad & Yanen,2005)。准社会交往和准社会关系的强度随着同情程度（Kronewald，2014）、认同（Tian & Hoffner，2010）、与媒体人物相似程度（Turner，1993）的增加而增加，媒体角色的幽默（Kronewald，2014）、聪明（Hoffner，1996）、可信（Baeßler，2009）增加，准社会现象的强度也会增加；虽然准社会现象通常以积极的方式出现，但"消极"因素可能会增加准社会体验，例如，当媒体人物实体卷入丑闻时，可能引发更高的粉丝卷入（Yao et al.，2016）；虚拟媒体人物的准社会现象高，对最喜欢的媒体人物作答时，很多被调查者回答的是虚构人物（Tukachinsky，2011）；电影和电视节目中的人物在表达许多媒体用户的愿望和需求方面显得特别有吸引力；高放松和情绪压力减少的状态，增强准社会交往（Madison & Porter，2015），强烈的准社会交往通常与高度的存在感相关（Chung & Kim，2009）。准社会交往和准社会关系影响媒体用户的投票决定（Centeno，2010）、捐赠行为，包括捐献器官（Lee et al.，2010）、广告产品的评估和购买意向（Colliander & Dahlén，2011）、政治观点（Wen et al.，2014）、偏见（Hoffner & Cohen，2015）、对性别刻板印象的态度（Kistler & Lee，2009）、对天气预报的信任（Sherman-Morris，2005）。除了极少数例外，所有的研究都是基于横断面设计的，缺少纵向设计研究，不能回答"媒体人物外表吸引力的相关性在准社会关系过程中是否降低了？"尽管进行纵向研究面临相当大的挑战，但如果它们能够揭示对准社会现象的统一理解，那么结果将是令人兴奋和不可或缺的。

（二）国内研究

我国学者从21世纪才开始研究准社会关系和准社会交往。2004年方建移和张芹在《传媒心理学》一书中，从受众心理角度介绍准社会交往理论。随后，国内学者对概念、测量等进行理论探讨，并进行大量的应用研究，其中，浙江传媒学院是一个重要的研究基地。这里主要介绍一些重要的应用研究。

研究准社会关系的意义是帮助媒介人物增加与消费者准社会关系的强度，延长其时间。媒介人物与观众的关系必然是单方面的，两者之间的互动仅是暗示，因此称为幻觉。准社会关系是由媒介人物创建，但由观众控制的单向关系。

毛良斌（2012）探讨了私家车主广播收听行为与广播主持人间的准社会交往的关联，发现私家车主与广播主持人之间准社会交往水平越高，则他们广播接触暴露水平越高，对关注广播主持人微博的行为具有显著正效应，对广播广告耐受具有显著正效应。

马志浩和葛进平（2014）通过内容分析法对用户在B站的弹幕评论进行分析，发现在"英雄—反派"的故事叙述结构中，弹幕长度会因角色类型的不同而存在显著差异，"英雄"比"反派"长；准社会表达类型与弹幕评论长度显著相关，态度倾向越积极则弹幕评论长度越长。

张允和郭晓譞（2018）认为网红与粉丝进行准社会交往成为形象建构的主要目的，网红形象建构存在着自己层层递进的传播艺术，从以内容吸引粉丝逐渐转为情感依赖，最终外化至价值层面的阶段；同时，网红的生命周期与准社会交往关系的程度息息相关。

黄丽娜（2019）认为受众认同是舆论态度形成的心理根源，准社会交往是受众情感认同、价值认同的作用机制，进而提出促进与强化准社会交往在社交媒体舆论引导中，社会吸引、任务吸引、活跃度、信息质量等方面的建议。

何雯欣（2020）研究了电子产品和准社会关系对微博广告效果的影响及其机制。发现快消品的影响大，准社会关系能够正向预测广告态度、品牌态度和购买意愿；可信度对准社会关系与广告态度、品牌态度和购买意愿的正向关系均起部分中介作用;名人与品牌的一致性对准社会关系与广告态度、品牌态度和购买意愿的正向关系起到部分中介作用;自我表露能够调节准社会关系与可信度之间的关系,即与低水平的自我表露相比,高水平的自我表露会增强准社会关系和可信度的关系。电子产品领域准社会关系正向预测品牌态度和购买意愿,但未直接预测广告态度;可信度在准社会关系与广告态度的正向关系中起完全中介作用,在品牌态度和购买意愿上的正向关系中起部分中介作用;名人与品牌的一致性在准社会关系和广告态度中起到完全中介作用,在品牌态度和购买意愿上起到部分中介作用。

媒介人物尽可能消除或者至少是模糊其与所表演角色的界限,希望观众将其当作密友。最常用的方法是走下舞台到观众席与观众交流,形成支持群体,群体用媒介人物的名字、昵称命名。这在粉丝的称谓上表现得十分充分,如杨幂的粉丝称"蜜蜂",杨洋的粉丝称"羊毛",胡歌的粉丝称"胡椒",赵丽颖的粉丝称"颖火虫",等等。明星粉丝群体的称谓均带有明星名字中的同音字,体现出一种私人化的亲密关系。

媒介人物还提供持续的关系,共享媒介人物的公共生活甚至私人生活。演员一旦通过某一角色成功地与观众建立了准社会关系,就被认为是这个角色的类型演员。重复过去的成功能保持同观众的亲密关系。天才演员、类型演员常被批评,但却是媒介人物成功建立和维持认同的必要条件,因为对于一个人来说,这是一个必要条件,其职业成功取决于创造和维持一种貌似可信的、不变的身份。这就是明星"人设",是好莱坞常用成功角色的名字来宣传影片的原因,是时代华纳公司选择演员所遵循的心理原则,也是系列影视、IP(知识产权)剧、经典翻拍等成为行业现象的理论基础。

黎春樱(2020)在问卷星平台发放问卷,同时利用微博、微信、QQ、哔哩哔哩等途径搜集数据样本,并针对网红粉丝发放问卷以提高数据样本的可信度和有效度,正式调研共发放587份问卷,回收有效问卷542份。使用 SPSS 软件进行量表信度分析、探索性因子分析、单因素方差检验及中介效应检验,而 AMOS 软件用于验证性因子分析、假设检验、潜变量的中介效应检验及潜变量的有调节的中介效应检验,准社会关系在网红代言人影响力与品牌关系质量之间起中介效应,情感性影响力和价值性影响力的间接效应大于直接效应,而信息性影响力则相反;消费者的内外倾人格特质在网红代言人影响力与品牌关系质量之间、准社会关系的中介效应前半段起调节效应;随着外倾型人格增强、内倾型人格减弱,网红代言人影响力通过准社会关系对品牌关系质量的作用得以强化。

媒介技术也能产生亲密的幻觉。让摄像机作为观众的眼睛,通过跟拍、推拉等手段,尤其是主观镜头的大量运用,让观者有身临其境的现场感。影视和综艺等娱乐节目有更强的准社会关系。表演者应该有"心","真诚""真实""热情"地表演才能产生准社会关系。后期制作重复台词、变声、增加动漫等特效更增进准社会交往。这是真人秀节目比影视作品引发更多准社会交往的原因之一。同时,综艺节目没有影视节目的角色代入,媒介人物(明星)的准社会关系更多地受"非媒介形象",即"私人生活"的影响。

马志浩等(2020)研究网络直播用户发现:用户对网络直播平台的持续使用行为与其持续使用意愿正相关;满意度受准社会关系直接影响;持续使用意愿与感知有用性和满意度有直接关联;期望确认同时影响对技术的感知有用性及准社会关系,但对前者的影响更大;用户主观幸福感的主要来源是准社会关系,而非技术本身。现阶段人们使用网络直播平台的外部动力是便捷高效的技术,而内部动力来自直播主播的吸引。

吴玥等(2020)基于准社会交往、使用与满足、社区感与羊群效应等理论,探索直播用户打赏行为背后潜在的心理诱因与行为动机,发现主播特征中的相似性与专业性、直播用户的学习动机、社区支持、羊群效应会提升用户与主播的准社会交往,用户与主播的准社会交往、直播用户的社交动机、社区中的个人影响力、羊群效应会促进他们对主播的打赏意愿。

第二节　准社会关系测量

准社会交往和准社会关系的测量极为困难。虽然 1956 年两位心理学家霍顿和沃尔就提出准社会关系和准社会交往理论,但 20 年后才开始测量。罗森格伦和温德尔(Rosengren & Windahl,1972)以两项调查的形式发表了第一个定量研究。列维(Levy,1979)通过 240 个被访,开发了 4 个陈述的调查表;文章中没有讨论如何减少陈述和数据解释,量表的信度(alpha=0.68)低,没有效度检验。1996 年相关研究大量增加,总共有 7 项实证研究。

利伯斯和施拉姆(Liebers & Schramm,2019)分析了 1956—2017 年实证研究的 261 篇论文,按照研究媒体将这些论文分为五类:一是电影和电视研究,占 50.6%,包括所有的电影和电视研究,还包括使用视听刺激物的研究,如哈特曼和戈德霍恩(Hartmann & Goldhoorn,2011)的研究。二是广播和音乐研究,占 3.4%,包括对电台节目、电台主持人和音乐背景的研究。三是平面媒体,占 3.1%,围绕简单的文本,包括期刊和小说研究。四是新媒体,占 18.6%,包含从电脑游戏到社交媒体的研究。五是跨媒体研究,占 24.3%,包括所有与媒体背景无关的研究,如研究一个最受欢迎名人的准社会交往和关系,但没有明确是在哪个媒体中发生的。按照方法分调查、实验、观察、内容分析四类,分别占 64.4%、16.8%、6.8%、12.6%。超过一半(53.1%)的研究关注准社会关系,这与大多数研究采用调查的事实一致。大约三分之一(30.5%)的研究关注准社会交往,实验的比例较高(见图 12.2)。虽然准社会交往的研究同样采用调查、实验或内容分析,但准社会关系的研究几乎都只使用调查。在准社会现象的定量研究中,62.0% 使用一个量表,9.4% 使用多种量表或组合,5.3% 是开放量表,8.0% 是量表并改编。

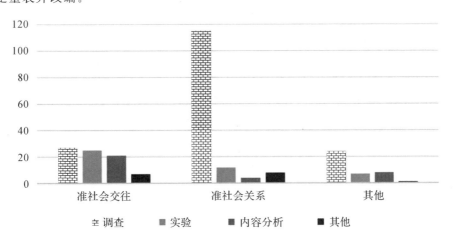

图 12.2　准社会交往和准社会关系不同研究方式论文数(Liebers & Schramm,2019)

霍顿和施特劳斯(Horton & Strauss,1957)在研究综艺节目中提出,测量居家观众的准社会交往更为困难,收视率和广告是最常用的间接指标。节目播出后,准社会交往关系就建立起来,如果观众没有严重的不满,节目会继续正常播出。但如果观众对节目非常不满,节目就要改版或停播,观众对明星的准社会关系也会下降或改变方向。如果数据搜集是在接收后进行的,并且与接收情况保持分离,那就是准社会关系研究,如鲁宾等人(Rubin et al.,1985)的经典研究。

一、经典量表

1985年美国伊利诺伊大学香槟分校的埃伦·M.鲁宾(Alan M.Rubin)、肯特州立大学的伊丽莎白·M.珀斯(Elizabeth M.Perse)和罗伯特·A.鲍威尔(Robert A.Powell)在《人类传播研究》(*Human Communication Research*)上发表的论文《孤独、准社会交往与地方电视新闻观看》(Loneliness,parasocial interaction,and local television news viewing)是准社会交往实证研究的里程碑。一是编制20个陈述的5级李克特量表,测量准社会关系。量表的陈述围绕媒介人物被观众认为是朋友、顾问、安慰者和榜样的思路来设计。二是通过329人的问卷调查,发现地方新闻的亲密感($\beta=0.481$)、新闻的真实感、获取信息动机对准社会交往产生显著的积极影响,而娱乐(exciting entertainment)和消磨时间(ritualized pass time)动机对准社会交往产生积极影响不显著。(Rubin et al.,1985)在此基础上,1987年鲁宾和珀斯采用对大学生问卷调查观看地方新闻的准社会关系,修订出10个陈述的准社会交往量表,与20个陈述的量表高度相关。利伯斯和施拉姆(Libers & Schramm,2019)梳理的261个准社会关系和准社会交往实证研究中,95个研究使用鲁宾等人(Rubin et al.,1985)、鲁宾和珀斯(Rubin & Perse,1987)的简短版本。

二、四因素量表

2000年,奥特和帕姆格林(Auter & Palmgreen)认为鲁宾等人1985年和1987年的量表是单维的,没有表达出霍顿和沃尔(Horton & Wohl)第一次提出概念的所有方面,仅评价了喜爱人物的个人认同。他们对417个观看1988年的经典喜剧《风云女郎》(Murphy Brown)本科生进行试调查,提出22个陈述的受众媒介人物交往(API)准社会交往四因素量表。其中的四个维度分别是:①认同(identify),表示对喜爱人物的认同,有6个陈述;②兴趣(interest),表示对喜爱人物有兴趣,有6个陈述;③群体(group),表示感觉是电视"家庭"群体的一部分,有6个陈述;④能力(problem),表示希望有喜爱人物解决问题的能力,有4个陈述。

三、综合量表

在综合量表的编制领域,哈特曼和施拉姆等人做了开创性工作。准社会交往进程量表能测量电视观众对喜欢或不喜欢的媒介人物的准社会交往的程度,适用于所有类型的电视节目和电视人物(演员、主持人、运动员等),在看完电视后即刻测量。德文版的量表已经得到验证,而英文版的还有待验证。该量表是 5 级李克特量表,每个子量表由 4 个正向陈述和 4 个逆向陈述构成,14 个子量表共有 112 个陈述,另有一个陈述作为过滤变量。该陈述为 "请您给节目中的人物是否让人感觉舒服打分"(1=非常不舒服、6=非常舒服),若被试为正面反应(4～6),使用"好感"和"移情"子量表;若被试为负面反应(1～3),则使用"厌恶"和"相反感情移入"子量表。(Schramm & Hartmann,2008)

从哈特曼和施拉姆的准社会交往进程量表翻译而来的中文量表包含了 113 个陈述。哈特曼和施拉姆量表有两方面问题。首先是陈述太多,调查难度大。经过优化后有 14 个子量表,99 个陈述,经过过滤变量的选择,仍然有 12 个子量表。如此多的陈述,极大地增加了调查的难度,影响到调查的准确性。其次是量表重构。在施拉姆和沃思(Schramm & Wirth,2010)的三个实验中,最多的陈述也只有 44 个。虽然在文章中,没有给出 3 个研究的具体陈述,但可以推断是复杂的陈述重构,而不是简单的子量表重构。

四、中文量表

浙江传媒学院是最早将准社会交往引入国内的研究机构,也是国内研究准社会关系的重要基地。葛进平、方建移等学者严格区分了准社会交往和准社会关系,认为学界研究偏重于准社会关系,在准社会交往的实证研究中,其测量的均为准社会关系,准社会关系和准社会交往是单维的线性发展(葛进平,2013)。

葛进平等人于 2007 年对杭州市区老年人和外来务工者进行了准社会交往调查,形成了准社会关系李克特量表的雏形,然后开始大学生测量,得到 21 个陈述的准社会关系李克特量表,参见表 12.1。

表 12.1　准社会关系李克特量表

序　号	陈　述	层　次
1	当我喜爱的媒介人物犯错误时,我会感到很难过。	情感
2	我将自己喜爱的媒介人物当作自然的、真实的人。	情感
3	当我所喜爱的媒介人物出现在其他节目中,我就会去看那个节目。	隐蔽行为
4	我喜欢亲眼见到我喜爱的媒介人物。	情感
5	如果媒体上有我喜爱的媒介人物的报道,我会阅读。	隐蔽行为
6	当我喜爱的媒介人物生病时,我会为他(她)担心。	情感
7	当看不到我喜爱的媒介人物时,我会思念他(她)。	情感
8	我发现我喜爱的媒介人物很有魅力。	情感
9	媒介人物都是虚拟的,不能打动我。	逆向
10	我会反复观看我喜欢的媒介人物的节目。	隐蔽行为
11	我相信我喜欢的媒介人物的言论。	情感
12	当我喜欢的媒介人物主演的节目播完后,我有一种失落感。	情感
13	我喜欢的媒介人物似乎能够理解我所知道的事情。	情感

续表

序　号	陈　述	层　次
14	我喜欢的媒介人物就像是我的老朋友。	情感
15	我时常将我的想法与我喜欢的媒介人物的观点相比较。	隐蔽行为
16	当我喜欢的媒介人物表达对一些问题的看法时,会帮助我对这一问题做出自己的判断。	隐蔽行为
17	我常常同朋友谈论我喜欢的媒介人物。	公开行为
18	我会将自己想象成我喜欢的媒介人物。	情感
19	我希望自己能像喜欢的媒介人物那样解决问题。	隐蔽行为
20	看电视时,我会融入情节,成为其中的一员。	情感
21	我希望自己越来越像我喜欢的媒介人物。	情感

葛进平在2017年编制了准社会关系测量的哥特曼量表。虽然哥特曼量表的编制难度大,但仅需要被试回答是否同意,因此在简化测量工具、精简问卷篇幅、减轻被试压力等方面有着巨大的优势和潜力,见表12.2。

表 12.2　准社会交往哥特曼量表

序　号	陈　述	层　次
1	我知道所喜爱明星的许多信息。	认知
2	我喜爱明星的形象至今历历在目。	认知
3	我常常被所喜爱的明星感动。	情感
4	我经常与人谈论我喜欢明星的冲动。	情感
5	我喜爱的明星是我的偶像。	情感
6	我经常会将喜爱的明星当成自己的朋友。	情感
7	我经常会购买所喜爱明星做广告的商品。	行为
8	我经常公开模仿所喜爱明星的打扮或言行。	行为
9	我会抓住所有与所喜爱明星见面的机会。	行为
10	为了同所喜爱明星面对面交往,我会不顾一切。	行为

在准社会交往的实证研究中,其测量的均为准社会关系。从研究的方法看,目前看到的测量工具都是李克特量表。通过李克特量表只能测量准社会关系,而无法测量观看节目时即刻的心理反应。虽然2011年哈特曼等使用的准社会交往体验量表想测量观看节目时的准社会交往,其陈述使用了"当看片段时,我感到……"的句式(Hartmann & Goldhoorn, 2011),但测量的方法是看完片段后填写问卷,并通过网络进行。可见他们测量的仍然是准社会关系。

毛良斌(2020)专注微博准社会关系研究,并从积极和消极两方面构建微博准社会关系理论内涵,编制李克特量表。测量被试对最关注且最喜欢微博人物的准社会关系积极量表,包含如下 17 个陈述：

1. 他(她)的微博空间的样子至今历历在目。
2. 他(她)的微博一直吸引着我全部的注意力。
3. 我努力去理解他(她)在微博发表或转发信息内容的意义。
4. 我事后深入思考过他(她)在微博空间中的表现。
5. 我总在想,自己的微博好友中是否有和他(她)类似的人。
6. 我反复问自己,是否经历过与他(她)在微博中所说的类似的处境。
7. 我有时候会回想起自己知道的所有关于他(她)的事情。
8. 我总是会对他(她)的表现好坏做出自己的评价。
9. 我留意过我和他(她)有什么联系或者我和他(她)有什么不同。
10. 有时候我为他(她)说过的话或者做过的事情而对他(她)产生爱慕之情。
11. 我对他(她)有好感。
12. 我总是对他(她)充满了同情。
13. 在某些情况下我觉得自己和他(她)有同样的感受。
14. 当我进入他(她)的微博空间,我就忘了自己的感受,而被他(她)的情绪感染。
15. 有时候我其实本想要对他(她)说点什么的。
16. 在某些时刻我其实很想和他(她)联系。
17. 我经常会有想把自己的想法告诉他(她)的愿望。

消极准社会关系是测量被试关注但不喜欢的微博人物的看法,包括如下 15 个陈述：

1. 我对他(她)的微博空间比较熟悉。
2. 他(她)的微博给我留下了一些特别印象。
3. 我绝对不会认同他(她)在微博空间的表现。
4. 我绝对不会经历与他(她)在微博中所说的类似的处境。
5. 我对他(她)在微博中接下来会发什么信息几乎没有期待。
6. 我几乎没有猜测过他(她)以后会遇到什么事情。
7. 我觉得他(她)在微博发表或转发信息的内容没有任何价值。
8. 我从未想过他(她)是否和我有什么关系。
9. 我曾经有过非常看不起他(她)的时刻。
10. 我对他(她)更多的是负面印象。
11. 我总是非常幸灾乐祸地期待着他(她)会遇到什么倒霉的事情。
12. 我希望他(她)为他(她)说过的话或者做过的事情受到"相应的处罚"。
13. 我很想有机会当面向他(她)表达我的不满。
14. 我真觉得应该有人站出来批评他(她)。
15. 我感觉应该做点什么让他(她)意识到自己的问题。

五、实验研究

准社会关系的准实验研究,是准社会交往研究的前奏。哈特曼与戈德霍恩(Hartmann & Goldhoorn,2011)进行的在线实验研究中,198 人完成了实验,其中女性 131 名,男性 67 名;年龄在 15～78 岁,平均 30.9 岁;86% 被试是学生或已经获得了大学学位。实验采用体位 2(正面、侧面)×语气 2(成人、儿童)设计,被试随机分成四组,每组看一个 3 分钟的视频,看完视频后,被试填写鲁宾和珀斯(Rubin & Perse,1987)的准社会交往量表与施拉姆和哈特曼(Schramm & Hartmann,2008)的准社会过程量表,然后评价吸引力、说服力、参与规范、有趣性等(attractiveness,perspective-taking ability,commitment to norms,and enjoyment),采用 7 点李克特量表完成。观众对正面表演者的准社会交往($M=3.13,SD=1.57$)比侧面高($M=2.19,SD=1.39$),有极显著差异($F(1,198)=19.37,p<0.01,\eta p^2=0.09$);观众对用成人语气表演者的准社会交往($M=2.85,SD=1.62$)比用儿童语气高($M=2.40,SD=1.45$),有显著差异($F(1,198)=4.07,p<0.05,\eta p^2=0.02$)。电视表演者正面对观众表演($M=3.13,SD=1.47$)比侧面对观众表演($M=2.19,SD=1.39$),吸引力显著增加($F(1,198)=44.73,p<0.01,\eta p^2=0.19$);电视表演者用成人语气($M=2.85,SD=1.62$)比用儿童语气表演($M=2.40,SD=1.45$),吸引力显著增加($F(1,198)=14.83,p<0.01,\eta p^2=0.07$)。

迪布尔等(Dibble et al.,2016)进一步研究,采用与哈特曼和戈德霍恩(Hartmann & Goldhoorn,2011)非常相似的实验程序,参与者观看了一个名为艾米(Amy)的白人女大学生的 41 秒视频片段。该视频旨在模拟艾米可能用于在线约会的简介,视频中艾米讨论了她理想的浪漫伴侣的品质。该视频有两个版本,参与者被随机分配观看其中的一个版本。在制作视频剪辑时,使用两个摄像头同时捕捉相同表演的两个不同角度。因此,这两种情况之间的唯一区别是相机角度(身体正面与侧面),被试在观看视频后,回答问卷,报告对艾米的反应。194 个被试观看的视频中,艾米看着相机,面向观众讲话。另一组 189 个被试观看的视频中侧面显示艾米。研究表明,直接的正面眼睛注视促进了准社会交往。

罗萨恩等(Rosaen et al.,2019)再次进行实验研究。研究显示,主持人正面和侧面讲述对说服力有间接的显著影响。采用 2(高准社会交往/低准社会交往)×2(观看前后/仅观看后)×3(早餐/喷晒/电子烟)独立组实验。制作三类不同的健康主题,并为每个主题制作了有说服力的公共安全声明类型视频。观看早餐前锻炼、避免喷雾晒黑、禁止在工作/公共场所吸烟视频的被试分别有 146、162、157 人。所有视频均由同一个主持人,从两个不同的角度,使用两个不同的相机同时拍摄每个主题。主持人正面对被试讲话,237 名被试的准社会交往程度高;主持人侧面对被试讲话,228 名被试的准社会交往程度低。235 名被试在观看指定的视频前后分别完成对健康话题态度的测量,并在观看后再次进行了测量。230 名被试只测量观看后的健康话题态度,使用 4 项语义差别量表测量说服力(persuasiveness),使用李克特变量测量遵从意愿(obligation,如:我觉得有必要遵守主持人说的话)。主持人正面和侧面讲述对被试态度的说服力和遵从意愿没有直接的显著影响,对遵守意愿有轻微的显著影响。探索性分析表明,自我报告的准社会交往,主持人正面和侧面讲述对说服力有显著的间接影响。

诺尔等(Knoll et al.,2015)德国学者通过两个实验研究准社会关系,认为媒介人物的特征(正面或负面)影响情感准社会关系,情感准社会关系反过来又影响对植入广告品牌个性的感知,品牌熟悉度是情感准社会关系对植入广告品牌个性的感知影响的调节因素。在实验一中,他们从2003年的墨西哥电影《尼古丁》(Nicotina)选定7分钟片段,电影本身和主角都相对不知名。7分钟的内容是主角洛洛(Lolo)入侵了一家银行的服务器,从几个银行账户里下载数据到一张CD;然后洛洛将数据交给俄罗斯罪犯以换取钻石,但交易失败。这一片段,植入了一则广告。片段中洛洛一直穿T恤,T恤的正面印有品牌名称"靛蓝牛仔布"(Indigo Denim)的大号字母;品牌名称有1分钟可以完全被看到。实验前准备两段关于洛洛的资料,正面资料是"洛洛是一名卧底特工,他的任务是阻止俄罗斯黑手党在墨西哥的犯罪活动";负面资料是"洛洛是个罪犯,他与俄罗斯黑手党合作,然后又欺骗黑手党和他的同伙"。

实验在计算机实验室进行,为期1个月。被试到达后,被要求在两台电脑中的一台前坐下,先阅读正面或负面的材料,随后放映短片。看完后被试填写相同的在线问卷。准社会关系和媒介人物吸引力采用2008年施拉姆和施拉姆(Schramm & Schramm)开发的李克特量表,植入广告态度测量采用2004年库尔特和旁遮(Coulter & Punj)开发的语义差异量表。

方差分析显示,43名观看正面资料被试的媒介人物吸引力($M=2.32, SD=0.75$)比44名观看负面资料的分值($M=1.89, SD=0.53$)高0.5分,有极显著差异(($F(1,85)=9.75$, $p<0.01$)。43名观看正面资料被试的情感准社会关系($M=3.73, SD=0.53$)比44名观看负面资料的分值($M=3.23, SD=0.53$)高,有极显著差异($F(1,85)=17.39, p<0.001$);43名观看正面资料被试的认知准社会关系($M=2.86, SD=0.66$)比44名观看负面资料的分值($M=2.96, SD=0.57$)低,没有显著差异($F(1,85)=0.40$);43名观看正面资料被试的行为准社会关系($M=2.12, SD=0.73$)比44名观看负面资料的分值($M=2.47, SD=0.83$)低,有显著差异($F(1,85)=4.34, p<0.05$)。媒介人物特征(正面或负面)通过角色吸引力和情感准社会关系对植入品牌的态度产生间接影响。回归分析显示,观众行为准社会关系对植入品牌态度的影响达到显著影响($p=0.04<0.05$),而观众认识准社会关系对植入品牌效果没有达到显著水平($p=0.059>0.05$)。引导分析(bootstrapping analysis)显示,阅读正面资料的观众观看植入品牌的正面态度显著增多,在5点量表测量下增加的0.2,来自角色吸引力和情感准社会关系的间接效应。

实验二进一步测量植入广告的效果。其实验设计同实验一相同。两组被试观看2007年美国电视剧《广告狂人》(Mad Men)的16分钟片段,主要角色罗杰·斯特林(Roger Sterling)是一个多面性的角色,他可以很容易地被刻画成正面或负面人物。被试在观看前阅读指导资料。在负面组的资料中,斯特林被描述成一个自私、痴迷事业、背叛妻子和同事的男人;在正面组的资料中,斯特林被描述成一个忠诚、顾家的男人,很关心同事而且努力工作。片段开始是广告公司助理的斯特林,和一个同事及其妻子共进晚餐;下一个场景发生在一星期后,斯特林因心脏病发作住院,他的家人和同事来探望他;在最后一个场景中,斯特林回到工作岗位和同事打招呼,然后坐在办公桌前,一边和同事聊天一边喝着皇冠伏特加;品牌植入持续1分钟,皇冠品牌标识清晰可见。被试有15分钟的时间同斯特林建立准社会关系。被试为德国一所高校的113名本科生,研究持续两周。研究二应用阿克(Aaker,1997)品牌个性量表,更全面地测量被试对品牌的感知。这个量表由五个维度(真诚、兴奋、能力、成熟、坚韧)组成,每个维度用5~11个形容词进行评估。用诚实、真诚、真实等11个词测量真诚度(sincerity),用时髦、激动、酷等9个形容词测量兴奋度(excitement),用可靠、聪明、安全等9个形容词测量能力(competence),用好看、迷人等6个形容词测量成熟度(sophistication),用阳刚、强壮、户外等5个形容词测量坚韧度(ruggedness)。通过询问被试多久喝一次皇冠伏特加来评估品牌熟悉度,分为高、中、低三个水平。

实验二验证了情感准社会交往的中介作用和品牌熟悉度作为中介的调节因素。正面组被试的媒介人物吸引力($M=2.48,SD=0.11$)极显著($F(1,111)=14.30,p<0.001$)地高于负面组($M=1.95,SD=0.09$),互动更明显($M=3.10,SD=0.55$ vs. $M=2.59,SD=0.52;F(1,111)=24.86,p<0.001$)。引导分析显示,正面角色会导致更积极的情感准社会交往,在5分量表上,增加了0.22。媒介人物表征(正面与负面)极显著地影响情感准社会交往;品牌的熟悉度调节情感准社会交往对品牌个性的影响,对于已经熟悉品牌的被试,情感准社会交往对品牌个性的影响更大。回归分析证实了情感准社会交往和品牌熟悉度之间的预测交互作用在品牌的兴奋度($p=0.01$)、成熟度($p=0.03$)和能力($p=0.01$)的维度上具有显著性水平。引导分析显示正面或负面的媒介人物资料通过情感准社会交往影响被试对品牌个性的感知,品牌熟悉程度高对兴奋和成熟的品牌个性有显著影响,品牌熟悉程度中或高对坚韧的品牌个性有显著影响,各95%置信区间均不包括零。在对品牌中度至高度熟悉的被试中,正面资料组比负面资料中对品牌坚韧度、兴奋度和成熟度个性的得分增加0.2~0.3(5点记分)。熟悉的接受者间接地将品牌的个性评价为更加粗犷、刺激和复杂,在5分制中,当媒体角色呈现为正面而非负面时,其得分约为0.2~0.3分。

奥利弗等(Oliver et al.,2019)研究反面角色准社会交往,认为准社会交往是理解反面角色魅力的重要维度。第一个实验以电视连续剧《纸牌屋》(House of Cards)作为叙事语境,第二个实验使用书面叙事。在这两个实验中,主角直接对观众/读者说话版本的准社会交往和阴谋感(feelings of complicity)极显著地高于其他情况,这表明其对角色有更高的认同。高层次的认同通常与反面人物获得喜爱相联系。媒体的不同呈现方式在影响用户对反面角色不道德的喜好方面起着重要作用。

第三节　准社会交往测量

准社会交往的测量有两种方式:一是使用眼动仪、核磁共振等设备记录被试消费媒介人物时的情感反应,作为准社会交往的直接测量值;二是利用大数据技术搜集消费者消费媒介人物时的痕迹数据,并使用人工智能的方法计算出情感值,作为准社会交往的间接测量值。对于第一种方式国内外没有研究文献。对于第二种国内有一些研究。基于时间戳的痕迹数据和基于语义分析的情感值,不仅能得出高低、好坏的总结性结论,而且能得出为什么高低、为什么好坏的形成性结论。

弹幕和直播的礼物伴随视频内容,符合准社会交往观看时的要求,是目前准社会交往的理想对象。马志浩和葛进平(2014)较早使用弹幕来测量准社会交往。发现在"英雄—反派"故事叙述结构下的日本动画片中,受众对不同类型角色的态度倾向存在显著差异,弹幕长度会因角色类型的不同而存在显著差异,态度倾向越积极弹幕评论长度越长,准社会表达类型与弹幕评论长度显著相关。

浙江传媒学院文化产业社会效益评价中心使用语义分析技术,计算出弹幕的褒贬值,作为明星准社会交往的测量值,探索准社会交往在文化产品和明星社会效益中的应用。

一、弹幕测量明星的专业能力

博戈(Bogo)等认为,专业能力是"依靠一系列复杂的行为来证明对知识、技巧和态度的拥有,并到达在某一专业有效从业的标准"。明星等人的专业能力对应于相关工作,例如,演员的专业能力是对角色的理解和演绎,导演的专业能力是组织创作团队和影视情节,主持人的专业能力是语言表达和现场应变,歌手的专业能力是歌唱和创作。弹幕和视频网站评论是观看视频时观众即时的情感表达,是对影视产品、综艺节目、娱乐新闻等进行的评论,评论内容主要为剧情是否合理、明星演技好坏与否、综艺感好坏与否、能否引起共鸣等。明星对这些信息很难引导,因此能反映明星的专业能力。

2017—2019 年浙江传媒学院文化产业社会效益评价中心对 100 位明星的监测数据显示,新闻、论坛、微博反映"人设",弹幕反映专业能力。弹幕主要来自明星的影视作品,具有伴随性。2017 年没有监测视频网站评论,37 位高人气明星弹幕褒贬值(0.17)显著高于 53 位低人气明星的褒贬值(0.16),弹幕主要展现明星的银幕角色,体现明星的专业能力。2018 年监测显示,100 位明星的弹幕数据量和视频网站评论数据量的相关系数为 0.688,存在很强的正相关性;弹幕褒贬值与评论褒贬值的相关系数为 0.334,在 1% 的水平上显著正相关。2019 年监测显示,100 位明星的弹幕和视频评论等文本的条数之间具有较强的相关性,相关系数为 0.287;弹幕褒贬值和视频评论褒贬值的相关系数在 1% 的水平上显著正相关,虽然相关系数仅为 0.264,但 29 位"90 后"的年轻明星的相关系数为 0.369,23 位"60 后"明星的相关系数为 0.517。

二、弹幕测量明星的直播效果

媒介人物要重复经典姿态、会话,营造一个非正式面对面的环境,主要原因是大众媒介的消费是漫不经心的。另外,媒介人物要与看不见的对话者不断闲聊。对节目正式策划的内容从容随性处理,不要有表演的痕迹,让观众获得这样一种印象,即节目中正在发生的事情发生在现实语境中。媒介人物要保持一种闲聊的流畅,给观众一种他(她)是在回应和维持对话者的印象。

直播中明星的长期陪伴、情感表达与积极互动行为促进准社会交往。浙江传媒学院受众满意度研究团队(2018)选择明星邓紫棋在 2017 年 8—10 月"一直播"中进行的 4 场直播,搜集直播用户发送的 11198 条弹幕,发现明星网络直播中明星的长期陪伴、情感表达与积极的互动行为会不同程度促进直播用户参与互动,影响直播用户的情感态度。

在明星网络直播中,一旦明星消失或不能清晰地出现在直播中,用户的行为和态度会发生明显的变化。与其他三场直播不同,2017 年 9 月 28 日的直播中弹幕量与褒贬值变化显著的结点与直播中邓紫棋离开和出现的时间节点一致:明星离开,弹幕量走低,褒贬值下降;明星出现,弹幕量升高,褒贬值升高。

明星的情感表达是影响用户准社会交往的重要因素。明星的情感表达不同,用户的行为和态度会发生不同的变化。用户的行为与态度受明星情感表达的影响,明星的表达带有褒奖鼓励等强烈积极情感色彩时,用户发送的弹幕量和褒贬值都达到最大值,会提升准社会交往水平。明星在直播中模糊的情感表达使得用户的认知与理解产生差异,弹幕量和情感态度反向变化。

三、弹幕和礼物的准社会交往研究

2018 年,国内网络直播的门槛大大降低,所有人都能成为网络主播。作为痕迹数据的直播弹幕和礼物成为准社会交往的理想的测量对象。对网络直播弹幕和礼物进行分析,能更准确地判断不同直播内容的优劣程度,对如何吸引用户、增加用户黏性具有重要的现实意义。

本研究通过对 B 站①三位女主播直播的视频、弹幕、礼物等进行深入分析,以及对一位主播和一位用户进行的深度访谈,提出在初级、中级、高级准社会交往中如何提高网络主播的经济收益,讨论主播直播内容与弹幕准社会交往的关系,提出优质主播的策略。

三位主播皆来自生活娱乐区的视频聊天分区,直播内容皆以视频聊天为主。三位主播是饭饭②、冥冥③、豆豆④。数据搜集时间是 2019 年 2 月 28 日—2019 年 3 月 2 日,其间三位主播进行了 8 次直播。本研究共搜集弹幕和礼物数据 22156 条,根据来源不同,分四大类:一是系统产生的高消费用户进入直播间触发的"欢迎"类信息,如"15:50:20:欢迎提督:帝国双璧罗严塔尔进入直播间"。二是充值或续费信息,有用户上船(即充值或续费舰长、提督或总督)系统自动产生的信息,如"16:21:04:上船:一米八的大龙虾购买了舰长×1"。三是消费信息,由用户送出礼物触发的"收到道具"信息,如"15:48:25:收到道具:我乃齐天大圣孙悟空赠送的:吃瓜×1"。四是弹幕,由用户主动输入的信息,如"15:54:11:收到弹幕:乔情哦说:小姐姐我好喜欢你"。相关数据显示,主播冥冥的四类信息的数量均为最高。

本研究梳理了三位主播获得的弹幕数量⑤、弹幕情感、人气值、弹幕强度。从弹幕数来看,冥冥、饭饭、豆豆的准社会交往程度依次降低。本研究也发现准社会交往程度同直播内容相关,互动性高、形式多样、妆容和服饰变化,都能引发较高水平的准社会交往。对弹幕的褒贬度进行研究后,发现主播越受观众喜好,获得的褒义弹幕就越多,被打赏的礼物也越多,主播就越容易与游客建立起准社会交往,并进一步发展为准社会关系。

多项研究表明,受众与角色之间的准社会关系关系越强,受众越倾向于相信角色所提供的信息,购买角色所倡导的产品(Horton & Wohl,1956;Rubin & McHugh,1987;Ballantine & Martin,2005;Song & Zinkhan,2008)。直播的粉丝增加数和礼物数是准社会交往程度最

---

① 选择 B 站的主要原因是 B 站提供的"弹幕姬"和"直播姬"能下载弹幕、礼物和直播视频。

② 网址为 https://live.bilibili.com/15122867?from=search&seid=6527079025295970556。

③ 网址为 https://live.bilibili.com/12771281?from=search&seid=16110151453965766097。

④ 网址为 https://live.bilibili.com/7084810?from=search&seid=16482684410178609849。

⑤ B 站直播的弹幕可分为系统弹幕和用户弹幕。系统弹幕是当用户送出高价值礼物时,系统会自动发出的弹幕。在进行弹幕数量的比较时,需要去除这些由礼物特效触发的弹幕。

直接的重要指标。潘迪(2018)论述了聊天类网络直播中的"打赏"行为属于情感消费的一种类型,存在强烈的情感表现;"打赏"行为及其所包含的情感因素很大程度上是被制造的。杨琴(2016)的研究发现感知易用、感知有用、感知互动、使用习惯等因素对弹幕使用意愿均产生显著正向影响,使用意愿和使用习惯对使用行为产生显著正向影响。

(一)容貌、声音是建立初级准社会交往的关键因素

研究通过用户访谈得知,用户与主播建立初级准社会交往时,第一印象十分重要。对此最大的影响因素不是直播的内容,而是妆容。出色的外形、妆容、服装及多变的风格,能吸引大量的观众。

(二)话题和才艺是实现中级准社会交往的关键因素

当主播成功让用户留在直播间之后,需要让用户的初级准社会交往转变为中级准社会交往。让用户建立中级准社会交往的关键是直播话题。

才艺表演能推进中级准社会交往。直播中主播的才艺表演是聊天类直播的附加题,也可以说是加分项。主播优秀的才艺表演能推进用户的准社会交往程度。

本研究的用户访谈,印证了有趣的内容是提升准社会交往程度的关键所在。有了好的内容,流量才有转换价值,用户除了发弹幕外,还能送出非免费礼物,提升到中级的准社会交往。

(三)互动共情,实现高级准社会交往

影响主播与用户准社会交往的因素分别归为以下内因与外因:内因有主播的妆容、口头表达能力、聊天技巧、直播节目、互动技巧、自身定位、声音容貌、性格等;外因有直播间人气值、粉丝基数、是否有推荐位或排行榜前列、高级礼物的数量、直播间弹幕氛围、与其他主播的互动等。

对主播而言,优质策略是从外到内再生共情的。首先让用户及时建立准社会交往,即发送少量弹幕和送免费礼物的初级准社会交往。这就要注重妆容仪表,不强求十分精致的妆容、漂亮的容貌,但应以整洁大方的姿态呈现给观众。若自身容貌、声音的天生因素无法改变,声卡、美颜摄像头、合理的布光等往往能起到很好的效果。

其次,用户的初级准社会交往建立后,主播要通过话题和才艺将初级准社会交往转化为中级准社会交往(发弹幕并送低值的礼物)。从礼物样本,即以最后"吸金"的结果来说,冥冥的直播最为成功,其次是豆豆,饭饭最末。结合其直播内容分析,多样化的直播、新鲜感、博眼球、投其所好,更能吸引观众消费。其道理与营销无二,直播若以赚钱为目的,其归根结底可以理解为把自己当作产品推销出去,吸引受众消费。而如何与观众建立准社会交往,就等于如何通过广告、包装等让客户注意到自己的产品。这需要主播提升自身素质,多看网上各种资讯、跟上时代潮流、掌握最新的实时动态与网络词汇。特别是积累各种各样的网络流行用语,令自己可以与观众有更多的共同话题,或者走在观众前面做其引领者。

最后通过弹幕和游戏互动,收到高价值的礼物(B坷垃及以上),实现高级准社会交往。这要求主播明确用户的定位,多积累目标用户的用语,用观众所习惯的语言与观众交流,走进观众的世界,令他们能在直播中有归宿感和亲切感。同时对高级用户不过分恭维,对普通

游客不过分轻视,不求做到一视同仁,只求对所有观众都能有足够的尊重和重视,增加高级准社会交往的用户。饭饭的直播相对来说对于游客"不友好",是其直播效果不佳的重要原因。因为基于人格理论和公平理论,分配公平、人际公平和信息公平对用户打赏行为有促进作用(万谨琳,2017)。

本章要点

1. 准社会交往的概念源于对 1943 年美国著名歌星凯特·史密斯(Kate Smith)推销战争公债的研究。1956 年,心理学家唐纳德·霍顿(Donald Horton)和 R. 理查德·沃尔(R. Richard Wohl),正式开启了媒介人物与观众的准社会关系和准社会交往研究。

2. 自 20 世纪 50 年代以来,准社会交往和准社会关系的概念日益明确,研究者们通过访谈和实验方法,使用问卷进行了大量准社会关系实证研究,验证了准社会关系在宣传、广告等方面的应用。

3. 随着大数据和人工智能技术的发展,2021 年以后对于具有大数据特征的痕迹数据,使用人工智能的情感分析,可对准社会交往进行大量、及时的测量,促进准社会交往和准社会关系在文化产品和明星的总结性评价和形成性评价中的应用。

4. 准社会交往研究应用广泛,包括追星、播音员与主持人主播的传播效果、明星与媒介人物的影响力等传播效果研究的多个领域。

基本概念

1. 准社会交往:用户在媒介消费时与媒介人物之间积极或消极的心理活动,构成虚拟的你来我往的心理互动。

2. 准社会关系:用户在媒介消费后与媒介人物之间积极或消极的心理活动。

3. 准社会关系测量:用户媒介消费完成后使用李克特、哥特曼、语义差别等量表进行的测量。

4. 准社会交往测量:通过实验或弹幕、礼物等有时间戳的痕迹数据测量用户媒介消费时的心理活动进行的测量。

思考题

1. 请谈谈准社会交往与准社会关系的区别和联系。
2. 如何测量准社会交往?
3. 准社会交往和准社会关系理论能阐释哪些现象?
4. 能否把准社会交往和准社会关系的理论扩展到媒介人物之外的媒介形象,如长城、泰山、长江等?

第十三章

传媒心理学研究方法:概念及常用工具

任何一门学科的形成与发展都离不开一套不断完善的研究方法,传媒心理学也不例外。学习传媒心理学、从事传媒心理学研究自然也离不开研究方法。

从本质上看,传媒心理学的研究方法同一般的科学研究方法并没有本质的区别。要科学认识传媒心理学的研究方法就必须对什么是科学、什么是科学的研究方法,特别是社会科学研究中的一些概念有基本的认识。

第一节　传媒心理学研究方法与科学方法论

我们每天都会遇到许多未知或一知半解的东西,需要我们不断地探索或选择。一般来说,人们不总是使用科学方法,而常是根据注意凝聚、常识、传统、权威来做出选择和决定。

注意凝聚是指特定信息的连续呈现。一个观点重复多次后,人们便倾向于认为此观点是正确的。大众传播的舆论宣传和广告效应,应用的就是注意凝聚。但是多次重复的观点,不总是正确的。比如,寓言里小女孩的妈妈总对她说:"再哭,老虎就来抓走你。"多次重复后,小女孩就信以为真了,尽管实际上老虎不会来抓走小孩。

常识是个体在日常生活中直接获得的普通知识。常识可以成为人们进一步探索世界的起点,帮助人们快速地认识和解决问题,但是也会阻碍人类的探索,因为不少常识是错误的,常识还容易让人们仅满足于表面的了解。

传统是指世代相传的社会风俗、习惯、道德、艺术和观念等,很多是有道理的,如"二十四节气""艰苦朴素""善有善报、恶有恶报"等等。但是传统中的一些错误,甚至是迷信的东西会让我们误入歧途,如"鸡年是寡妇年,不宜婚嫁""看相知吉凶"等。

权威是指人们对心目中的长者、领袖、专家、政府、书籍及报纸杂志的相信和服从。相信权威有助于我们快速地认识世界,但是完全听从、依赖,甚至迷信权威就会阻碍探索活动,滋生惰性,束缚创新。电视广告中各种名号的权威人士向你灌输大量信息,试图说服你购买这样那样的产品。这些权威有什么资格这样做? 他们提供的信息真实吗?

真正的探索必须是科学的研究。研究方法是否科学是区分非科学或伪科学研究的基础。研究方法不科学,其研究也就毫无意义。

一、科学研究

所谓科学,按照《韦氏新世界大字典》(*Webster's New World Dictionary of the American Language*)的定义,就是"为确定所研究事物的性质或原则(nature or principles),通过进行观察(observation)、研究(study)和实验(experimentation),所得到的系统化(systematized)的知识。而科学研究,按照柯林杰(F. N. Kerlinger)在《行为科学基础》中的定义,"是对观察到的现象可能存在的某种联系提出假设(hypothesis),并进行系统的(systematic)、受控的(controlled)、实证性的(empirical)、批判性的(critical)调查研究"。

科学研究同常识、传统、权威相比,有三个特点:开放、重复、预测。这三个基本特性,主要通过科学研究的方法来实现。

科学研究的开放性(openness)主要表现在三个方面。第一,公开性。科学研究是一项公开的活动,其方法、过程和结果都是公开的,并强调交流与共享。第二,可争辩性。科学研究承认任何科学知识都只是相对真理,都需要进一步的修正,因此鼓励理性的质疑和争辩。第三,科学研究无禁区。这是科学研究与其他探索世界方式的一个重要区别。但在研究方法的选取过程中,除了考虑可能和必要等客观问题,还必须考虑伦理和宗教等社会问题。

科学研究是可重复的,不同研究者运用相同的方法可以得出一样的结论。科学过程是否可重复,研究结果可否在相同情况下再次观测到,是判断研究科学性的重要标准。要实现科学研究的可重复性,就要求研究具有可操作性,即要有测量或操纵对象的客观方法。

可预测性是科学研究目的的直接体现,能直接或间接指导人们的思想和行为。根据描述与解释的结果,预测在采取某种措施或创设一定条件后,状况可能发生的变化,或者依据现有的测量指标,预测一定时间以后的发展。

二、传媒心理学研究方法

科学研究方法是对诸多学科研究方法的归纳和演绎。传播学是交叉学科,其发展受到心理学的极大影响。传播学的四位先驱中的两位——勒温和霍夫兰就是心理学家。传媒心理学是用心理学的方法研究传播现象,是心理学的应用。因此传媒心理学的研究方法就是以心理学的研究方法为基础,结合传播学的研究特色。

关于心理的研究方法有不同的分类,最具代表性的分类有两种。一是分为六大类,包括观察法(参与、非参与),实验法(实验、准实验),模型法(数学、理论、潜结构),测量方法,统计方法,其他方法。(王重鸣,2001)二是分为互为联系互为基础的三级,包括一级(资料搜集法、心理度量法),二级(统计法、逻辑思维法),三级(心理学研究的指导思想)。(黄希庭、张志杰,2005)这两种对心理学研究方法的分类,值得探讨,统计方法和测量方法是观察法、实验法、模型法和其他方法的具体工具。

这里,我们将传媒心理学研究方法分成两大类:定性研究和定量研究。

定性研究是思辨的、逻辑推理式的研究,一般只使用第二手资料,得出结论。这种方法是人文学科的学者所熟悉和常用的方法,主要是研究者对研究问题的思考、看法和构思。传播学的批判学派,采用的就是这种研究方法,以思辨为主。

定量研究是实证的、归纳推理式的研究,一般要搜集第一手资料,即通过观察现象得到数据资料,从而得出结论。定量研究又分为量化研究和质化研究两种。常用的量化研究方法有实验法、内容分析法、元分析;常用的质化研究方法有个案研究、访谈法、民族志等。

定性和定量研究是科学研究的两大基础。定性研究的思辨要符合逻辑,必须言之有理;定量研究的实证要解释现实,必须符合人们对世界的观察,实证研究是科学研究的基础。

第二节　传媒心理学研究方案设计

研究方案设计是整个研究工作的计划和安排,是科学研究中的关键环节。它是否科学、合理,不仅直接影响到研究的进程,而且还影响到结论的可靠性和科学性。研究方案设计要明确研究目的、对象(总体)和单位、项目、方法、时间和组织实施计划等。

一、研究的种类

科学研究按研究对象的范围可分为全面研究和非全面研究(重点研究、典型研究、抽样研究)。传媒心理学研究一般是非全面研究,质化研究为典型研究,定量研究大多为抽样研究。

典型研究是从研究总体中有意识地挑选出少数具有代表性(好或坏、先进或落后)的对象进行研究,以达到了解总体特征和本质的方法。典型研究要搜集大量的第一手资料,搞清所研究典型各方面的情况,做系统、细致的解剖,从中得出有启发性的结论。典型研究的优点是:具有鲜明的目的性和应用性,有利于假设的提出;节省人力、物力。缺点是:无法用概率原理去推断总体的数值及其可靠程度;典型的选择十分不易;研究者的主观作用和被试的迎合性都会对典型研究产生不利的影响。

抽样研究是在总体单位中按照随机原则抽取一定数量的样本进行研究,根据样本结果推断总体。若不按随机原则抽取,抽取的数量不够多,就不能推断总体。在下面介绍的方法中,只有概率抽样才能推断总体,非概率抽样不能推断总体。

二、概率抽样研究

(一)抽样研究的基本原则

抽样方案设计的基本原则是:首先是保证随机性原则的实现,即总体中的每个单位有同等的中选机会,或中选的概率已知。这种同等的中选机会或已知的概率不能人为破坏。其次是保证实现最大抽样效果的原则,即用最小的费用取得足够准确的数据。

(二)常见的概率抽样方法

比较常见的概率抽样有以下五种方法。复杂的研究一般使用多阶段抽样,不同阶段又可用不同的抽样方法。

1.简单随机抽样

简单随机抽样(simple random sampling,SRS),又叫纯随机抽样,对总体不做任何处理,是最简单、最基本的方法。它要求每个单位都有同等被抽中的机会。

直接抽选:如果总体规模不大,可以将总体中的每个单位都写在纸上,放在箱子里,伸手随机摸取。现在电视台的有奖知识竞赛采取的就是这种方法。

随机数码:Excel 中函数 rand(),产生 0~1 之间的平均分布随机数;产生的随机数不重复。Randbetween(bottom,top),产生 top 至 bottom 之间随机整数;产生的随机数可能重复。

2.分层抽样

分层抽样(stratified sampling),又叫类型抽样、分类抽样。先对总体各单位按一定标志加以分类(层),然后再从各类(层)中按随机原则抽取样本。主要目的是减少抽样误差,提高抽样调查的精确度,通过分类使组间变化大,组内变化小。这里的关键是分层指标的选取。分层指标的选择应考虑:①分层指标应同研究的主要目标密切相关,指标个数尽量少。②分层应满足同一层的元素具有较好同质性,不同层的元素具有明显异质性的条件。③对总体的分层和层内抽样都易于操作和管理。

3.机械抽样

机械抽样,又称系统抽样(systematic sampling)或等距抽样法。对研究的总体单位按一定顺序排列,每隔一定的间距抽取一个样本。这种方法适合于大规模调查,比较简单快捷,在实施中不需要严格的抽样框(准确的地址、名单等),只要有一个抽样单元的顺序即可。步骤是将全部个案排队,每隔一定间距抽取一个或若干个样本。

4.整群抽样

整群抽样(cluster sampling),又称集体抽样。将总体分为若干群,抽取几个群作为样本,对选中群的所有单位进行全面研究的抽样方法。其特点是组织方便,节约经费,但精确度低。应用条件是群间差异小,群内差异大。

5.多段抽样

多段抽样(multi-stage sampling),一般分两三个阶段,最多分四个阶段,每段做随机抽样。这是受众调查中最常用的方法,在不同的阶段结合采用上述抽样法,但因经过多个阶段才能最后抽出样本,抽样误差会大一些。

(三)样本的大小

一项研究需要抽取多少样本,是抽样研究面临的重要问题。许多人认为,样本越多越好。但科学研究却表明,当样本增大到一定规模以后,更多的样本对提高研究准确性的作用不显著;同时,当样本太大时,除耗费人、财、物等资源外,容易增加统计决策错误的可能性,因此研究者不主张运用过大的样本。

样本量的大小取决于许多因素，其中重要的有三种因素。首先是研究的准确性，要求的准确性高，样本量就大。其次是总体的差异性，总体之间各个单位差异大，不仅样本量要大，跟抽样的具体方法也很有关系。如群间差异大，就不宜采用整群抽样。最后是人力和财力的情况。样本量的计算可参阅抽样调查的有关书籍。

三、非概率抽样研究

非概率抽样不能对总体进行估计和推断。常用方法有方便抽样、判断抽样、配额抽样、滚雪球抽样等。

方便抽样是指从便利的角度抽取样本，如在报纸、杂志、网络上刊登调查问卷，由读者、网民自愿填写后反馈给研究者；访问售报亭买报的读者；利用读者、听众来信获取受众名单抽取样本等。

判断抽样是指根据研究者个人经验和判断抽取样本。在多级抽样的第一级抽样中使用较多。如在研究新媒体（网络、手机等）的游戏功能时，研究者可根据自己的经验选择几所高校、研究单位、合资公司和政府部门，从每个机构中抽取调查对象。

配额抽样是指根据经验按类分配样本数。1998年，英国电影学会实施了一项题为《电视生活中的一天》的调查研究。在该研究中，通过新闻和电视广告、海报和传单征集的22000名英国观众，写下了某一天（11月1日）观看电视的日记（方便抽样）。3年后，英国电影学会以原来被试的一部分为样本，进行了一项为期5年的受众跟踪研究，其间被试要完成一些"问卷日记"。冈特利特与希尔（Gauntlett & Hill，2002）在对数据的分析中，描述了跟踪研究的这些样本是如何决定的。首先，征集的被试包括各个不同年龄组，以使样本能够反映英国人口的年龄分布。其次，在同样的基础上选用来自不同家庭类型的被试（确保单人家庭、两个成人/两个孩子的家庭等都有代表）。最后，男女被试的人数大致相等。

滚雪球抽样适用于调查对象十分稀少或难以接触的情况。先随机地抽取少量调查对象，调查后，再请他们提供一些类似的研究对象，依此类推，如接受高档美容的女性、高尔夫球爱好者、同性恋等。

四、变量及其分类

变量是说明现象某种特征的概念。传媒心理学研究中涉及许多变量，有的容易被测量，如性别、年龄等，有的则很难被测量，如人格、态度、暴力等。

变量由变量名和变量值组成。变量名就是变量称呼，变量值是变量的具体表现，如"性别"是变量名，"男"或"女"就是变量值。测量变量值是最基础也是最重要的研究工作。

变量有许多分类方法。变量按其取值是否连续分为离散变量和连续变量，按其受因素影响的不同分为确定性变量和随机性变量，按其关系分为自变量和因变量。

美国心理学家史蒂文斯（Stevens，1961）按变量值的性质提出的分类，被学者们广为采用。

1.定类变量(nominal scale)

定类变量又叫定名变量,变量值只表示类别,无顺序和大小的区别。如用 1 表示"男",2 表示"女";1 表示"国际新闻",2 表示"国内新闻"……8 表示"广告"。定类变量的分类(即变量值)必须满足两个条件:一个是分类要穷尽,不能遗漏,这可用"其他"类解决;另一个是分类要互斥,一个样本只能有一个归属类别。定类变量只能计算次数、比率、众数、品质相关系数,进行卡方检验。

2.定序变量(ordinal scale)

变量值表示类别,有顺序的先后。如用 1 表示"高收入",2 表示"中收入",3 表示"低收入"。可计算次数、比率、众数、中位数、百分位数、等级相关系数、秩次,进行非参数检验,但不能运算(加、减、乘、除)。

在定序变量的测量中,常常会遇到平分现象,或者说具有相同的等级。如有两个样本同为第 3 名,不能一个排为 3,一个排为 4,也不能两个都排为 3 或 4。为了保证测量系统的连贯性,两个都排为 3.5,计算式为 $\frac{3+4}{2}=3.5$。如果是三个个体同为第 3 名,则三个都排为 4,计算式为 $\frac{3+4+5}{3}=4$。

3.定距变量(interval scale)

变量值表示绝对值的大小,数值和零点不固定,即零点无意义。定距量表可以是 5 级、4 级、7 级或 100 分为满分的量表。如 1 表示"很不喜欢",2 表示"不太喜欢",3 表示"一般",4 表示"比较喜欢",5 表示"非常喜欢"。定距变量可计算次数和比率、中位数、百分位数、相关系数、平均数、标准差,进行 F 和 t 检验。不能计算得分比值(不能计算几何平均数),但可计算得分差值之间的比值。

如样本 A、B、C、D、E 得分为 1、2、3、4、5,也可表示为 15、20、25、30、35,两者的关系是 $y=10+5x$。

计算得分比值无意义:不能计算 A、B 的比值,因为 $\frac{1}{2}$ 不等于 $\frac{15}{20}$;计算得分差值的比值有意义,可以计算 A、B 的得分差值同 C、E 的得分差值的比值,如 $\frac{1-2}{3-5}=\frac{15-20}{25-35}=\frac{1}{2}$。

4.定比变量(ratio scale)

变量值表示绝对数值的大小,零点有意义。如收看电视的时间、收入等。收看电视的时间为"0",不表示被测量者不知道电视或没有电视的知识,而只表示被测量者不看电视。定比变量适用于一切统计方法。

五、文献资料的应用

文献资料又称二手资料,指所有不是自己调查得到的资料。文献资料比较容易得到,相对来说成本较低,并能很快地获取。有些文献资料由专业机构发布,例如国家统计局提供人口普查数据,因此这类数据只能得到二手的。尽管文献数据不可能提供特定研究所需的全部答案,但却十分有用。文献资料可以帮助我们:①把握研究的历史和现状;②更好地定义问题,明确研究目标;③寻找处理问题的途径;④构造适当的设计方案(例如帮助确定关键变量,提供有关总体的一些信息);⑤回答一些调查问题,检验某些假设。

应用文献资料数据有许多应注意的问题,从方法论来看,要注意以下问题。

1. 技术要求:搜集数据所用的方法

文献中搜集数据的技术要求或所使用的方法,是考察数据有无可能存在偏差的最重要的准则。一系列的技术要求包括抽样方法、样本性质和大小、问卷设计和执行、现场调查实施的程序、回收率和回答质量、数据处理和报告的方法过程等。对这些方面的考察可以提供有关数据的可靠性和有效性方面的信息,也有利于我们确定是否可以将这些数据用于解决手中现有的问题。

2. 误差:数据的准确性

研究者应当确定文献数据用于当前研究的问题是否足够准确。文献数据误差的来源是多方面的,包括方法、研究方案设计、抽样、数据搜集、分析及项目报告。而且,由于研究者并没有实际参与文献数据的搜集,因此很难评价数据的准确性。评价的方法之一是寻找多方面来源的类似数据,然后通过标准的统计方法来比较。也可以通过到现场去复查的方法来考核。

3. 时效性:搜集数据的时间

文献中的数据可能不是当前的数据,其发表时间远远迟于搜集时间。而且即使是近期的,对解决目前的问题来说可能仍不够新。民意调查(包括市场调查)一般都需要当前的数据,二手数据如果过时了其价值也就消失了。

4. 目的性:搜集数据的目的

文献中的数据总是按一定的目标或用途来搜集的,因此首先要问的基本问题就是"为什么要搜集这些数据"。了解到数据搜集的目的,就可以知道在什么情况下这些数据可能相关或有用。根据某一种具体目标搜集的数据不一定适用于另外一种场合。例如为了了解各种品牌市场占有率而搜集的数据,就不一定适用于分析消费者怎样选择品牌的研究。

另外,要考察数据来源或调研机构的信誉、名声和是否值得信赖,这可以通过询问曾经利用过该数据来源的机构或人们来进行。对于为了进行促销、为了特殊利益关系或为了进行宣传而出版发表的数据要抱怀疑的态度。同样,企图隐瞒数据搜集方法和过程细节的文献数据也是令人怀疑的。

5. 性质、内容:数据的内容

考察文献中数据的性质或内容时应特别注意关键变量的定义、测量的单位、使用的分类及相互关系的研究方法等。如果关键变量没有定义,或者与研究者的定义不一致,那么数据的利用价值就受到限制。例如,假定现有关于消费者对电视节目偏好方面的文献数据,要利用这些数据,重要的是必须知道对电视节目的偏好是如何定义的:是按照看得最多的节目来定义,还是按最需要的、最欣赏的、最有帮助的(提供最多信息),或是对当地提供最好服务的节目来定义的?

第三节　问卷设计

　　问卷是通过书面的方式,根据严格设计的题目或问题向研究对象搜集资料和数据的一种方法。问卷一词是由 questionnaire 翻译而来的,它的原意是"一组问题"(a set of questions)或"问题的集合"(a collection of questions)。

　　问卷是传媒心理学研究中应用最广泛的方法,是各种实证研究的重要工具。调查研究的基础是问卷,但事实上问卷这个词包括范围广泛的不同工具,从英国电影学会跟踪研究中使用的日记法,到严格设计的量表,都属于问卷。(Livingstone,1998)

　　问卷设计的质量对研究的成败影响极大。根据调查目的、调查对象、调查方法来设计科学、有效的调查问卷,是一项技术性较强的工作。通常,在问卷设计之前,要初步熟悉和掌握调查对象的特点及调查内容的基本情况,然后结合实际需要与可能,全面、慎重地思考,多方征询意见,把调查问卷设计得科学、实用,以保证取得较好的调查效果。

一、问卷的类型

　　根据问卷的填答方式不同,可将问卷分为自填问卷和访问问卷。

　　自填问卷是由被试本人填写问卷的。自填问卷分为通信问卷和发送问卷。通信问卷调查费用低,但无法了解和控制被试的作答过程,影响研究的信度和效度。发送问卷是由研究者或经过培训的调查员将问卷送到被试手中,被试当场填写完后由研究者或调查员收回。发送问卷费用较大,但可以在较短时间内搜集到大量的资料,并且被试填写问卷时可以同研究者或调查员交流,研究者或调查员可以制止或减少各种干扰(如讨论),所搜集的资料可靠性高。

　　访问问卷是由研究者或调查员根据被试回答,填写问卷。访问问卷的费用最大,对调查员的要求也最高,但能调查一些复杂的问题,如敏感问题,也能被有语言(口语)交流能力的所有人采用。

二、问卷结构

　　一份完整的问卷包括标题、封面信、指导语,以及问题与选项。

　　问卷的标题通常出现在问卷的首页。被试通过问卷的标题,可以了解问卷的性质或目的。但是在某些情况下,研究主题涉及一些比较敏感或个人隐私的内容,为了避免被试对研究主题的防范而拒绝回答或伪答,可将敏感话题用中性词语来表示。如将"大学生色情网页访问调查问卷"改为"大学生网络访问调查"。

　　封面信是印在封面的短信,表明问卷的目的、研究者的身份、保密的承诺和感谢等,如有给被试的礼品或礼金,一并表明。

　　指导语用以说明问卷中一切被试可能不清楚、难理解的地方。如"单选"或"多选",许多概念的操作性定义等,共同的写在封面信后,特殊的写在题目后。

问题与选项是问卷的主体，下面再予以详述。

三、问卷设计注意事项

问卷的主体内容一般由三部分组成：一是基本资料，主要包括被试的年龄、性别、年级等基本情况；二是行为资料，这是专门向被试搜集已发生的行为事实或事件发生及经过；三是态度资料，主要搜集被试本人对某些问题的思想、观点、态度、兴趣爱好等心理现象和个性心理特征。具体的问题顺序安排应遵循以下原则：

（1）问题在问卷中的顺序和答案的顺序不要有指导性。

（2）设置的问题与所研究的主题密切相关，问卷不要太长。一张问卷以 30 分钟内完成为宜。

（3）一般性或容易回答的问题放在前面，敏感、隐私和不容易回答的问题放在后面。

（4）有时为了避免影响被试的情绪，可将被试基本资料放在问卷标题之后。

问题和选项的设计有以下几点注意事项：

（1）笼统、抽象、含混的概念要加操作性定义，避免问卷设计者与调查对象或调查对象之间的理解不一致。如"你小时候暑假在家干什么"，其中"小时候"可定义成"小学"或"初中"。

（2）问题的答案选项要穷尽，所有可能的情况都要有答案，一般用"其他"来囊括。

（3）问题的答案选项要互斥，一种情况不能有两个答案可选。

（4）同一题目不要针对两个对象提问。如"你经常教小孩识字和算术吗？"（使那些只教小孩识字或只教算术的家长很犯难），应分成两个题目来问。

（5）文字、语句简单。不用专门术语、行语、俗语，题目清楚准确，句子越短越好。

（6）用中性词，防止诱导性、暗示性词汇，出现带有某种倾向的暗示性问题。如"你喜欢享誉中外的小说《红楼梦》吗？"

（7）问题的陈述尽量使用肯定句。被试容易忽视否定句（特别是双重否定句）中的否定词而误解题意，造成回答不真实。

（8）对于一些比较难以回答的问题，提供给被试一个情境。

四、调查成功率

调查成功率（survey response rate），又称调查完成率（survey completion rate）或调查受访率（survey response rate），是检验随机抽样调查质量的最重要（也往往是唯一有案可查的）标准。1950—1970 年，美国入户面访的成功率为 80%，电话调查的成功率为 70%，邮寄调查的成功率为 50%。现在各种调查的平均成功率均在下降。

1999 年 5 月，美国民意研究学会（American Association for Public Opinion Research，AAPOR）公布了一套计算调查成功率的《随机拨号电话调查与入户调查结果分类及计算的标准定义》（*Standard Definitions: Final Dispositions of Case Codes and Outcome Rates for RDD Telephone Surveys and In-person Household Surveys*，以下简称《标准定义》），被许多调查机构作为计算调查成功率的实用标准。

电话调查与入户调查大类相同，主要分类如下：

（1）访问成功。包括完全成功（回答 80％以上的问题），部分成功（回答 50％～80％以上的问题）。

（2）合格但无访问。包括拒访，中断（回答少于 50％），未接触，无访问（语言不通、死亡等）。

（3）不知是否合格而未访问。包括不知是否为合格的住户单位，合格的住户单位但不知是否有合格的调查对象。

（4）不合格。包括抽样框外，非住户单位，没有合格调查对象等。

第四节　量　表

测量（measurement）是观察和记录样本的变量，确定变量值的过程，是传媒心理学实证研究中必不可少的部分。有的变量，其概念十分明确和统一，测量的工具是公认的。如身高可用米，体重可用千克来测量，每天看电视的时长用小时或分钟来测量。有的变量，其概念、操作性定义不够统一，特别是与心理活动、传播效果相关的变量，如人的态度、观念、性格等，一般用量表来测量。由此可见，量表是传媒心理学研究的重要工具。

量表是在调查或实验研究中，测量样本的态度、观念、性格、偏好等性质的数字度量时所采用的工具。传媒心理学研究中最常见的量表有四种，下面分别介绍。

一、李克特量表

李克特量表（Likert Scales），是在简化瑟斯顿量表的基础上发展而成的一种简便可靠的量表，是一种被普遍采用的态度测量表。该量表的基本形式是给出一组陈述，这些陈述都与某人对某个单独事物的态度有关。要求被试表明他是"强烈赞同""赞同""反对""强烈反对"或"未决定"，当然，根据需要词语表述可略有不同。标准的李克特量表分 5 个等级，也可以根据需要简化或增加等级。李克特量表有积极性陈述和消极性陈述两种类型的陈述方式：积极性陈述中，完全同意、同意、不一定、不同意、完全不同意，得分为 5、4、3、2、1；消极性陈述评分则相反，即对"完全不同意"的给 5 分，"完全同意"得 1 分。被试做答后，把分数相加就可得出总分。因此，李克特量表有时也称求和量表（summated scales）。

李克特量表是传媒心理学中最常用的定距量表，用于测量观念、态度或意见。如 1991 年浙江儿童调查问卷中用李克特量表测量儿童现代化观念，见表 13.1。

李克特量表应搜集大量围绕研究问题的陈述或说法（50 个以上为宜）。各种陈述应比较分散，以一个足够宽的范围覆盖所研究的问题，应当有一定把握使大部分被访问者不至于只选中间点"说不准"；有些陈述是正向的，有些是负向的，需做逆向处理，再计算累加的态度总分；然后随机抽取一个小样本进行试调查，计算每个陈述的辨别力。

然后根据信度和效度分析修改量表，保留辨别力高的陈述，20 个左右；删除辨别力低的陈述。

表 13.1　儿童现代化观念李克特量表(陈崇山、孙五三,1997)

你同意下列说法吗？　（请在相应的数字上画"√"）

表　述	很不同意	不太同意	说不准	比较同意	非常同意
1.因为爸爸妈妈爱我,所以我要听他们的话	1	2	3	4	5
2.我长大后一定要离开家乡去闯天下	1	2	3	4	5
3.花钱旅游不如买些东西实用	1	2	3	4	5
4.如果有一种新物品,即使有点冒险我也愿第一个试用	1	2	3	4	5
5.制订计划是我生活中一件很重要的事	1	2	3	4	5
6.人类总有一天会有这样的本领:控制气候	1	2	3	4	5
7.我们有钱应存进银行,因为银行是可以相信的	1	2	3	4	5
8.学校的事应该听老师的,我最好不提意见	1	2	3	4	5
9.如果将来有机会,我一定参加管理我们的国家	1	2	3	4	5
10.有电视机的最大好处是可以看动画片	1	2	3	4	5
11.孩子的尊严不如父母的尊严重要	1	2	3	4	5
12.如果几天没有看报纸,我会非常难受	1	2	3	4	5
13.在空闲时间,看电视不如看一本好书	1	2	3	4	5
14.对我来说,电视新闻是所有节目中最有价值的	1	2	3	4	5
……	1	2	3	4	5

二、瑟斯顿量表

瑟斯顿量表(Thurstone Scale),也叫间隔均等出现量表(equal-appearing interval scale),是一种定距量表,主要用于测量被访问者对特定概念的态度,其编制过程比较复杂。

首先搜集大量与所测概念有关的陈述或说法,其表述应包括正向、中间、负向;至少写出100~200个项目,使其总体能反映出所要测量概念的全面观点。接着选定25~50位评分者,按11级的定距表给出他们对每一种陈述的赞成程度的得分,其中1表示"最不赞成"、11表示"最赞成"。然后计算每种说法的平均得分和标准差,按平均值的大小将这些说法分成20~30组。从每组中选择出一种说法,原则是评分差异较小(标准差小)的说法;同时这些说法的平均得分之间的差异间隔相近;例如,可考虑取平均得分分别接近1.5、2.0、2.5、3.0、3.5……10.0、10.5的20种说法。以选择出来的说法组成新的定距量表,其中每一种说法对应一个"同意"的得分("不同意"的得0分),被访问者只需选出其同意的说法,所有说法得分的平均值就是被访问者对所测概念的态度得分,如表13.2所示。

表 13.2　关于赠品券态度的瑟斯顿量表

你同意下列说法吗?(请在相应的说法后面的同意格内画"√")

			同意得分
1	赠品券是伟大的	(　　)	9
2	我希望每个商店都附赠品券	(　　)	8
3	赠品券是购买者的福利	(　　)	7
4	赠品券还不错	(　　)	6
5	赠品券有好处,也有坏处	(　　)	5
6	赠品券是"羊毛出在羊身上",能省则省之	(　　)	4
7	赠品券抬高了价格	(　　)	3
8	赠品券是令人讨厌的	(　　)	2
9	我痛恨赠品券	(　　)	1

如被访者 1 选 1、2,得分为 $\frac{9+8}{2}=8.5$;被访者 2 选 7、8、9,得分为 $\frac{3+2+1}{3}=2$,……,被访者 100 的得分为 6。100 个被访者总得分为 530,则这 100 个被访者对赠品券的态度得分是 5.3(不太赞成)。

三、哥特曼量表

哥特曼量表(Guttman Scale),也叫累积量表(cumulative scale),可看成定距量表或定序量表。按照被访问者的态度强硬来排列各种说法,因此,如果被访者同意某种说法,也会同意该说法之前(或之后)的说法,从理论上讲,被访问者的答案呈金字塔形,如表 13.3 所示。

表 13.3　测量人们对电视剧中不良情节的态度的哥特曼量表

1	电视剧中的不良情节对社会弊大于利	□是	□否
2	电视剧中的不良情节对社会有害无益	□是	□否
3	不应该让儿童观看有不良情节的电视剧	□是	□否
4	电视台不应该允许播放有不良情节的电视剧	□是	□否
5	政府应该禁止电视台播放有不良情节的电视剧	□是	□否

如上述量表是经过严密测试的哥特曼量表。如果被访问者同意第五种说法,就会同意前四种说法;同意第二种说法,不同意第三种说法,那么他也会同意第一种说法。同意的数目就规定为被访问者在哥特曼量表上的得分。

四、语义差别量表

语义差别量表（semantic differential scale），由心理学家奥斯古德（Osgood）提出，用于测量某些事物在"语义空间"（semantic space）中的距离或相对位置，现已被用来测量态度、视觉效果评价、服务质量评价。

语义差别量表是多向度的度量化方法。奥斯古德等多次利用语义差别量表搜集数据，进行因子分析，发现有三个公共因子同时出现：性质（evaluation）、效力（potency）和行动（activity），认为这三个因子构成了"语义空间"的最主要因素，参见表 13.4。

表 13.4　语义的形容词

性质因素		效力因素		行动因素	
好	坏	强	弱		
快乐	不悦	硬	软		
聪明	愚蠢	重	轻	主动	被动
成功	失败	厚	薄	紧张	松弛
诚实	欺骗	粗	细	激昂	镇定
甜	苦	刚	柔	快	慢
高贵	低贱	严	松		
干净	肮脏				

传媒心理学将语义差别量表用于测量某种事物、概念或实体在人们心目中的形象，如测量一份报、一个电台、某个频道、某个广告、某个明星、某个机构、某种概念的形象等，广泛的市场调查和传播研究如表 13.5 所示。

表 13.5　关于电视节目的语义差别量表

请根据下列形容词给您印象中的《××××》打分。（在每行您所选择的分值上画一个"〇"）

序号	评价	非常	比较	稍微	没印象	稍微	比较	非常	评价
1	现代的	5	3	1	0	−1	−3	−5	传统的
2	社会影响大	5	3	1	0	−1	−3	−5	社会影响小
3	都市气息浓	5	3	1	0	−1	−3	−5	都市气息淡
4	品位高	5	3	1	0	−1	−3	−5	品位低
5	信息量大	5	3	1	0	−1	−3	−5	信息量小
6	可看性强	5	3	1	0	−1	−3	−5	可看性弱
7	画面清晰	5	3	1	0	−1	−3	−5	画面模糊
8	节目质量高	5	3	1	0		−3	−5	节目质量差
9	个性鲜明	5	3	1	0	−1	−3	−5	个性模糊

第五节　问卷和量表的质量

在传媒心理学研究中，无论是问卷还是量表，都是在进行测量。测量的可靠性和准确性，成为研究者十分关心的问题，也是研究科学性的重要表现。

一、信度

信度（reliability）是指重复测量产生相同结果的准确（相近）程度：对同一变量反复进行测量，结果是否大致相同；测量值与"真值"的接近程度如何。

信度比较标准，是指测量结果反映出系统变异的程度。高信度的测量很少受随机因素或事件的干扰，能准确无误地测量出人们的心理特征和各种心理过程。信度用相关系数 r 表示，当 r 为 1 时表示完全可靠，研究中很少出现；当 r 在统计上达到显著水平，就认为具有较高信度。信度的具体考评可从以下三方面进行。

（一）重复法

重复法（repeat method）就是对原有的测量过程进行复制，可以对研究过程、研究工具、研究结果的信度做出直观的判定，是判断测量信度的基本方法。常用重测信度（test-retest reliability）来衡量重复法的信度水平。重测信度，又称稳定系数（coefficient of stability），是同一量表在同一样本中测量两次或多次的结果的一致性程度，用皮尔逊积差相关来表示。使用中要注意，相隔时间中没有发生对测量结果有影响的变化。

如 1980 年，美国学者杰弗里·萨克斯（Jeffrey Sacks）对 207 名被试进行了两次问卷调查，内容是关于被试的生活习惯与行为，两次调查相差 3 个月，问卷完全一样。调查结果显示，只有 15% 的被试在两次调查中提供的信息完全一致，可见调查的信度不高。大多数经典的测量是能够重复验证的，如埃森克人格问卷简式量表中国版（钱铭怡等，2000）的修订，相隔 3 周的重测信度分别为：P 量表 0.67、E 量表 0.88、N 量表 0.80、L 量表 0.78，所有检验都达到极显著水平。

重复法的优点是，提供有关测验结果是否随时间而变化，可作为预测被试未来表现的依据。重复法的缺点是，易受练习和记忆的影响，前后两次测验间隔的时间要适当。间隔太短，被试记忆犹新，第二次测验分数会提高，不过如果题数够多可减少影响。间隔太长，受被试成长的影响，稳定系数可能会降低。

（二）并行法

并行法（parallel-form method）又称对等法，常用复本信度作为衡量信度的指标。复本信度（alternate-form reliability）是对同一组被试实施同一性质的两个测验（复本），所得结果的皮尔逊积差相关。如斯坦福—比奈智力测验（1937 年版）就有 L 和 M 两种测验，同时进行这两种测验所得的信度系数是 0.91。

并行法可同时连续实施，也可相距一段时间分两次实施。同时连续实施的复本信度称等值系数(coefficient of equivalence)。相距一段时间分两次实施的复本信度称稳定和等值系数(coefficient of stability and equivalence)，表示由内容和时间变化所造成的误差。

以复本评价信度的方法，可避免再测法的缺点，但所使用的必须是真正的复本，在题数、型式、内容、难度、鉴别度等方面保持一致。

并行法的优点有：复本是评价测验信度的最好方法，但是编制复本相当困难；不受意义效用的影响；测量误差的相关性通常比重复法低。并行法的缺点是两次真实分数的相等性受到质疑。

复本信度的一种变化是评分者信度。评分者信度是指不同评分者对同样对象进行评定时的一致性。最简单的估计方法就是随机抽取若干份答卷，由两个独立的评分者打分，再求每份答卷两个评判分数的相关系数。这种相关系数的计算可以用积差相关方法，也可以采用斯皮尔曼等级相关方法。

评分者信度在内容分析中广泛运用。当两个(或多个)评分者或编码员去判断同一现象时，评价结果是否一致或相关，也叫评分者内在信度(inter-rater reliability)或编码员间信度(inter-coder reliability)。常用计算方法为：

霍斯提(Holsti)公式：用一致性的百分比来表示。如两个编码员分别同时做了 m_1 和 m_2 个单位的编码，其中一致的编码为 m，则编码员间信度 $= \dfrac{2m}{m_1 + m_2}$。类别的数目越少，由于偶然性造成一致的可能性越大(分 2 类，随机编码可能有 50％的信度，分 5 类，随机编码可能有 20％的信度)。

(四)折半法

折半法(split half method)，以折半信度系数(split-half coefficient)或内部一致性信度(internal consistency reliability)为指标。如果测验没有复本，也不可能进行重复测量，只能考察测验内部各题目所测内容的一致性。如果一个测验可靠，这个测验所包括的题目就应该前后一致。

内在一致性信度是反映测验内部所有题目间一致性程度的信度指标。题目的一致性有两层含义：一是所有测验题目反映同一特质；二是各个题目之间有较高的相关。

二、效度

效度(validity)是指所测量的内容在多大程度上满足了调查者想要测量的特征。这里有两层含义：一是测量手段是否测量了所研究的概念，而不是其他概念；二是该概念被准确测量的程度。如我们想测量青少年的智商，却使用了测量自信心的量表，就没有效度。

效度的指标比较复杂，类似于信度系数的公式，下面介绍最主要的几种。

(一)内容效度

内容效度(content validity)，又叫表面效度(face validity)、抽样效度(sampling validity)、逻辑效度(logical validity)，是指测量在多大程度包含了预测的内容范围。如研究者要测量电视剧的"偏见"，那么测量的内容能否反映种族偏见、宗教偏见、性别偏见等。

内容效度的评定主要通过经验判断,由研究者和课题组外的专家对量表的效度进行主观评价,通常是由专家根据测验题目和双向细目表(two-way specification table)做系统的比较判断,分析题目是否恰当地代表了希望测量的内容。

内容效度评定的一个常用指标是内容效度比(content validity ratio),用 CVR 表示,计算公式为:

$$CVR = \frac{Ne - \dfrac{N}{2}}{\dfrac{N}{2}}$$

式中,N 表示专家总人数,Ne 表示专家中认为测量或题目很好地代表了测量内容的人数。

双向细目表是一种检验测量内容和测量目标的列联表。一般地,表的纵向列出的各项是要测量的内容,横向列出的是测量的目的,方格内是题目所占的比例。双向细目表大量应用在学校的试卷命题和分析中,对问卷和量表的分析也十分有用。

(二)效标效度

效标效度(criterion validity),又称准则关联效度(criterion-related validity)、实用效度(pragmatic validity)、实证效度(empirical validity)、统计效度(statistical validity),是以测量分数同作为外在标准的效标之间的关联程度来表示的一种效度。

效标(criterion)是衡量测量结果有效性的参照标准,是体现测量目的独立于测量内容之外的一个变量。如有证据表明进入大学的高考高分学生在大学学习成绩上优于低分学生,则可认为高考分数是大学生学习成绩的效标。

效标效度有两种形式,即同时效度(concurrent validity)和预测效度(predictive validity)。当效标数据与测量数据同时获得并进行比较时,就得出同时效度。如研究者调查儿童观看电视时间的同时,也调查家长认为孩子看电视的时间,并进行比较,就构成同时效度。同时效度能反映测量在什么程度上取代效标。如果效标数据与测量数据不同时获得,计算出的效标就是预测效度。预测效度实际上是测验结果与一段时间后的行为表现(预测标准)之间的相关程度。

估计效标效度的主要方法有:

第一,相关法。相关法就是用相关系数来描述同一组被试在某个测量工具上的得分与他们在效标测量上的得分之间的关系,这种数量指标也称效度系数(validity coefficient)。相关系数的获得有两种情况:如果测验分数与效标量分数都是连续变量,则用积差相关公式求相关系数;如果测验分数是连续变量,而效标量分数是二分变量,则用二列相关公式求相关系数。

第二,区分法。具体程序是让被试接受一个测验,然后让他们学习一段时间,再根据学习成绩(效标测量)的好坏将其分为两组,分析这两组被试原来接受测验的分数差异。区分法的关键是用先进行测验的得分来区分由效标测验所定义的团体。如某学校通过入学考试录取了一批学生,经过一段时间的学习后,依据学习成绩的高低将其分为合格和不合格两组,然后通过检查他们的入学成绩,运用统计方法来检验两组被试在入学测验上的平均分是否有显著差异。若差异不显著,则说明入学考试不一定有效度;若差异显著,则说明入学考试一定有效度。

在《大众传播对儿童的社会化和观念现代化的影响》的研究中，卜卫(1991)用两个量表(知识量表和态度量表)来测定儿童的现代化观念程度，态度量表见第四节的李克特量表，知识量表采用的陈述如下：

    1.我国人大常委会委员长是万里。

    2.美国总统是戈尔巴乔夫。

    3.儿童抽烟是违法行为。

    4.工人、农民、教师和科学家都是脑力劳动者。

    5.因为粗心，打碎十二个鸡蛋比打碎两个鸡蛋的行为更不好。

卜卫用了四个效标检验量表的效度，方法是分别按效标值数量的多少将受访儿童分成两组，检验这两组在知识量表和态度量表的平均总得分之间是否有显著差异。下表是 t 检验的概率值，几乎都等于零，说明每两组的均值都有显著的差异。因此可以认为两个量表都有较高的效度，参见表 13.6。

表 13.6　儿童社会化程度测量量表的独立标准效度分析(t 检验的概率值)

效　标	知识量表	态度量表
儿童接触媒介的种类	0.00	0.00
儿童接触媒介的频次	0.00	0.00
媒介非娱乐内容的倾向	0.00	0.00
媒介内容数量	0.00	0.00

第三，命中法。当测验用来做取舍的依据时，测验是否有效的指标就是正确决策的比例。判断决策正确性有两个指标：

总命中率(P_{ct})是正确决定数目(命中)对总决策数目(N)的比例。

$$P_{ct} = \frac{命中}{命中+失误} = \frac{命中}{N}。$$ P_{ct} 值越大说明测验越有效。

正命中率(P_{cp})是所有被选择的人成功的比例。

$$P_{cp} = \frac{成功人数}{选择人数}。$$ P_{cp} 值越大说明测验越有效。

(三)结构效度

结构效度(structure validity)是测验对某种理论构想或特质所能体现测量的程度。传媒心理学研究中的动机、效果、影响等作为假设性的概念或特质，通常无法直接度量，这些构想只能在理论基础上通过操作性定义的测验来加以测量。结构效度就是用于评价测量的结果与理论假设的相关程度。

估计结构效度的方法有：

第一，测验内方法。该方法通过分析测验的内部构造来获取效度证据。如通过分析测验的内容、被试对题目的反应、测验题目的同质性及分测验之间的关系来判断测验的结构效度。

第二,测验间方法。该方法统计计算测验与标准化测验的相关性来获取效度证据。如在评价新编的智力测验时,通常要与斯坦福—比奈智力测验或韦氏智力测验进行比较。

第三,因子分析法。该方法通过对一组测验项目进行因素分析,找出影响测验的共同因素。其基本思路是将量表中的题项集合成不同的群,使每一个群共享一个公共因子,这些公共因子就代表量表的基本结构,进而比较公共因子和量表所要测量的现象的理论框架之间的异同。如两者吻合,且公共因子对原始变量具有足够的代表性(方差贡献率高),则说明量表的结构效度好,参见表 13.7。

表 13.7　厦门受众的媒体使用动机量表的因子分析结果

公共因子	量表中的题项	负荷量	有效程度/%	累计有效程度/%
因子 1:信息寻求动机	增加新知识、新见闻	0.81387	25.9	25.9
	了解别人对各种事物的看法	0.71011		
	了解各地事情	0.68234		
	了解方针政策	0.64671		
因子 2:娱乐消遣动机	为了娱乐	0.7905	16.0	41.9
	为了消遣	0.77368		
	满足好奇心	0.56495		
	和家人共享阅读的乐趣	0.36928		
	工作时可以得到调剂	0.57227		
	增加谈话资料	0.51867		
因子 3:社会功利动机	寻求购物参考	0.84701	11.7	53.6
	寻求解决工作、生活问题的方法	0.79518		

注:说明动机量表有很好的结构效度。

第四,多特质—多方法矩阵。1959 年坎贝尔和菲斯克(Campbell & Fiske)提出多特质—多方法矩阵(multitrait-multimethod matrix),采用两种以上的方法测量两种以上的特质。特质与方法有多种搭配,其两两间相关系数组成多特质—多方法矩阵。如以不同方法测量相同特质所得分数之间的相关系数,即聚合效度(convergent validity),高于以相同方法测量不同特质所得分数的相关系数,即辨别效度(discriminant validity),且高于以不同方法测量不同特质所得分数的相关系数,则该测验具有较高效度。

三、信度与效度的关系

信度是效度的必要条件(necessary condition)而非充分条件(sufficient condition),效度是测验的首要条件,信度是效度不可缺少的辅助品。无信度一定无效度,有效度一定有信度,有信度不一定有效度。使用你家小区附近卖减肥产品商店的秤,每次测量你的体重都是60kg,那表示此秤具有信度,但是60kg真是你的体重吗? 也许你的真正体重是55kg。这表示此秤具有信度,但不一定具有效度,参见图13.1。

随机误差

		低	高
系统误差	低	有效且可靠	
	高	无效但可靠	无效且不可靠

图 13.1　随机和系统误差同信度和效度的关系

效度受到信度的制约。一个测验的效度受到信度的制约,且小于信度。所以信度与效度的关系可分为三类:信度高,但效度低;信度和效度都高;信度和效度都低。

四、项目分析

当我们根据一定的理论构思设计出一套测验项目时,除了对项目的内容及内容效度进行精心的检查以外,还要对项目的编排、用词、数量、语义等方面进行分析和修正。这就需要对测验进行项目分析,项目分析主要测量各个题项的"难易度"和"鉴别度"。

难易度指被访者"通过"某题项"测验"的难易程度,即"高分组"和"低分组"通过率的平均数,传媒心理学研究中所用的态度调查量表,难易度一般为 0.5。鉴别度为各个题项对所测特性的区别或鉴别能力,为"高分组"和"低分组"通过率之差,一般情况下,鉴别度越高越好。

难易度和鉴别度的计算方法为:

第一步,将测验按分数从高到低排序,分成上、中、下三组;其中 Upper 和 Lower 各占27%,Middle 占46%。分数最高和最低的两个组分别叫"高分组"和"低分组"。如是李克特等求和量表,则要注意:反向题经过逆向处理,"非常同意"或"比较同意"的为通过(对于逆向问题,则选"很不同意""不太同意"为通过)。

第二步,分别计算"高分组"和"低分组"的被访者在每个题项上的"通过率"P_H 和 P_L。

$$P_H = \frac{某题通过的人数}{高分组人数}$$

$$P_L = \frac{某题通过的人数}{低分组人数}$$

第三步,计算难易度和辨别度。

某题项的难易度:$P = \frac{P_H + P_L}{2}$

某题项的辨别度:$D = P_H - P_L$

如某题高分组有70%通过,低分组有 25%通过,则此题的难易度为 $P = \frac{0.7 + 0.25}{2} = 0.475$;此题的辨别度为 $D = 0.7 - 0.25 = 0.45$。

P 值越高,难度越低;P 值越低,难度越高。P 等于 0.5 为中等难度。但如果是两种选择的题目(是非题),随机回答也能得到 0.5 的通过率。因此,对于难度 P 值应按照项目特点进行"机遇校正"(correction for chance),公式为:

$$p' = \frac{KP-1}{K-1}$$

式中,p' 为校正后的难易度,K 为题目的备选答案数。

若 $K=5$,则 $p' = \dfrac{5 \times 0.475 - 1}{5 - 1} = 0.34375$,难度变高。

辨别度 D 越大,表示个别项目的反映与测验总分的一致性越高。研究表明,项目辨别度在 0.35 以上时,就认为该项目有相当高的辨别能力;如辨别度在 0.2 以下,则辨别力比较低。

本章要点

1. 问卷是通过书面的方式,根据严格设计的题目或问题向研究对象搜集资料和数据的一种方法。问卷设计的质量对研究的成败影响极大。根据调查目的、调查对象、调查方法来设计科学、有效的调查问卷,是一项技术性较强的工作。

2. 调查成功率是检验随机抽样调查质量的最重要标准。1999 年 5 月,美国民意研究学会公布了《随机拨号电话调查与入户调查结果分类及计算的标准定义》,被许多调查机构作为计算调查成功率的实用标准。

3. 量表是在调查或实验研究中,测量样本的态度、观念、性格、偏好等性质的数字度量时所采用的工具。传媒心理学研究中最常见的量表有李克特量表、瑟斯顿量表、哥特曼量表和语义差别量表。

4. 重复法就是对原有的测量过程进行复制,可以对研究过程、研究工具、研究结果的信度做出直观的判定,是判断测量信度的基本方法。重测信度,又称稳定系数,是同一量表在同一样本中测量两次或多次的结果的一致性程度,用皮尔逊积差相关来表示。

5. 内容效度是指测量在多大程度包含了预测的内容范围。内容效度的评定主要通过经验判断,由研究者和课题组外的专家对量表的效度进行主观评价,通常是由专家根据测验题目和双向细目表做系统的比较判断,分析题目是否恰当地代表了希望测量的内容。

6. 项目分析主要测量各个题项的"难易度"和"鉴别度"。难易度指被访者"通过"某题项"测验"的难易程度,即"高分组"和"低分组"通过率的平均数。鉴别度为各个题项对所测特性的区别或鉴别能力,为"高分组"和"低分组"通过率之差,一般情况下,鉴别度越高越好。

基本概念

1. 科学研究:对观察到的现象可能存在的某种联系提出假设(hypothesis),并进行系统的(systematic)、受控的(controlled)、实证性的(empirical)、批判性的(critical)调查研究。

2. 定性研究与定量研究:定性研究是思辨的、逻辑推理式的研究,一般只使用第二手资料,得出结论;定量研究是实证的、归纳推理式的研究,一般要搜集第一手资料,即通过观察现象得到数据资料,从而得出结论。定量研究又分为量化研究和质化研究两种。常用的量化研究方法有实验法、内容分析法、元分析;常用的质化研究方法有个案研究、访谈法、民族志等。

3.抽样研究:在总体单位中按照随机原则抽取一定数量的样本进行研究,根据样本结果推断总体。

4.变量:说明现象某种特征的概念,由变量名和变量值组成,按照变量值的性质分为四类:定类变量、定序变量、定距变量、定比变量。

5.信度与效度:信度是指重复测量产生相同结果的准确(相近)程度;效度是指所测量的内容在多大程度上满足了调查者想要测量的特征。信度是效度的必要条件而非充分条件,效度是测验的首要条件,信度是效度不可缺少的辅助品。无信度一定无效度,有效度一定有信度,有信度不一定有效度。

 思考题

1.科学研究的基本特性是什么?

2.简述抽样调查的概念及其类型。

3.如何判断二手资料的实用性?

4.如何设计一份好的问卷?

5.请写出 50 个陈述,评价你最熟悉的某位老师的教学态度。

第十四章

传媒心理学定量研究的具体方法

我们将传媒心理学研究方法分成定性和定量两类。尽管定量与定性是科学研究的两种方法,但传媒心理学更多地使用定量研究。本章着重介绍传媒心理学研究常用的定量研究方法。

第一节　质化研究

科学心理学创始人威廉·冯特(Wilhelm Wundt,1832—1920)在其民族心理学研究中运用的描述和解释就是质化研究。质化研究包含许多具体的方法,具有归纳和解释的优势,广泛地应用于文化、传播、民族、组织、社会、犯罪等领域的研究中。

一、概念

质化研究(qualitative research)又称质的研究,没有确切、公认的定义。研究者从不同的侧面做出了不同的界定。克雷斯韦尔(Creswell,1994)强调研究目的,认为质化研究是一种研究设计范式,是在自然情境中以复杂的、独特的、细致的叙述来理解社会和人的过程。拉特纳(Ratner,1997)突出质化研究对文化心理学的重要意义,认为质化研究是从普遍性的陈述、个案中获得印象和概括的过程。克拉斯沃尔(Krathwohl,1998)认为质化研究是用文字来描述现象,而不是用数字来加以度量。陈向明(2000)从质化研究的特征角度,认为质化研究是在自然环境下,采用多种资料搜集方法,对社会现象进行整体性探究。其特征是使用归纳法分析资料和形成理论;通过证伪法和相关检验等方法对研究结果进行检验;研究者本人是主要的研究工具,其个人背景及其与被研究者之间的关系对研究过程和结果的影响必须加以考虑;研究过程是研究结果中一个不可或缺的部分,必须加以详细记载和报道。

二、应用领域

虽然质化研究的应用领域十分广泛,但质化研究所选择的问题具有特殊性、意外性、模糊性、陌生性、深层性等特点,适合于以下类型的研究。

（1）探索性研究。被研究的问题是不熟悉的，即认识鲜为人知的事件、情况或情景，识别或发现一些重要的变化，提出假设。探索性质化研究可回答：该组织正在发生什么？该组织的工作模式和核心是什么？模式和核心是如何组织联系的？

（2）描述性研究。记录事件、情况或情景，可回答：正在发生的重要事件、行为、态度、过程和结构是什么？

（3）解释性研究。解释事件、情况或情景的形成原因，识别影响事件、情况或情景形成的原因。解释性质化研究可回答：什么事件、价值观和政策正在影响该组织形成现在的特征？这些力量是如何相互作用而影响该组织的？

（4）预测性研究。预测事件、情况或情景的结果，预测可能导致的行为或行动。预测性质化研究可回答：该组织现在的政策可能对未来产生什么影响？谁会受到影响？受到什么样的影响？

三、评估

著名方法学者马克斯韦尔·麦科姆斯（Maxwell McCombs）开发了一套评估质化研究效度的分类指标体系。他把质化研究效度分为三种：①描述效度（descriptive validity），当观察失误或记录不全面时，描述效度受到影响。②解释效度（interpretive validity），当以研究者的观念去解释资料，从研究对象的角度表明资料的意义时，解释效度受到影响。③理论效度（theoretical validity），当研究者忽略或不去搜集矛盾的资料，没有考虑替代性解释时，理论效度下降，理论无法真实反映所研究的现象。

质化研究的评价无一般化程序，测验的方法依研究内容而不同，常使用证伪法、三角验证（triangulation）等。

证伪法是找出矛盾的证据或负面的案例来判断结论有无错误。由于资料本身也可能存在错误，因此，使用证伪法时要仔细分析和比较支持性和矛盾性的资料。

三角验证是最常用的检验质化研究信度的方法，巴顿（Patton，2002）指出三角验证包含资料来源和方法、理论和观点、分析者的三角验证，也可进行不同学科的三角验证，即从其他学科的视野来检验传媒心理学研究。

如资料来源和搜集方法的三角验证，就是使用不同的方法、从不同的研究对象或情景中搜集资料，以排除特定方法的限制和系统偏差。图 14.1 是研究学生价值观资料来源的三角验证。

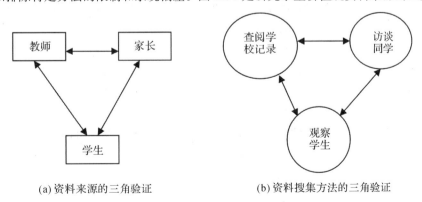

(a) 资料来源的三角验证　　　　　(b) 资料搜集方法的三角验证

图 14.1　三角验证

第二节 质化研究的方法

传媒心理学质化研究的主要方法有三种：访谈研究、个案研究和民族志。它们在资料的搜集、研究的特质方面不尽相同。

一、访谈研究

访谈研究（interview survey），是研究者通过与研究对象的交谈来搜集心理特征与行为数据资料的一种方法，是心理学研究中运用最广泛的研究方法，也是质化研究最基本的方法。在访谈前，首先要明确访问目的，选择访问方法，然后选择有代表性的被访者，接下来才能根据确定的访问项目拟定问题，并按规定的访问流程予以实施。

质化研究的访谈一般是无结构的开放式深度访谈，可采用一对一的面对面访谈（face-to-face interview）和电话访谈（telephone interview），也可以是一对多的焦点访谈（focus interview）。访谈研究要求访谈者了解被访者对研究问题的理解、思维方式，为被访问者留有充分的思考和语言表达余地，并按照被访者的思路、交往方式和语言表达习惯来进行讨论。

（一）深度访谈法

一对一的面对面访谈和电话访谈，也称深度访谈法，是一种无结构的、直接的、个人的访问。在访问过程中，一个掌握高级技巧的调查员深入地访谈一个被调查者，以揭示对某一问题的潜在动机、信念、态度和感情。

调查员的作用对深层访谈的成功与否十分重要。调查员应当做到：①避免显得有优越感或高高在上，要让被访者放松；②态度超脱并客观，要有风度和人情味；③以提供信息的方式问话；④不要接受"是"或"不是"的简单回答，必要时进行追问；⑤力求刺探被访人的内心。

比较常用的深层访谈技术主要有三种：阶梯前进、象征性分析和投影技法。

阶梯前进是顺着一定的方向逐步深入推进，例如从产品的特点一直到使用者的特点，使得调查员有机会了解被访者心理的脉络。

象征性分析是通过反面比较来分析对象的含义。要想知道"是什么"，先设法知道"不是什么"。例如在了解媒介内容偏好时，其逻辑反面是：不喜欢的节目、不喜欢的题材等。

投影技法是一种无结构的非直接的询问形式，可以鼓励被调查者将他们对所关心问题的潜在动机、信仰、态度或感情投射出来。在投影技法中，并不要求被调查者描述自己的行为，而是要他们解释其他人的行为。在解释他人的行为时，被调查者就间接地将他们自己的动机、信仰、态度或感情投影到了有关的情景之中。

（二）焦点访谈

焦点访谈，也称为中心组讨论、群体访谈（group interview），是由一个经过训练的主持人以一种无结构的自然的形式与一个小组的被调查者交谈。主持人负责组织讨论。小组座谈法的主要目的,是通过倾听一组从调研者所要研究的目标人群中选择来的被调查者,从而获取对一些有关问题的深入了解。这种方法的价值在于常常可以从自由进行的小组讨论中得到一些意想不到的发现。

在心理学研究中经常采用焦点访谈来搜集定性数据。在传媒心理学研究中,中心组讨论起初被用于实验研究的替代办法,以研究收音机的效果(Merton et al.,1956)。该方法后来被市场研究者用于研究商标映像,被政治研究者用作评估大选宣传战的工具。近年来,在西方国家,中心组调查也开始在传媒研究和心理学研究中风行一时(Adams,2000)。

中心组讨论这一研究方法已被用于探讨传媒的许多不同侧面,从肥皂剧到儿童电视到政治问题。它通常以探索性的方式形成一些观念和材料,运用问卷或量表收集大量数据。一般认为,中心组讨论最合适的人数在 6～10 人(Morgan,1988)。中心组讨论的人数和代表的程度依赖于项目的规模和要讨论的主题。

(三)在线访谈

随着计算机网络的发展,利用计算机网络进行访谈具有许多优势。一对一的网上深层访谈,可以利用实时软件(real-time software)通过网上"聊天"(chatting)的方式进行。例如英国的一项研究,不但对英国国内的"快活父亲"(gay father)进行了深访,还突破了地理上的限制,访问了新西兰、加拿大和美国的快活父亲(Dunne,2000)。

在线小组座谈(online focus groups)是网上的焦点访谈。网络和视频技术的飞速发展使得网上小组座谈会的实现有了技术上的保证。在线小组座谈会的组织者需要使用特殊的网上会议软件,例如曼和斯图尔特(Mann & Stewart,2000)在一个"青年和健康风险研究"项目中使用了名为"一级会议"(Firstclass Conferencing)的软件包。每位参加者需要一个用户名和密码才能进入。该项目共计给出了 49 个用户名和密码,其中 48 个是给参加者的,1个是给主持人或服务商(facilitator)的。该项目在网上同时有 4 个聊天区域(分别叫红区、蓝区、绿区和黄区)用作 4 个实时的小组座谈会;还有 4 个子目录(红会、蓝会、绿会和黄会)用作非实时的会议区域。这些区域是相互排斥、各自独立的,但是座谈会是可以同时进行的。选择座谈会所用的软件时,主要考虑的因素是隐私保护和价格。

对于传统的面对面的小组座谈会而言,集合地点和环境是十分重要的,一般要求容易寻找、没有干扰、放松、非正式、安静等。有些研究者认为地点应该是"中立的"(neutral)(Morgan,1988),而另一些研究者认为"自然性"(naturalness)才是最重要的(Lindlof,1995)。对于在线小组座谈来说,参加者可以来自既自然又中立的地点。例如,参加者所使用的计算机是在家中或在其他熟悉的环境中,因而可以认为是自然的;中立性更是可以保证的,因为参加者不太可能知道其他参加者所在地的性质和环境。例如,曼和斯图尔特(Mann & Stewart,2000)在其"青年和健康风险研究"中发现,不管是在男性青年组还是在女性青年组中,关于性行为和酒精的话题,网上小组参加者的自我表达和暴露都比面对面的小组多得多(网上小组座谈是紧跟在面对面小组座谈之后进行的)。

(四)访谈研究的优缺点

访谈研究的主要优点有:有利于对问题进行深入、广泛的研究,能灵活地有针对性地搜集资料,搜集的资料具有较高的可靠性,对被访谈者要求低。

访谈研究的主要缺点有:访谈资料的可靠性和准确性受访谈者素质的影响大,同其他方法比费时费财。

二、个案研究

个案研究(case study),是最早应用于医学,也是心理学研究中使用历史最长的手段之一。个案研究法在 20 世纪 50 年代初便被用于传播学研究。目前,个案研究法已逐渐为国内外传媒研究人员所认同,它与其他方法的结合使用,拓展了传媒心理学研究的深度。

个案研究旨在对某个个体的各个侧面进行综合分析,侧重考察某个人、某个社区或某种媒介。在个案研究中,比较著名的是 20 世纪中叶美国人怀特进行的"把关人研究"。1949年,怀特在美国中西部城市对一个发行 3 万份晨报电讯稿的编辑展开研究。这位编辑将他在 2 月的一周中收到的来自美联社、合众社和国际新闻社的所有电讯稿都保存起来,每天以书面形式向怀特给出弃稿被淘汰的理由。怀特将实际刊用稿与所有电讯稿进行比较。

个案研究并不只限于个人和家庭,也可以是一种社会制度或一地区,如威默和多米尼克(Wimmer & Dominick)为联邦通信委员会(FCC)所做的关于有线电视业的个案研究。

在个案研究中,为了使对个案的观察能够顺利进行,有必要形成一份个案记录,其主要作用是为个案分析及推广个案建议或提出矫正性意见提供资料依据。做个案记录时,必须遵循以下准则:

(1)个案记录必须准确客观。如实记录事实真相,不忽略重要情节或行为细节,这是得出正确结论的前提。

(2)个案记录要有连续性。只有这样,才能反映出个案发展各个历史时期的真实面貌。

(3)要确保个案记录的完整性和有效性。一个完整有效的个案记录,应包括个案的原始状态、经历的发展变化与被研究个案有关的横向资料、实验数据,以及作为判断性评价的证据,等等。

(4)要遵循个案记录的道德准则。在传媒心理学研究中表现为对研究对象的尊重,客观地描述事实,不对其进行诬蔑和诽谤,不泄露他人隐私,不影响研究对象的工作与生活。

个案研究不像其他研究方法那样具有严格的研究程序。戴元光在《传播学研究理论与方法》一书中归纳了个案研究的六个步骤,即研究设计、预研究、研究实验、资料汇集、分析资料和提出研究报告。

跟其他研究一样,个案研究首先必须明确研究的主题,然后才能确定研究对象的构成。在进行正式研究之前,研究者必须制定详尽的研究方案,包括研究的顺序,如时间、地点、资料和仪器设备。应根据研究的目的,尽可能全面、详细地搜集资料。由于个案研究的资料往往没有理想的规则和程式,难以用计算机进行统计分析。有研究者提出了三种资料分析的技巧,即模式对比法、逐步逼近法和时间顺序分析法,有助于分析推断个案研究的结果。

心理传记(psychobiography)也是一种个案研究,起源于弗洛伊德对达·芬奇、摩西等人的研究。该方法是把人当作"故事",通过分析个人的生活资料和叙述来了解人们如何建构他们的世界,是凭借个人世界观的重建而寻求宏观与微观观点相结合的方法。该方法适用于寻求个人生命意义的理解,产生新的假设。虽然在传媒心理学中心理传记的应用不多,但心理传记是研究大众传播效果,特别是影视剧等娱乐节目对人们心理的长期影响的有效方法之一。

心理传记研究的核心是选择案主、搜集资料和写心理传记。选择案主时,要做一些整体性的了解,避免特别崇拜和讨厌的人物,以免过多的情感卷入。搜集资料包括现存的资料和访谈的资料,应把资料中论证性的言论与叙说性的言论分开,叙说性的言论才是传记的基础。形成传记时要避免用自己预设的范畴来理解案主,避免用不足的资料得出极端的结论。

虽然个案研究常常会提供不少有趣的信息,但其结果通常只适用于我们所观察的个体,不能推广到被观察者以外的个体上。另外,由于研究者不能操作任何变量,阻碍了因果关系的建立,但是个案研究可以引出一般性的假设。

三、民族志

民族志(ethnography)又称人种志,是典型的质化研究方法,是 20 世纪初期由文化人类学家所创立的一种研究方法。

民族志,是研究者通过田野调查,深入某些特殊群体的文化,从其内部着手,提供相关意义和行为的整体描述与分析。一般认为,著名文化人类学家马林诺夫斯基所创造的"参与观察法"是民族志方法体系的核心内容。

从本质上看,民族志是观察法的一种形式。观察是人们通过感官或借助一定的科学仪器,有目的、有计划地考察和描述客观对象的方法。观察法研究中,观察者和被观察者在一起活动、生活,在相互接触中倾听、观看其言行方式和内容。观察法是科学研究中最基本、最普遍的方法。科学家法拉第说:"没有观察,就没有科学,科学发现诞生于仔细的观察。"

观察法可分为参与性的与非参与性的两种形式。在传媒心理学研究中,更多的是使用参与性观察的方式。研究者通常不对自己的身份进行伪装,充分认识到"身在其中"的重要性,以对观察到的现象进行全面的分析。

民族志研究是在描述一个种族或一个团体中的人的生活方式,重视他们原本的真面目,叙述他们如何行动、如何交互作用、如何建构意义、如何加以诠释等问题。其目的在于发现被研究者的信念、价值、观点和动机等,而且要从团体成员的观点,来了解这些信念和价值如何发展和改变。

起初,人类学家主要是通过参与观察和深度访谈的方式,在一种比较自然的环境中,了解并描述某一文化或族群中人们的日常生活。这种工作方式也被形象地称为"田野调查"或"田野工作"。一般而言,人们认为最早把民族志方法移植到文化研究中来的是英国学者理查德·霍加特,其著作《文化的用途》所采用的著述方式,被后人认为是开创了英国文化研究中颇有特色的民族志传统。之后,民族志方法被运用于大众文化研究,并导入传播研究中。由此,在以媒介为导向的文化研究语境中,民族志已成为一系列质化研究的代名词。

由于传播学的几大先驱均出身于社会学、心理学及政治学等社会科学领域,因此早期的传播研究大多采用的是量化研究取向,并且构成了美国传播研究的主流。然而,近些年来,随着传媒心理学自身的发展与深入,人们越来越意识到传播活动本质上是一种意义的传播,而意义是很难单纯通过量化来进行研究的,再加上文化研究思潮在全球的拓展,民族志方法越来越受到重视。

菲利普森（Philipsen，1975，1992；Philipsen & Carbaugh，1986）在对芝加哥南部一个叫作"Teamsterville"的工人阶级语言社区进行长期的考察后发现，在进行说服他人的传播活动中，那里的人们相互之间最重要的传播手段"谈话"并不是在所有的场景或语言社区中都会起同等的作用，或者具备同等的价值。在该语言社区，普通成年男子相互之间多通过谈话来进行沟通、理解与说服，因为他们之间的地位相近。不过，对于如妇女、孩子及一些从贫困地区来的经济地位不如他们的人，他们则较少采用谈话方式来进行说服，相反，他们更多的是通过一些动作之类的非语言传播方式来传递信息或命令。而对于自己的上司或从一些富裕地区来的经济地位比他们高的人，他们也同样很少直接通过谈话来进行说服，较多的是通过第三者来传递相关的说服信息。该研究说明，同样的传播实践在不同的场景、对不同的群体意义并不完全相同，而这种意义上的差异可以说明传播实践所具有的独特性。

民族志方法强调，要尽可能详细地了解研究对象实际生活的各个方面，在总体把握的基础上，有重点地进行分析与解释。这就意味着研究者必须长期融入研究对象的生活，成为其中的一员，并直接观察研究对象的行为，同时做出理性的判断、分析与研究。民族志研究者的目的就是通过深入调查和分析，对研究对象做出诠释。这也形成了关于民族志方法的经典描述："在较长一段时间中，民族志学者参与人们的生活，观察发生了什么，聆听他们说什么，并提出问题。"

海默思（Hymes，1964，1971）提出了一个SPEAKING框架，用来考察和分析一个语言社区所采用的语言模式。SPEAKING是由八个英语词语的首字母组合而成，这八个词语是海默思归纳出来的调查研究者从事民族志传播学研究中应该关注的八个方面：①背景（setting），包括物质的和心理的；②人物（people），指的是参与者；③目的（ends）；④行动次序（act sequences）；⑤基调（key）；⑥工具（instrumentality），指传播渠道；⑦规范（norms），包括行动规范和解释规范；⑧类型（genre），指传播的种类。然而，传媒心理学研究者所理解及采用的民族志调查研究方法与其他社会科学并不完全相同，对于那些学科的学者而言，民族志方法大多仅仅被视为一种搜集资料的方法，比如在奥巴和康利（O'Barr & Conley，1990；Conley & O'Barr，1998）关于法律和语言的一系列研究中，他们就把民族志方法作为一种调查手段，在借助参与性观察、访谈及记录等方式搜集到足够的资料后，在他们看来民族志调查研究方法就已经完成了它的使命，他们甚至在其后还通过实证主义的实验室研究方法来继续他们的研究。但对传媒心理学而言，研究者所实施和理解的民族志研究方法不仅是一种搜集资料的途径，也是一种观察和理解这个世界的视角。

如果从研究的历时性来考察，传媒心理学使用民族志研究方法是一个循环的过程，它包括以下方面：①选择研究分析对象（Fitch，1994）；②提出民族志问题；③通过参与性观察、访谈等途径搜集民族志资料（Spradley，1980）；④进行民族志分析（Hymes，1971；Spradley，1980）；⑤书写民族志（Van Maanen，1988）。在此之后，经过反思，进入新一轮的第②～⑤项的研究。

民族志能够直接反映客观事物的本来面目，获取在传媒心理学研究中大量必不可少的感性材料。由于观察者不改变被观察者的日常生活条件，对其行为也不加干预，保证了其心理表现的自然性，因而使观察者可以获取比较真实的第一手资料。然而，民族志也存在其自身的不足。首先，要让被研究团体接受观察者成为其团体的一员需要相当长的时间。如果研究者不被接受，所搜集到的信息就受到严重限制；如果被接受，客观性的丢失就无法避免。

因此,时间、资金、接受性和客观性是民族志研究者必须认真对待的问题。其次,没有操纵自变量或控制无关变量的企图,不易做定量分析和因果关系的描述。

第三节　实验法

实验法,是指有目的地严格控制各种条件,使用一定刺激,引起一定的行为反应,进行验证性研究的方法。正如巴甫洛夫所指出的,"观察是搜集自然现象所提供的东西,实验则是从自然现象中提取它所期望的东西"。这种严格按实验者意图影响现象的过程,是实验法固有的优点,同时也是它的缺点。

科学心理学意味着,只有对实验进行严格的控制,才能进行严谨的研究。传媒效果研究在很长一段时期几乎完全依赖实验方法。实验方法在传媒研究中的运用,一般认为是从库特·勒温和卡尔·霍夫兰这两位先驱开始的。勒温用实验法对团体内的传播活动进行了观测,霍夫兰则将之用于分析大众传播的心理效果。

实验法是传媒心理学一种重要的研究方法。研究者经常用实验法来考察传媒的生理效果,如心率或脉搏的速率,大脑活动情况如 EEC(神经元的电子发射),以及皮肤电测量如皮肤导率(Hopkins & Fletcher,1994;Lang,1994)。作为选择,研究者希望记录外显的行为——如测量电视注意的"屏幕注视"(Thorson et al.,1995)。传媒心理学研究中广泛运用实验方法的另一个领域是对传媒材料的认知加工,如报纸标题或广告(Cameron & Frieske,1994;Gunter,2000)。研究者用实验考察被试对不同结构叙述材料的记忆(Berry et al.,1993),以及对不同新闻内容的回忆(Gunter et al.,1981)。另有一些实验研究考察了认知负荷对传媒加工的重要性;这里研究者使用了二级反应时测量(如电视观众花了多长时间对某一听觉或视觉线索进行反应),作为监控观众对传媒材料注意的方法(Brown & Basil,1995;Geiger & Reeves,1993)。

除实验室研究外,传媒研究者还将实验设计用于"自然"情境中的现场研究。20世纪70年代一些著名的传媒暴力研究,使用的就是相对控制的环境,如少年犯改造所(Leyens et al.,1975)。这些研究一般称作现场实验,以区别于自然实验。在自然实验中,研究者将自然发生的行为作为统计分析的基础。从希姆韦特等(Himmelweit et al.,1958)对英国电视的早期研究,到近几年考察电视引入对大西洋圣海伦娜岛(The Island of St. Helena)影响的研究(Charlton et al.,1998),都属于自然实验的范围。这些设计缺乏实验室研究的严格控制,但是外在效度较高。

一、实验设计的一般要求

实验设计,是指控制实验条件和安排实验程序的计划。它是实验研究的基础,决定实验的信度和效度。其目的在于找出实验条件与实验结果之间的关系,做出正确的结论,来检验解决问题的假设。在实验设计时,需要明确实验的目的,要回答什么问题,检验什么假设,自变量和因变量分别是什么,什么是影响实验效应的非实验条件,选用什么仪器和材料,怎样分配和合理安排被试,以及实验结果应该如何处理,等等。总之,实验设计要求以最小的人力和物力消耗,获得最多、最有效的实验数据,很好地达到实验目的。

(一)确定自变量和因变量

在一个实验中,能够影响实验结果的刺激变量有许多,其中被选作当前实验研究的刺激变量,称为自变量或实验变量。由刺激变量引起的反应变量是随自变量变化而变化的,故反应变量称为因变量。

每个实验都有其特殊的自变量。在实验设计时,要确定和选择足以引起和改变实验所需要研究的那种心理现象的刺激变量作为自变量。自变量有的是单刺激,有的是复合刺激,有量的变化,也有质的不同。同样,在实验设计时,必须确定十分明确而具体的因变量,因为它是作为反应的指标或度量。在确定因变量时,必须以实验课题为依据,要考虑到这些指标、度量能否代表因变量,以及将来分析自变量与因变量的关系是否有可能。

(二)控制无关变量

在实验中,除自变量外其余影响实验结果的刺激变量,称为非实验变量或无关变量、控制变量。心理实验的控制,一方面是指控制和操纵实验变量,另一方面是指控制实验变量以外的一切变量,即无关变量。因此,研究者需要明确什么是当时应该控制的无关变量,什么是对当时的反应和行为有效的变量,这样才不会盲目乱加控制。至于控制到什么程度,一般可以用统计对实验结果进行分析,根据实验结果的误差分散大小来推算。控制无关变量通常采用消除法、保持恒定法、抵消法等手段。由于实验中被试本身的个别差异也会对实验结果产生影响,如被试的年龄、性别、文化水平、生活习惯及参加实验的动机等,因此,还必须通过适当地选择和分配被试或通过指导语控制等方法,来控制这些被试变量。

(三)实验评价

内在效度是一种评价实验的方式,检验自变量是否为因变量唯一可能的解释。过去事件、成熟、练习效应、测验装备、选择、死亡率、实验处理的扩散和仿效等是威胁内在效度的因素。在实验的设计和实施中应对它们加以控制或排除。

外在效度是必须对实验进行的第二种评价。研究者希望能把具体的实验结果推广到一般的情况。一般情况有三种:①总体的一般化,即实验结果能否应用到不同于原始实验的、范围更广的其他群体或被试中;②情境的一般化,即实验结果能否应用到不同于原始实验的情境或环境中;③时间的一般化,实验结果能否应用到不同于原始实验的时期。

二、实验设计方法

实验设计是实验的总体计划,决定实验的信度和效度,包括如何选择被试,如何将被试分配到各个实验条件,如何操作自变量,如何测量因变量,如何控制无关变量。按照被试是否随机分配到各个实验条件,分为准实验设计和真实验设计。

(一)准实验设计

准实验设计(quasi-experimental design)是由心理学家坎贝尔和斯坦利(Campbell &

Stanley,1966)提出的,虽然不采用随机的方法分配被试,但能严格地操作自变量和控制无关变量,适合更广泛的研究目的。库克和坎贝尔(Cook & Campbell)于1979年出版的专著《准实验研究:现场情境的设计和分析》(*Quasi-experimentation: Design and Analysis Issues for Field Settings*),系统全面地提出了准实验设计的原则和统计分析方法,为准实验设计提供了理论基础。

常用的准实验设计有五种类型:①交叉滞后组相关设计(cross-lagged panel correlational design);②回归间断点设计(regression-discontinuity design);③不等同对照组设计(nonequivalent control group design);④间歇时间序列设计(interrupted time series design);⑤重复处理设计(repeated treatment design)。在传媒心理学研究中,应用最多的方法是交叉滞后组相关设计,下面仅介绍这种方法,其他方法请参考心理学研究方法的图书。

1963年,坎贝尔把16重(16-fold)交叠变换与经济学中常用的滞后相关联系起来,研究连续变量的特征和相互关系,建立了交叉滞后组相关法。这种设计的基本原理是,通过交叉滞后相关关系的比较,找出交叉滞后相关差异的方向,确定变量之间的关系。

如图14.2所示,交叉滞后组相关设计,要求在时间1对两个变量的关系做出测量和相关分析,再在时间2做相似的测量和分析,求得同步相关系数 $R_{A_1B_1}$ 和 $R_{A_2B_2}$,图中均为0.5; $R_{A_1A_2}$ 和 $R_{B_1B_2}$ 为稳定系数,就是第十三章讲的重测信度。更为有意义的是交叉滞后相关系数 $R_{A_1B_2}$ 和 $R_{B_1A_2}$,特别是交叉滞后相关之间有显著差异时,具有因果关系。在同步相关稳定的情况下,如果 $R_{A_1B_2} > R_{B_1A_2}$,则 A 是因,B 是果;反之,A 是果,B 是因。

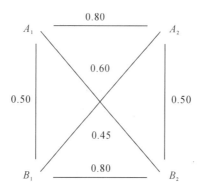

图14.2　交叉滞后组相关设计

以马克斯韦尔·麦科姆斯和唐纳德·肖(Donald Shaw)关于议程设置的研究为例。1968年,他们在北卡罗来纳州的查佩希尔考察总统选举。他们随机抽取100位选民,分析了5种报纸、2种新闻杂志及2个电视网的节目,比较媒体所突出报道的内容和人们公认最重大的主题。结果发现"媒介议题"和"公众议题"的排列惊人地相似,相关系数为0.967,次要项目为0.979。但是他们没有能够证明两者的因果关系,尤其没有能够说明哪个是因、哪个是果。所以,尽管麦科姆斯和肖最早使用了"议题设置"的提法,并且指出了"媒介议题"和"公众议题"的相关性,但是有关两者因果关系的实证材料并不充分,受到了一些著名学者的质疑。1972年,两位研究者在北卡罗来纳州夏洛特再次进行了此项研究,他们搜集了6月和10月两个时期的有关数据,采用交叉滞后组相关设计,得出的结果是:有关报纸的数据支持"媒介议题"影响"公众议题"的假设,相关系数为0.94;相反,有关电视的数据则表明是"公众议题"影响了"媒介议题"。

再以艾伦等(Eron et al.,1972)进行的长达 10 年的追踪研究为例。该研究考察了三年级儿童对于暴力和凶杀电视片的偏爱与他们的攻击性行为之间的关系,求出交叉滞后相关系数。结果表明,儿童早期生活中观看暴力和凶杀电视片,很可能加强成年初期的攻击性行为。

(二)真实验设计

真实验设计是根据随机的原则把被试分配到不同的实验条件中,所形成的这些组具有同质性或是等组(equivalent groups),如果这些组的反应行为有差异,则可以推断这些差异是由不同的实验条件所造成的。

可以从不同的角度把真实验设计分为不同的类型:从控制有无变异来看,可分为完全随机、随机区组和拉丁方设计;从自变量数目的角度,可分为单因素和多因素设计;从被试是否接受所有处理的角度,可分为被试内、被试间和混合设计。图 14.3 是美国学者史密斯和戴维斯(Smith & Davis)在《实验心理学教程——勘破心理世界的侦探》(第 3 版,第 200 页)中的分类。

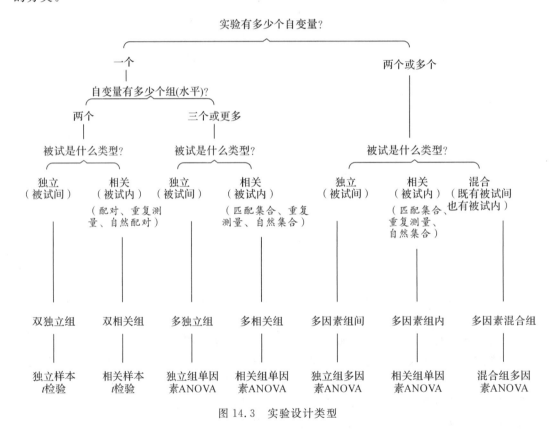

图 14.3 实验设计类型

这里简要介绍传媒心理学研究中常用的设计。

1.单因素实验组控制组两组完全随机设计

为了探索看暴力电视是否导致儿童攻击行为的增多(Eron et al.,1972),可采用实验组控制组后测设计模式。首先采用随机分配的方法将被试儿童分为同质的两组。然后随机选择其中一组作为实验组,接受处理,观看暴力动画片;另一组作为控制组,不接受处理,观看同样时间的非暴力动画片。在实验处理后,两组接受相同的后测,得到实验数据。最后使用独立样本的 t 检验方法进行统计分析,得出结果:同观看非暴力动画片的儿童相比,观看暴力动画片的儿童与同伴交往时变得具有更高的攻击性。

2. 单因素实验组控制组多组完全随机设计

这种模式和单因素实验组控制组两组完全随机设计的区别仅在于增加了自变量的处理水平。在上例暴力电视是否导致攻击行为增多的研究中,将被试儿童随机分为三组:第一组看暴力动画片;第二组看中性动画片;第三组看助人动画片。然后进行同样的后测,使用单因素方差分析的统计方法。如 F 检验达到显著性水平,表明在所有处理中至少有两个处理的差异达到显著水平,进行有关单因素方差分析的事后多重比较(post hoctest),确定哪些处理间具有显著差异。如 F 检验没有达到显著性水平,则所有处理间的结果没有可靠的差异,不需要进行事后多重比较。

3. 单因素前后测完全随机设计

电视辩论对观众产生的影响,是对形象感知还是对观点了解的影响更大?——对1992年美国总统选举辩论的研究(Zhu et al.,1994),就是使用单因素前后测完全随机设计,采用OLS(最小二乘法)回归统计分析方法,得出结论:美国总统候选人的电视辩论,可以让公众更多地了解候选人的观点,从而帮助公众更理性地投票,对于美国的民主进程有积极的贡献。其中观看电视辩论是设定在两种情况下进行的:有控制的设定(实验强迫观看)和自然的设定(在家中观看)。样本为康奈迪克大学注册学习传播学和公共讲演入门课程的185位大学生。布什、克林顿和皮诺特的电视辩论在1992年10月11日举行。前测在电视辩论的前几天(10月7—9日)进行,被试都填写了事先设计的问卷——调查被试的个人背景资料、对总统候选人的政治观点的了解和形象的评价等问题,为避免干扰,没有告诉被试研究的内容。

后测是在辩论的当天晚上或第二天进行。在此之前,在185位被试中随机分配53位学生(实验观看组)按要求于10月11日来到实验室,让他们在实验条件下观看了90分钟的第一次总统电视辩论。观看后让他们填写跟前测一样的问卷。第二天,把其余的132位被试召集起来,通过一组筛选问题,了解他们是否观看了电视辩论、是否听了广播播出的辩论、是否通过看报或其他方法了解到辩论的内容,结果有65人已了解辩论内容,另67人则没有暴露于任何有关辩论的新闻中。将这67位"没有被污染"的被试随机分成两组,46人作为报纸组阅读当天有关辩论的纽约时报,21人作为控制组,仍然不让其了解辩论的内容。这132位被试都又一次填写了问卷。

将自己观看电视辩论的被试的问卷进行数据处理,和在实验条件下观看的被试的数据一起,作为主要的研究数据,将根本没有观看的21位被试作为对照组。阅读报纸获得信息的46位被试是另一项研究的样本,另外研究。

为了检查实验设计是否可能引进了系统选择误差,对实验观看组、非观看组、自然观看组三个子样本的前测结果进行了比较。三个子样本前测结果绝大部分没有显著性差异,只有自然观看组的两个题目(对政治的兴趣、对皮诺特交流技巧的评价)同实验观看组和非观看组有显著差异。在以后的回归分析中,将对政治的兴趣及一些基本的背景变量当作控制变量,其影响得到了合理的控制。自然观看组对皮诺特交流技巧的评价虽然高于其他两组,但是不影响最终结果,因为研究中只比较实验观看组和非观看组。

三、实验中应注意的有关问题

在传媒心理学研究中,研究者为方便起见一般以大学生为被试,因此在将研究结果推论到其他群体中时,往往受到人们的批评。当然,对这些批评我们也可反驳。首先,这些研究不等于现实,它们只表示在控制条件下取得的短时效果。其次,使用大学生作为被试,是因为对刺激做出反应是人类的普遍法则,与样本的人口统计学特征是无关的。最后,推断的统计检验考虑了样本的规模,因此结果的显著意义是基于总体中出现该效果可能性的保守估计。

如电视辩论对形象感知还是对观点了解的影响更大——对 1992 年美国总统选举辩论的研究(Zhu et al.,1994)中,学生样本不能代表美国公民总体(如,学生样本对政治的兴趣显著低于同期调查的全国样本的结果),但是学生样本和同期进行的一般的全国样本在许多方面是相同的或相似的(如,选举登记和投票意向、各种党派的比例、对候选人观点的了解等)。

研究者在解释其研究结论时并非总是那么适度,他们通常声称其研究结果无可置疑地显示出日常传媒经验(如看电视)跟日常行为(如攻击性、性侵犯等)存在直接的因果关系。将实验室中看录像表现出的行为作为研究"电视"的捷径,许多时候只是一种简单推断。

另外一个问题是,实验结果在很多情况下是由设计决定的。整个研究过程可能受到支持某一具体假设的需要的驱动。在传媒暴力研究中尤其如此,这里政治利益通常会迫使研究者设计的实验能证明直接的效果(Ruddock,2001)。而且,长期以来,心理学期刊就存在一种偏见,即只发表报告有显著性结论的研究(Peters & Ceci,1982)。一项表明显著传媒效果的研究的发表,可能以牺牲一打不具显著效果的研究为代价。

解决统计推断问题一个常用的方法是元分析,该统计技术用于考察一大批研究中特定变量间的关系(Giles,2002)。在元分析中,原始研究的数据被转换成标准形式,如科恩(Cohen)的 d 分数(对效果大小的测量)。因此,可以消除大多数单个研究的缺陷带来的偏差。派克和考姆斯托克(Paik & Comstock,1994)及伍德等(Wood et al.,1991)的研究就是用元分析考察传媒暴力与攻击行为间的关系。

第四节　内容分析法

内容分析(content analysis),是对具体的大众传播媒介的信息所做的分析,是对传播内容客观的、系统的定量研究,其主要目的是分析传播内容所产生的影响力,是传媒心理学常用的研究方法之一。

一、内容分析的定义

精确而系统的内容分析方法,是由传播学先驱,曾在柏林大学学习心理分析学的哈罗德·德怀特·拉斯韦尔(Harold Dwight Lasswell,1902—1978)创立的。他于1926年完成、1927年出版的博士论文《世界大战中的宣传技术》,对战时宣传品进行了内容分析,对第一次世界大战中的宣传策略及其效果进行了全面的研究。他与莱斯特合著的《政治语言学》一书,对内容分析法进行了全面的阐述。著名记者李普曼对美国《纽约时报》三年内关于俄国布尔什维克革命的报道进行了研究,证明美国传媒由于受"组成新闻机构那些人"的愿望所主宰,其报道既不准确,又带有偏见。该研究为内容分析法的形成做了开拓性的工作。

内容分析法的定义,最权威的是贝雷尔森(Berelson,1952)在其著作《内容分析:传播研究的一种工具》中所下的定义:"内容分析是一种对显性的传播内容进行客观、系统和定量的描述的研究方法。"传播内容是指任何形态的可以记录、保存的传播信息,可以是报纸,也可以是广播电视的录音、录像。客观是指研究者按设计好的程序研究现有的资料,对变量分类的操作性定义十分明确,不受研究人员的主观态度和偏好影响。系统是指要分析的内容是根据严密的系统的抽样方法抽取出来的样本,并且必须用一致的、标准的方法进行分析处理。编码员或评分员接触的内容、时间必须一致,而且其编码或评分标准和统计方法必须一致。只有保持严格的系统性,才能避免其他影响结果的因素干扰。定量是指将各种形式的内容转换成可以使用数量方式表达的资料,即以频次、百分数等图表,并进行统计分析。

二、内容分析的类型

1969年,霍尔蒂斯指出,内容分析法除对假设进行科学检验外,还具有描述传播内容的倾向、说明信息来源的特征、分析劝服的方法、说明受众对信息的意见、描述传播模式等功能。德国学者阿斯特兰德在《经验性社会研究方法》一书中将内容分析法分为描述式内容分析、推论式内容分析和交往的内容分析三种类型。跟其他研究方法一样,在运用内容分析法时,首先必须明确研究的目的,包括提出研究课题和假设,以及规定分析对象的范围。然后抽取分析样本,选择分析单位,制定评分定量标准,进行预测并检验分类标准的可信度等。最后对内容进行评分,分析搜集到的数据并根据分析结果得出结论。

为了调查传媒表征的本质,内容分析在传媒研究中得到了频繁的使用。典型的情况是,研究者根据可能的表征类型(如观看电视的人口分布)和包含的不同文本(如不同类型的电视秀节目),制订出研究计划。传媒心理学中较有代表性的内容分析例子,是利文斯通和格林(Livingstone & Green,1986)所做的英国广告片中性别形象的研究。检验内容分析所得的数据,通常采用χ^2检验的方式,该检验只要有少数几个分类就可采用。例如,假设我们已经搜集到啤酒和食品广告中男女出场情况的数据,可以将之整理成表14.1这样的表格,它通常称作或然表(contingency table)。

表 14.1　假设的内容分析数据

广告类型	男	女
啤酒	68	49
食品	34	77

χ^2 检验的第一步是计算表中每个单元的期望值(expected value),即将相关行的总数乘以相关列的总数,然后除以表中的单元数。因此,第一个单元是这样计算的:

$$\frac{(68+49)\times(68+34)}{228}=\frac{117\times102}{228}=52.3$$

通过男女总的分布情况和不同广告的频率,我们便可以预测,啤酒广告中男子的人数在某种程度上低于我们的观察值(observed value)68。如果我们对啤酒广告中女子出场的人数进行同样的计算,可发现期望值为 64.7。我们的观察值偏低。这个情况在食品广告中刚好相反。对单元中的偏差相加,便可计算出 χ^2 值。一般来说,χ^2 值大就认为有显著性,即表中存在意料之外的离差,说明啤酒广告更乐于使用男性形象,而食品广告更乐于使用女性形象。大多数内容分析当然要复杂得多。处理更大的或然表可采用一种更复杂的技术,称作对数线性分析(log-linear analysis)(Giles,2002)。使用该方法可以考察几个不同类型广告中的性别形象,而且还可以将儿童包括进来考察,以及考察不同播放时间或节目类型的效果。

三、内容分析的步骤

一般将内容分析研究的实施分为四个步骤:确定研究目标、抽取信息样本、分类和编码、统计分析形成结论。下面结合"《新闻联播》样本分析及研究"(周小普、徐福健,2002)做简要介绍。

(1)在研究的开始就要明确研究目标。央视《新闻联播》是中国最重要、收视率最高、影响力最大的综合电视新闻节目之一。它在一定程度上反映了中国联播类新闻节目的现状,代表了中国电视新闻的形象。该研究的目标是研究《新闻联播》中新闻的状况和特性,在此基础上提出改进意见和建议。

(2)内容分析中抽样一定要考察样本的代表性。《新闻联播》每天 30 分钟,研究者在连续两年的 11 月份选择了两个星期作为研究对象:1999 年 11 月 8 日至 14 日(以下简称样本一),以及 2000 年 11 月 13 日至 19 日(以下简称样本二)。如此选择的理由如下:首先,出于从日常报道状态研究的考虑,这两周不逢年节,也没有重大活动、重要会议,属于节目常规播出时期;其次,在两年的同一月份选择相近的周次,时间上有可比性;再次,这两年处于 20 世纪的最后两年,能够在一定程度上代表中国电视新闻 20 世纪所达到的报道水平;最后,这两个样本以自然周为单位,这既是人们工作、生活安排的一种基本时间周期,同样也是一个报道周期,又便于样本数据的计算、统计。

(3)分类和编码是内容分析最主要的部分,是保证内容分析"客观性"和"系统性"的主要手段。分类的所有类目应相互排斥而且互不包容,涵盖全面而不是部分。编码是按照分类的标准去处理资料,需要 3 名以上掌握分类标准的编码员,分别对同一资料进行分类。

　　研究人员将新闻从国籍上分为国际新闻和国内新闻2类。国际新闻,从内容上又分为5类:地区热点、突发事件、国际关系、会议报道、后续报道;国内新闻,又分为时政新闻(又进一步细分为会见、外交、会议、领导活动、宣传重点、公告等6类)、其他国内新闻(又以行业和社会分工分为经济、社会、科技、教育、文化、医药卫生、军事、人物、法制新闻9类)。

　　研究人员按新闻时效分为5类:今天、昨天、最近、无时间、将来。对几类加权处理,可以得到新闻的平均时效。对不同时效的新闻赋予不同的得分:"今天"新闻得5分,"昨天"得4分,"前天"得3分,"最近"得2分,"无时间"得0分,"将来"新闻因无法加权不计算在内。

　　研究人员还按是否有同期声、新闻时长、新闻来源进行了分类。

　　(4)统计分析的方法可参考前一章和其他统计分析教材。研究者通过多方面的统计分析,认为《新闻联播》在国内拥有良好的品牌形象,在宣传党的方针政策、国家政令,引导舆论,传播信息等方面发挥了重要的作用,但一些积弊也正在日渐削弱着《新闻联播》的传播效果。《新闻联播》只有尽快克服这些不尽如人意之处,才能与中国这样一个大国的国家级电视台第一新闻节目的地位吻合起来。

　　本章介绍的所有研究方法均有其自身的优势和不足,它们是互补的。在从事传媒心理学研究时,要根据研究的目的和主题,按照研究的不同阶段,灵活使用各种研究方法。

　　世界上没有一成不变的理论,更没有一成不变的研究方法。西方传播学者斯坦利·迪兹曾经就这一问题做过非常精辟的阐述:"今天的所有理论将来都会过时,这并不是因为它们有错。这种情形至少跟过去那些理论大致是一致的,它们在处理人类的不同问题方面曾经是有用的,那些问题我们今天可能会觉得不怎么有道理,甚至有些傻,就像将来的人看我们一样。留存下来的是我们寻求有助于解决我们自己的问题的理论的努力。我们在努力寻找思想和谈论我们今天的情况,帮助我们建设希望的、未来的、有趣的而且是有用的方式。"大众传媒在发展,研究方法也在发展,传媒心理学研究的每一步进展都是与新方法的采用分不开的。我们不但要跟踪研究方法的发展趋势,还要善于借鉴其他学科的研究方法,只有这样,才能使我们的研究走在时代的前列。

本章要点

　　1.访谈研究(interview survey),是研究者通过与研究对象的交谈来搜集心理特征与行为数据资料的一种方法,是心理学研究中运用最广泛的研究方法,也是质化研究最基本的方法。在访谈前,首先要明确访问目的,选择访问方法,然后选择有代表性的被访者,接下来才能根据确定的访问项目拟定问题,并按规定的访问流程予以实施。质化研究的访谈一般是一对一的深度访谈或一对多的焦点访谈。

　　2.心理传记,是一种个案研究,起源于弗洛伊德对达·芬奇、摩西等人的研究。该方法是把人当作"故事",通过分析个人的生活资料和叙述来了解人们如何建构他们的世界,是凭借个人世界观的重建而寻求宏观与微观观点相结合的方法。心理传记是研究大众传播效果,特别是影视剧等娱乐节目对人们心理的长期影响的有效方法之一。心理传记研究的核心是选择案主、搜集资料和写心理传记。

　　3.尽管定量与定性是科学研究的两种方法,但传媒心理学更多地使用定量研究。本章着重介绍传媒心理学研究常用的定量研究方法。

4.实验设计,是指控制实验条件和安排实验程序的计划。它是实验研究的基础,决定实验的信度和效度。其目的在于找出实验条件与实验结果之间的关系,做出正确的结论,来检验解决问题的假设。在实验设计时,需要明确实验的目的,确定自变量和因变量,控制无关变量的方法,以及进行实验评价。

5.本章介绍的所有研究方法均有其自身的优势和不足,它们是互补的。在从事传媒心理学研究时,要根据研究的目的和主题,按照研究的不同阶段,灵活使用各种研究方法。

基本概念

1.访谈研究:研究者通过与研究对象的交谈来搜集心理特征与行为数据资料的一种方法,是心理学研究中运用最广泛的研究方法,也是质化研究最基本的方法。

2.个案研究:旨在对某个个体的各个侧面进行综合分析,侧重考察某个人、某个社区或某种媒介。

3.民族志:研究者通过田野调查,深入某些特殊群体的文化中去,从其内部着手,提供相关意义和行为的整体描述与分析。一般认为,著名文化人类学家马林诺夫斯基所创造的"参与观察法"是民族志方法体系的核心内容。

4.实验法:有目的地严格控制各种条件,使用一定刺激,引起一定的行为反应,进行验证性研究的方法,分为准实验设计和真实验设计。

5.内容分析:对传播内容客观的、系统的定量研究,其主要目的是分析传播内容所产生的影响力,是传媒心理学常用的研究方法之一。

思考题

1.选择下列"研究题目"中的一个,讨论使用质化研究方法的可行性,并提出自己的研究设计。

大学生自尊结构的探索	公务员考试培训需求研究
一个成功者的心路历程	大学生创业的决策研究
电信诈骗被害者动机的动向研究	对×××志愿者的研究
老年人智能手机使用研究	对热衷于探险行为的人的研究

2.你想比较大学生和老年市民对某一抗日神剧的反应情况,你选择了一组被试,进行笔头测试,在这一实验中可能威胁内部效度的因素有哪些?为什么?

3.如果你决定去测验人们看电视的时间是如何随四季的变化而变化的,你会采用什么类型的实验设计来研究?为什么?

4.请对最近的一次灾难性报道中的媒体的价值取向做内容分析。

统计学对医学的贡献——吸烟与肺癌

1945年,英国生物统计学家布拉德福德·希尔(Bradford Hill)运用统计学原理,设计了一个精妙的实验,证明了链霉素能够杀死结核杆菌。从此,肺癌的死亡率首次超过了肺结核,成为人类最致命的肺病。

1947年,英国医学研究委员会又给希尔布置了一个新的任务:找出肺癌和吸烟之间的关系。那一年英国的肺癌死亡率比25年前提高了15倍,这个数字引起了广泛的关注。大家都想找出其中的原因,有人说这是因为工业化造成的空气污染,还有人说这是由于新式柏油马路散发的有毒气体,只有少数医生怀疑是吸烟造成的。

众所周知,两次世界大战造就了大批吸烟者。据统计,英国当时有超过90%的成年男子都是香烟的瘾君子。正是因为吸烟人数实在太多,希尔犯了难。他不可能去统计得肺癌的人当中抽烟的有多少,不抽烟的有多少,因为他几乎找不到不吸烟的人。

怎么办呢? 希尔想出了一个变通的办法。首先,他做了个合乎情理的假设:如果吸烟确实能引起肺癌,那么吸烟越多的人得肺癌的概率就越大。其次,他认为必须排除其他的致癌因素,比如空气污染、初次吸烟年龄、居住环境等等。换句话说,他必须找出一群人,除了吸烟的量,其他方面都比较相似。

1948年,他从伦敦的医院里找出了649个肺癌病人,以及同样数量的情况相似的其他病人。然后他雇用了一批富有经验的调查人员,挨个询问病人的吸烟史,把结果做成了一个统计表。结果显示,肺癌病人中有99.7%的人吸烟,其他病人则有95.8%是瘾君子。这两个数字当然说明不了什么问题,可当他把病人按照吸烟数量的多少分成不同的组之后,情况发生了变化。有4.9%的肺癌病人每天吸50支烟以上,而只有2.0%的其他病人每天吸这么多烟。也就是说,吸烟越多的人患肺癌的概率就越大。

1950年,希尔把这个实验结果发表在《英国医学杂志》上,首次科学地证明了吸烟和肺癌的对应关系。但是这个结果相当微妙,不懂统计学的人很难理解其中的重大意义。为了进一步说明这个问题,希尔又设计了一个全新的实验。他给6万名英国医生发了份调查表,请求他们把自己的生活习惯和吸烟史详细记录下来寄还给他。之所以选择医生作为调查对象,完全是因为希尔相信医生们对自己生活状况的描述能力肯定比普通老百姓更精确,也更诚实。

有4万名医生寄回了调查表。希尔把他们按照吸烟数量进行了分类,并要求他们(或者他们的家属)及时汇报自己的健康状况。两年半后,有789名医生因病去世,其中只有36人死于肺癌。但是当他把医生们的吸烟量和发病率联系起来后,发现只有肺癌的死亡率和吸烟量有对应的关系,其余疾病都和吸烟量没有任何关联。比如,每天吸25克烟草的人的肺癌死亡率比每天吸1克烟草的人多2倍以上,而其他疾病的死亡率只比后者多20%。

1993年,大约有2万名当初接受调查的英国医生去世了,其中有883名医生死于肺癌。

如果把他们的吸烟数量和肺癌发病率联系起来的话,就可以得出一个惊人的结论:每天吸25根烟以上的人得肺癌的概率比不吸烟的人多25倍!后来其他一些类似的研究也都得出了相似的结论。现在,吸烟和肺癌的关系已经是家喻户晓了,发达国家的烟民数量正在逐年下降,其肺癌的发病率也呈现出下降的趋势。那些因为戒烟而免于肺癌的人真应该感谢希尔当初所做的贡献。

希尔使用的第一种方法叫作"对照研究"(case control study),第二种方法叫作"定群研究"(cohort study)。这两种方法是目前群体医学研究领域最常用的生物统计学方法,我们所熟悉的大部分关于健康的忠告都应该经过这两个方法的验证才能被认为是科学的。

事实上,我们每天都会从报纸上读到大量这类忠告,有些忠告根据的是确凿的科学实验,有着确凿的因果对应关系,这当然没话讲。但是更多的忠告来自统计学,因为它们所涉及的病因都十分复杂,必须运用希尔博士发明的"对照研究"和"定群研究"等方法找出内在的规律。就拿吸烟和肺癌来说,我们并不能说"吸烟能够引起肺癌",因为我们经常能在生活中找到吸了一辈子香烟也没有得肺癌的人。我们只能说"吸烟能够提高肺癌的发病率",这才是科学的描述方法,因为肺癌的发病机理还没有完全搞清呢。

评论:希尔以职业医生作为自己的研究对象,最大限度地保证了所搜集的数据的客观性、有效性和针对性,而可信的数据是所有科学研究的基础,这一点对于传播学也不例外。

传播学有着交叉性、多科性和边缘性的特征,传播学的很多研究资料来源都存在于社会学和行为科学、艺术以及人文学科里,它的研究方法同样来源广泛,可能来自卫生、教育、医学、企业管理等其他领域,在这种情况下,作为一个传播学者,你不但面临着在某个传统的传播领域中学习传播方法,还要尝试综合其他学科的方法于一体。

(本文编选自法努:《医海钩沉:吸烟与肺癌》,袁越译,转引自《三联生活周刊》,2006年第413期。)

附录:研究案例

参考文献

··

Aaker, J. L., 1997. Dimensions of brand personality. *Journal of Marketing Research*, 34 (3):347-356.

Adams, J., 2000. Method and apparatus for access to, and delivery of, multimedia information. US 2000-Free Patents Online.

Adams-Price, C. & Greene, A. L., 1990. Secondary attachments and adolescent self-concept. *Sex Roles*, 22(3-4):187-198.

Ajzen, I. & Fishbein, M., 1977. Attitude-behavior relations: A theoretical analysis and review of empirical research. *Psychological Bulletin*, 84(5):888-918.

Anderson, D. R., Collins, P. A., Schmitt, K. L. et al., 1996. Stressful life events and television viewing. *Communication Research*, 23(3):243-260.

Auter, P. J., Arafa, M. & Al-Jaber, K., 2005. Identifying with Arabic journalists: How Al-Jazeera tapped parasocial interaction gratifications in the Arab world. *Gazette*, 67(2): 189-204.

Baden, D., McIntyre, K. & Homberg, F., 2019. The impact of constructive news on affective and behavioural responses. *Journalism Studies*, 20(13):1940-1959.

Baeßler, B., 2009. Medienpersonen als parasoziale Beziehungspartner: Ein theoretischer und empirischer Beitrag zu personazentrierter Rezeption. In *Medien & Kommunikationswissenschaft* (pp. 99-101). Baden-Baden: Nomos/Edition Reinhard Fischer.

Ballantine, P. W. & Martin, B. A. S., 2005. Forming parasocial relationships in online communities. *Advances in Consumer Research*, 32:197-201.

Bandura, A., 1973. *Aggression: A Social Learning Analysis*. Englewood Cliffs, NJ: Prentice Hall.

Bandura, A., 1978. Reflections on self-efficacy. *Advances in Behaviour Research and Therapy*, 1(4):237-269.

Bandura, A., Ross, D. & Ross, S. A., 1963. Imitation of film-mediated aggressive models. *Journal of Abnormal and Social Psychology*, 66(1):3-11.

Barker, M. & Petley, J., 1997. *Ill Effects: The Media/Violence Debate*. London: Routledge.

Barr, R. & Hayne, H. , 1999. Developmental changes in imitation from television during infancy. *Child Development* ,70(5):1067-1081.

Basil, M. D. ,1994. Multiple resource theory I: Application to television viewing. *Communication Research* ,21(2):177-207.

Bauer, R. A. ,1964. The obstinate audience: The influence process from the point of view of social communication. *American Psychologist* ,19(5):319-328.

Benesch, S. ,1998. The rise of solutions journalism. *Columbia Journalism Review* :36-39.

Berelson, B. ,1949. What "missing the newspaper" means. In Lazarsfeld, P. E. & Stanton, F. N. eds. *Communications Research 1948 - 1949* (pp. 111-129). New York: HarperCollins.

Berelson, B. ,1952. *Content Analysis in Communication Research* . Glencoe, Ill. : Free Press.

Berelson, B. , 1959. The state of communication research. *Public Opinion Quarterly* , 23: 1-6.

Berkowitz, L. , 1993. *Aggression : Its Causes , Consequences , and Control* . New York: McGraw-Hill.

Berry, C. , Scheffler, A. & Goldstein, C. , 1993. Effects of text structure on the impact of heard news. *Applied Cognitive Psychology* ,7(5):381-395.

Bettelheim, B. , 1966. Violence: A neglected mode of behavior. *The Annals of the American Academy of Political and Social Science* ,364(1):50-59.

Bianculli, D. , 2000. *Teleliteracy : Taking Television Seriously* . New York: Syracuse University Press.

Bogart, L. ,1972. *The Age of Television* . New York: Frederick Ungar.

Bogart, L. & Tolley, B. S. , 1988. The search for information in newspaper advertising. *Journal of Advertising Research* ,28(2):9-19.

Bozdag, E. , Gao, Q. , Houben, G. J. et al. ,2014. Does offline political segregation affect the filter bubble? An empirical analysis of information diversity for Dutch and Turkish Twitter users. *Computers in Human Behavior* ,41:405-415.

Bozdag, E. & Timmermans, J. ,2011. Values in the filter bubble: Ethics of personalization algorithms in cloud computing. In 1st international workshop on values in design— building bridges between RE, HCI and ethics (Vol. 296).

Bozdag, E. & Van den Hoven, J. ,2015. Breaking the filter bubble: Democracy and design. *Ethics and Information Technology* ,17(4):249-265.

Brenner, V. ,1997. Psychology of computer use: XLVII. Parameters of Internet use, abuse and addiction: The first 90 days of the Internet Usage Survey. *Psychological Reports* , 80(3):879-882.

Brown, J. D. , Childers, K. W. , Bauman, K. E. et al. 1972. The influence of new media and family structure on young adolescents' television and radio use. *Communication Research* ,17(1):65-82.

Brown, W. J. & Basil, M. D. , 1995. Media celebrities and public health: Responses to "Magic" Johnson's HIV disclosure and its impact on AIDS risk and high-risk behaviors.

Health Communication,7(4):345-370.

Bryant,J. & Street Jr,R. L.,1988. From reactivity to activity and action:An evolving concept and Weltanschauung in mass and interpersonal communication. In Hawkins, R. P.,Wiemann,J. M. & Pingree,S. eds. *Advancing Communication Science:Merging Mass and Interpersonal Process*(pp. 162-190). Newbury Park,CA:Sage.

Bryant,J. & Zillmann,D. eds.,2002. *Media Effects:Advances in Theory & Research*. 2nd ed. Hillsdale,NJ:Lawrence Erlbaum Associates.

Cameron,G. T. & Frieske,D. A.,1994. The time needed to answer:Measurement of memory response latency. In Lang,A.,ed. *Measuring Psychological Responses to Media Message* (pp. 149-164). Hillsdale,NJ:Lawrence Erlbaum Associates.

Campbell,D. T. & Stanley,J. C.,1966. *Experimental and Quasi-experimental Design for Research*. Chicago:Rand-McNally College Pub.

Canary, D. J. & Cody,M. J.,1994. *Interpersonal Communication:A Goals-Based Approach*. New York:St. Martin's Press.

Carey,J. W.,1989. *Communication as Culture*. Boston:Unwin Hyman.

Ceci, S. J. & Peters,D. P.,1982. Peer review:A study of reliability. *Change:The Magazine of Higher Learning*,14(6):44-48.

Centeno,D. G.,2010. Celebrification in Philippine politics:Exploring the relationship between celebrity endorsers' parasociability and the public's voting behavior. *Social Science Diliman*,6(1):66-85.

Chapman,L. J.,Chapman,J. P. & Miller,E. N.,1982. Reliabilities and intercorrelations of eight measures of proneness to psychosis. *Journal of Consulting and Clinical Psychology*, 50(2):187-195.

Charlton,T.,Gunter,B. & Lovemore,T.,1998. Television on St. Helena:Does the output give cause for concern?. *Medien Psychologie*,10(3):184-203.

Chory-Assad,R. M. & Yanen,A.,2005. Hopelessness and loneliness as predictors of older adults' involvement with favorite television performers. *Journal of Broadcasting & Electronic Media*,49(2):182-201.

Chung,M. G. & Kim,S. K.,2009. A personal videocasting system with intelligent TV browsing for a practical video application environment. *ETRI Journal*,31(1):10-20.

Cohen,J.,2001. Defining identification:A theoretical look at the identification of audiences with media characters. *Mass Communication & Society*,4(3):245-264.

Cohen,S.,Levy,R. M.,Keller,M. et al.,1999. Risedronate therapy prevents corticosteroid-induced bone loss:A twelve-month, multicenter, randomized, double-blind, placebo-controlled,parallel-group study. *Arthritis & Rheumatism*,42(11):2309-2318.

Colliander,J. & Dahlén,M.,2011. Following the fashionable friend:The power of social media—weighing publicity effectiveness of blogs versus online magazines. *Journal of Advertising Research*,51(1):313-320.

Coltrane,S. & Messineo,M.,2000. The perpetuation of subtle prejudice:Race and gender imagery in 1990s television advertising. *Sex Roles*, 42(5):363-389.

Comstock, G. & Scharrer, E., 1999. *Television: What's On, Who's Watching, and What It Means*. Pittsburgh: Academic Press.

Conley, J. M. & O'Barr, W. M., 1998. *Just Words: Law, Language, and Power*. Chicago: University of Chicago Press.

Cook, T. D. & Campbell, D. T., 1979. *Quasi-experimentation: Design and Analysis Issues for Field Settings*. Chicago: Rand-McNally College Pub.

Craig, J. R., 1985. J-educators must deal with "A Nation at Risk". *Journalism & Mass Communication Educator*, 40(2):42-44.

Creswell, J. W., 1994. *Research Design: Qualitative and Quantitative Approaches*. Thousand Oaks, CA: Sage.

Davies, M. M. & Machin, D., 2000. "It helps people make their decisions": Dating games, public service broadcasting and the negotiation of identity in middle-childhood. *Childhood*, 7(2):173-191.

DeFleur, M. L. & Ball-Rokeach, S. J., 1989. Media system dependency theory. In *Theories of Mass Communication*(pp. 292-327). New York: Longman.

Dibble, J. L., Hartmann, T. & Rosaen, S. F., 2016. Parasocial interaction and parasocial relationship: Conceptual clarification and a critical assessment of measures. *Human Communication Research*, 42 (1):21-44.

Donnerstein, E. & Smith, S. L., 1997. Impact of media violence on children, adolescents, and adults. In Kirschner, S. & Kirschner, D. A. eds. *Perspectives on Psychology and the Media*(pp. 29-68). Washington, DC: American Psychological Association.

Draine, S. C. & Greenwald, A. G., 1998. Replicable unconscious semantic priming. *Journal of Experimental Psychology: General*, 127(3):286-303.

Dubois, E., 2015. *The Strategic Opinion Leader: Personal Influence and Political Networks in a Hybrid Media System*. Oxford: Oxford University Press.

Dubois, E. & Blank, G., 2018. The echo chamber is overstated: The moderating effect of political interest and diverse media. *Information, Communication & Society*, 21(5):729-745.

Duck, J. M., Hogg, M. A. & Terry, D. J., 1999. Social identity and perceptions of media persuasion: Are we always less influenced than others?. *Journal of Applied Social Psychology*, 29(9):1879-1899.

Dunne, G. A., 2000. *The Different Dimensions of Gay Fatherhood: Exploding the Myths*. London: LSE Gender Institute.

Dutton, W., Reisdorf, B., Dubois, E. et al., 2017. *Search and Politics: The Uses and Impacts of Search in Britain, France, Germany, Italy, Poland, Spain, and the United States*. New York: Social Science Electronic Publishing.

Eagle, M., Wolitzky, D. L. & Klein, G. S., 1966. Imagery: Effect of a concealed figure in a stimulus. *Science*, 151(3712):837-839.

Entman, R. M., 1991. Framing U. S. coverage of international news: Contrasts in narratives of the KAL and Iran air incidents. *Journal of Communication*, 41(4): 6-27.

Erikson E., 1963. *Childhood and Society*. New York: WW Norton & Company.

Eron, L. D., 1993. *American Psychological Association Commission on Violence and Youth*. Washington, DC: American Psychological Association.

Eron, L. D., Huesmann, L. R., Lefkowitz, M. M. et al., 1972. Does television violence cause aggression?. *American Psychologist*, 27(4): 253-263.

Eron, L. D., Huesmann, L. R. & Lefkowitz, M. M., 1978. Parental punishment: A longitudinal analysis of effects. *Archives of General Psychiatry*, 35(2): 186-191.

Eyal, K. & Cohen, J., 2006. When good friends say goodbye: A parasocial breakup study. *Journal of Broadcasting & Electronic Media*, 50(3): 502-523.

Fitch, K. L., 1994. The issue of selection of objects of analysis in ethnographies of speaking. *Research on Language and Social Interaction*, 27(1): 51-93.

Flavell, J. H., Flavell, E. R., Green, F. L. et al., 1990. Do young children think of television images as pictures or real objects?. *Journal of Broadcasting & Electronic Media*, 34 (4): 399-419.

Furnham, A., Gunter, B. & Walsh, D. 1998. Effects of programme context on memory of humorous television commercials. *Applied Cognitive Psychology*, 12(6): 555-567.

Gable, S. L. & Haidt, J., 2005. What (and why) is positive psychology?. *Review of General Psychology*, 9(2): 103-110.

Gans, H. J., 1979. Symbolic ethnicity: The future of ethnic groups and cultures in America. *Ethnic and Racial Studies*, 2(1): 1-20.

Gauntlett, D. & Hill, A., 2002. *TV Living: Television, Culture and Everyday Life*. London: Routledge.

Geiger, S. & Reeves, B., 1993. We interrupt this program: Attention for television sequences. *Human Communication Research*, 19(3): 368-387.

Genova, B. & Greenberg, B., 1981. Interests in news and the knowledge gap. In *Mass Communication Review Yearbook* (Vol. 2). Beverley Hills: Sage.

Gerbner, A. Teen angst. *San Jose Mercury News*, 2020-02-22: 1E, 3E.

Giles, D. C., 2002. Parasocial interaction: A review of the literature and a model for future research. *Media Psychology*, 4(3): 279-305.

Gillham, J. E. & Seligman, M. E., 1999. Footsteps on the road to a positive psychology. *Behaviour Research and Therapy*, 37(S1): S163-S173.

Green, M. C. & Brock, T. C., 2000. The role of transportation in the persuasiveness of public narratives. *Journal of Personality and Social Psychology*, 79(5): 701-721.

Greenberg, B. S., 1980. *Life on Television: Content Analyses of U. S. TV Drama*. Norwood, NJ: Ablex.

Groshek, J. & Koc-Michalska, K., 2017. Helping populism win? Social media use, filter bubbles, and support for populist presidential candidates in the 2016 US election campaign. *Information,Communication & Society*,20(9):1389-1407.

Gulley,H. E. & Berlo,D. K.,1956. Effect of intercellular and intracellular speech structure on attitude change and learning. *Communications Monographs*,23(4):288-297.

Gunter,B.,2000. *Media Research Methods : Measuring Audiences,Reactions and Impact*. London:Sage.

Gunter,B.,Berry,C. & Clifford,B.,1981. Proactive interference effects with television news items:Further evidence. *Journal of Experimental Psychology : Human Learning & Memory*,7(6):480-487.

Gyldensted,C.,2015. *From Mirrors to Movers : Five Elements of Positive Psychology in Constructive Journalism*. Loveland,CO:GGroup Publishing.

Haagerup,U.,2014. *Constructive News*. 2nd ed. New York:InnoVatio Publishing AG.

Haim,M.,Graefe,A. & Brosius,H.-B.,2017. Burst of the filter bubble? *Digital Journalism*, 6(3):330-343.

Hall,S.,1980. Cultural studies:Two paradigms. *Media ,Culture and Society*,2:57-72.

Harris,J. L.,Pomeranz,J. L.,Lobstein,T. et al.,2009. A crisis in the marketplace:How food marketing contributes to childhood obesity and what can be done. *Annual Review of Public Health*,30:211-225.

Hartmann,T. & Goldhoorn,C.,2011. Horton and Wohl revisited:Exploring viewers' experience of parasocial interaction. *Journal of Communication*,61(6):1104-1121.

Hasebrink,U. & Domeyer,H.,2012. Media repertoires as patterns of behavior and as meaningful practices:A multimethod approach to media use in converging media environments. *Journal of Audience & Reception Studies*,9(1):757-783.

Herzog,H.,1944. What do we really know about daytime serial listeners? In Lazarsfeld,P. F. & Stanton,F. N. eds. *Radio Research 1942-1943* (pp. 3-33). New York:Duell, Sloan & Pearce.

Himmelweit,H. T.,Oppenheim,A. N. & Vince,P.,1958. *Television and the Child : An Empirical Study of the Effect of Television on the Young*. New York:Oxford University Press.

Hoberman,J. M.,1997. *Darwin's Athletes : How Sport Has Damaged Black America and Preserved the Myth of Race*. New York:Houghton Mifflin Harcourt.

Hodge,R. & Tripp,D.,1986. *Children and Television : A Semiotic Approach*. Stanford, CA:Stanford University Press.

Hoffner,C. A.,1996. Children's wishful identification and parasocial interaction with favorite television characters. *Journal of Broadcasting & Electronic Media*,40(3):389-402.

Hoffner,C. A. & Cohen,E. L.,2015. Portrayal of mental illness on the TV series Monk: Presumed influence and consequences of exposure. *Health Communication*,30(10): 1046-1054.

Hopkins,R. & Fletcher,J.,1994. Electrodermal measurement:Particularly effective for forecasting message influence on sales appeal. In Lang,A. ed. *Measuring Psychological*

Responses to Media (pp. 113-132). Hillsdale, NJ: Lawrence Erlbaum Associates.

Horton, D. & Strauss, A. ,1957. Interaction in audience-participation shows. *The American Journal of Sociology* ,62(6):579-587.

Horton, D. & Wohl, R. R. ,1956. Mass communication and para-social interaction: Observations on intimacy at a distance. *Psychiatry—Interpersonal & Biological Processes* ,19(3): 215-229.

Huesmann, L. R. , Lagerspetz, K. & Eron, L. D. , 1984. Intervening variables in the TV violence-aggression relation: Evidence from two countries. *Developmental Psychology* , 20(5):746-775.

Hunter, J. E. & Schmidt, F. L. , 1990. *Methods of Meta-analysis : Correcting Error and Bias in Research Findings*. Newbury Park, CA: Sage.

Hymes, D. , 1964. Introduction: Toward ethnographies of communication. In Gumperz, J. J. & Hymes, D. , eds. , *The Ethnography of Communication* (special issue of *American Anthropologist*),66(6):1-34.

Hymes, D. , 1971. Sociolinguistics and the ethnography of speaking. In Ardener, E. ed. *Social Anthropology and Language* (pp. 47-93). London & New York: Routledge.

Jaglom, L. M. & Gardner, H. , 1981. The preschool television viewer as anthropologist. *New Directions for Child and Adolescent Development* ,1981(13):9-30.

Jo, E. & Berkowitz, L. , 1994. A priming effect analysis of media influences: An update. In Bryant, J. & Zillmann, D. eds. *Media Effects : Advances in Theory & Research* (pp. 43-60). Hillsdale, NJ: Lawrence Erlbaum Associates.

Johnstone, J. W. C. , Slawski, E. J. & Bowman, W. W. , 1972. *The Professional Values of American Newsmen*. Oxford: Oxford University Press.

Katz, D. , 1960. The functional approach to the study of attitudes. *Public Opinion Quarterly* ,24 (2):163-204.

Katz, E. ,1957. The two-step flow of communication: An up-to-date report on a hypothesis. *Public Opinion Quarterly* ,21(1):61-78.

Katz, E. & Foulkes, D. ,1962. On the use of the mass media as "escape": Clarification of a concept. *Public Opinion Quarterly* ,26(3):337-338.

Katz, E. , Gurevitch, M. & Haas, H. , 1973. On the use of the mass media for important things. *American Sociological Review* ,38(2):164-181.

Kaufman, G. , 1999. The portrayal of men's family roles in television commercials. *Sex Roles* ,41(5):439-458.

Kim, D. H. & Kwak, N. , 2017. Media diversity policies for the public: Empirical evidence examining exposure diversity and democratic citizenship. *Journal of Broadcasting & Electronic Media* ,61(4):687-702.

Kistler, M. E. & Lee, M. J. , 2009. Does exposure to sexual hip-hop music videos influence the sexual attitudes of college students?. *Mass Communication and Society* ,13(1): 67-86.

Knoll, J. , Schramm, H. , Schallhorn, C. et al. , 2015. Good guy vs. bad guy: The influence of parasocial interactions with media characters on brand placement effects. *International Journal of Advertising*, 34(5):720-743.

Kobau, R. , Seligman, M. E. , Peterson, C. et al. , 2011. Mental health promotion in public health: Perspectives and strategies from positive psychology. *American Journal of Public Health*, 101(8):e1-e9.

Krathwohl, D. R. , 1998. *Methods of Educational and Social Science Research : An Integrated Approach*. 2nd ed. New York: Longman.

Kronewald, E. & Steffens, T. , 2014. Issues Management mit Social Media—ein Erfolgsfaktor für die Unternehmenskommunikation. In Dänzler, S. & Heun, T. eds. *Marke und digitale Medien : Der Wandel des Marken Konzepts im 21. Jahrhundert* (pp. 311-327). Wiesbaden: Springer Gabler.

Lagerspetz, K. M. J. , Wahlroos, C. & Wendelin, C. , 1978. Facial expressions of pre-school children while watching televised violence. *Scandinavian Journal of Psychology*, 19(1):213-222.

Lang, A. , 1994. *Measuring Psychological Responses to Media Messages*. Hillsdale, NJ: Lawrence Erlbaum Associates.

Lazarsfeld, P. F. , Berelson, B. & Gaudet, H. , 1948. *The People's Choice: How the Voter Makes Up His Mind in a Presidential Election*. New York: Columbia University Press.

Lazarsfeld, P. F. & Merton, R. K. , 1954. Friendship as a social process: A substantive and methodological analysis. In Berger, M. , Abel, T. & Charles, H. eds. *Freedom and Control in Modern Society* (pp. 18-66). New York: Van Nostrand.

Lee, B. K. , Park, H. S. , Choi, M. -I. et al. , 2010. Promoting organ donation through an entertainment-education TV program in Korea: Open your eyes. *Asia Pacific Journal of Public Health*, 22(1):89-97.

Levy, M. R. , 1979. Watching TV news as para-social interaction. *Journal of Broadcasting*, 23(1):69-80.

Leyens, J. P. , Camino, L. , Parke, R. et al. , 1975. Effects of movie violence on aggression in a field setting as a function of group dominance and cohesion. *Journal of Personality and Social Psychology*, 32(2):346-360.

Liebers, N. & Schramm, H. , 2019. Parasocial interactions and relationships with media characters—an inventory of 60 years of research. *Communication Research Trends*, 38(2):4-31.

Lindlof, T. R. , 1995. *Qualitative Communication Research Methods*. Thousand Oaks, CA: Sage.

Livingstone, S. , 1998. *Making Sense of Television : The Psychology of Audience Interpretation*. 2nd ed. London: Routledge.

Livingstone, S. & Green, G. , 1986. Television advertisements and the portrayal of gender.

British Journal of Social Psychology,25(2):149-154.

Lorch,E. P.,Bellack,D. R. &. Augsbach,L. H.,1987. Young children's memory for televised stories:Effects of importance. *Child Development*,58(2):453-463.

Low,J. &. Durkin,K.,2000. Event knowledge and children's recall of television based narratives. *British Journal of Developmental Psychology*,18(2):247-267.

Maccatrozzo,V.,2012. Burst the filter bubble:Using semantic web to enable serendipity. In *The Semantic Web—ISWC 2012* (pp. 391-398). Berlin,Heidelberg:Springer.

Madison,T. P. &. Porter,L. V.,2015. The people we meet:Discriminating functions of parasocial interactions. *Imagination ,Cognition and Personality*,35(1):47-71.

Maltby,J.,Giles,D. C.,Barber,L. et al.,2005. Intense-personal celebrity worship and body image:Evidence of a link among female adolescents. *British Journal of Health Psychology*, 10(1):17-32.

Mann,C. &. Stewart,F.,2000. *Internet Communication and Qualitative Research : A Handbook for Researching Online*. London:Sage.

McDonald,D. G. &. Kim,H.,2001. When I die,I feel small:Electronic game characters and the social self. *Journal of Broadcasting & Electronic Media*,45(2):241-258.

McIntyre,K.,Dahmen,N. S.,Abdenour,J.,et al.,2018. The contextualist function:US newspaper journalists value social responsibility. *Journalism: Theory, Practice & Criticism*,19(12):1657-1675.

McIntyre,K. &. Gyldensted,C.,2018. Positive psychology as a theoretical foundation for constructive journalism. *Journalism Practice*,12(6):662-678.

McGuire,W. J.,1969. Theory-oriented research in natural settings:The best of both worlds for social psychology. In Sherif,M. &. Sherif,C. W. eds. *Interdisciplinary Relationships in the Social Science*(pp. 19-49). Chicago:Aldine.

Merrill,J. C.,1965. How *Time* stereotyped three U. S. presidents. *Journalism Quarterly*, 42(4):563-570.

Merton,R. K.,Fiske,M. &. Kendall,P. L.,1956. *The Focused Interview*. Glencoe,Ill. :The Free Press.

Merton,R. K. &. Kendall,P. L.,1946. The focused interview. *American Journal of Sociology*, 51(6):541-557.

Morgan,D. L.,1988. *Focus Groups as Qualitative Research*. London:Sage.

Mullen,B.,Futrell,D.,Stairs,D.,et al.,1986. Newscasters' facial expressions and voting behavior of viewers:Can a smile elect a president?. *Journal of Personality & Social Psychology*,51(2):291-295.

Mussen,P. &. Eisenberg,N.,1977. *Roots of Caring , Sharing ,and Helping : The Development of Pro-social Behavior in Children*. San Francisco:W. H. Freeman.

Nechushtai,E. &. Lewis,S. C.,2019. What kind of news gatekeepers do we want machines to be? Filter bubbles,fragmentation,and the normative dimensions of algorithmic recommendations. *Computers in Human Behavior*,90:298-307.

Neisser,U. ,1976. *Cognitive and Reality*. San Francisco:W. H. Freeman.

Nelson,M. ,Oldfield,N. ,Burr,S. ,et al. ,1998. *Older People on Television—a Report for the BBC and Age Concern England*. London:Age Concern England.

Newman,N. N. ,Fletcher,R. ,Kalogeropoulos,A. et al. ,2019. *Reuters Institute Digital News Report 2019* . Oxford:Reuters Institute for the Study of Journalism.

Noelle-Neumann,E. , 1973. Return to the concept of powerful mass media. *Studies of Broadcasting* ,9(1):67-112.

Noelle-Neumann,E. , 1980. The public opinion research correspondent. *Public Opinion Quarterly* ,44(4):585-597.

O'Barr,W. M. & Conley,J. M. ,1990. Litigant satisfaction versus legal adequacy in small claims court narratives. In Levi,J. N. & Walker,A. G. eds. *Language in the Judicial Process* (pp. 97-131). Boston,MA:Springer.

Oliver,M. B. ,Bilandzic,H. ,Cohen,J. et al. ,2019. A penchant for the immoral:Implications of parasocial interaction, perceived complicity, and identification on liking of anti-heroes. *Human Communication Research* ,45(2):169-201.

Paik,H. & Comstock,G. ,1994. The effects of television violence on antisocial behavior:A meta-analysis. *Communication Research* ,21(4):516-546.

Palmer,P. ,1986. *The Lively Audience : A Study of Children around the TV Set*. Boston, MA:Allen & Unwin.

Papacharissi,Z. & Rubin,A. M. ,2000. Predictors of Internet use. *Journal of Broadcasting & Electronic Media* ,44(2):175-196.

Patton,M. Q. ,2002. Two decades of developments in qualitative inquiry:A personal, experiential perspective. *Qualitative Social Work* ,1(3):261-283.

Perse,E. M. & Courtright,J. A. ,1993. Normative images of communication media mass and interpersonal channels in the new media environment:Mass and interpersonal channels in the new media environment. *Human Communication Research* , 19 (4): 485-503.

Philipsen, G. , 1975. Speaking "like a man" in Teamsterville:Culture patterns of role enactment in an urban neighborhood. *Quarterly Journal of Speech* ,61(1):13-22.

Philipsen, G. , 1992. Recent books in qualitative research methodology. *Communication Education* ,41(2):240-245.

Philipsen,G. & Carbaugh,D. , 1986. A bibliography of fieldwork in the ethnography of communication. *Language in Society* ,15(3):387-397.

Pine,K. & Nash,A. , 2002. Dear Santa:The effects of television advertising on young children. *International Journal of Behavioral Development* ,26(6):529-539.

Pool,I. & Shulman,I. , 1959. Newsmen's fantasies, audiences, and newswriting. *Public Opinion Quarterly* ,23(2):145-158.

Potter,W. J. ,1999. *On Media Violence*. Thousand Oaks,CA:Sage.

Ratner,C. , 1997. *Cultural Psychology and Qualitative Methodology : Theoretical and*

Empirical Considerations. New York:Springer Science & Business Media.

Resnick,P. ,Garrett, R. K. , Kriplean, T. , et al. , 2013. Bursting your (filter) bubble: Strategies for promoting diverse exposure. In Proceedings of the 2013 conference on computer supported cooperative work companion (pp. 95-100).

Riley,M. W. & Riley Jr,J. W. ,1951. A sociological approach to communications research. *Public Opinion Quarterly*,15(3):445-460.

Rosaen,S. F. , Dibble, J. L. & Hartmann, T. , 2019. Does the experience of parasocial interaction enhance persuasiveness of video public service messages?. *Communication Research Reports*,36(3):201-208.

Rosengren,K. E. & Windahl,S. ,1972. Mass media consumption as a functional alternative. In McQuail,D. ed. *Sociology of Mass Communication : Selected Readings* (pp. 166-194). Harmondsworth,UK:Penguin Books.

Rubin,A. M. ,1994. The uses-and-gratifications perspective of media effects. In Bryant,J. & Zillmann,D. eds. ,2002. *Media Effects : Advances in Theory & Research* (pp. 525-548). 2nd ed. Hillsdale,NJ:Lawrence Erlbaum Associates.

Rubin,A. M. & Perse,E. M. ,1987. Audience activity and television news gratifications. *Communication Research* ,14(1):58-84.

Rubin,A. M. ,Perse,E. M. & Powell,R. A. ,1985. Loneliness,parasocial interaction,and local television news viewing. *Human Communication Research* ,12(2):155-180.

Rubin,R. B. & McHugh,M. P. ,1987. Development of parasocial interaction relationship. *Journal of Broadcasting & Electronic Media* ,31(3):279-292.

Ruddock,A. ,2011. Cultivation analysis and media violence. In Nightingale,V. ed. *The Handbook of Media Audiences* (pp. 340-359). Chichester,UK:Wiley-Blackwell.

Schramm,H. & Hartmann,T. ,2008. The PSI-process scales:A new measure to assess the intensity and breadth of parasocial processes. *Communications*,33(4):385-401.

Schramm,H. & Wirth,W. ,2010. Testing a universal tool for measuring parasocial interactions across different situations and media:Findings from three studies. *Journal of Media Psychology : Theories , Methods , and Applications*,22(1):26-36.

Schramm W. , Lyle, V. & Paker, E. B. , 1961. *Television in the Lives of Our Children*. Stanford,CA:Stanford University Press.

Schramm,W. & Porter,W. E. ,1974. *Men , Women , Messages , and Media : Understanding Human Communication*. New York:Harper & Row.

Shapiro,L. R. & Hudson,J. A. ,1991. Tell me a make-believe story:Coherence and cohesion in young children's picture-elicited narratives. *Developmental Psychology*,27(6):960-974.

Sharp,R. N. ,1984. Effects of sex role orientation, sex, achievement motivation, and age level on causal attribution of success and failure. New Orleans,LA:Tulane University.

Shaw,D. ,2001. Media relying on military. *Atlanta Journal Constitution*:P. C7.

Sherman-Morris,K. ,2005. Tornadoes,television and trust—a closer look at the influence of the local weathercaster during severe weather. *Global Environmental Change Part*

B: *Environmental Hazards*, 6(4):201-210.

Shernoff, D. J., Csikszentmihalyi, M., Shneider, B. et al., 2014. Student engagement in high school classrooms from the perspective of Flow Theory. *School Psychology Quarterly*, 18(2):158-176.

Shoemaker, P. J. & Reese, S. D., 1996. *Mediating the Message*. 2nd ed. White Plains, NY: Longman.

Silverstone, R., 1993. Television, ontological security and the transitional object. *Media, Culture & Society*, 15(4):573-598.

Slater, M. D., Karan, D. N., Rouner, D. et al., 2002. Effects of threatening visuals and announcer differences on responses to televised alcohol warnings. *Journal of Applied Communication Research*, 30(1):27-49.

Song, J. H. & Zinkhan, G. M., 2008. Determinants of perceived web site interactivity. *Journal of Marketing*, 72(2):99-113.

Sood, S. & Rogers, E. M., 2000. Dimensions of parasocial interaction by letter-writers to a popular entertainment-education soap opera in India. *Journal of Broadcasting & Electronic Media*, 44(3):386-414.

Spradley, J. P., 1980. *Participant Observation*. New York: Holt, Rinehart & Winston.

Starck, K. & Soloski, J., 1977. Effect of reporter predisposition in covering controversial story. *Journalism & Mass Communication Quarterly*, 54(1):120-125.

Stevens, S. S., 1961. To honor Fechner and repeal his law. *Science*, 133(3446):80-86.

Sukhodolov, A. P., Bychkova, A. M. & Ovanesyan, S., 2019. Journalism featuring artificial intelligence. *Theoretical and Practical Issues of Journalism*, 8(4):647-667.

Sunstein, C. R., 2002. The law of group polarization. *Journal of Political Philosophy*, 10(2):175-195.

Tatar, M., 1998. "Violent delights" in children's literature. In Goldstein, J. H. ed. *The Attractions of Violent Entertainment* (pp. 69-87). New York: Oxford University Press.

Thorson, E., Page, T. & Moore, J., 1995. Consumer response to four categories of "green" television commercials. *Advances in Consumer Research*, 22:243-250.

Tian, Q. & Hoffner, C. A., 2010. Parasocial interaction with liked, neutral, and disliked characters on a popular TV series. *Mass Communication and Society*, 13(3):250-269.

Tukachinsky, R., 2011. Para-romantic love and para-friendships: Development and assessment of a multiple-parasocial relationships scale. *American Journal of Media Psychology*, 3(1/2): 73-94.

Turner, J. R., 1993. Interpersonal and psychological predictors of parasocial interaction with different television performers. *Communication Quarterly*, 41(4):443-453.

Turow, J., 2001. Family boundaries, commercialism, and the Internet: A framework for research. *Journal of Applied Developmental Psychology*, 22(1):73-86.

Valkenburg, P. M. & Cantor, J., 2001. The development of a child into a consumer. *Journal of Applied Developmental Psychology*, 22(1):61-72.

Van den Broek，P.，Lorch，E. P. & Thurlow，R.，1996. Children's and adults' memory for television stories：The role of causal factors，story-grammar categories，and hierarchical level. *Child Development* ，67(6)：3010-3028.

Van Maanen，J.，1988. *Tales of the Field ：On Writing Ethnography*. Chicago：University of Chicago Press.

Vernon，P. Q & A：How *The Guardian* is working to burst the media bubble. https：// www. cjr. org/analysis/the-guardian-media_bubble. php (2017-04-17) ［2021-01-12］.

Weir，T.，1995. The continuing question of motivation in the knowledge gap hypothesis. Paper presented to the Association for Education in Journalism and Mass Communication，Washington，D. C.

Weiss，W.，1971. Mass communication. *Annual Review of Psychology* ，22(1)：309-336.

Wen，Y.，Zhu，X.，Rodrigues，J. J. et al.，2014. Cloud mobile media：Reflections and outlook. *IEEE Transactions on Multimedia* ，16(4)：885-902.

Wenner，A.，1980. Children and television in Norway. *Gazette* ，16(3)：133-151.

Windahl，S.，Höjerback，I. & Hedinsson，E.，1986. Adolescents without television：A study in media deprivation. *Journal of Broadcasting & Electronic Media* ，30(1)：47-63.

Wood，W.，Wong，F. Y. & Chachere，J. G.，1991. Effects of media violence on viewers' aggression in unconstrained social interaction. *Psychological Bulletin* ，109(3)：371-383.

Wright，J. C.，Huston，A. C.，Reitz，A. L. et al.，1994. Young children's perceptions of television reality：Determinants and developmental differences. *Developmental Psychology* ，30(2)：229-239.

Yao，Z.，Hu，Z. & Li，J.，2016. A TV-Gaussian prior for infinite-dimensional Bayesian inverse problems and its numerical implementations. *Inverse Problems* ，32(7)：1-19.

Zhu，J. H.，Milavsky，J. R. & Biswas，R.，1994. Do televised debates affect image perception more than issue knowledge? A study of the first 1992 presidential debate. *Human Communication Research* ，20(3)：302-333.

Zillmann，D.，Weaver，J. B.，Mundorf，N. et al.，1986. Effects of an opposite-gender companion's affect to horror on distress，delight，and attraction. *Journal of Personality and Social Psychology* ，51(3)：586-594.

安希孟. 布洛赫希望哲学述评. http：//blog. sina. com. cn/s/blog_650d8ac901018xqy. html (2018-04-17)［2021-01-12］.

波兹曼，2015. 娱乐至死. 章艳，译. 北京：中信出版社.

卜卫，1991. 大众传播对儿童的社会化和观念现代化的影响. 新闻与传播研究(3)：47-72.

卜卫，1996. 教育与儿童现代性的培养. 少年儿童研究(5)：44-45.

陈昌凤，师文，2020. 准社会关系与社交投票中的意见形成机制——基于"知乎"的数据挖掘. 西安交通大学学报(社会科学版)，40(4)：126-135.

陈昌凤，翟雨嘉，2018. 信息偏向与纠正：寻求智能化时代的价值理性. 青年记者(13)：21-24.

陈崇山，2000. 老年受众媒介行为分析. 新闻实践(4)：23-25.

陈崇山，孙五三，1997. 媒介·人·现代化. 北京：中国社会科学出版社.

陈犀禾,1998.当代美国电视.上海:复旦大学出版社.

陈向明,2000.质的研究方法与社会科学研究.北京:教育科学出版社.

成倩,2020.建设性新闻的历史脉络、理论内涵与学理价值.青年记者(18):23-24.

党明辉,2017.公共舆论中负面情绪化表达的框架效应——基于在线新闻跟帖评论的计算机辅助内容分析.新闻与传播研究,24(4):41-63,127.

德弗勒,丹尼斯,1989.大众传播通论.颜建军、王怡红、张跃宏,等译.北京:华夏出版社.

迪金森,哈里德拉纳斯,林耐,2006.受众研究读本.单波,译.北京:华夏出版社.

方建移,2016.传播心理学.杭州:浙江教育出版社.

方建移,葛进平,章洁,2006.缺陷范式抑或通用范式——准社会交往研究述评.新闻与传播研究,13(3):68-72,95-96.

方建移,张芹,2004.传媒心理学.杭州:浙江大学出版社.

冯媛,1998.女性在新闻中的存在——关于八家主导报纸新闻版新闻的研究报告.浙江学刊(2):81-85.

高宣扬,2006.流行文化社会学.北京:中国人民大学出版社.

高慧敏,2020.疫情信息传播中建设性新闻的可行性论证.当代传播(3):42-45,57.

葛进平,2013.西方准社会交往研究新进展.浙江传媒学院学报,20(1):96-100.

葛进平,方建移,2010.受众准社会交往量表编制与检验.新闻界(6):10-11.

葛进平,章洁,方建移,等,2006.浙江省中学生"知沟"假设的实证研究.新闻与传播研究,13(4):54-60,95.

郭庆光,1999.传播学教程.北京:中国人民大学出版社.

郭小安,甘馨月,2018."戳掉你的泡泡"——算法推荐时代"过滤气泡"的形成及消解.全球传媒学刊,5(2):76-90.

何谦.中国移动互联网网民行为分析.https://www.analysys.cn/article/detail/1000785(2017-06-06)[2021-03-02].

何雯欣,2020.准社会关系对微博广告效果的影响及其机制研究.苏州:苏州大学.

胡泳,2015.旧制度与数字大革命.北京观察(11):68-70.

环球网.2019全球移动互联网用户大数据行为报告:联网用户达45.4亿.https://tech.huanqiu.com/article/3xe3J5rVHK7(2020-03-17)[2021-01-19].

黄丽娜,2019.准社会交往:社交媒体时代舆论引导心理路径.编辑之友(12):53-56.

黄希庭,张志杰,2005.心理学研究方法.北京:高等教育出版社.

金苗,2019.建设性新闻:一个"伞式"理论的建设行动、哲学和价值.南京社会科学(10):110-119.

敬蓉,1999.大众传播心理学导论.北京:新华出版社.

黎春樱,2020.准社会关系视角下网红代言人影响力对品牌关系质量的实证研究.广州:华南理工大学.

李德明,陈天勇,李贵芸,等,2004.认知能力的毕生发展及其分离性和个体差异性研究.心理科学,27(6):1288-1290.

林之达,2004.传播心理学新探.北京:北京大学出版社.

刘京林,1997.大众传播心理学.北京:北京广播学院出版社.

刘京林,2003.对传播心理学研究的两点思考.现代传播(3):38-40.

刘京林,2008.传播心理学研究的再思考.现代传播(2):32-33,38.

刘京林,2011.媒介心理学和传播心理学的比较研究.现代传播(5):131-132.

刘京林,2015.传播心理学理论与实践.北京:中国言实出版社.

刘京林,2020.我国传播心理学研究的最新思考.汕头大学学报(人文社会科学版),36(12):57-60,95.

刘京林,李丽娜,2012.试析传播心理学研究的两种导向.现代传播(11):132-133.

刘京林,罗观星,1999.传播·媒介与心理.北京:北京广播学院出版社.

刘晓红,卜卫,2001.大众传播心理研究.北京:中国广播电视出版社.

马志浩,葛进平,2014.日本动画的弹幕评论分析:一种准社会交往的视角.国际新闻界(8):116-130.

马志浩,葛进平,周翔,2020.网络直播用户的持续使用行为及主观幸福感——基于期望确认模型及准社会关系的理论视角.新闻与传播评论,73(2):29-46.

麦奎尔,2006.受众分析.刘燕南,李颖,杨振荣,译.北京:中国人民大学出版社.

毛良斌,2012.广播主持人的个人魅力作用到底有多大——准社会交往对私家车主收听行为的影响.青岛大学师范学院学报,29(2):45-49.

毛良斌,2020.微博准社会交往实证研究.北京:中国书籍出版社.

默言,2006."希望新闻学":是耶？非耶？:希望的关键在于解决问题或找到思路.新闻记者(2):34.

牛光夏,2014."解困新闻"的精神实质.青年记者(23):79-81.

潘迪,2018.情感消费:聊天类网络直播中的"打赏"行为研究.上海:华东师范大学.

彭兰,2018.假象、算法囚徒与权利让渡:数据与算法时代的新风险.西北师大学报(社会科学版),55(5):20-29.

彭兰,2020.导致信息茧房的多重因素及"破茧"路径.新闻界(1):30-38,73.

钱铭怡,武国城,朱荣春,等,2000.艾森克人格问卷简式量表中国版(EPQ-RSC)的修订.心理学报,32(3):317-323.

塞利格曼,2010.认识自己,接纳自己.任俊,译.沈阳:万卷出版公司.

赛佛林,坦卡德,2000.传播理论:起源、方法与应用.郭镇之,等译.北京:华夏出版社.

桑斯坦,2003.网络共和国:网络社会中的民主问题.黄维明,译.上海:上海人民出版社.

桑斯坦,2008.信息乌托邦:众人如何生产知识.毕竞悦,译.北京:法律出版社.

史密斯,戴维斯,2006.实验心理学教程:勘破心理世界的侦探.郭秀艳,孙里宁,译.3版.北京:中国轻工业出版社.

塔奇曼,2008.做新闻.麻争旗,刘笑盈,徐扬,译.北京:华夏出版社.

唐绪军,2019.建设性新闻与新闻的建设性.新闻与传播研究,26(Z1):9-14.

唐绪军,殷乐,2019.建设性新闻实践:欧美案例.北京:社会科学文献出版社.

万瑾琳,2017.打赏或购买:不同付费模式与决策行为研究.武汉:华中科技大学.

王重鸣,2001.心理学研究方法.2版.北京:人民教育出版社.

王海东,2007.美国当代成人学习理论述评.中国成人教育(1):126-128.

王君超,2014.新闻报道的"解困"之道.中国报业(19):88-89.

王永亮,成思行,2003.倾听:传媒论语.北京:新世界出版社.

威默,多米尼克,1995.大众媒体研究.李天任,蓝莘,译.台北:亚太图书出版社.

吴飞,李佳敏,2019.从希望哲学的视角透视新闻观念的变革——建设性新闻实践的哲学之源.新闻与传播研究,26(Z1):97-105.

吴荣生,张雪良,葛进平,等,2007.浙江农村青少年大众文化接触与影响实证研究及应用.继续教育研究(4):45-47.

吴玥,韩雨辰,孙源南,2020.探寻促进网络直播用户向主播打赏的影响因素——基于准社会交往理论的实证研究.未来传播,27(6):83-90.

习近平.习近平致中国记协成立80周年的贺信.人民日报,2017-11-09(1).

小唐尼,凯泽,2003.美国人和他们的新闻.北京:中信出版社.

吴晶,华春雨.习近平主持召开哲学社会科学工作座谈会.新华社,2016-05-17[2021-01-18].http://www.xinhuanet.com//politics/2016-05/17/c_1118882832.htm.

许志源,唐维庸,2017.2016美国大选所透射的"过滤气泡"现象与启示.传媒(16):54-56.

杨琴,2016.弹幕视频受众使用行为影响因素研究.成都:西南交通大学.

叶浩生,1998.西方心理学的历史与体系.北京:人民教育出版社.

殷乐,2020.建设性新闻:要素、关系与实践模式.当代传播(2):45-48.

喻国明,2019.传播学科的迭代:对数据与算法的纳入与包容.新闻与传播评论(5):1.

喻国明,陈艳明,普文越,2020.智能算法与公共性:问题的误读与解题的关键.中国编辑(5):10-17.

喻国明,杜楠楠,2019.智能型算法分发的价值迭代:"边界调适"与合法性的提升——以"今日头条"的四次升级迭代为例.新闻记者(11):15-20.

喻国明,方可人,2020.算法型内容推送会导致信息茧房吗?——基于媒介多样性和信源信任的一项实证分析.山东社会科学(11):170-174,169.

喻国明,韩婷,2018.算法型信息分发:技术原理、机制创新与未来发展.新闻与传播研究(4):8-12.

喻国明,杨莹莹,闫巧妹,2018.算法即权力:算法范式在新闻传播中的权力革命.编辑之友(5):5-12.

张允,郭晓譞,2018.内容、情感与价值依赖:网红的传播艺术研究——基于准社会交往周期的思考.现代传播(中国传媒大学学报),40(5):98-102.

张志安,刘杰,2017.人工智能与新闻业:技术驱动与价值反思.新闻与写作(11):4-9.

章洁,葛进平,张芹,等,2006.大众传播与青少年偶像崇拜——浙江省中学生媒介影响实证研究.新闻实践(11):26-27.

浙江传媒学院受众满意度研究团队,2018.中国影视产品网络满意度研究(2018).北京:中国社会科学出版社.

中国女新闻工作者现状与发展课题组,1995.中国女新闻工作者现状与发展调查报告.新闻与传播研究(2):1-6.

周小普,徐福健,2002.《新闻联播》样本分析及研究.现代传播(3):23-27.

周晓虹,1997.现代社会心理学.上海:上海人民出版社.

后　记

　　本书是在国内外有关研究的基础上,结合近年来从事传媒心理学教学与科研过程中的一些思考重新修订的。本书是研究团队的集体成果,团队自成立以来,在完成正常的教学任务的同时,完成了 20 多项省级以上课题,包括 2 项国家社会科学基金项目和 1 本国家规划教材。研究成果在《新闻与传播研究》《现代传播》《当代传播》《国际新闻界》《中国广播电视学刊》《浙江社会科学》等多家学术期刊上发表,并出版了多部著作和省重点教材。目前团队正在从事 1 项国家社科基金后期资助项目和 1 项教育部人文社科课题的研究。

　　本书再版做了较大修改,删除了附录的研究 1 和研究 2,保留"网友研究"1 章,因为它采用了较为少见的精神分析法,但由于篇幅限制,将其做成了电子文档,读者可以扫二维码进行阅读。针对老龄化社会的到来,在第十章"不同类型的受众心理分析"(原第九章中)补充"老年受众心理"1 节。积极心理学历史虽短,但对于社会治理和新闻实践已经产生了很大影响,促进了建设性新闻和希望新闻学的出现,因此增加了"积极心理学与大众传播研究"1 章;针对当今大数据和算法对于社会认知的影响,增加了"过滤气泡、信息茧房与戳泡运动"1 章;针对传媒对于人际交往和人际关系的影响,增加了"准社会交往与准社会关系"1 章,同时将对于网络直播主播的考察放在了此章。此外,对原保留章节也进行了删改,并补充了较新的数据。

　　根据内容编排,本书可分三部分:第一部分是前 6 章,主要讲述传媒心理学的研究对象与现状,以及西方各主要心理学流派对传播学研究的影响;第二部分为传受心理,包括七～十二等 6 章;第三部分是研究方法,包括第十三、十四 2 章和二维码中的研究案例。部分章节的最后,还附上一篇"延伸阅读"。同时为了便于教学,在每章内容之后列出本章要点、基本概念和思考题,供师生参考。

　　本书修订版由章洁主编,原有内容的调整和修订由章洁完成,新增章节由章洁、葛进平、徐坤英编著完成,原书稿的执笔团队成员有章洁、方建移、葛进平、苗笑雨、毛良斌、邱洪峰、张芹。中国传媒大学刘京林教授一直关心和指导本书的出版,复旦大学李良荣老师为修订版作序,浙江大学吴飞老师、浙江传媒学院胡灏同学为本书的修订提供了帮助,在此一并感谢。

　　本书为教育部浙江传媒学院英国研究中心支持项目,同时也是浙江省区域国别与国际传播研究智库联盟成果。各位作者均为浙江传媒学院原"传播效果研究"团队成员。在本书撰写过程中,我们参考了大量国内外同行的研究成果,尽量在书末的参考文献中一一列出,如有疏漏,在此致歉。谨向所有的作者表示衷心的感谢。

由于编者学术水平有限,错误和不足之处在所难免,真诚地期待各位专家和读者的批评指教。

章　洁

2021 年 3 月于杭州

(2025 年 6 月修改)

图书在版编目（CIP）数据

大众传媒心理学教程／章洁主编. —2 版. —杭州：
浙江大学出版社，2021.5（2025.6 重印）
ISBN 978-7-308-20804-8

Ⅰ.①大… Ⅱ.①章… Ⅲ.①大众传播—应用心理学
—教材 Ⅳ.①G206.3-05

中国版本图书馆 CIP 数据核字（2020）第 271094 号

大众传媒心理学教程(第 2 版)

章　洁　主编

责任编辑	陈丽勋
责任校对	高士吟
封面设计	春天书装
出版发行	浙江大学出版社
	（杭州市天目山路 148 号　邮政编码 310007）
	（网址:http://www.zjupress.com）
排　版	杭州青翊图文设计有限公司
印　刷	杭州宏雅印刷有限公司
开　本	787mm×1092mm　1/16
印　张	17
字　数	460 千
版印次	2021 年 5 月第 2 版　2025 年 6 月第 2 次印刷
书　号	ISBN 978-7-308-20804-8
定　价	52.00 元

版权所有　翻印必究　　印装差错　负责调换

浙江大学出版社市场运营中心联系方式:0571－88925591;http://zjdxcbs.tmall.com